道路工程

俞家欢 主编

清华大学出版社
北京

内 容 简 介

本书作为土木工程专业(道路与交通运输方向)重要的专业基础课程，结构划分合理、层次分明，注重基本概念的阐述，以解决工作中的实际问题为主，并适当介绍目前国内所应用的新技术、新规范、新材料等，结合国内外具体案例展现我国道路工程在世界范围内的重要作用。

全书共 18 章，包括绪论、道路车辆及其行驶条件、道路交通流设计及通行能力、道路工程设计依据、平面线形设计、纵断面设计、横断面设计、平面交叉工程、立体交叉工程、道路路线测量、路基设计与施工、沥青路面设计与施工、水泥混凝土路面设计与施工、道路排水设计、道路设施管理、路基路面检测技术、交通安全与环境保护工程、路基路面养护与管理。本书尽可能地从学科入门的角度全面、清晰地介绍道路工程包含的主要内容。

本书可以作为高等院校土木工程、道路与桥梁工程、工程管理(市政方向)、工程造价以及下属的岩土工程、市政工程、建筑与土木工程、交通运输工程和桥梁与隧道工程等专业的教材与教学参考书，还可供从事道路工程设计、施工与养护管理的工程技术人员参考。

本书封面贴有清华大学出版社防伪标签，无标签者不得销售。
版权所有，侵权必究。举报：010-62782989，beiqinquan@tup.tsinghua.edu.cn。

图书在版编目(CIP)数据

道路工程/俞家欢主编. —北京：清华大学出版社，2023.1
ISBN 978-7-302-59945-6

Ⅰ.①道… Ⅱ.①俞… Ⅲ.①道路工程—高等职业教育—教材 Ⅳ.①U41

中国版本图书馆 CIP 数据核字(2022)第 019039 号

责任编辑：石　伟
装帧设计：刘孝琼
责任校对：周剑云
责任印制：沈　露

出版发行：清华大学出版社
　　　网　　址：http://www.tup.com.cn, http://www.wqbook.com
　　　地　　址：北京清华大学学研大厦 A 座　　　邮　　编：100084
　　　社 总 机：010-83470000　　　邮　　购：010-62786544
　　　投稿与读者服务：010-62776969, c-service@tup.tsinghua.edu.cn
　　　质量反馈：010-62772015, zhiliang@tup.tsinghua.edu.cn
　　　课件下载：http://www.tup.com.cn, 010-62791865
印 装 者：三河市龙大印装有限公司
经　　销：全国新华书店
开　　本：185mm×260mm　　　印　张：20.75　　　字　数：503 千字
版　　次：2023 年 1 月第 1 版　　　　　　　　　印　次：2023 年 1 月第 1 次印刷
定　　价：59.00 元

产品编号：088786-01

前　言

　　本书是土木工程专业分支的一门重要专业基础课程，该课程是道路工程和交通工程的基础。适应当前道路交通工程技术不断更新发展的形势，满足积极引入、推广、学习和应用道路工程新技术、新规范、新方法、新材料的要求，为今后从事实际相关工作的工程师打下坚实的知识基础，是我们编写这本书的主要目的。

　　编写内容根据道路工程领域技术发展和人才培养的需求，与时俱进地更新和充实了传统道路工程教科书的构架和内容，使之更适合现代社会的知识需求和教学要求。本书依据高等学校道路工程指导委员会制定的"道路工程"课程教学大纲的要求编写，突出内容的全面性和实用性。本书可供交通工程和道路工程专业的学生使用，在编写时充分考虑了交通工程和道路工程专业特色和学生知识架构，教材内容上吸收了各院校教学的阶段性成果，主要内容包括道路车辆及其运行特征、道路交通流设计及通行能力、道路工程设计依据、平面线形设计、纵断面设计、横断面设计、平面交叉工程、立体交叉工程、道路路线检测、路基设计与施工、沥青路面设计与施工、水泥混凝土路面设计与施工、道路排水设计等18章内容。

　　本书具有以下特点。

　　(1) 本书以介绍道路工程设计的基本理论和原理、影响因素和标准指标为主，内容力求全面介绍道路工程的基础理论知识、道路工程设计方法、设计工具，同时适合道路工程和交通工程的学生使用。

　　(2) 内容力求新颖，本书涉及的技术规范和标准均为最新颁布实施，部分章节内容反映了道路工程的最新发展动态。

　　本书由沈阳建筑大学俞家欢主编。各章具体编写分工为：第1章、第14章由刘社会编写；第2章由刘佳源编写；第3章由洪丹丹编写；第4章由王鹏远编写；第5章由姚敬编写；第6章由杨东方编写；第7章、第8章由赵彦斌编写；第9章由刘继诚编写；第10章由张浩编写；第11章由杨普少编写；第12章由蒋文竣编写；第13章由俞家欢编写；第15章、第16章由王小川编写；第17章、第18章由强志国编写，全书由俞家欢统稿。

　　本书编写过程中参考了许多专家、学者的相关著作，以及多个院校的教材及其他文献资料，主要的资料亦列入参考文献，在此谨向各位作者表示衷心的感谢！

　　鉴于道路工程涉及范围广，新材料、新技术不断出现，相关标准繁多且更新较快，加之编者水平所限，书中难免有不足、不妥之处，敬请广大读者批评指正。

编　者

目　　录

第1章　绪论 1
  1.1　道路运输的特点及道路运输的功能 1
  1.2　道路的分类与组成 2
    1.2.1　道路的分类 2
    1.2.2　公路的主要组成 3
    1.2.3　城市道路的组成 4
  1.3　道路的分级与技术标准 4
    1.3.1　公路的分级与技术标准 4
    1.3.2　城市道路的分类与分级 6
  1.4　道路工程发展概况和道路的特点
        及功能 7
  课后习题 9

第2章　道路车辆及其行驶条件 10
  2.1　道路等级 10
  2.2　公路技术特性 12
  2.3　公路养护水平及对车辆使用性能的
        影响 13
  2.4　车辆加减速性能 15
    2.4.1　车辆加速性能 15
    2.4.2　车辆减速性能 17
  2.5　车辆运行费用 18
  课后习题 20

第3章　道路交通流设计及通行能力 21
  3.1　交通流的基本参数及关系 21
    3.1.1　交通流三参数基本关系 21
    3.1.2　速度与密度的关系 22
    3.1.3　流量与密度的关系 23
    3.1.4　流量与速度的关系 24
  3.2　交通量 25
    3.2.1　交通量的时间变化和空间
            分布 25
    3.2.2　设计交通量 27

  3.3　车头间距与车辆跟驰行为 28
    3.3.1　车头间距 28
    3.3.2　车辆跟驰行为 28
  3.4　通行能力与服务水平 31
    3.4.1　通行能力 31
    3.4.2　服务水平 32
    3.4.3　影响通行能力和服务水平的
            因素 34
  课后习题 35

第4章　道路工程设计依据 36
  4.1　技术依据 36
  4.2　自然条件 36
  4.3　交通特性 37
    4.3.1　设计车辆 37
    4.3.2　设计速度与运行速度 38
    4.3.3　交通量 39
  4.4　道路网 40
    4.4.1　公路网 40
    4.4.2　城市道路网与红线规划 41
  4.5　道路建筑限界与道路用地 43
  课后习题 44

第5章　平面线形设计 45
  5.1　概述 45
  5.2　直线 46
    5.2.1　直线的特点 46
    5.2.2　直线的最大长度和最小长度 47
    5.2.3　直线的运用 48
  5.3　汽车行驶的横向稳定性与圆曲线
        半径 49
    5.3.1　汽车行驶的横向稳定性 49
    5.3.2　圆曲线半径 51
  5.4　缓和曲线 54
    5.4.1　缓和曲线的作用与性质 55

  5.4.2　缓和曲线的形式 57
  5.4.3　缓和曲线的最小长度及参数 58
 课后习题 60

第 6 章　纵断面设计 61

 6.1　概述 61
 6.2　纵坡设计 62
  6.2.1　纵坡 62
  6.2.2　坡长限制 64
  6.2.3　合成坡度 65
  6.2.4　纵坡设计的一般要求 66
  6.2.5　纵断面设计方法与步骤 67
 6.3　竖曲线设计 70
  6.3.1　竖曲线的计算 70
  6.3.2　竖曲线的设计标准 72
  6.3.3　竖曲线的设计要求 76
 6.4　平、纵面线形组合设计 77
  6.4.1　线形组合设计的原则 77
  6.4.2　线形组合设计的要求 77
  6.4.3　线形组合设计要点 78
 课后习题 80

第 7 章　横断面设计 81

 7.1　道路横断面分类 81
  7.1.1　公路横断面 81
  7.1.2　城市道路横断面 83
 7.2　机动车道行车道宽度 84
  7.2.1　一般双车道公路行车道宽度
    确定 84
  7.2.2　有中央分隔带公路的行车道
    宽度确定 85
  7.2.3　城市道路行车道宽度确定 86
  7.2.4　专用车道宽度 88
 7.3　路肩、分隔带、路侧带及路缘石 88
  7.3.1　路肩 88
  7.3.2　分隔带 89
  7.3.3　路侧带 90
  7.3.4　路缘石 90
 7.4　平曲线加宽设计 91

  7.4.1　加宽值计算 91
  7.4.2　加宽过渡 93
  7.4.3　加宽过渡段长度 95
 7.5　平曲线超高设计 95
  7.5.1　超高及其作用 95
  7.5.2　超高值计算 95
  7.5.3　超高过渡方式 96
  7.5.4　超高过渡段长度 98
 课后习题 99

第 8 章　平面交叉工程 100

 8.1　交叉口设计概述 100
  8.1.1　平面交叉设计的基本要求
    和内容 100
  8.1.2　平面交叉的交通特征分析 100
  8.1.3　平面交叉的交通管理方式 102
  8.1.4　平面交叉的类型及适用
    范围 103
 8.2　交通组织设计 105
  8.2.1　机动车交通组织方法 105
  8.2.2　行人和非机动车交通组织 107
 8.3　平面与视距设计 108
  8.3.1　平面交叉处道路的平面
    线形 108
  8.3.2　平面交叉的转弯设计 109
  8.3.3　平面交叉的视距设计 111
 8.4　环形交叉设计 113
  8.4.1　环形交叉的形式 113
  8.4.2　普通环形交叉 113
  8.4.3　入口让路环形交叉 116
 课后习题 117

第 9 章　立体交叉工程 118

 9.1　概论 118
 9.2　立体交叉的类型及其适用条件 119
  9.2.1　按相交道路的跨越方式
    分类 119
  9.2.2　按立体交叉的交通功能
    分类 120

9.2.3 按其他方式分类 125
9.3 立体交叉的布置规划与形式选择 125
　　9.3.1 立体交叉的布置规划 125
　　9.3.2 立体交叉形式的选择 126
9.4 匝道设计 128
　　9.4.1 匝道的分类 128
　　9.4.2 匝道线形设计标准 130
课后习题 135

第10章 道路路线测量 136

10.1 概述 136
　　10.1.1 道路测量基础知识 136
　　10.1.2 道路平面控制测量要点 137
　　10.1.3 道路高程控制测量要点 137
　　10.1.4 道路地形测量要点 138
10.2 道路中线测量 139
　　10.2.1 概述 139
　　10.2.2 交点和转点的测设 139
　　10.2.3 经纬仪测设道路中线 141
　　10.2.4 全站仪测设道路中线 143
　　10.2.5 GPS实时动态差分定位(RTK)
　　　　　法测设道路中线 144
10.3 道路高程测量 144
　　10.3.1 概述 144
　　10.3.2 基平测量 145
　　10.3.3 中平测 145
10.4 道路横断面测量 147
　　10.4.1 概述 147
　　10.4.2 横断面方向的测定 148
　　10.4.3 横断面的测量 150
课后习题 151

第11章 路基设计与施工 152

11.1 绪论 152
　　11.1.1 路基工程的概念 152
　　11.1.2 影响路基稳定的因素 155
11.2 路基构造物 158
　　11.2.1 路基横断面 158
　　11.2.2 坡面防护 159

11.2.3 挡土墙 161
11.3 路基施工 163
　　11.3.1 概述 163
　　11.3.2 路基工程施工准备工作 166
　　11.3.3 基底及零填挖路床处理 166
　　11.3.4 路堤填筑施工 167
课后习题 170

第12章 沥青路面设计与施工 171

12.1 概述 171
　　12.1.1 沥青路面发展概况 171
　　12.1.2 沥青路面使用性能的气候
　　　　　分区 172
12.2 沥青路面的使用性能及设计 175
　　12.2.1 沥青路面的使用性能 175
　　12.2.2 沥青路面设计 177
　　12.2.3 沥青路面结构组合设计 179
12.3 沥青路面施工 185
　　12.3.1 沥青路面施工相关机械 185
　　12.3.2 沥青路面的施工材料和
　　　　　设备的准备 186
　　12.3.3 沥青混合料的拌和 187
　　12.3.4 沥青混合料的运输 188
　　12.3.5 沥青混合料的摊铺 189
　　12.3.6 沥青混合料的碾压 190
　　12.3.7 施工接缝的处理 191
课后习题 191

第13章 水泥混凝土路面设计
　　　　　与施工 192

13.1 概述 192
　　13.1.1 水泥混凝土路面分类 192
　　13.1.2 水泥混凝土路面构造 194
13.2 水泥混凝土路面的设计 198
　　13.2.1 水泥混凝土路面设计内容 198
　　13.2.2 水泥混凝土路面结构组合
　　　　　设计 198
　　13.2.3 水泥混凝土路面厚度设计 202
13.3 水泥混凝土路面的施工 207

13.3.1 水泥混凝土路面施工准备 207
　　　13.3.2 混凝土拌和物的搅拌 207
　　　13.3.3 混凝土拌和物的运输 208
　　　13.3.4 水泥混凝土拌和物的铺筑 209
　　　13.3.5 水泥混凝土拌和物的捣实 210
　　　13.3.6 终饰、整修、锯缝及养护 210
　　课后习题 211

第 14 章　道路排水设计 212

　　14.1　概述 213
　　　14.1.1 排水设计原则 213
　　　14.1.2 道路排水的类型 213
　　　14.1.3 排水设计的内容和步骤 214
　　　14.1.4 设计降雨重现期和设计频率 215
　　14.2　道路横向排水 216
　　　14.2.1 涵洞的结构形式、构造和布置 216
　　　14.2.2 设计流量确定 217
　　　14.2.3 水力计算 218
　　14.3　路基排水 219
　　　14.3.1 路基排水设施 220
　　　14.3.2 排水工程形式选择 223
　　　14.3.3 路基排水系统综合设计 223
　　14.4　路面排水 224
　　　14.4.1 路面表面排水 224
　　　14.4.2 中央分隔带排水 226
　　　14.4.3 路面内部排水 228
　　课后习题 229

第 15 章　道路设施管理 230

　　15.1　公共交通站点的布置 230
　　　15.1.1 公共交通站点的种类和布置 230
　　　15.1.2 公交站的间距 231
　　　15.1.3 公交站台的布置方式 231
　　15.2　停车场设计 232
　　　15.2.1 汽车停车场的设计 232
　　　15.2.2 自行车停车场的设计 235
　　15.3　道路照明设计 236
　　　15.3.1 照明标准 236
　　　15.3.2 照明系统的布置 237
　　　15.3.3 立体交叉照明设计 239
　　15.4　高速公路服务设施布设 240
　　　15.4.1 公共汽车停靠站的布设 240
　　　15.4.2 服务区的布设 242
　　课后习题 244

第 16 章　路基路面检测技术 245

　　16.1　路基路面几何尺寸与路面结构层厚度检测 245
　　　16.1.1 概述 245
　　　16.1.2 几何尺寸测试方法与步骤 246
　　　16.1.3 几何尺寸计算与评价 247
　　16.2　路基路面压实度检测 247
　　　16.2.1 概述 247
　　　16.2.2 挖坑灌砂法测定压实度试验 249
　　　16.2.3 环刀法测定压实度试验 252
　　　16.2.4 钻芯法测定沥青面层压实度试验 253
　　16.3　路基路面弯沉检测 253
　　　16.3.1 概述 253
　　　16.3.2 贝克曼梁测定路基路面回弹弯沉试验 254
　　　16.3.3 自动弯沉仪测定路面弯沉试验 257
　　　16.3.4 落锤式弯沉仪测定弯沉试验 257
　　16.4　路基路面回弹模量和 CBR 检测 258
　　　16.4.1 概述 258
　　　16.4.2 承载板测定土基回弹模量试验 260
　　　16.4.3 贝克曼梁测定路基路面回弹模量试验 261

16.4.4 土基现场 CBR 值测试 262
课后习题 263

第 17 章　交通安全与环境保护工程 264

17.1 道路交通安全与环境保护概述 264
　17.1.1 道路交通安全问题与道路交通安全设施 264
　17.1.2 道路环境问题与道路环保设施 265
17.2 护栏 266
　17.2.1 护栏的分类与设置 266
　17.2.2 波形梁护栏构造要求 268
　17.2.3 构件的标准和材料要求 270
　17.2.4 施工 271
17.3 隔离与防眩设施 273
　17.3.1 隔离设施 273
　17.3.2 防眩设施 276
17.4 标志、标线 280
　17.4.1 视线诱导标 280
　17.4.2 交通标志 283
　17.4.3 道路标线 286
17.5 绿化工程与声屏障 289
　17.5.1 绿化工程 289
　17.5.2 声屏障 291

课后习题 293

第 18 章　路基路面养护与管理 294

18.1 概述 294
　18.1.1 公路养护管理 295
　18.1.2 公路养护措施 296
18.2 路基技术状况评价与养护 298
　18.2.1 路基技术状况评价 298
　18.2.2 路基养护与维修 300
18.3 路面技术状况评价 302
　18.3.1 路面使用性能及其评价 302
　18.3.2 路面破损状况评价 302
　18.3.3 路面结构承载能力评价 304
　18.3.4 路面使用性能综合评价 307
18.4 路面状况调查评定与一般养护对策 310
　18.4.1 路面状况调查方法、频率及综合评定 310
　18.4.2 各分项评价指标的计算与单项评价标准 312
　18.4.3 路面一般养护对策 316

课后习题 318

参考文献 319

第 1 章 绪 论

道路交通运输是综合交通运输系统的重要组成部分。道路是道路交通运输系统中最主要的基础设施。按其在系统中的不同功能,道路可分为高速道路、干线道路、集散道路和地方道路 4 类。公路、城市道路按功能、任务和交通量等分别分为 5 个和 4 个等级,相应采用不同的设计标准。道路由路线、结构物和沿线附属设施三部分组成。道路工程的内容涵盖了道路规划、设计、施工、养护和运营管理等方面。自 20 世纪 90 年代中期以来,我国的道路建设发展迅速,积累了丰富的经验,技术水平也得到很大的提高。

1.1 道路运输的特点及道路运输的功能

1. 道路运输的特点

交通运输是国民经济的动脉,是经济发展中的基础产业。一个完整的交通体系由铁路、道路、水运、航空和管道等运输方式构成,这些运输方式都有各自的特点,承担各自的运输任务,它们之间在整个国民经济运输体系中可以合理分工、互相衔接、互相补充,形成完整的综合运输体系。铁路运输的特点是运力大、速度快、成本低,承担中长距离客货运输和大宗物资运输,但只能实现铁路线上的运输;航空运输的特点是可快速运输旅客和货物,但成本高、能耗大;水运的特点是运价低廉,但速度慢;管道运输在运送油、气、水等产品十分方便;而道路以其快速灵活的运输方式,特别适合中、短途运输。它可以与其他运输方式互相配合,承担客货集散、运输衔接的任务,可以深入到城乡、平原、山区、机场、火车站、港口等各个角落,独立实现"门到门"的直达运输。

2. 道路运输的功能

道路具有交通运输、城乡骨架、公共空间、抵御灾害和发展经济的功能。

(1) 道路的功能首先表现在交通运输方面。道路是人们工作、学习、生活、旅游出行的通道,它具有实现城乡旅客、货物交通中转和集散的功能。社会活动要求必须有一个安全、通畅、方便、快捷和舒适的道路交通体系。

(2) 道路是城乡结构的骨架。城市道路是城市建设的基础,城市建筑是按照道路网的布局走向进行布置的,因此,城市道路成为城市结构的骨架。同样,地方道路是乡镇布局的骨架,乡镇依靠主干公路网与各个城市连接起来,使主干公路网成为整个国土结构的骨架。

(3) 道路本身又是公共空间。它不仅是公共交通体系的空间，而且也是保证日照、通风，提供绿化、排水管线布置的空间。

(4) 道路是抵御灾害的通道。在发生火灾、水灾、地震等自然灾害和战争时，能迅速疏散群众和集结军队。

(5) 道路是社会发展的基础，是经济发展的先行设施，"要想富，先修路"已成为全社会的共识。工农业生产、商品流通、国土开发、国防建设、旅游事业等均依赖道路来实现，道路建设在经济发展中起着举足轻重的作用。

概括来说，道路的功能就是为用路者提供交通服务，它包括通过功能和通达功能。通过功能是指道路能为用路者提供安全、快捷、大量交通的特性；通达功能是指道路能为用路者提供连接出行地点的特性。

1.2　道路的分类与组成

1.2.1　道路的分类

道路是供各种车辆和行人等通行的工程设施，按其使用范围及特点不同，可分为公路、城市道路、专用道路等。

1. 公路

公路是指连接城市、乡村，主要供汽车行驶的具备一定技术条件和设施的道路。公路按其行政等级分为国道、省道、县道、乡道、村道和专用公路 6 个等级。其中，国道包括国家高速公路和普通国道，省道包括省级高速公路和普通省道。

2. 城市道路

城市道路是指在城市范围内，供车辆及行人通行的具备一定技术条件和设施的道路。城市道路按其地位、功能，可划分为快速路、主干路、次干路和支路。城市道路是城市组织生产、安排生活、发展经济、物质流通所必需的交通设施。

3. 专用道路

专用道路指由厂矿、农林等部门投资修建，主要供该部门使用的道路。

(1) 厂矿道路。

厂矿道路指主要为工厂、矿山运输车辆通行的道路。通常分为厂内道路和厂外道路及露天矿山道路。厂外道路为厂矿企业与国家公路、城市道路、车站、港口相衔接的道路或厂矿企业分散的车间、居住区之间连接的道路。

(2) 林区道路。

林区道路是指修建在林区，主要供各种林业运输工具通行的道路。由于林区地形及运输木材的特征，其技术要求应按专门制定的林区道路工程技术标准执行。

各类道路由于其位置、交通性质及功能均不相同，在设计时其依据、标准及具体要求也不相同。因此，必须按其相应的技术规范进行设计与施工。

1.2.2 公路的主要组成

公路是线形结构物,包括线形和结构两个组成部分。

1. 线形组成

公路线形是指公路中线的空间几何形状和尺寸。这一空间线形投影到平、纵、横 3 个面而分别绘制成反映其形状、位置和尺寸的图形,就是公路的平面图、纵断面图和横断面图。公路设计中,平、纵、横三个面相互影响、相互制约、相互配合,设计时应综合考虑。

平面线形由直线、圆曲线和缓和曲线等基本线形要素组成。纵断面线形由直线(直坡段)及竖曲线等基本要素组成。横断面由行车道、路肩、分隔带、路缘带、人行道、绿化带等不同要素组合而成。公路线形设计时必须考虑技术经济和美学等的要求。

2. 结构组成

公路结构是承受荷载和自然因素影响的结构物,它包括路基、路面、桥涵、排水系统、隧道、防护工程、特殊构造物及交通服务设施等。不同等级的公路在不同条件下其组成会有所不同,如汽车停车场在汽车行驶数量少的公路中就不必设置。

(1) 路基。

路基是行车部分的基础,它承受着路面传递下来的行车荷载,它是由土、石按照路线位置和一定技术要求修筑而成的土工带状体。

(2) 路面。

路面是用各种筑路材料或混合料分层铺筑在路基上供车辆行驶的构造物。它直接承受行车荷载和自然因素的作用,供车辆在上面以一定车速安全、舒适地行驶。

(3) 桥涵。

桥涵是为公路、城市道路等跨越河流、山谷等天然或人工障碍物而建造的建筑物。涵洞是为宣泄地面水流而设置的横穿路基的小型排水构造物。在低等级公路上,当水流不大时可修筑用大石块或卵石堆筑的具有透水能力的路基,在未建桥的公路中断处还可设置渡口、码头等。

(4) 排水系统。

为了防止地面水及地下水等自然水侵蚀、冲刷路基,确保路基的稳定,需设置排水构造物。除上述桥涵外,还有边沟、截水沟、排水沟、跌水、急流槽、盲沟、渗井及渡槽等。这些排水构造物组成综合排水系统,以减轻或消除各种水对公路的侵害。

(5) 隧道。

隧道是为公路从地层内部或水底通过而修筑的建筑物。隧道可以缩短公路里程并使行车平顺迅速。

(6) 防护工程。

防护工程指在陡峭山坡或沿河一侧的路基边坡修建的填石边坡、砌石边坡、挡土墙、护脚及护面墙等可加固路基边坡保证路基稳定的构造物。在易发生雪害的路段可设置防雪栅、防雪棚等。在沙害路段设置控制风蚀过程的发生和改变沙粒搬运及堆积条件的设施。沿河路基可设置导流结构物,如顺水坝、格坝、丁坝及拦水坝等间接防护工程。

(7) 特殊构造物。

在山区地形、地质复杂路段，可修建悬出露台、半山桥及防石廊等保证公路连续和路基稳定的构造物。

(8) 交通服务设施。

为了保证公路沿线交通安全、管理、服务及环境保护的一些设施，如照明设备、交通标志、交通标线、护栏、收费站、信号设施、监控系统、声屏障、隔离栅、加油站、公共交通停靠站、汽车停车场、休息设施及绿化和美化设施等。

1.2.3　城市道路的组成

城市道路将城市的主要组成部分如居民区、市中心、工业区车站、码头及其他部分之间联系起来，形成完整的道路系统，通常其组成如下。

(1) 机动车道和非机动车道。
(2) 人行道、人行横道。
(3) 交叉口、立体交叉、步行广场、停车场、公共汽车站。
(4) 交通安全设施、人行地道、人行天桥、照明设备、护栏、标志、标线、信号灯等。
(5) 排水系统、街沟、雨水口、窨井及雨水管等。
(6) 沿街设施、照明灯柱、电杆、邮筒及给水栓等。
(7) 地下各种管线。
(8) 绿化带、中间绿带、侧分绿带、基础绿带、行道树等。
(9) 大城市还有地下铁路、高架桥等。

道路工程的主体是路线、路基(包括排水系统及防护工程等)和路面三大部分。在道路设计中，它们是相互联系、相互影响的。路线设计中不仅要有经济合理的线形，还应充分考虑通过地区的自然与地貌等因素，以保证路基的稳定性。路基要有足够的强度和稳定性，以保证路面结构的整体强度和稳定性，同时保证行车安全和迅速。

1.3　道路的分级与技术标准

1.3.1　公路的分级与技术标准

1. 公路的分级

按交通运输部颁布的《公路工程技术标准》(平装版)(JTG B01—2014)，公路根据交通量及其使用任务、性质分为 5 个等级。

(1) 高速公路为专供汽车分向、分车道行驶并全部控制出入的多车道公路。高速公路的年平均日设计交通量宜大于 25000 辆小客车。

(2) 一级公路为供汽车分向、分车道行驶，并可根据需要控制出入的多车道公路。一级公路的年平均日设计交通量宜大于 25000 且低于 55000 辆小客车。

(3) 二级公路为供汽车行驶的双车道公路。一级公路的年平均日设计交通量宜为5000～15000辆小客车。

(4) 三级公路为供汽车、非汽车交通混合行驶的双车道公路。三级公路的年平均日设计交通量宜为2000～6000辆小客车。

(5) 四级公路为供汽车、非汽车交通混合行驶的双车道或单车道公路。双车道四级公路年平均日设计交通量宜在2000辆小客车以下；单车道四级公路年平均日设计交通量宜小于400辆小客车。

各种类型汽车的折算标准可参考表1.1的规定折算。

表1.1 各种类型汽车折算标准

汽车代表类型	车辆折算系数	说　明
小客车	1.0	≤19座的客车和载质量≤2t的货车
中型车	1.5	>19座的客车和2t<载质量≤7t的货车
大型车	2.5	7t<载质量≤20t的货车
汽车列车	4.0	载质量>20t的货车

注：(1) 畜力车、人力车、自行车等非机动车，在设计交通量换算中按路侧干扰因素计。

(2) 公路上行驶的拖拉机每辆折算为4辆小客车。

(3) 公路通行能力分析所要求的车辆折算系数应针对路段、交叉口等形式，按不同的地形条件和交通需求，采用相应的折算系数。

高速公路和一级公路的设计交通量预测年限为20年，二、三级公路的设计交通量预测年限为15年，四级公路可根据实际情况确定。设计交通量预测年限的起算年为该项目可行性研究报告中的计划通车年。设计交通量的预测应充分考虑走廊带范围内远期社会、经济的发展和综合运输体系的影响。

2．公路等级选用的基本原则

公路等级的选用应根据公路功能、路网规划、交通量，并充分考虑项目所在地区的综合运输体系、远期发展等，经论证后确定。一条公路可分段选用不同的公路等级或同一公路等级不同的设计速度、路基宽度，但不同公路等级、设计速度、路基宽度间的衔接应协调，过渡应适合。预测的设计交通量介于一级公路与高速公路之间时，拟建公路为干线公路，宜选用高速公路；拟建公路为集散公路，宜选用一级公路。干线公路宜选用二级及二级以上公路。

3．公路的技术标准

公路的技术标准是法定的技术准则，它是指公路线形和构造物的设计、施工在技术性能、几何尺寸、结构组成方面的具体规定和要求。它是在根据汽车行驶性能、数量、荷载等方面的要求和设计、施工及使用的经验基础上，经过调查研究和理论分析制定出来的。各级公路主要技术指标汇总以及各个公路路基宽度如表1.2及表1.3所示。高速公路和一级公路整体式断面必须设置中间带，中间带由中央分隔带和两条左侧路缘带组成。

表1.2 各级公路主要技术指标汇总

公路等级	高速公路			一级公路			二级公路		三级公路		四级公路	
设计速度/(km/h)	120	100	80	100	80	60	80	60	40	30	30	20
行车道宽度/m	3.75	3.75	3.75	3.75	3.75	3.5	3.75	3.5	3.5	3.25	3.25	3.0
车道数/条	≥4						2		2		2或1	
一般最小半径/m	1000	700	400	700	400	200	400	200	100	65	65	30
停车视距/m	210	160	110	160	110	75	110	75	40	30	30	20
最小坡长/m	300	250	200	250	200	150	200	150	120	100	100	60
最大纵坡/%	3	4	5	4	5	6	5	6	7	8	8	9
桥涵设计车辆荷载	公路—Ⅰ级			公路—Ⅰ级			公路—Ⅰ级		公路—Ⅱ级		公路—Ⅱ级	

表1.3 各级公路路基宽度

公路等级		高速公路、一级公路								
设计速度/(km/h)		120			100			80		60
车道数/条		8	6	4	8	6	4	6	4	—
路基宽度/m	一般值	42.0	34.5	28.0	44.0	33.5	26.0	32.0	24.5	23.0
	最小值	38.0	—	26.0	41.0	—	24.5	—	21.5	20.0
公路等级		二级公路、三级公路、四级公路								
设计速度/(km/h)		80	60	40	30			20		
车道数/条		2	2	2	2			2或1		
路基宽度/m	一般值	12.0	10.0	8.5	7.5		6.5(双车道)		4.5(单车道)	
	最小值	10.0	8.5	—	—					

注:(1) "一般值"为正常情况下的采用值;"最小值"为条件受限制时可采用的值。

(2) 8车道高速公路路基宽度"一般值"为设置左侧硬路肩,内侧车道采用3.50m时的宽度;8车道高速公路路基宽度"最小值"为不设硬路肩,内侧车道采用3.75m时的宽度。

1.3.2 城市道路的分类与分级

《城市道路工程设计规范》(CJJ 37—2012)(2016年版)按城市道路在道路网中的地位、交通功能和对沿线建筑物的服务功能分为4级。

1. 快速路

快速路主要为城市中的大量、长距离快速交通提供服务,其技术要求如下。

(1) 至少要有4条车道,中间设中央分隔带,有自行车通过时应在两侧加设自行车道。

(2) 进、出口采用全控制或部分控制。

(3) 大部分交叉口采用立体交叉,与次干道可采用平面交叉,与支路不能直接相交。过路行人集中点要设置过街人行天桥或地道。

2. 主干路

主干路是城市道路网的骨架，它联系城市各主要分区、港口与车站等。自行车交通量大时可采用机动车和非机动车分流的断面形式，如三幅路或四幅路。

3. 次干路

次干路配合主干路组成城市道路网，连接城市各部分和集散交通。它是城市交通干路，兼有服务功能，可设置停车场。

4. 支路

支路是一个地区内(如居住区)的道路，也是与干路的联系道路，它解决局部地区交通，以服务功能为主。部分支路可用以补充干道网的不足。

城市道路的分类和分级及主要技术指标，可参考表 1.4。

表 1.4 各级城市道路主要技术指标汇总

等 级	设计速度 /(km/h)	双向机动车车道数/条	机动车道宽度/m	分隔带设置	横断面采用形式
快速路	60、80	≥4	3.75	必须设	双、四幅路
主干路	50、60	≥4	3.75	应设	单、双、三、四幅路
	40、50	≥4	3.75	应设	单、双、三幅路
	30、40	2～4	3.5～3.75	可设	单、双、三幅路
次干路	40、50	2～4	3.75	可设	单、双、三幅路
	30、40	2～4	3.5～3.75	不设	单幅路
	20、30	2	3.5	不设	单幅路
支路	30、40	2	3.5～3.75	不设	单幅路
	20、30	2	3.5	不设	单幅路
	20	2	3.5	不设	单幅路

注：(1) 设计速度在条件许可时，宜采用大值。
(2) 改建道路根据地形、地物限制以及拆迁占地等具体困难，可选用表中适当等级。
(3) 城市文化街、商业街可参照表中次干路及支路的技术指标。

1.4 道路工程发展概况和道路的特点及功能

道路是供各种车辆和行人等通行的工程设施。道路工程则是以道路为对象进行的规划、设计、施工、养护与管理工作的全过程及其工程实体的总称。

自从有人类开始，就有了道路。路是人走出来的，原始人徘徊于自然界的山河之间，打猎、捕鱼、采集食物，其惯行的足迹就形成了"路"。因此，可以说道路的历史就是人类发展的历史。人类在社会、经济生活中创造了道路，而道路的产生和发展又为推动社会的发展和人类的进步做出了巨大的贡献。后来，人类转入定居生活，以居住地为中心的步行交通的历史就开始了。随着经济的发展、生产力的进步，人们从自给自足的生活状态发展到物物交换的商品经济，与之相适应的通商、货物运输开始发展起来。起初，原始人在陆路和水上的运输都是利用天然的运输工具。在太古时期，陆路运输以人力搬运为主。随后从饲养动物开始，陆路运输转为以动物驮载来进行(如马、驴、牛、骆驼等)。当时的道路主要供人行和驮载通行。

大约公元前4000年，出现了车轮，这是人类物质文化发展史中的大事。用车轮代替滑木、以滚动代替滑动，从而减小了行车阻力，提高了运输效率。随着车辆的出现，以动物为牵引的轮式车辆开始使用。轮式车辆的使用对道路提出了更高的要求，于是宽度和质量都较好的马车道路出现了。车的发明改变了运输完全依靠人背、肩挑、棒抬、头顶的原始运输方式，是运输史上新的里程碑。

中国古代传说中就有黄帝"披山通道"和"黄帝造车"之说，故号为"轩辕氏"，轩是古代一种有围棚的车，辕则是车的构件。公元前21世纪的夏代就有制造车辆的确切记载。在考古中还发现夏代的陶器上画有车轮花纹。这些都是夏代使用过车的佐证。

马车时代的道路虽然有很大的进步，但是由于马的运力有限，车速较低、爬坡能力弱，因此，它远远不能适应经济发展的需要和人们生活水平的提高对陆路交通的要求。因此，陆路交通运输正酝酿着一场新的变革。

从1886年汽车出现到第一次世界大战结束，是汽车道路发展的早期阶段。这一时期，汽车数量不多，多数公路由原来的马车道改造而成。一方面，由于车辆少、交通密度小、速度低，汽车与马车在车道上混合行驶，因而公路的技术标准很低；另一方面，由于铁路的迅速发展，铁路成为当时陆上交通的主体，公路运输仅是铁路、水路运输的辅助手段。世界铁路大发展的局面，使这一时期在交通运输史上被称为铁路运输时代。

1920—1945年是公路发展的中期阶段。第一次世界大战后，公路建设发展迅速，其主要原因有：第一，第一次世界大战结束，一些资本主义国家把军事工业转向民用工业，使汽车工业得以迅速发展，同时，由于工业机械化生产的发达，市场劳动力过剩，有更多的劳动力投入公路建设；第二，一些国家出于军事目的，对公路建设投入较大，使公路得以发展。这一时期公路运输开始普及，干线公路标准有很大提高，欧美各国已初步形成了国家的公路干线网，畜力车相继被淘汰。在整个交通运输体系中，汽车的优越性得以发挥，在各种运输方式的竞争中，公路运输的地位日益提高。公路运输不仅是短途运输的主力军，而且在中、长途运输中开始崭露头角，与铁路、水运相抗衡。铁路运输垄断的地位开始改变并逐步下降，甚至在美、英、法等国出现了拆铁路改修公路的现象。

在该阶段中，道路发展史上有两件大事：一是高速公路出现；二是"交通工程"这一新兴的学科产生。高速公路和交通工程的出现把公路发展推向了现代道路的新阶段。

1932年8月6日，德国建成了西部城市科隆和波恩之间全长约18km的世界上第一条高速公路，设计时速120km/h，1958年命名为A555号高速公路。高速公路是一种新型的交通设施，它的修建从根本上保证了汽车行驶的快速、安全、舒适，为公路事业的进一步发展开辟了广阔的前景。

"交通工程"这门新兴学科的出现对道路交通规划以提高道路的通行能力、减少交通事故和交通公害有着十分重要的作用，为现代高速公路的发展奠定了理论基础。

这一时期公路发展较快的国家主要是美国、德国和一些经济发达国家。在中期，公路发展的主要特征有两点：一是路面铺装率大大提高，1915年路面铺装率只有10%，而到这一时期铺装率已达到70%；二是公路运输在交通运输中所占的比例大大提高。公路运输已在各种交通运输中起着主导的作用。

现代道路的发展速度很快，特别是20世纪70年代以来，国外道路运输进入大发展时期，现在发达国家的公路网体系，包括其中的高速公路网骨架已基本建成。这些国家的道路部门除继续将部分精力放在道路建设以外，更将相当的精力放在研究道路的使用功能、车流安全和行车舒适性，以及改善道路对周围环境、人文景观的影响等方面。可以说，发达国家大规模的公路建设时期已经结束或即将结束，已全面进入道路的运营管理阶段，道路网和汽车流已渗透到社会生活各个方面，在社会建设中产生巨大的作用。

20世纪初，汽车开始进入我国，于是通行汽车的公路便发展起来。但在半封建半殖民地的旧中国，公路建设缓慢，到1949年全国通车的公路里程仅为8.07×10^4 km，而且大多是在东南沿海地区。中华人民共和国成立以来，前30年由于国民经济处于恢复期，发展较慢，按照一些外国人士的说法，当时"中国没有路"。但从1978年起，国家实行改革开放政策，我国的交通运输业取得跨越式发展。按照发展经济学理论，公路交通等基础设施作为社会先行资本，对工业化进程起着决定性作用，是一国"起飞"的必要条件。伴随着公路基础设施的飞速发展，我国国民经济的发展速度同样是史无前例的。在改革开放的大背景下，我国公路交通基础设施的跨越式发展，促进了人和货物的移动，支持贸易增长，促进产业升级，为文化技能传播、生产率提高创造了条件；交通便利性的提高，还提升了城市的宜居水平和经济潜力，从而增加了城市的吸引力，并使城乡居民能够公平获得更多基本商品服务活动(如工作、教育、医疗等)的机会，缩小了城乡之间的差距，对促进城镇化发展与社会和谐进步产生了重要而深远的影响。

截至2019年年底，以14.96×10^4 km高速公路(总里程数位居世界第一)为主骨架，总规模达到501.25×10^4 km的公路系统，已经为中国实现两个百年梦想奠定坚实基础。国家公路运输主通道基本形成，路网结构得到逐步完善，公路客货运输的空间时距大大缩短，运输成本显著降低。公路运输条件的改善为铁路、航空、水运等运输方式创造了更加便利的条件，使综合运输结构层次更加清晰，国家现代化的交通运输体系日趋完善。公路运输企业依托高速公路，优势得以发挥，与铁路、航空、水运的分工更加科学，多种运输方式在合作和竞争中有效提升了服务品质，使旅客的出行和货物的运输更加便利。

课后习题

1.1 我国的道路分为哪几类？公路的主要组成部分是什么？
1.2 我国公路为什么要分级？公路的分级依据是什么？
1.3 城市道路分为哪几类？分类的依据是什么？
1.4 公路的线形组成有哪些？各自的作用是什么？
1.5 道路的功能主要表现在哪些方面？请具体展开描述。

第 2 章　道路车辆及其行驶条件

道路上的车辆主要以燃油(汽油、柴油)、电或其他能源作为动力,通过轮胎在各种道路上行驶的工具,如汽车(客车和货车等)、无轨电车、各种装卸载运车辆及摩托车等。道路运输工程设施的规划和设计,要考虑并满足这些设施的使用对象——载运工具的运行特性要求,如工程设施的结构设计要能经受住车辆重力的重复作用。因此,道路工程的规划和设计人员,需要了解道路及道路上车辆之间的关系,以便设计出舒适的、合理的道路。

本章主要介绍道路的等级、道路的技术特性、道路养护水平、车辆的加减速性能以及车辆的运行费用。

2.1　道路等级

汽车的运行速度和通行能力是确定道路等级的主要依据。根据公路交通量及其使用任务和性质,可将公路分为高速公路、一级公路、二级公路、三级公路和四级公路共 5 个等级。

(1) 高速公路。一般能适应将各种汽车折合成小客车的年平均日交通量为 25000~100000 辆,具有特别重要的政治、经济意义,专供汽车分向分车道高速行驶,并实行全线控制出入的公路。

(2) 一级公路。一般能适应将各种汽车折合成小客车的年平均日交通量为 15000~55000 辆,为连接重要的政治、经济中心,通往重点工矿区,可供汽车分道行驶,并部分控制出入及部分立体交叉的公路。

(3) 二级公路。一般能适应将各种汽车折合成小客车的年平均日交通量为 5000~15000 辆,为连接政治、经济中心及大型工矿区的干线公路,或交通运输繁忙的城郊公路。

(4) 三级公路。一般能适应将各种车辆折合成小客车的年平均日交通量为 2000~6000 辆,为沟通县及县以上城市的一般干线公路。

(5) 四级公路。一般能适应将各种车辆折合成小客车的年平均日交通量为 2000 辆以下,为沟通县、乡、村等支线公路。

公路工程技术标准将每级公路规定了相应的技术标准,如车道宽、车道数、最小停车视线距、纵坡、平曲线半径和路面等级等(表 2.1)。该标准中规定的路线参考取值,均在保证设计车速的前提下,考虑了汽车行驶安全性、舒适性、驾驶人的视觉和心理反应。

表 2.1 我国各级公路主要技术指标表

公路等级		高速			一级			二级		三级		四级
计算行车速度/(km/h)		120	100	80	100	80	60	80	60	40	30	20
路基宽度/m	土路肩 一般值	0.75	0.75	0.75	0.75	0.75	0.5	0.75	0.5	0.75	0.5	双车道0.25/单车道0.5
	土路肩 最小值	0.75	0.75	0.75	0.75	0.75	0.5	0.75	0.5			
	右侧硬路肩 一般值	3.0或3.5	3.0	2.5	3.0	2.5	2.5	1.5	0.75			
	右侧硬路肩 最小值	3.0	2.5	1.5	2.5	1.5	1.5	0.75	0.25			
	行车道宽度	3.75	3.75	3.75	3.75	3.75	3.5	3.5	3.5	3.5	3.25	3.0
	左侧路缘带 一般值	0.75	0.75	0.5	0.75	0.5	0.5					
	左侧路缘带 最小值	0.75	0.5	0.5	0.5	0.5	0.5					
	中央分隔带 一般值	3.0	2.0	2.0	2.0	2.0	2.0					
	中央分隔带 最小值	2.0	2.0	1.0	2.0	1.0	1.0					
最小平曲线半径/m	极限值	650	400	250	400	250	125	250	60	125	30	15
	一般值	1000	700	400	700	400	200	400	100	200	65	30
	不设超高 路拱≤2.0%	5500	4000	2500	4000	2500	1500	2500	600	1500	350	150
	不设超高 路拱>2.0%	7500	5250	3350	5250	3350	1900	3350	800	1900	450	200
凸形竖曲线最小半径/m	极限值	11000	6500	3000	6500	3000	1400	3000	450	1400	250	100
	一般值	17000	10000	4500	10000	4500	2000	4500	700	2000	400	200
凹形竖曲线最小半径/m	极限值	4000	3000	2000	3000	2000	1000	2000	450	1000	250	100
	一般值	6000	4500	3000	4500	3000	1500	3000	700	1500	400	200
最小竖曲线长/m		100	85	75	85	70	50	70	35	50	25	20
停车视距/m		210	160	100	160	110	75	110	40	75	30	20
超车视距/m								550	350	200	150	100
会车视距/m								220	150	80	60	40
最小缓和曲线长/m		100	85	70	85		50	70	35	50	25	20
最大纵坡/%		3	4	5	4	5	6	5	7	6	8	9
最小坡长/m		300	250	200	250	200	150	200	150	120	100	60
汽车荷载等级		公路Ⅰ级						公路Ⅱ级				

2018 年年底,全国高速公路里程达 $14.26×10^4$ km,比 2017 年年末增加 $0.82×10^4$ km。近年来,我国高速公路里程保持持续增长的态势,并且在"十三五"期间依然有望延续这一增长势头。截至 2019 年中国高速公路里程达到了 $14.96×10^4$ km,较上年增加 $0.70×10^4$ km。2020 年全国高速公路里程数将达到了 $16.10×10^4$ km。2021 年全国高速公路里程达到了

$16.8×10^4$ km。通车道路里程的增加极大促进和保障了我国经济社会的发展，但快速增长的交通需求与公路基础设施有效供给不足的问题仍是制约道路交通运输发展的主要矛盾。

国家已制定了宏伟的公路发展规划。预计到 2030 年，中国大陆公路网规模约 $580×10^4$ km，其中国家公路约 $40×10^4$ km，占总规模的 7%，省级公路占 9%，乡村公路占 84%；我国高速公路由 7 条首都放射线、11 条南北纵线、18 条东西横线以及地区环线、并行线、联络线等组成，约 $11.8×10^4$ km；普通国道和国家高速公路总规模约 $40×10^4$ km。

国家公路发展规划的实现，将使我国的道路状况发生根本性的转变，对我国现代化建设将起到巨大的推动作用。但当前的公路状况仍不能令人满意，在修建和改建高速公路的同时，还有许多旧路需要改造。道路的交通量越大，修建的技术标准应越高。从总体上来说，道路修建和养护费用可由路况改善而节约的汽车运行费用得到迅速补偿。据推算，将年平均日交通量为 1000 辆的砂石路面 10000km 改为沥青路面，可减少汽车运输费用支出 3.1 亿元，营运 5 年可收回全部投资。

2.2 公路技术特性

影响公路线路使用质量和车辆使用效率的主要技术特性，在水平面内是曲线段的平曲线半径，在纵断面内是纵坡、纵坡长度、竖曲线半径，在横断面内是车道宽度、车道数和路肩宽度等。

汽车弯道行驶，受离心力作用可能会引起不同程度的侧滑现象，恶化汽车的操纵稳定性，降低乘员的乘坐舒适性，严重时汽车可能会侧翻。车辆在小平曲线半径道路上行驶时，轮胎侧向变形增大，磨损增加，车辆油耗增加。曲线路段影响驾驶人的视线，夜间行车光照距离在曲线段也比直线段短，对行车安全不利。长直线路段对行车安全也不利，所以公路都避免采用长直路线形。一般都尽量采用不小于表 2.1 所列最小半径。当条件不许可时，可设超高或缓和曲线。缓和曲线可使作用在汽车上的离心力逐渐变化，以便于驾驶人平缓操纵转向盘进行转弯，保证行车安全。

公路纵坡使汽车动力消耗增大，后备功率降低，燃料消耗增加。《公路工程技术标准》(JTG B01—2014)规定了各级公路纵坡的许用值。增大纵坡对行车安全的影响重大。权衡汽车运输指标和修建费用两个方面的要求，是公路修建前进行可行性论证的重要内容之一。

汽车运行工况和安全性与路面质量有关。路面要求具有足够的强度、很高的稳定性、良好的宏观平整度以及适当的微观粗糙度，以保证汽车的附着条件和最小的运行阻力。

路面平整度是路面的主要使用特性之一。它影响汽车的运行速度(图 2.1)、动载荷、轮胎磨损、货物完好性及乘员舒适性，从而影响汽车利用指标和使用寿命。

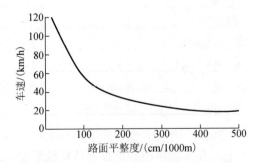

图 2.1 汽车允许速度和路面平整度的关系

2.3 公路养护水平及对车辆使用性能的影响

公路养护水平的两个评定指标是"好路率"和"养护质量综合值(MQI)"。根据中华人民共和国交通运输部颁布的《公路技术状况评定标准》(JTG 5210—2018),现有公路养护质量分为优、良、次、差 4 个等级。评定项目包括路面整洁、横坡适度、行车舒适;路肩整洁、边坡稳定、排水畅通;构造物、桥涵及隧道完好;沿线设施完善;绿化美观协调。满分为 100 分,其中路面 50 分;路基构造物 20 分;桥涵隧道、沿线设施、绿化各 10 分。公路养护评分值和优良等级公路要求见表 2.2。

表 2.2 公路养护等级评分值

公路养护等级	优	良	次	差
总分	≥90	>75	>60	<60
路面	>45	>38		
路基	>15			
桥涵隧道、沿线设施、绿化	均>6			

上述优等路的四个条件中,如有一条达不到要求,即定为良等路;良等路两个条件中,如有一条达不到要求即定为次等路。

某公路的总里程 L、优等里程 L_y、良等里程 L_1、次等里程 L_c、差等里程 L_{ch},则好路率 Q 的计算式为

$$Q = \frac{L_y + L_1}{L} \times 100\% \tag{2.1}$$

2011 年年底,全国公路养护里程 398.04×10^4 km,占公路总里程的 96.9%。全国干线公路平均好路率达到 83.1%。2010 年年底,全国高速公路优良率达到 99.23%,国道优良率达到 78.75%,省道优良率达到 75.24%。路段抽检结果表明,平整度和破损率指标分别为 1.9361m/km(每公里颠簸累计值)和 0.5862% (破损占总路面面积),达到了优秀标准;高速公路平整度达到 1.4266m/km,普通公路达到 2.3293m/km。某省干、支线平均好路率为 73.5%。其中:干线好路率为 88.8%,支线好路率为 71.9%。

养护质量综合值 P 计算式为

$$P = \frac{4L_y + 3L_1 + 2L_c + L_{ch}}{L} \tag{2.2}$$

好路率和养护质量综合值都与车辆运行无关,但它们与直接影响汽车速度、平顺性和总成使用寿命的路面平整度评分有关。因而,它们可粗略地表征道路状况,并可粗略地用于评价道路对汽车运用的影响。

车辆违规超限超载运输,会大大缩短路桥使用寿命,也严重影响道路的好路率及交通安全。经 2004 年 6 月至 7 月的超载超限治理,货运车辆超限超载率已由 80%以上下降到 10%以内,超载 50%以上的比例不到 1%。全国干线公路货车平均超限率从 2007 年年底的 9.9%下降到 2009 年 7 月的 6.7%,因超限超载造成的公路、桥梁经济损失每年减少 160 亿元以上。

公路养护水平会对汽车使用性能造成较大影响，试验统计数据得出在我国河北和吉林两省之间公路养护状况与汽车运行油耗、维修费用、大修间隔里程之间有关系。

1. 油耗

为了描述路面质量对汽车百公里油耗的影响，选择典型路段进行汽车油耗试验。测取在不同路段的路面分值和汽车的百公里油耗(表 2.3)，经回归分析得到指数方程为

$$Q = ae^{-bx} \tag{2.3}$$

式中　Q——一定车速下汽车的百公里油耗，L/100km；

　　　x——路面分值；

　　　a,b——回归系数。

表 2.3　路面分值与汽车油耗关系的指数回归

车速/(km/h)	a	b	相关系数 R
20	28.1121	0.00323	0.8602
30	30.0541	0.00323	0.8117
40	29.9342	0.00287	0.7461
50	34.1376	0.00483	0.7191

在车速 50km/h 的情况下，试验路段的路面分值依次为 18 分和 49 分时，油耗分别为 28.4L/100km 和 26.0L/100km，即路面分值从 18 增至 49 时，油耗下降 8.5%。

2. 车辆维修费用

对一些地区的车辆维修费用和道路养护质量的关系进行统计分析，得到表 2.4 所列的统计结果。对其进行回归分析，可得

$$y = 0.2265 - 0.1586\ln x \tag{2.4}$$

式中　y——每公里维修费用，元/km；

　　　x——道路养护综合值。

表 2.4　车辆维修费用和道路养护综合值

养护综合值	2.48	2.51	2.53	2.58	2.63	2.70	2.78
维修费/(元/km)	0.091	0.082	0.073	0.070	0.073	0.067	0.069

从式(2.4)可知，道路养护综合值由 2.48 提高到 2.78，车辆维修费用减少 22%。也就是，增强道路的养护，就可以大幅度地减少车辆损坏，节约车辆维修费用。

3. 车辆大修间隔里程

河北省某年公路好路率与汽车大修间隔里程统计数据列于表 2.5 中。

通过相关分析可知，好路率与汽车大修里程之间的关系式为

$$y = 29.909 + 0.6374x \tag{2.5}$$

式中　y——汽车大修里程，10^4km；

　　　x——好路率，%。

表 2.5　河北省某年的好路率与大修里程的关系

地　区	石家庄	唐山	秦皇岛	邯郸	邢台	保定	承德	沧州
好路率/%	72.4	76.2	73.3	64.3	68.5	71.0	64.9	73.8
大修里程/10^4km	15.91	19.64	14.76	12.07	6.64	15.23	9.15	17.09

2.4　车辆加减速性能

2.4.1　车辆加速性能

在双车道公路上行驶的车辆准备超车时，汽车加速性能的优劣将影响到超车所需的路段长度。在设计交叉口信号灯时，汽车加速性能是一项影响信号周期设定的重要因素。在交通流被阻断时，汽车的加速性能信息可用于估计如何恢复正常的交通。在分析燃油消耗和行程时间价值时，需要提供有关汽车加速性能的信息。因而，汽车加速性能是道路几何设计和交通设计时须考虑的一项重要因素。

汽车在平坡直道上行驶的最大加速度，可改写为

$$a_{lv} = \frac{gP}{W} - \frac{R_r + R_a}{W} \tag{2.6}$$

式中　a_{lv}——在平坡路段上速度为v(km/h)时的最大加速度，m/s²；
　　　R_r——滚动阻力，kgf；
　　　R_a——空气阻力，kgf。

由式(2.6)可知，汽车的加速性能主要依赖于汽车的质量-功率比W/P。由于滚动阻力和空气阻力随行驶速度而增大，加速性能便随行驶速度增大而降低。

利用式(2.6)，可推算出不同质量-功率比的小客车和半挂式组合货车在平坡路段上加速时的最大加速度，包括从起步加速和从不同初速加速到某个速度时的最大加速度，如表 2.6 所列。分析表列数值可以看出，影响加速度性能的最主要因素是车辆的质量-功率比。随着质量-功率比的增加，车辆的加速性能下降，其起步时的最大加速度降低。例如，W/P为 11.35kg/hp 时的小客车起步时的最大加速度为 2.83～2.38m/s²，而W/P为 15.89kg/hp 时的最大加速度下降为 2.07～1.68m/s²。同时，小客车的质量-功率比性能优于半挂式组合货车，它的加速性能也大大优于半挂车。例如，W/P为 181.6kg/hp 的半挂车起步时的最大加速度仅为 0.40～0.21m/s²，远低于小客车的最大加速度。此外，还可从表列数值看到，随着起始速度的提高，行驶阻力(滚动阻力和空气阻力)增大，最大加速度降低。例如，W/P为 11.35kg/hp 时的小客车从起步加速到 16km/h 时的最大加速度为 2.83m/s²，而从 80km/h 加速到 96km/h 时(相同的加速幅度)，最大加速度下降为 1.71m/s²。

道路纵坡度是影响最大加速度的另一个重要因素。在纵坡路段上的最大加速度要比平坡路段上的小，其下降值可按下式确定，即

$$a_{gv} = a_{lv} - \frac{ig}{W} \tag{2.7}$$

式中　a_{gv}——在纵坡路段上速度为 v(km/h)时的最大加速度，m/s²；
　　　i——纵坡坡度，%。

表 2.7 列出了小客车和半挂车在坡道上坡时的最大加速度数据。可以看出，随着纵坡度增加，最大加速度下降。例如，起步加速的小客车在平坡时的最大加速度为 2.29m/s²，而在 10%纵坡路段上的最大加速度下降为 1.31m/s²；而且，起始加速的速度越高，最大加速度下降的幅度越大。半挂式货车由于加速性能差，在较陡的纵坡路段上，甚至不能在坡道上加速或保持已有速度。例如，表 2.6 中 W/P 为 90.8kg/hp 时的半挂车在 6%纵坡的路段上无法加速，在 4%纵坡路段上不能在行驶速度达 32km/h 后加速或保持此车速。

表 2.6　平坡路段上车辆的最大加速度

车辆类型	质量-功率比 W/P/(kg/hp)	在以下速度范围内的最大加速度/(m/s²)								
		0～16	0～32	0～48	0～64	0～80	32～48	48～64	64～80	80～96
小客车	11.35	2.83	2.71	2.59	2.50	2.38	2.38	2.16	1.92	1.71
	13.62	2.38	2.29	2.19	2.07	1.98	1.98	1.77	1.58	1.37
	15.89	2.07	1.98	1.89	1.80	1.68	1.71	1.52	1.34	1.16
半挂车	45.4	0.88	0.70	0.67	0.61	0.49	0.64	0.46	0.30	0.18
	90.8	0.55	0.49	0.46	0.37	0.30	0.40	0.24	0.15	0.12
	136.2	0.40	0.40	0.37	0.33	0.18	0.30	0.18	0.09	—
	181.6	0.40	0.37	0.33	0.21	—	0.27	0.12	—	—

表 2.7　坡道上车辆在不同速度范围内的最大加速度(单位：m/s²)

速度变化/(km/h)	小客车(13.6kg/hp)					半挂车(90.8kg/hp)			
	平坡	2%	4%	6%	10%	平坡	2%	4%	6%
0～32	2.29	2.10	1.89	1.71	1.31	0.49	0.30	0.09	*
32～48	1.98	1.80	1.58	1.40	1.01	0.40	0.21	*	*
48～64	1.77	1.58	1.37	1.19	0.79	0.24	0.06	*	*
64～80	1.58	1.40	1.19	1.01	0.61	0.15	*	*	*
80～96	1.37	1.19	0.97	1.79	0.40	0.12	*	*	*

注：*表示货车不能加速或保持速度。

利用表 2.6 和表 2.7 中的数据，可绘制出汽车以最大加速度起步时的行程时间与达到的速度关系曲线，供道路或交通设计时应用。图 2.2 所示为 3 种功率比的小客车在平坡和 6%纵坡的道路上以最大加速度起步加速时的行程时间-速度关系曲线。在此基础上，还可以绘制出行程距离-速度和行程时间-行程距离关系曲线。

正常行驶时，驾驶员一般很少使用最大加速度。小客车的正常加速度一般变动在 0.89～1.47m/s² 范围内。图 2.3 是根据小客车在信号灯转绿后起步以及在车道上超车时观测到的加速度数据整理得到的行程距离-达到速度的关系曲线，其加速度约为 1.07m/s²，不到表 2.7 中最大加速度数值的 65%。

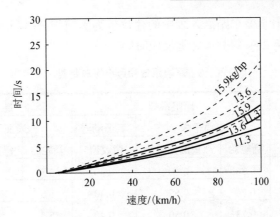

图 2.2　小客车以最大加速度加速时的时间-速度关系曲线

实线—平坡道路；虚线—6%上坡道路

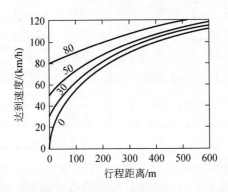

图 2.3　小客车在平坡道路上正常加速达到速度-行程距离关系曲线

2.4.2　车辆减速性能

汽车在行驶时，如果驾驶员松开加速踏板，由于需消耗部分功率以克服行驶阻力，即便不踩制动器，汽车也会自动减速，特别是在汽车由平坡或降坡转为升坡路段，或者由直线转入急转弯路段时。车速越高，行驶阻力越大，这种自动减速便越多。例如，在汽车以 110km/h 的速度行驶时，驾驶员一旦松开加速踏板，车速便会按 0.97m/s^2 的减速度自动下降。

在看见行人、障碍物或停车信号时，驾驶员需踩制动器以减速。正常情况下的制动器减速，汽车的减速度以客车乘客的舒适感为度，通常不超过 3.0m/s^2。此减速度被用于估计停车信号前的合理停车时间和路段长度，以及确定信号灯的黄灯或黄灯加红灯的间隔时间。

遇到紧急情况时，驾驶员往往会猛踩制动器，使制动鼓或盘被完全抱死(锁住)。这时，车辆的减速度取决于轮胎与路面接触面上的有效摩阻系数。此摩阻系数是一个变量，它会随路面类型(表面粗糙度)、路表干湿状况、轮胎状况(胎面花纹、磨损程度)以及制动时的车速而变。客车在不同条件下的摩阻系数代表值列于表 2.8 中。摩阻系数在数值上与车轮被抱死时的最大减速度(以重力加速度表示)相等，即摩阻系数为 0.4 时，最大减速度变为 0.4g 或 3.92m/s^2。最大减速度主要用于估算在紧急情况下的最小停车视距。表 2.8 中也列出了与各摩阻系数值相对应的最小停车距离，表中的建议值为美国州公路和运输官员协会提出的停车视距标准，其中包括2.5s驾驶员感觉反应时间。

表2.8 摩阻系数和最小停车距离

路表面	行驶速度/(km/h)	摩阻系数			最小停车距离/m		
		表面干燥		表面潮湿	表面干燥		表面潮湿
		新轮胎	严重磨损轮胎	建议值*	新轮胎	严重磨损轮胎	建议值*
沥青混凝土	32	0.76	0.60	0.40	5.5	6.7	10.1
沥青砂		0.75	0.57	0.40	5.5	7.0	10.1
水泥混凝土		0.73	0.50	0.40	5.5	8.2	10.1
沥青混凝土	48	0.79	0.57	0.35	11.6	16.1	26.1
沥青砂		0.79	0.48	0.35	11.6	19.2	26.1
水泥混凝土		0.73	0.47	0.35	11.6	19.5	26.1
沥青混凝土	64	0.75	0.48	0.32	21.6	33.8	50.8
沥青砂		0.75	0.39	0.32	21.6	41.8	50.8
水泥混凝土		0.76	0.33	0.32	21.3	49.4	50.8
所有路面	80	—	—	0.30	—	—	84.7
	96	—	—	0.29	—	—	126.1
	113	—	—	0.28	—	—	177.8

采取紧急制动而车轮被完全抱死时，车辆(特别是货车)会由于侧向摩阻力小而失去控制。安装微处理器控制的防抱死制动系统，可以减少车辆失控的可能性，并增加轮胎与路表面间的摩阻力。

2.5 车辆运行费用

车辆的运行费用(成本)由可变费用和不变费用两部分组成。可变费用包括燃油、润滑油、轮胎、保修费用，它们同车辆特性及道路和交通状况有关。不变费用则包括车辆折旧、保险、牌照等费用，它们同车辆的使用情况无关；但如果假设或已知车辆的年平均使用里程数，则不变费用也可表示为单位行驶路程的费用。车辆运行费用，一方面反映车辆本身的经济特性和制造技术水平；另一方面也反映为车辆运行所提供的道路设施和交通状况的水平。因而，它是评价道路投资效益、比选道路设施规划或设计方案的重要经济指标。

在组成车辆运行费的各项费用中，燃油消耗费是一项比例最大的支出，占可变费用的30%~50%。据调查资料显示，汽车的运行成本中可变费用占42%左右，而燃油费占可变费用的55%左右。燃油消耗虽然同汽车发动机的效率密切相关，但很大程度上也受道路和交通状况的影响。

表2.9中的数据表明，小客车在平坡和不同纵坡的直线路段上以不同速度匀速行驶时的燃油消耗，从中可看出道路状况对燃油消耗的影响情况。燃油消耗随行驶速度而变化，呈

两端高中间低的规律,即低速和高速行驶时油耗大,中速行驶时油耗相对较低。随着路段纵坡的增大,由于需消耗部分功率以克服坡度阻力,燃油消耗迅速增加。而在弯道上行驶时,由于需克服弯道阻力,燃油消耗相应增大。转弯角度越大,油耗增加得越多,并且行驶速度越高,油耗的增长率越大。此外,随着路面不平整度的增加,由于滚动阻力的增加,燃油消耗增大。

表2.9 行驶速度和道路纵坡对小客车燃油消耗的影响

行驶速度/(km/h)	不同纵坡的燃油消耗量					
	平坡	2%	4%	6%	8%	10%
16	0.169	0.205	0.242	0.285	0.336	0.421
32	0.118	0.165	0.202	0.245	0.301	0.376
48	0.103	0.141	0.183	0.226	0.292	0.362
64	0.108	0.146	0.183	0.226	0.292	0.367
80	0.122	0.165	0.195	0.245	0.306	0.381
96	0.136	0.179	0.219	0.263	0.325	0.400
113	0.158	0.198	0.240	0.287	0.348	0.423

综合上述因素的影响,汽车的燃油消耗量可采用下述一般关系式表示,即

$$F = a + bv^{-1} + cv^2 + d\mathrm{IRI} + eH_s - fH_j + g\left(\frac{W}{P}\right)^{-1} \tag{2.8}$$

式中 F ——燃油消耗量,L/km;

v ——车辆行驶速度,km/h;

IRI——路面平整度,m/km;

H_s ——上坡路段的上升高度,m/km;

H_j ——下坡路段的下降高度,m/km;

W/P ——汽车的质量-功率比,kg/hp。

关系式中的系数 a、b、c、d、e、f、g,可通过试验和调查进行标定。

虽然燃油消耗量随纵坡增大、弯道转角增大或路面平整度变差而增加,由于运行费用中的其他费用项以及总费用增长得更多,燃油费占可变费用的比例反而随之下降。

与燃油消耗费相似,轮胎消耗费也随行驶速度的增加、弯道转角的增大、路面不平整度和纵坡的增大而增加。小客车和面包车的轮胎消耗费用占可变费用的比例很小(小于2%)。随着车型变大和车重增加,轮胎消耗费用迅速增长,甚至达到可变费用的10%~15%;而在纵坡大的路段上,更可能增长到可变费用的25%~30%。在弯道或不平整路面上行驶,轮胎消耗费用均略有增长。

车辆保修费用包括零配件费和保修人工费两部分。零配件费用主要与路面状况有关,随路面平整度的变差呈指数增长。此外,还与车辆的车龄有关,随行驶里程数的增加而增长。保修人工费用与零配件费用相关,随后者增加而增长。因而,车辆保修费主要受路面平整度的影响。在平整度差的路上,车辆保修费占可变费用的比例可达到与燃油和轮胎相近的水平。

课 后 习 题

2.1 请根据不同的标准对我国道路进行划分。
2.2 请说出公路养护水平的评价依据。
2.3 不同的路面材料对汽车的加、减速性能是否会有影响？请说明理论依据。
2.4 试分析不同道路指标对车辆性能的影响。
2.5 为了建设低碳社会，为利于节能减排，车辆应提高哪几项性能指标？

第 3 章　道路交通流设计及通行能力

车辆依次在道路设施上鱼贯而行时，可类比于气体或液体分子在介质内的流动，称为交通流。这种车辆运行可区分为两种情况：一种情况是车辆在道路路段上行驶时，不因外界干扰而停车，交通保持一种连续的流动状态，可称之为连续流，这时的交通流特性，通常可用 3 个指标来表征，即速度、交通量和交通密度；另一种情况是在道路上行驶的车流，在通过设信号或不设信号的交叉口时，交通流中断，并出现排队现象，可称之为间断流，其特性可用排队长度和停车延误时间来表征。

在规划、设计和管理道路设施时，须知道车辆在道路设施上的流动特性和流动状况。一方面通过它来了解和评价道路设施的实际和潜在生产能力(交通量和通行能力)以及设施的服务水平(服务效率和服务质量)；另一方面依据它来确定道路设施所需的规模(宽度或车道数)或者制订改善交通运行状况和服务质量的方案和措施。

美国交通工程学者海特(Haight)曾将道路上的交通归纳成 3 个基本属性，即两重性、局限性、车辆间的时间和空间的变化属性，从以上 3 个特性出发，将道路上的交通流用流量、密度、速度 3 个重要参数加以描述。

本章首先介绍交通流的 3 个基本参数，即速度、交通量和交通密度的定义特性及其相互关系；然后阐述通行能力和服务水平的概念，定义分析有关影响因素，并论述服务水平分级指标和标准；最后，讨论高速公路基本路段和信号交叉口两种不同交通运行特点的道路设施通行能力的分析方法。

3.1　交通流的基本参数及关系

3.1.1　交通流三参数基本关系

交通量 Q、行车速度 v、车流密度 K 是表征交通流特性的 3 个基本参数。交通量 Q 为单位时段内通过道路上某一地点(断面)的车辆数或行人数，它是表征交通流特征的重要参数之一，也是衡量道路设施生产率的一项重要指标。行车速度 v 为车辆在单位时间内行驶的距离，通常用于度量车辆的运行效率或者道路设施所提供的服务质量。车流密度 K 是某一瞬间内单位道路长度上的车辆数目。

$$K = \frac{N}{L} \tag{3.1}$$

式中　N——路段内车辆数,辆;

　　　L——路段长度,km。

车流量密度大小反映一条道路上的交通密集程度。对于同一条道路,可以不考虑车道数;对于不同车道数的道路,为使车流量密度具有可比性,车流密度应按单车道来定义,单位为辆/(km·车道)。

交通流三参数之间的基本关系式为

$$Q = vK \tag{3.2}$$

式中　Q——平均流量,辆/h;

　　　v——区间平均车速,km/h;

　　　K——平均密度,辆/km。

流量、密度、速度三者之间的关系式可以用三维空间中的图像来表示,如图3.1所示。尽管如此,为了便于理解,通常将这个三维空间曲线投影到二维空间中,如图3.2所示。由图3.2可以找出反映交通流特性的一些特征变量。

(1) 极大流量 Q_m,即 Q-v 曲线上的峰值。

(2) 临界速度 v_m,即流量达到极大时的速度。

(3) 最佳密度 K_m,即流量达到极大时的密度。

(4) 阻塞密度 K_j,车流密集到所有车辆无法移动($v=0$)时的密度。

(5) 畅行速度 v_f,车流密度趋于零,车辆可以畅行无阻时的平均速度。

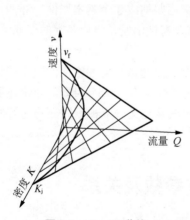

图 3.1　$Q = vK$ 曲线

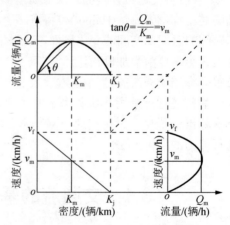

图 3.2　Q-K、v-Q、v-K 关系曲线
(假设 v、K 为线性关系)

3.1.2　速度与密度的关系

1934 年,格林希尔兹(Greenshields)提出了速度-密度线性关系模型,即

$$v = v_f \left(1 - \frac{K}{K_j}\right) \tag{3.3}$$

式中符号意义同前。

这一模型简单、直观(图 3.3)。研究表明，式(3.3)表示的模型与实测数据拟合良好。

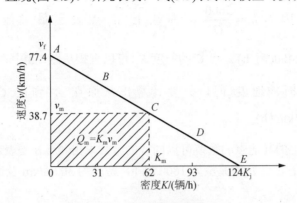

图 3.3　速度-密度关系曲线

由图 3.3 可见，当 $K=0$ 时，$v = v_f$，即在交通量很小的情况下，车辆可以畅行速度行驶。当 $K = K_j$ 时，$v = 0$，即在交通密度很大时，车辆速度就趋向于零。流量变化也可以在速度-密度图上说明。例如，已知 C 点的速度为 v_m 和密度为 K_m，图 3.3 为 $Q = Kv$，故流量就等于矩形面积(阴影部分，$Q_m = v_m K_m$)。

当交通密度很大时，可以采用格林伯格(Greenberg)于 1959 年提出的对数模型，即

$$v = v_m \left(\frac{K_j}{K}\right) \tag{3.4}$$

式中符号意义同前。

当密度很小时，可采用安德伍德(Underwood)于 1961 年提出的指数模型，即

$$v = v_f e^{-\frac{K}{K_m}} \tag{3.5}$$

3.1.3　流量与密度的关系

交通流的流量-密度关系是交通流的基本关系，根据格林希尔兹(式(3.3))及基本关系式(3.2)得

$$Q = Kv_f \left(1 - \frac{K}{K_j}\right) \tag{3.6}$$

式(3.6)表示一种二次函数关系，用图表示就是一条抛物线，如图 3.3 所示，图上点 C 代表通行能力或最大流量 Q_m，从这点起，流量随密度增加而减小，直至达到阻塞密度 K_j，此时流量 $Q = 0$。以原点 A、曲线上的 B、C 和 D 点的箭头为矢径，这些矢径的斜率表示速度。通过点 A 的矢径与曲线相切，其斜率为畅行速度 v_f。在流量-密度曲线上，对于密度比 K_m 小的点表示不拥挤情况，而密度比 K_m 大的点表示拥挤的情况。

从基本定义出发，可证明平均车头时距 $\bar{h}_t$ 和平均车头间距 $\bar{h}_d$ 分别为流量及密度的倒数。假定车辆平均长度为 6.1m，在堵塞密度时，单车道的车辆间的平均距离为 1.95m，因此，

$\overline{h}_d = 8.05\text{m}$。因为 $\overline{h}_d = \dfrac{1000}{K}$，曲线上点 E 的堵塞密度值 $K_j = \dfrac{1000}{\overline{h}_d} = \dfrac{1000}{8.05} = 124(\text{辆/km})$，然后假定 $\overline{h}_t = 1.5\text{s}$，因为 $\overline{h}_t = \dfrac{3600}{Q}$，曲线上 C 点表示最大流量值或通行能力 $Q_m = \dfrac{3600}{\overline{h}_t} = \dfrac{3600}{1.5} = 2400(\text{辆/h})$。点 C 的密度 K_m 可以直接从图 3.3 中看出，等于 62 辆/km。

确定最大流量时的速度 v_m，只要计算出从原点 A 到点 C 的矢径斜率，即 $v_m = v_c = \dfrac{2400}{62} = 38.7(\text{km/h})$。

流量-密度曲线上的其他点的数值可以同样的方式求出。点 B 是表示不拥挤情况的一个典型点。从图 3.3 来看，点 B 的流量为 1800 辆/h，密度为 30 辆/km 及速度(AB 矢径的斜率)为 60km/h。

点 D 是表示拥挤情况的一个典型点。从图 3.3 中看出，点 D 的流量为 1224 辆/h，密度为 105.6 辆/km 及速度(AD 矢径的斜率)为 11.6km/h。根据定义，点 A 的流量、密度都等于零。

3.1.4　流量与速度的关系

由式(3.3)得

$$K = K_j\left(1 - \dfrac{v}{v_f}\right) \tag{3.7}$$

代入式(3.2)，得

$$Q = K_j\left(v - \dfrac{v^2}{v_f}\right) \tag{3.8}$$

式(3.2)同样表示一条抛物线(图 3.4)，形状与流量-密度曲线相似。通常速度随流量的增加而降低，直至达到通行能力的流量 Q_m 为止。关于曲线在拥挤的部分时，流量和速度则都降低。点 A、B、C、D 和 E 相当于流量-密度和速度-密度曲线上同样点。从原点 E 到曲线上点的向量斜率表示那一点的密度的倒数 $1/K$。点 C 上面的速度-流量曲线部分表示不拥挤情况，而点 C 下面的曲线部分则表示拥挤的情况。

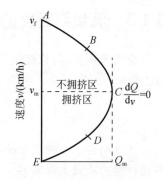

图 3.4　流量-速度关系曲线

综上所述，按格林希尔兹的速度-密度模型、流量-密度模型、速度-流量模型(图 3.1 至图 3.4)可以看出，Q_m、v_m 和 K_m 是划分交通是否拥挤的重要特征值。当 $Q \leq Q_m$、$K > K_m$、$v < v_m$ 时，则交通属于拥挤；当 $Q \leq Q_m$、$K \leq K_m$、$v \geq v_m$ 时，则交通属于不拥挤。

3.2 交通量

交通量为单位时段内通过道路上某一地点(或断面)的车辆数或行人数。它是表征交通流特性的重要参数之一，也是衡量道路设施生产率的一项主要指标。

按照所取时段单位的不同，交通量可表述如下。

(1) 小时交通量(HT)：单位小时内的车辆数(辆/h)。

(2) 年平均日交通量(AADT)：在一年内每日交通量的平均数(辆/d)，即一年内通过的车辆总数除以365d。

(3) 平均日交通量(ADT)：在少于一年的时段内的每日交通量的平均数(辆/d)，即该时间段内通过的车辆总数除以时段天数。

(4) 周平均日交通量(WADT)：一周内交通量之和除以周日天数(7)所得的交通量。

(5) 月平均日交通量(MADT)：一月内交通量之和除以该月天数(28 或 29、30 或 31)所得的交通量。

3.2.1 交通量的时间变化和空间分布

交通量是交通需求同交通流相互作用的结果。随着经济和社会活动对交通需求的变化，交通量也相应随时间发生变化，这种变化表现如下。

(1) 月变化。在一年内的不同月份，各月的平均日交通量随着交通需求的变化而围绕年平均日交通量波动。这种波动与道路的类型(或功能)、季节、节日等因素有关，如城市道路的月变化小于公路的月变化，而具有旅游或休闲功能的公路的月变化大于其他功能公路的月变化；北方地区冬季的月平均日交通量低于夏季；春节期间公路交通量有很大的下降，这是在我国具有的特点。但近年来随着人们生活方式的逐渐改变，春节外出探亲尤其旅游活动逐渐变得频繁，这将会导致 2 月份的公路交通量增加，即该月的月平均日交通量高于其他月份。

(2) 日变化。一周内不同日子的日交通量围绕周平均日交通量波动。由于工作和休闲的不同需求，城市道路在双休日的日交通量要比工作日的小很多，但近郊道路的情况可能正好相反，双休日的日交通量由于居民出游会比工作日的日交通量高出很多(图 3.5)。

(3) 小时变化。在一天内各个小时的交通量出现波动(图 3.6)。夜晚的小时交通量往往比白昼的交通量小很多；工作日的上下班高峰时段，城市道路的小时交通量要比其他时段大很多，而公路上一般不会出现早高峰时段。

除了上述年、月和日变化外，在小时内的不同时段，交通量也各不相同。交通分析时，小时交通量是一项基本计量指标。按小时内高峰时段(通常为 15min)的交通量推算的小时流率，与按小时内总交通量计算的小时交通量不会相同。算例如表 3.1 所示，按整个小时的交通量计算的小时交通量为 4000 辆/h，而按 15min 时段的高峰流率推算的小时流率则为(4×1 200=)4800 辆/h。为了避免高峰小时内出现较长时间的交通拥挤，通常采用由高峰时段(15min)的流率推算的小时交通量。小时交通量与 4 倍 15min 高峰流率的比值，称为高峰小时系数(PHF)。按表 3.1 所列的数据，PHF=4000/(4×1 200)= 0.833。

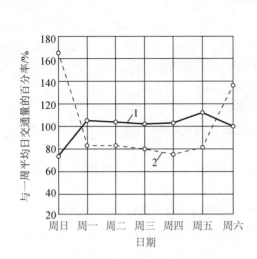

图 3.5 交通量在一周内的日变化

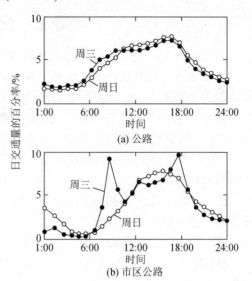

图 3.6 交通量在一天内的小时变化

表 3.1 小时交通量计算示例表

时段	9:00~9:15	9:15~9:30	9:30~9:45	9:45~10:00	9:00~10:00
交通量	800	1000	1200	1000	4000
按 15min 时段推算的流率/(辆/h)	3200	4000	4800	4000	—

在任何特定的时间内，都会有一个方向上的交通量大于另一个方向上的交通量，甚至出现多至 2∶1 的不平衡现象。旅游公路和其他功能的公路也会表现出显著的方向性不平衡现象，在设施的设计过程中必须考虑。表 3.2 列举了我国各种类型公路的方向性分布。在公路通行能力分析中，方向性分布是一个重要因素，尤其是双车道公路。由于其不同方向的流量相互影响，因此对双车道公路的分析必须考虑方向性分布。

表 3.2 方向性分布系数表

路 段	公路等级	5min 流量		15min 流量		60min 流量		服务特征
		主方向交通量最大	合计交通量最大	主方向交通量最大	合计交通量最大	主方向交通量最大	合计交通量最大	
沈阳—大连	高速	0.70	0.58	0.56	0.55	0.53	0.51	城间
104 国道黄河大桥	一级	0.61	0.61	0.61	0.56	0.62	0.56	放射
兵马俑馆—西安	二级	0.78	0.67	0.72	0.62	0.66	0.60	旅游
教坊—眉县	三级	0.84	0.56	0.73	0.56	0.60	0.57	乡村

每个方向的车道数多于 1 个时,方向交通量在车道间的分布是不均匀的。车道交通量的分配,主要受交通量大小、重车和慢行车所占比例、路边出入口数量和位置等因素的影响。交通量小时,左侧车道交通量所占的比例较小。随着交通量增长,各车道的交通量渐趋平衡。城市道路的右侧车道,由于路缘石、出入口或车辆停放的影响,车道交通量往往较其他车道低。道路设计时,应考虑交通量的车道分布,按主要车道的交通量确定车道所需提供的通行能力。

3.2.2 设计交通量

交通量是确定道路设施规模(容量)的主要依据之一。在进行道路规划设计时,通常依据运输需求预估年平均日交通量。但如果按年平均日交通量确定道路设施所需的容量,由于交通量的月变化和日变化,年内有很长时间出现交通量超出年平均日交通量的情况,所设计的设施将会有许多时间发生因容量不足而产生的交通拥堵。因而,设计时通常按照小时交通量,特别是年内的高峰小时交通量确定设施的容量。

对交通量特性的研究表明,在小时交通量和年平均日交通量之间可以建立一定的关系。如图 3.7 所示,将小时交通量表示为年平均日交通量的百分率,并按递降的次序排列,可点绘出相应的关系曲线。

不同类型的道路,具有类似的曲线形状,但各具不同的特点。城市道路关系曲线的位置最低,曲率变化平缓,即小时交通量占年平均日交通量的百分率低,且全年分布较均匀。旅游道路的关系曲线处于最高位置,曲率变化大,即年内仅少数几个小时出现很高的交通要

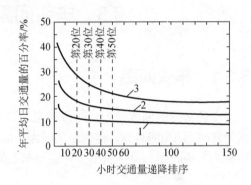

图 3.7 小时交通量的分布

求。公路的关系曲线位于这两类道路的曲线之间。道路的容量如果按最大的小时交通量设计,则所建的道路设施在年内大部分时间会显得过于富裕而不经济。从图 3.7 中的曲线可看出,在第 20 位和第 50 位小时交通量之间曲线出现明显的拐点,即在第 20 位小时交通量的左侧,曲线的曲率变化大,高峰小时交通量很大,为满足其交通要求,需大量增加道路设施的容量和投资;而在第 50 位小时交通量的右侧,曲线的曲率变化平缓,小时交通量递减很慢,对道路设施容量的要求差别不大。因此,我国公路设计采用第 30 位的小时交通量作为设计小时交通量(DHV),或者也可以按所设计道路的类型(功能)在第 20 位和第 40 位小时交通量的范围内选取合适的小时交通量作为设计小时交通量(DHV)。

道路设施的设计应考虑远期交通量的需求。城市道路考虑远期交通量的设计年限为:快速路和主干道 20 年;次干路 15 年;支路 10~15 年。公路的设计年限为:高速公路和具有干线功能的一级公路 20 年;具有集散功能的一级公路以及二级、三级公路 15 年;四级公路可根据实际情况确定。

设计小时交通量与设计年限的年平均日交通量或平均日交通量之间的关系可通过下式表述,即

$$DHV_t = k \cdot AADT_t \cdot k_h \cdot k_P \quad (3.9)$$

$$AADT_t = AADT_1(1+\gamma)^{t-1} \quad (3.10)$$

式中 DHV_t——设计年 t 的设计小时交通量；

$AADT_t$——设计年 t 的年平均日交通量；

$AADT_1$——起始年的年平均日交通量；

k_h——设计小时交通量与年平均日交通量或平均日交通量的比值；

k_P——交通量方向分布系数；

k——交通量车道分布系数；

γ——交通量年增长率。

设计小时交通量与年平均日交通量或平均日交通量的比值 K 随道路的类型(功能)而变化：旅游道路的 K 值最高，公路其次，郊区道路和城市道路的 K 值依次递降。此外，K 值随年平均日交通的增加而下降，并随路网密度的增加而降低。主要公路第 30 位的 K 值为 12%～18%，平均值一般为 5%，城市道路第 30 位的 K 值为 7%～18%，平均值约为 11%。

3.3 车头间距与车辆跟驰行为

3.3.1 车头间距

交通密度的倒数即为该路段长度上各车辆之间的平均间距。此间距统一以各车辆的前保险杠(车头)为测量点，称为车头间距。如果各车辆间的平均间距以平均时间差来表示，则可称为车头时距。可推出车头时距与车头间距的关系式为

$$S_s = \frac{1}{3.6} S_t v_a \quad (3.11)$$

式中 S_s——平均车头间距，m/辆；

S_t——平均车头时距，s/辆；

v_a——平均行驶速度，m/s。

车头间距或车头时距表述了车辆在交通流中的纵向分布。在估计交通延误及车辆或行人横向穿越时的可利用间隙，为交通信号系统配时及研究车辆交会时，都需要用到车头间距或车头时距的知识。车辆在路上并不会按照相等的车头间距或车头时距行驶，相继车辆间的间距或时距通常都是随机分布的。在某些常见的交通条件下，可采用负指数分布、移位负指数分布或威布尔分布等表述。

3.3.2 车辆跟驰行为

跟驰理论是运用动力学方法，探究在无法超车的单一车道上车辆列队行驶时，后车跟随前车的行驶状态，并且借数学模式表达并加以分析阐明的一种理论。

由于有 1950 年鲁契尔的研究和 1953 年派普斯的研究，跟驰理论的解析方法才告定型。而赫尔曼和罗瑟瑞于 1960 年在美国通用汽车公司动力实验室进行的研究对跟驰理论做了进

一步的扩充。

在道路上行驶的一队高密度汽车，车间距离不大，车队的中任一辆车的车速都受前车速度的制约，驾驶人只能按前车所提供的信息采用相应的车速。这种状态称为非自由行驶状态。

跟驰理论只研究非自由行驶状态下车队的特性。

非自由行驶状态的车队有以下3个特性。

1. 制约性

在一队汽车中，后车跟随前车运行，驾驶人总不愿意落后很多而是紧跟前车前进，这就是"紧随要求"。从安全角度考虑，跟驰车辆要满足两个条件：①后车的车速不能长时间大于前车车速，只能在前车速度附近摆动，否则会发生碰撞，这是"车速条件"；②前、后车之间必须保持一个安全距离，即在前车制动时，两车之间有足够的距离，从而有足够的时间供后车驾驶人做出反应，采取制动措施，就是"间距条件"。显然，车速高时，制动距离大，安全距离也加大。紧随要求、车速条件和间距条件构成了一队汽车跟驰行驶的制约性，即前车车速制约着后车车速和两车间距。

2. 延迟性

从跟驰车队的制约性可知，前车改变运行状态后，后车也要改变，但前、后车状态的改变不是同步的，而是延迟的。这是由于驾驶人对前车运行状态的改变要有一个过程，这个过程包括4个阶段。

① 感觉阶段——前车运行状态的改变被察觉。
② 认识阶段——对这一改变加以认识。
③ 判断阶段——对本车将要采取的措施做出判断。
④ 执行阶段——由大脑到手脚的操纵动作。

这4个阶段所需的时间称为反应时间。假设反应时间为T，则前车在t时刻的动作，要经过T时间即在$t+T$时刻，后车才能做出相应的动作，第二辆车又制约着第三辆车……这种传递性由于具有延迟性，所以信息沿车队向后传递不是平滑连续的，而是像脉冲样间断连续的。

3. 传递性

由制约性可知，第一辆车的运行状态制约着第二辆车，第二辆车又制约着第三辆车，……，第n辆制约着第$n+1$辆，这就是传递性。

4. 线性跟驰模型

跟驰模型是一种刺激-反应的表达式。驾驶人所接受的刺激是指其前方导引车的加速或减速以及随之产生的两车之间的速度差和车间距离的变化；驾驶人对刺激的反应是指其为了紧密而安全地跟踪前车所做的加速或减速动作及其实际效果。

假设前导车尾相撞。设驾驶人的反应时间为T，在反应时间内，车速不变，这两辆车在制动操作后下t时刻的相对位置如图3.8所示。图中各量说明如下。

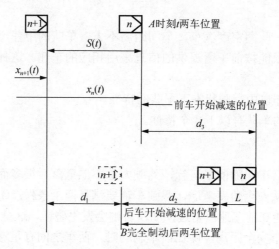

图 3.8 线性跟驰模型示意图

$x_n(t)$——第 n 辆车在时刻 t 的位置;
$S(t)$——两车在时刻 t 的间距,有
$$S(t) = x_n(t) - x_{n+1}(t)$$
d_1——后跟随车在反应时间 T 内行驶的距离,有
$$d_1 = T\dot{x}_{n+1}(t) = T\dot{x}_{n+1}(t+T)$$
d_2——后跟随车在减速期间行驶的距离;
d_3——前导车在减速期间行驶的距离;
L——对齐后的车头间距;

要使在时刻 t 两车的间距能保证在突然制动事件中不发生碰撞,则应有

或
$$S(t) = d_1 + L = T\dot{x}_{n+1}(t+T) + L$$

$$\dot{x}_n(t) - \dot{x}_{n+1}(t) = T\ddot{x}_{n+1}(t+T)$$

式中 $\ddot{x}_{n+1}(t+T)$——后车在时刻 $t+T$ 的加速度,为后车的反应;
$\dfrac{1}{T}$——敏感度;
$\dot{x}_n(t) - \dot{x}_{n+1}(t)$——时刻 t 的刺激。

这样,式(3.12)就可理解为

反应=敏感度×刺激

式(3.12)是在前导车制动、两车的减速距离相等以及后车在反应时间 T 内等假定下推导出来的。实际的跟车操作要比这两条假定所限定的情形复杂得多。比方说也可能是由前车加速引起的。而两车的变速过程中行驶的距离可能不相等。为了适应更

一般的情形，把式(3.12)修改为

$$\ddot{x}_{n+1}(t+T) = a\left[\dot{x}_n(t) - \dot{x}_{n+1}(t)\right] \tag{3.13}$$

式中　a——反应强度系数，s^{-1}。

这里 a 不再理解为敏感度，而应看成与驾驶人动作的强弱程度直接相关。式(3.13)表明后车的反应与前车发出的刺激成正比，此公式称为线性跟车模型。

3.4　通行能力与服务水平

3.4.1　通行能力

在高速公路、城市快速路和多车道公路基本路段上行驶的车辆，呈现连续的流动状态，称为不间断流。低交通流率时，交通密度小，行驶速度高。随着交通流率的增加，交通密度提高，而行程速度下降，如图 3.9 所示。当交通流率增长到某一数值后，交通流由稳定流状态转向非稳定流状态，车辆开始停停走走，并进一步发展成强迫流状态。这时交通密度继续增长，而交通流率和行程速度不断下降(图 3.9 中的虚线部分)。交通流率达最大值的这一点称为通行能力，相应的行程速度和交通密度称为临界速度和临界密度。高速公路、城市快速路

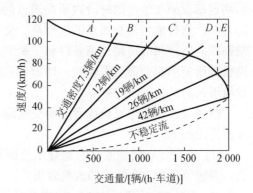

图 3.9　不间断流的速度-密度-交通量关系
(设计速度 120km/h)

和多车道公路基本路段在理想条件下不间断流的通行能力为 2000 辆小客车/(h·车道)。

车辆在行经设有交通信号的城市道路和公路交叉口时，只有在绿灯间隔期间才能通行，而在红灯期间必须停车等待，因而交通流出现间断。设有交通信号的道路交叉口的通行能力，只能按允许通行的绿灯时间考虑。当信号由红灯转为绿灯时，停车线前的头几辆车须起步和加速，会损失部分通行时间(为 2~3s)。在绿灯结束后的黄灯时间内，总会有几辆车继续行进，进入交叉口，争取到部分通行时间。这两部分时间近似假设相等，可互相抵消，则实际绿灯时间可当成有效绿灯时间。例如，如果信号周期时间为 75s，绿灯时间为 30s，则绿灯时间占信号周期时间的比例为 30/75 = 0.4，在 1h 内有 0.4×60min = 24min 时间可以通行。理想条件下，在绿灯时段内所能通过的最大车辆数，称为饱和流率。由于交通流率与车头时距成反比例关系，因而，可以由平均车头时距的倒数得到车道的绿灯小时饱和流率，即

$$v_s = \frac{3600}{s_t} \tag{3.14}$$

式中　V_s——绿灯小时饱和流率，辆小客车/(绿灯小时·车道)；
　　　s_t——平均车头时距，s。

平均车头时距可依据车辆的运行要求,由平均车头间距和平均行驶速度确定。而平均车头间距由车辆长度、驾驶员制动反应距离、制动距离和车辆间安全距离等几部分长度组成。小客车在不同行驶速度时,计算得到的平均车头时距和相应的饱和流率见表3.3。

表3.3 不同行驶速度时的平均车头时距及小时饱和流率

平均行驶速度/(km/h)	30	40	50	60	80	100
平均车头时距/s	2.33	2.20	2.13	2.00	1.89	1.80
小时饱和流率/[辆小客车/(h·车道)]	1550	1640	1690	1800	1900	2000

1h绿灯时间的饱和流率一般为每个车道1800辆小客车。设有交通信号的道路通行能力,为绿灯小时饱和流率乘绿灯时间与信号周期时间的比值。按上述示例,通行能力为1800×0.4=720辆/(h·车道)。

如上所述,道路设施的通行能力可定义为:在一定的道路、交通和交通控制条件下,预期道路设施在给定的时段内所能通过的最大车辆数。通行能力反映了道路设施的"生产能力"。通行能力与交通量的区别是:交通量反映的是交通流的实际车辆数,它是交通运输需求同所提供的道路设施条件相平衡的结果;而通行能力则表示在规定的运行条件下道路设施所能承担的最大车辆数。即前者是道路设施上实际发生的交通状况,后者则是道路设施潜在的最大可能的能力。

新建或改建道路设施或者改善交通运行条件时,需要分析和估算设施的通行能力。其主要用途如下。

(1) 评价现有设施或交通运行条件满足交通运输需求的程度,以判别是否需要进行改善,并评价各项改善措施的改善效果。

(2) 设计有关道路设施时,确定满足预期交通需求和服务水平要求所需的设施规模或尺寸(道路的宽度或车道数)。

3.4.2 服务水平

道路的服务水平是指用户在使用道路时所感受到的交通流运行状况,它反映了道路的使用质量。理想的服务水平指标最好包含行驶速度、行程时间、交通中断、延误时间、舒适、便利、安全等方面。实际上,服务水平通常应用一个或两个效果指标来度量。对于不间断交通流,如高速公路、城市快速路和多车道公路的基本路段,常采用交通密度指标;对于间断交通流,如信号交叉口,则常采用停车延误指标。

车辆在出现不间断交通流的道路设施上的运行状况,除了受到道路设施物理特性的影响外,主要随交通密度(或交通量)大小及其他干扰因素的影响程度而变化。对于物理特性已定的设施,如果不考虑其他干扰因素的影响,则其服务水平主要随交通密度而变化。在达到通行能力之前,交通密度越大,交通量也越大,车速相应下降,运行状况和服务水平随之变差。按运行状况随交通密度和交通量变化的情况,美国将道路的服务水平划分为6级。

A级——交通量小,交通密度低,受交通流中其他车辆的影响极小或没有,约束行驶速度的主要因素是道路的物理特性和法定的限速要求,车辆可在上述限度内按驾驶员所希望的速度行驶，不受或很少受扰耽搁。这种运行状况常称为"自由流"。

B级——交通流处于稳态流区，行驶速度开始在一定程度上受交通状况的影响，但交通流受到的限制很小，速度降低可以接受，驾驶员有选择速度和车道的自由。与此服务水平相对应的服务交通量，可供公路设计时参照。

C级——交通流仍在稳态流区，由于交通量增大，行驶速度受到限制，但仍在满意的范围内，大部分驾驶员选择速度、车道和超车的自由受到限制。与此服务水平等级相对应的服务交通量，适宜于城市道路设计时参照。

D级——交通流趋近于非稳态，行驶速度受运行状况的影响较大，但尚能保持允许的运行速度，交通量的变动会使运行速度产生较大的下降，驾驶员的操作自由度较小，舒适性和便利性较差。

E级——交通流处于非稳态，交通量接近或等于通行能力，行驶速度更低，一般接近于50km/h，会出现间歇停车。

F级——低速行驶的强迫流状态，交通量低于通行能力，行驶速度大大降低，由于拥挤，会出现或短或长时间的停车，在极端情况下，速度和流率会下降为0，交通密度超过40辆/(km·车道)。

我国公路设计将服务水平划分为4个等级，其中，一级相当于美国的A级，二级相当于美国的B级和C级，一级和二级服务水平处于稳态流范围；三级相当于美国的D级，处于稳态流的上限，接近于非稳态流；四级相当于美国的E级和F级，处于非稳态流，接近于通行能力。

衡量或划分各级服务水平等级的交通运行状况的指标，对于高速公路、城市快速路和多车道公路的基本路段，主要采用交通密度；对于高速公路交织区、双车道公路和城市主干路，采用平均行程速度。高速公路、城市快速路和多车道公路基本路段的服务水平等级划分标准(交通密度指标)见表3.4。

表3.4　高速公路基本路段和多车道公路的服务水平等级标准

服务水平等级		A	B	C	D	E	F
	美国	A	B	C	D	E	F
	中国	一	二		三	四	
交通密度 /[辆小客车/(km·车道)]	美国	≤7.5	≤12.4	≤18.6	≤26.1	≤41.6	>41.6
	中国	≤7	≤18		≤25	≤45	>45

间断交通流的信号交叉口，其服务水平按延误时间进行度量。延误时间可以采用多种方法度量。常用的一种是每辆车的停车延误时间，由车道上各车辆在停车线前停车排队等候进入交叉口的时间总和除以车辆数得到，其单位是s/辆。其他方法还有总延误和行程时间延误等。总延误时间包括车辆进近信号交叉口、由减速到停车、在排队线内慢速行进以及最终通过停车线和进入交叉口的所有时间。行程时间延误是指车辆不减速或停车而直接通过交叉口的时间同停车、加速而后进入交叉口所需时间之差。行程时间延误要比停车延误时间长，一般约为后者的1.3倍。信号交叉口服务水平等级的划分标准(停车延误指标)见表3.5。

表 3.5　信号交叉口服务等级标准

国家	服务水平	A	B	C	D	E	F
美国	停车延误	≤5.0	5.1~15.0	15.1~25.0	25.1~40.0	40.1~60.0	>60
中国	服务水平	一级	二级		三级	四级	
	每辆车的平均延误	≤10	>10~35		>35~60	>60~80	≥80
	直行车饱和流率	≤800	>800~1200		>1200~1600	>1600~1800	≥1800

为所建设的道路选用哪一级服务水平，是道路设计时须考虑的重大问题，也是道路主管部门须做出决策的首要问题。选用较高的服务水平等级(一级或 A 级、B 级)，则交通运行状况良好，但道路的建设规模和投资量势必很大。选用较低的服务水平等级(三级、四级或 D 级、E 级)，可以缩小建设规模，降低投资量，但交通运行质量较差，路上会经常出现拥挤或堵车现象。因而，服务水平等级的选择往往依赖能提供的投资水平，难以制定或规定全国统一的标准。美国通常选用的服务水平等级为：高速公路(包括城市快速路)、多车道公路、信号交叉口、城市主干路，C~D(可接受水平)或 B~C(要求水平)；公路、无信号交叉口，B~C(可接受水平)或 A~B(要求水平)。我国公路设计采用的服务水平等级为：高速公路和具有干线功能的一级公路，二级；具有集散功能的一级公路以及二、三级公路，三级。

在不同服务水平等级时，道路设施在理想条件下所能通过的最大小时交通流率，称为该等级的最大服务流率(或最大服务交通量)。小时交通流率通常定义为 15min 高峰交通流率的 4 倍。

3.4.3　影响通行能力和服务水平的因素

分析道路的通行能力和服务水平时，通常采用的方法是，先按预定的服务水平等级确定道路设施在理想条件下的最大服务流率，而后按照设施在道路、交通和交通控制方面的实际条件对此最大服务流率进行修正，得到该服务水平等级的服务流率(服务交通量)。此服务流率也可称为设计通行能力。

对于交通流为不间断流的道路设施，理想的运行条件包括：车道宽 3.6m(我国为 3.75m)，侧向净空不小于 1.75m，交通流中全都为小客车，工作日或上下班的熟练驾驶员，平坦地形。对于交通流为间断流的信号交叉口，理想的运行条件包括：车道宽 3.6m(我国为 3.75m)，平坡，交通流中全都为小客车，无路边停车和公交停车，无转弯车辆的直行车道，离商务中心区较远，100%绿灯时间。对于双车道公路路段，我国采用的理想条件为：设计速度不小于 80km/h，车道宽度不小于 4m，侧向净空不小于 1.75m，交通流中全都为中型货车，公路上无不准超车区，双向交通量分布为 50/50，地形为平原微丘，无横向交通干扰。

道路的实际运行条件主要考虑以下 5 个方面。

(1) 道路条件。车道宽度是重要影响因素，车道越宽，可通行的车辆越多，速度越快；车道数量的影响，车道增多，其通行能力增长不到一条车道的基本通行能力，即 2200 辆小客车/(h·车道)，也就是说，平均每车道的通行能力相对于理想条件有所下降。沿道路右侧边缘和沿分隔带的侧向净空越宽，通行能力越大，行驶速度越快；平面和纵断面线形也会影响通行能力，起伏的地形(纵坡可达 4%)会减少通行能力和降低行驶速度，而山岭地形对通行能力和行驶速度的降低影响则更大。

(2) 交通条件。交通流中包含小客车以外的车辆，不同的车辆组成会影响道路的通行能力和车辆计数；双车道公路的交通量方向分布会影响总通行能力的计算(双向各半分布时，理想条件下的双车道公路通行能力为 2800 辆小客车/h，而双向 70/30 分布时的通行能力仅为 2500 辆小客车/h)；交通量车道分布对信号交叉口的通行能力和延误有影响。

(3) 交通控制条件。交通控制对交叉口的通行能力有重大影响；车速和车型限制及路边停车等交通规则，对通行能力和服务水平都会有影响。

(4) 设计速度影响。当设计速度低于 120km/h 时，高速公路的运行条件将产生变化。因此，在任何特定的交通量条件下，车速观测值都低于 120km/h，其速度-流量-密度关系曲线运行状况和通行能力值也将发生相应的变化。

(5) 驾驶员总体特征影响。理想条件之一是驾驶员都是职业驾驶员。当驾驶员由职业和业余驾驶员组成，或者驾驶员的技术熟练程度、遵守交通法规的程度、高速公路驾驶经验、对所在高速公路的熟悉程度以及驾驶员健康状况与理想条件存在差别时，都将使交通流的速度降低，导致速度-流量-密度关系曲线和通行能力发生变化。

此外，环境条件(如雨、雪、雾、夜晚等)和路面状况等因素，对通行能力也有影响，但这些因素都未在通行能力分析中给予定量考虑。

课 后 习 题

3.1 交通流的基本参数有哪些？它们之间有什么关系？
3.2 交通密度是如何定义的？有何作用？
3.3 特殊气候条件下(雨、雪、雾等)，车辆的跟驰行为会发生怎样的变化？
3.4 如何提高城市道路的通行能力？
3.5 影响服务水平的因素有哪些？
3.6 在保障安全的前提下有哪些措施可以提高通行能力？

第 4 章 道路工程设计依据

道路工程是探讨如何为道路交通运输系统提供快速、安全、舒适、经济的道路设施。道路设计是道路工程中较为重要的一环,它是道路施工前的准备工作,为道路施工提供了理论上的依据。道路工程设计必须符合技术标准的规定,必须与地形、地质等自然条件相适应,必须满足交通流特性要求,也必须符合道路网规划。道路路线设计通常称为几何设计,其任务为按照设计速度、交通量要求以及驾驶特点和车辆运行特性设计出安全、舒适、经济的道路。

4.1 技 术 依 据

1) 道路工程设计主要的技术依据
(1) 《公路工程技术标准》(JTG B01—2014)。
(2) 《公路路线设计规范》(JTG D20—2017)。
(3) 《城市道路设计规范》(CJJ 37—1990)。
2) 道路设计相关的技术依据
《公路勘测规范》(JTG C10—2007)。
3) 道路勘测设计其他的技术依据
(1) 《公路工程基本建设项目设计文件编制方法》。
(2) 《城市道路交通规划设计规范》(GB 50220—1995)。
(3) 《公路环境保护设计规范》(JTG B04—2010)。

4.2 自 然 条 件

我国幅员辽阔,各地地理位置和自然条件各不相同,而道路是设置在大地表面的带状建筑物,因此道路设计受到各种自然条件的限制。影响道路的自然因素主要有地形气候、水文、地质、土壤及植被等,这些自然因素主要影响道路等级和设计速度的选用、路线方案的确定、路线平纵横的几何形状、桥隧等构造物的位置和规模以及工程数量和造价等。

地形决定了选线条件,并直接影响道路的技术标准和指标。按道路布线范围内地表形态、相对高差、倾斜度及平整度，将地形大致划分为平原、微丘地形、山岭重丘地形、平原微丘地形中，平原地形指一般平原、山间盆地、高原等，地表平坦、无明显起伏，地面自然坡度一般在3°以内；微丘地形指起伏不大的丘陵，地面自然坡度在20°以下，相对高差在100m以下，布线一般不受地形限制；对于河湾顺适、地形开阔且有连续宽台地的河谷地形，河床坡度多在5°以下，地面自然坡度在20°以下，沿河布线一般不受地形限制，路线纵坡平缓或略有起伏，也属平原微丘地形。山岭重丘地形中，山岭地形指山脊、陡坡、悬崖、峭壁、峡谷、深沟等，地形变化复杂，地面自然坡度大多在20°以上，路线平、纵、横面大部分受地形限制，桥、隧、涵及防护支挡构造物增多，工程数量及造价明显增加；重丘地形指连续起伏的山丘，且有深谷和较高的分水岭，地面自然坡度一般在20°以上，路线平、纵面大多受地形限制；高原地带的深侵蚀沟，以及有明显分水线绵延较长的高地，地面自然坡度在20°以上，路线平、纵面大部分受地形限制，也属山岭重丘地形。

气候状况直接或间接地影响地面水的数量、地下水位高度、路基水温状况以及泥泞期、冬季积雪和冰冻期等，影响路线平面位置和竖向高度的确定。

水文情况决定排水结构物的位置、数量和大小，水文地质情况决定了含水层厚度和位置、地基或边坡的稳定性。

地质构造决定了地基和路基附近岩层的稳定性，决定路线方案和布设，同时也决定了土石方施工的难易程度和筑路材料的质量。

土是路基和路面基层的材料，它影响路基形状和尺寸，也影响路面类型和结构的确定。

地面的植物覆盖影响暴雨径流、水土流失程度，经济种植物还影响到路线的布设。

上述自然条件是相互联系和相互制约的，并且处于不断变化的过程中。因此在道路勘测时要细致调查、实地观察，并注意今后的自然变化和道路建成后的影响，正确处理路线绕避、趋就、穿越不良自然条件区域，保证道路在复杂的自然条件下坚固稳定，确保交通运输的畅通。

4.3 交通特性

4.3.1 设计车辆

设计车辆是指道路设计所采用的具有代表性车辆。道路上行驶的车辆主要是汽车，对于混合交通的道路还有一部分非机动车。汽车的行驶性能、外廓尺寸以及不同种类车辆的组成对道路几何设计具有决定作用，如确定路幅组成、车道宽度、平曲线加宽、纵坡大小、行车视距等都与设计车辆有密切关系。因此，选择有代表性的车辆作为道路设计的依据是必要的。

道路上行驶车辆的种类较多，按使用目的、结构或发动机的不同，作为道路设计依据的车辆可分为四类，即小客车、载重汽车、鞍式列车、铰接车。

鞍式列车适用于大型集装箱运输，可作为高速公路、一级公路和有大型集装箱运输公路的设计依据。其他公路必须保证小客车及载重汽车的安全和顺畅通行。

小客车的最小转弯半径为6m，载重汽车和鞍式列车为12m。确定路缘石或交通岛的转

弯车道半径时，一般应以鞍式列车的转弯半径作为控制依据。

自行车在城市或近郊数量较多，设计时应给予充分考虑。自行车的外廓尺寸为宽 0.75m，长 2.00m，载人后的高为 2.25m。

4.3.2 设计速度与运行速度

1. 设计速度

设计速度(又称计算行车速度)，是指当气候条件良好、交通密度小、汽车运行只受道路本身条件(几何要素、路面、附属设施等)的影响时，中等驾驶技术的驾驶员能保持安全顺适行驶的最大行驶速度。

设计速度是决定道路几何形状的基本依据。道路的曲线半径、超高、视距等直接与设计速度有关。同时也影响车道宽度、中间带宽度、路肩宽度等指标的确定。

公路设计中应根据公路的功能等级及交通量，结合沿线地形、地质状况等，经论证后确定合适的设计速度。

高速公路作为国家及省属重要干线公路，或作为交通量大的国家及省属干线公路，或位于地形、地质良好的平原、丘陵地段时，经技术经济论证，其设计速度宜采用 120km/h 或 100km/h；当受地形等自然条件限制时，经论证可选用 80km/h；个别特殊困难地段因修建公路可能诱发病害时，经论证并报主管部门批准，其局部路段可采用 60km/h 的设计速度。

一级公路作为干线公路，且纵、横向干扰小时，设计速度宜采用 100km/h 或 80km/h；当作为大、中城市城乡结合部混合交通量大的集散公路时，应结合平面交叉的数量、安全措施等进行论证，其设计速度可采用 80km/h 或 60km/h，且应设置相应设施以确保通行能力和安全。

二级公路作为干线公路或城市间的干线公路时，可选用 80km/h；作为城乡结合部混合交通量大的集散公路时，其设计速度宜选用 60km/h；位于地形等自然条件复杂的山区，经论证局部路段可采用 40km/h。

三级公路作为支线公路时可用 40km/h；作为县、乡公路或位于地形等条件限制路段可选用 30km/h。

四级公路设计速度采用 20km/h，地形、地质等自然条件复杂的山区，或交通量很小的路段，可采用设计速度为 20km/h 的四级公路。

城市道路与公路相比，具有功能多样、组成复杂、行人交通量大、车辆多、车速差异大、交叉口多的特点，平均行驶速度比公路低。

2. 运行速度

对一条道路，设计速度是一个固定值，设计速度对极限值指标的选用，如最小半径、最大纵坡等，具有控制作用，但对非极限值指标无控制作用。设计中，只要自然条件允许，尽量采用对提高车速有利的指标值，如曲线半径很大、坡度很缓，汽车实际行驶速度比设计速度高出很多；相反，受自然条件限制时，不得不采用小的半径、陡的坡度，使大型载重汽车上坡行驶速度降低很多，甚至远低于设计速度。在这种道路上汽车的实际行驶速度变化很大，与固定值设计速度不一致，当车速由高到低无足够的过渡时，便产生速度的突变，容易发生交通事故。

针对设计速度存在的不足，避免产生速度突变，保证汽车行驶的连续性，引入运行速度的概念及其应用方法。

运行速度是指中等技术水平的驾驶员在良好的气候条件、实际道路状况和交通条件下所能保持的安全速度。通常采用测定的第 85 百分位行驶速度作为运行速度。

应用运行速度的设计方法：根据设计速度初定道路线形，通过测算模型计算路段运行速度，用速度差控制标准检查和修正线形，以修正后的运行速度为依据确定路线其他设计指标。

4.3.3 交通量

1. 设计交通量

交通量是指单位时间内通过道路某一断面的车辆数，其计量单位常用年平均日交通量或小时交通量。设计交通量是指拟建道路到预测年限时所能达到的年平均日交通量，其值根据历年交通观测资料预测求得，目前多按年平均增长率计算确定。

预测年限规定，国家及省属重要干线公路的设计交通量应按 20 年预测；国家及省属干线公路应按 15 年预测，但对于国家及省属干线的高速公路和一级公路应按 20 年预测；县公路的设计交通量宜按 10 年预测。另外，设计交通量的预测起算年应为该项目可行性研究报告中的计划通车年；当提交可行性研究报告年到公路通车年超过 5 年时，在编制初步设计前应对设计交通量予以核对。

设计交通量在确定道路等级、论证道路的计划费用或各项结构设计等有重要作用，但不宜直接用于道路几何设计。因为在一年中的每月、每日、每小时交通量都在变化，在某些季节、某些时段可能高出年平均日交通量数倍，所以不宜作为具体设计的依据。

2. 设计小时交通量

小时交通量是以小时为计算时段的交通量，是确定车道数、车道宽度和评价服务水平的依据。统计表明，在一天及全年，每小时交通量的变化很大。若以一年中最大的高峰小时交通量作为设计依据，会造成浪费，但如果采用日平均小时交通量则不能满足高峰交通需求，造成交通拥挤或阻塞，为使设计交通量的取值既保证交通安全畅通，又能使工程造价经济、合理，借助一年中每小时交通量的变化曲线来确定设计小时交通量。

3. 车辆折算系数

道路上行驶的车辆种类较多，其速度、行驶规律以及占用道路的净空差异较大，但作为道路设计的交通量应折算成某一标准车型。三、四级公路上行驶的拖拉机当每小时大于 10 辆时，每辆拖拉机可折算为 4 辆小客车。具体如表 4.1 所示(CJJ 37—2012)。

表 4.1 车辆换算系数标准

车辆类型	小客车	大型客车	大型货车	铰接车
换算系数	1.0	2.0	2.5	3.0

城市道路上各种车辆的折算系数可按《城市道路设计规范》的规定采用。

4.4 道路网

4.4.1 公路网

公路网是在全国或一个区域内,由各等级公路组成的四通八达的网络系统。区域内的城市、集镇以及某些运输集散点(如大型工矿、农牧业基地、车站、港口等)称为节点(或运输点)。公路设计是以公路网为基础,按其规划要求分段分级逐步实施。公路在公路网中的使用性质、任务和功能,决定了公路的等级;两节点的方向决定了公路的基本走向。对公路网的基本要求是四通八达、干支结合、布局合理、效益最佳。合理的公路网一般应具备的条件:具有必要的通达深度和公路里程长度;具有与交通量相适应的公路技术标准和使用质量;具有经济合理的平面网络。公路网的主要功能是:满足区域内外的交通需求,承担城市之间的运输联系;维持区域内交通的通畅及保证交通运输的快速和高效益;确保交通安全和提供优质运输服务;维护生态平衡,防止水土流失,注意环境保护,方便人民生活。公路网系统具有以下特性。

(1) 集合性。公路网是由众多节点和线的集合按一定规律组成的系统,由于各节点的重要性不同,形成了不同的路网结构和层次。我国公路网分为国道网、省道网和地方道路(县、乡公路)网 3 个层次。国道网为沟通全国主要节点的道路系统,是全国公路网的主骨架,它与省道网形成全国和省(市)公路运输的主动脉,地方道路网形成微血管,三者组成一个有机整体。

(2) 关联性。公路网的布局或结构组成是与区域的自然条件、经济条件及交通等有关条件相适应的,是一个具有特定功能和高效益的有机整体。公路网中任意一条公路的新建或改建,都要受到全局因素的制约。由于区域经济和交通运输需求是随着时间变化和发展的,因此公路网建设是一个动态的发展过程。

(3) 目标性。公路网具有特定的功能,是有明确目标的,各条公路正是按照既定目标组合而成公路网系统;否则就不能充分发挥公路网的整体效益。

(4) 适应性。公路网应该适应于区域国土开发利用和经济发展规划,适应于区域综合运输规划和公路交通需求。区域公路网作为一个整体,在平面上表现的结构形式是由节点和连线组成的图式。节点的位置主要取决于区域内各运输点的地理位置,一般不会有大的变动;而连线是表示公路的基本走向,作为网络图式可以是直线,但实际上为迂回的曲线。公路网的结构形式受区域内运输点地理位置和制约公路走向诸因素的影响而千差万别,各区域的路网图式不可能是相同的格式。平原、微丘区宜采用三角形、棋盘形和放射形路网;而重丘区和山区因受山脉及河川的限制,适宜采用并列形、树杈形或条形路网;区域内的主要运输点(省、市或县的行政机关所在地等)偏于边缘时,可能产生扇形或树杈形路网;在狭长地带的地方道路网中也可以采用条形路网;在较大区域内各种图式可相互配合使用而形成混合型路网,我国国道网就是采用放射形和格网形组合的图式。

公路网规划是公路建设发展到一定阶段所必须做的工作。公路网规划是依据经济发展预测未来路网结构形式并安排建设项目实施的过程或行为。公路网规划的目的是依据区域社会经济发展对公路交通的需求，确定公路网建设的合理规模(通车里程和等级结构)及其合理布局，做出公路网项目建设分期实施计划，以使公路网建设最大限度地满足公路交通的需求。公路网规划的主要内容：收集资料和调查分析；现状剖析和评价；社会经济发展与公路交通需求预测；合理规模确定；路网布局优化；建设序列安排和方案实施计划；综合评价；资金筹措及跟踪调整等。其中合理规模确定及路网布局优化是核心内容，合理的路网布局是指能满足给定条件并达到预期目标的一个公路网整体设计方案，从效果上应能充分体现安全、快速、畅通、经济、方便、舒适、低公害和低能耗等较高的服务水平。

4.4.2 城市道路网与红线规划

1. 城市道路网

宏观上城市道路网是公路网的某一节点，微观上城市道路网是由城市范围内所有道路组成的一个系统。城市道路网是编制城市规划时拟定的，它从总体上对每条道路提出了明确的目的与任务。新建或改建一条城市道路时，明确该路在城市道路网中的功能及其与相邻道路的关系，才能做出技术经济合理的设计。对城市道路网的基本要求是必须满足交通安全、方便、快速和经济，满足城市环境宁静、清洁和美观。城市道路网的主要功能是：满足交通需求；注重环境保护；为市政工程提供场地；保证建筑艺术上的要求。城市道路系统是城市中供车辆、行人交通往来的道路，是连接城市各组成部分，并与郊区公路、铁路场站、港口、码头、航空机场相贯通的交通纽带，也是布置城市公用管线、街道绿化、组织沿街建筑和划分街坊的基础。因此，城市道路网是城市市政设施的重要组成部分。城市道路网的特点表现在：功能多样，组成复杂；车辆多、类型杂、车速差异大，行人交通量大；道路交叉点多，沿线建筑密集；景观和建筑艺术要求高；规划设计影响因素多，政策性强。

城市道路网的结构形式是指一座城市中所有道路组合的轮廓或几何形状，它与城市的规模、城市中交通吸引点的分布以及城市所在地自然条件等密切相关。城市道路网的几何形状一旦形成，整个城市的运输系统、建筑布置、居民点以及街区规划也就确定了。通常改变一座城市的道路网形状是困难的，也是不经济的，对城市道路网进行改造和规划应在原有结构基础上进行。对国内外已建城市路网结构的归纳和总结，城市道路网可有 4 种基本形式，即方格网式、环形放射式、自由式和混合式。

(1) 方格网式。每隔一定间距设置接近平行的干道，在干道之间再布设次要道路，形成方格棋盘状道路网。方格网是最常见的城市道路结构形式，其特点是街坊整齐，有利于建筑布置和方向识别；交叉简单，多为十字形，个别为 T 形，交通组织简单便利；交通分散，不会造成市中心的交通压力过重；车流重新分配灵活性大，车辆绕行方便；但对角线方向交通不便，非直线系数(两点间实际交通距离与直线距离之比)高达 1.2～1.41。为解决对角线方向交通，可采用方格对角线式，但因不规则街坊和畸形交叉口多，故采用城市不多。方格网式道路网适用于地形平坦的中、小城市或大城市的局部区域。我国许多建于平坦地区的古城，如北京、西安、太原、郑州、石家庄、开封等城市的旧城区均属于方格网式。另外，一些沿河、沿海的城市，由于顺应地形而形成了不规则的棋盘状道路网，如洛阳、福州、苏州等城市。

(2) 环形放射式。它是由放射状道路和环状道路组成的道路网。放射状道路主要承担对外交通联系，环状道路承担各区间联系，并连接放射式道路以分散部分过境交通。一般由旧城中心地区逐渐向外发展，并在外围区域布设环城道路演变而来。其特点是能使市中心区与郊区、外围相邻各区间交通联系方便；道路有直有曲，易与地形相适应；非直线系数小，一般在 1.1 左右；但市中心地区交通压力大，交通灵活性不如方格网式好，小范围使用会出现不规则街坊。为分散市中心交通，放射性干道的布设应止于城市的内环路或二环路，并禁止过境交通进入市区，有些大城市也可设置两个或两个以上的中心区。环形放射式道路网应结合城市自然条件规划，不应机械地追求几何图形，环形道路可以是半环或多边折线，放射道路也不一定在城市各个方向都设置。环形放射式道路网适用于大城市或特大城市的干道系统。国内外许多大城市都采用这种道路网形式，如成都、莫斯科、巴黎、伦敦、柏林、东京等城市。

(3) 自由式。道路弯曲自然、无一定规则几何形状的道路网。一般是由于城市地形起伏，道路结合地形条件而形成的。其特点是能充分利用地形使线形自然顺适、工程造价降低，但因路线曲折而使非直线系数大、不规则街坊多、建筑用地分散。自由式道路网适用于地形起伏较大的中、小城市或大城市的局部区域。我国许多山丘区城市，如重庆、渡口、九江、遵义、南宁、青岛等均属自由式道路网。

(4) 混合式。这是结合城市用地条件，采用前 3 种形式组合而成的道路网。有一些城市是分阶段发展的结果，如在旧城区方格网式基础上，分期修建放射道路和环形道路而形成混合式道路网。其特点是能因地制宜，发扬前 3 种道路网的优点，避免缺点，达到较好的效果。混合式道路网适用于大、中城市的道路系统。我国许多大、中城市，如北京、西安、南京、上海、武汉、杭州、郑州、合肥等都采用混合式道路网。

为了优化城市用地布局，提高城市的运转效能，提供安全、高效、经济、舒适和低公害的交通条件，应对城市道路交通进行科学、合理的规划。城市道路交通网络规划的内容包括：确定城市公共交通系统、各种交通的衔接方式、大型公共换乘枢纽和公共交通场站设施的分布和用地范围；确定各级城市道路红线宽度、横断面形式、主要交叉口的形式和用地范围，以及广场、公共停车场、桥梁、渡口的位置和用地范围；平衡各种交通方式的运输能力和运量；对网络规划方案作技术经济评估；提出分期建设与交通建设项目排序的建议。

2. 城市道路红线规划

道路红线是指城市道路用地和城市建筑用地的分界控制线。红线之间的宽度即道路用地范围，称为道路建筑红线宽度或路幅宽度。规划道路红线就是确定道路的边线，目的是全面规定各级道路、广场、交叉口等用地范围，便于道路设计、施工及两侧建筑物的安排布置，也是各项管线工程设计、施工和调整的主要依据。道路红线一经确定，红线以外的用地就要按规划进行建设，各种管线也要按红线进行布设，一旦建成后就难以改变，因此规划红线是十分重要的。道路红线通常是由城市规划部门依据城市总体规划确定的道路网形式和各条道路的功能、性质、走向和位置等因素确定的。道路红线规划设计的主要内容如下。

(1) 确定道路红线宽度。根据道路的性质与功能，考虑适当的横断面形式，定出机动车道、非机动车道、人行道、绿化带等各部分的合理组成及宽度，确定合理的道路红线宽度。

确定红线宽度一般应考虑：交通功能需要的宽度，日照、通风需要的宽度，防空、防火、防地震要求的宽度，建筑艺术要求的宽度等。红线宽度规划过窄不能满足各种影响因素的要求，给以后改扩建带来困难，过宽又会造成城市用地不经济。所以，确定红线宽度时应充分考虑"近远结合，以近为主"的原则。

(2) 确定道路红线位置。在城市总平面图基础上，对新区道路，根据规划路中线的位置，按拟定的红线宽度画出红线。对旧区改建道路，如计划近期一次扩宽至红线宽度，根据少拆迁原则，可一侧或两侧拓宽，以一侧拓宽为宜；经长期控制按红线逐步形成时，可保持现状中线不动，两侧建筑物平均后退。

(3) 确定交叉口形式。按照近、远期规划和交叉口处具体条件，确定交叉口的形式、用地范围、具体位置和主要几何尺寸，并以红线方式绘于平面图上。

(4) 确定控制点坐标和高程。规划道路中线的转折点和各条道路的交叉点即为控制点。控制点的平面坐标可直接实地测量，控制高程则由竖向规划确定。

4.5　道路建筑限界与道路用地

1. 道路建筑限界

道路建筑限界是为保证车辆和行人正常通行，规定在道路的一定高度和宽度范围内不允许有任何设施及障碍物侵入的空间范围。道路建筑限界是横断面设计的重要依据，设计时应充分研究组成路幅要素的相互关系及道路各种设施的设置规划，在有限空间内做出合理的安排。不允许桥台、桥墩以及照明灯柱、护栏、信号机、标志、行道树、电杆等设施侵入道路建筑限界以内。

道路建筑限界又称为净空，由净高和净宽两部分组成。净高是指道路在横断面范围内保证安全通行所必须满足的竖向高度，净高应考虑汽车装载高度、安全高度及路面铺装等因素确定。我国载重汽车的装载高度限制为 4.0m，外加 0.5m 的安全高度，一般采用不小于 4.5m 的净高。考虑到大型设备运输的发展、路面积雪和路面铺装在养护中的加厚等因素，规定高速公路和一级、二级公路的净高为 5.0m，三级、四级公路为 4.5m。对于路面类型为中级或低级的三级、四级公路，考虑到路面铺装的要求，其净高可预留 20cm。一条公路应采用相同的最小净高。当构造物位于凹形竖曲线上方时，长大车辆通过会形成悬空而降低构造物下有效净高，设计时应保证有效净高的要求；公路下穿时应保证公路距构造物底部任意点均应满足净高的需要。城市道路最小净高：各种汽车 4.5m，无轨电车 5.0m，有轨电车 5.5m，自行车和行人 2.5m，其他非机动车 3.5m。

净宽是指道路在横断面范围内保证安全通行所必须满足的横向宽度。净宽包括行车带、路肩、中间带、绿化带等宽度。路肩是在净空范围之内，因此道路上各种设施(标志、护栏等)均应设置在右路肩以外的保护性路肩上，而且必须保证其伸入部分在净高以上。设于中间带和路肩上的桥墩或门式支柱不应紧靠建筑限界设置，应留有设置防护栏位置(不小于 0.5m)的余地。

桥梁、隧道及高架道路的净空一般应与路段相同，有时为了降低造价需压缩净空时，其压缩部分主要体现在侧向宽度上。但在桥梁、隧道中需设人行道，且当人行道宽度大于侧向宽度时，其增加的宽度应包括在净宽之内。人行道、自行车道、检修道与行车道分开设置时，其净高一般为 2.5m。

2. 道路用地

道路用地是指为修建、养护道路及布设沿线设施等规定所征用的土地。道路用地必须按国家有关政策办理征地手续。在道路用地范围内不得修建非路用建筑物，如开挖渠道、埋设管道、电缆、电杆及其他设施。在确定用地中，既要满足修建道路所必需的用地范围，又要充分考虑我国土地资源珍贵的特点，应尽可能从设计和施工等方面节省每一寸土地，不占或少占高产田，提倡利用取土或弃土整田造地。在《公路路线设计规范》(JTG D20—2017)规范中，公路用地范围规定如下。

(1) 公路路堤两侧排水沟外边缘(无排水沟时为路堤或护坡道坡脚)以外，或路堑坡顶截水沟外缘(无截水沟时为坡顶)以外不小于 1m 的土地，在有条件的地段，高速公路和一级公路不小于 3m、二级公路不小于 2m 的土地为公路路基用地范围。

(2) 在风沙、雪害等特殊地质地带，需设置防护林、种植固沙植物、安装防沙或防雪栅栏以及设置反压护道等设施时，应根据实际需要确定用地范围。

(3) 桥梁、隧道、立体交叉、平面交叉、服务设施、安全设施、管理设施、绿化及料场和苗圃等，应根据实际需要确定用地范围。

(4) 有条件或环境保护要求种植多行林带的路段，应根据实际需要确定用地范围。

(5) 改建公路可参考新建公路确定用地范围。

城市道路的用地是指道路红线以内的范围。

课 后 习 题

4.1　影响道路的自然因素主要有哪些？
4.2　决定选线的条件是什么？
4.3　小客车、载重汽车和鞍式列车的最小转弯半径是多少？
4.4　什么是设计速度？
4.5　城市道路与公路道路相比具有哪些特点？
4.6　什么是交通量？

第 5 章 平面线形设计

5.1 概 述

1. 路线

路线是指道路中线的空间位置。路线在水平面上的投影称为路线的平面。沿中线竖直剖切再行展开则是路线的纵断面;中线上任一点法向切面是道路在该点的横断面。路线设计是指确定路线空间位置和各部分几何尺寸的工作,包括路线平面设计、纵断面设计和横断面设计,三者是相互关联的,既要分别处理,又需综合考虑。

道路的路线位置受社会经济、自然条件和技术标准等因素的制约。路线设计者的任务就是在综合考虑各种制约因素的前提下,合理确定路线的几何参数,满足技术标准、行车安全和工程经济等要求,并与地形、地物、环境和景观等相协调。

在公路设计时,大致按下列顺序进行:在尽量顾及纵、横断面平衡的前提下先定平面,沿着这个平面线形进行高程测量和横断面测量,取得地面线和地质、水文及其他必要的资料后,再设计纵断面和横断面。为达到设计的目标,必要时再修改平面,多次反复,以达到一个较为满意的结果。在城市道路设计中,由于道路的平面位置和纵断面高程往往受城市规划的控制较严,变化余地不大,而横断面布置要考虑的因素较多。因此,城市道路设计时,一般是先布置横断面,然后再进行平面和纵断面的设计。

2. 汽车行驶轨迹与道路平面线形要素

汽车行驶过程中,车轮在路面上留下的痕迹可粗略地看成是汽车的行驶轨迹。在交通繁忙的道路上,由于车辆漏油或废气、轮胎等的污染,在路面上的车道内可清晰地看到一条黑色带;在薄层的积雪上,车辆驶过也会留下明显的轮迹。研究表明,行驶中的汽车其重心轨迹在几何性质上有以下特征。

(1) 轨迹是连续的、圆滑的。
(2) 轨迹的曲率是连续的,即轨迹上任一点不会出现两个曲率值。
(3) 轨迹的曲率变化率是连续的,即轨迹上任一点不会出现两个曲率变化率值。

通过对汽车行驶轨迹的研究,能了解道路平面线形的几何构成。理想的公路平面线形是行车道的边缘能与汽车的前外轮和后内轮的轨迹线完全符合或相平行。早期的公路平面线形由直线和圆曲线构成，仅符合汽车行驶轨迹特性的第(1)条，满足了车辆的直行和转向要求，但在直线和圆曲线相切处出现曲率不连续(直线上曲率为 0，圆曲线上曲率为 $1/R$)，如图 5.1(a)所示，与汽车行驶轨迹之间有较大偏离。随着汽车交通量的增加和行驶速度的提高，现代道路在直线和圆曲线之间引入了一条曲率逐渐变化的"缓和曲线"，使整条线形符合汽车行驶轨迹特性的第(1)条和第(2)条，保持了线形的曲率连续，如图 5.1(b)所示，但在直线、圆曲线及缓和曲线的连接点曲率的变化率不连续，即仍不满足第(3)条特性的要求。考虑到道路横向宽度有足够的富余，即使轨道的曲率变化率不连续，对车辆行驶的安全性影响也有限。所以，国内外道路设计仍把缓和曲线作为道路平面线形的要素广泛采用。

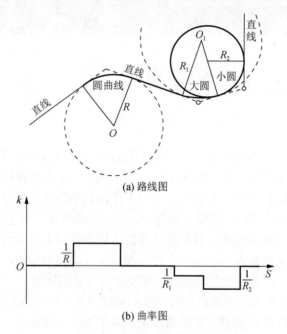

图 5.1　曲率不连续的路线

实践证明，道路，特别是高等级道路，由于设置了缓和曲线，使平面线形在视觉上更加平顺，能更好地引导驾驶员的视线，路线更容易被驾驶员跟踪。因此，现代道路平面线形是由直线、圆曲线和缓和曲线构成的，称为平面线形三要素。道路平面线形设计就是从线形的角度去研究 3 个要素的选用和相互间的组合等问题。

5.2　直　　线

5.2.1　直线的特点

作为平面线形要素之一的直线，在道路设计中被广泛采用。因为两点间直线最短，一般在定线时，只要地势平坦、无大的地物障碍，定线人员首先应考虑采用直线通过，且笔直的道路给人以短捷、直达的良好印象，在美学上直线也有其自身的特点，加之汽车在直线上行驶受力简单、方向明确、驾驶操作简易，因此，测设中直线只需定出两点，就可方便地测定方向和距离。

但是过长的直线并不好。在地形起伏较大的地区，直线难以与地形相适应，容易产生高填深挖路基，破坏自然景观。若长度运用不当，会影响线形的连续性。过长的直线会使驾驶员感到单调、疲倦和急躁，难以目测车间距离，增加夜间行车车灯眩目的危险，还会激发超速行驶，从而导致交通事故的发生。当然，直线过短也不好，曲线间的短直线容易造成视觉不连续、驾驶员操纵困难等问题。所以，在定线中直线的运用、长度的确定应慎重考虑。

5.2.2 直线的最大长度和最小长度

在道路平面线形设计时，一般应根据沿线地形、地物条件，驾驶员的视觉、心理感受以及保证行车安全等因素合理布设直线路段，对直线的最大长度与最小长度有所限制。

1. 直线的最大长度

合理的直线长度应根据驾驶员的心理反应和视觉效果确定，但目前这一问题尚在研究中，各国普遍从经验出发，根据调查结果规定直线的最大长度。例如，日本和德国，一般规定直线的最大长度(以 m 计)不超过 $20v$(v 为设计速度，以 km/h 计)，俄罗斯规定为 8km，美国则规定为 3mile(约为 4.83km)。

我国地域辽阔，地形差异较大，对直线长度很难作出统一规定，且在混合交通的道路上，超车、会车、错车以及避让非机动车和行人的机会甚多，驾驶员的感觉与国外不尽相同。因此，我国未对直线的最大长度作出规定。设计者可根据地形、地物、自然景观及经验等决定直线的最大长度，既不追求长直线，也不强设平曲线。经对不同路段调查，按 100km/h 的车速行驶时，驾驶员和乘客的心理反应和感受有以下结果。

(1) 位于城市附近的道路，作为城市干道部分，因路旁高大建筑和城市景观，无论路基高低均被纳入视线范围，驾驶员和乘客无直线过长而希望驶出的不良反应。

(2) 位于乡间平原区的公路，随季节和地区不同，驾驶员有不同反应。北方的冬季，植物枯萎，景色单调，过长的直线使人情绪受到影响。夏季有所改善，但驾驶员加速行驶，希望尽快驶出直线的心理依然普遍存在。

(3) 位于戈壁、草原的公路，直线长度可达数十千米，驾驶员极易疲劳，车速往往会超过设计速度很多。但在这种特殊的地形条件下，除了直线别无其他选择，若故意设置弯道，不但不能改善其单调，反而增加路线长度。

因此，直线的最大长度，在城镇及其附近或其他景色有变化的地点大于 $20v$ 是可接受的；在景色单调的地点最好控制在 $20v$ 以内；而在特殊的地理条件下应特殊处理，不宜过度限制。

但必须强调，无论是高速路还是低速路，在任何情况下都要避免追求长直线的错误倾向。

2. 直线的最小长度

1) 同向曲线间直线的最小长度

同向曲线是指两个转向相同的相邻圆曲线中间连以直线所形成的平面线形，如图 5.2(a)所示。若用直线连接时，直线长度是指前一曲线终点到后一曲线起点之间的距离。这种线形当直线较短时,在视觉上容易形成直线与两端曲线构成反弯的错觉;当直线过短甚至把两个曲线看成一个曲线,破坏了线形的连续性,形成所谓的"断背曲线",易造成驾驶操作失误,应尽量避免。在《公路路线设计规范》(JTG D20—2017)规定中,当设计速度不小于60km/h时,同向圆曲线间的直线最小长度(以 m 计)以不小于设计速度(以 km/h 计)的 6 倍为宜。

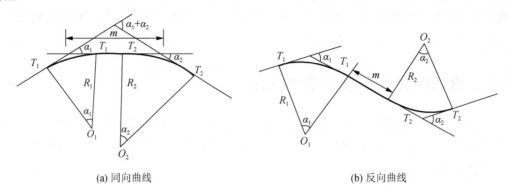

(a) 同向曲线　　　　　　　　　　(b) 反向曲线

图 5.2　曲线间的直线

对低速道路($v \leqslant 40$km/h)可参考执行。在受条件限制时,宜将同向曲线改为大半径曲线或将两曲线作成复曲线、卵形曲线或 C 形曲线。

2) 反向曲线间直线的最小长度

反向曲线是指两个转向相反的圆曲线中间用直线或缓和曲线或径相连接而成的平面线形,如图 5.2(b)所示。因两弯道转弯方向相反,考虑超高和加宽过渡的需要,以及驾驶员操作的方便,其间直线的最小长度应予限制。在《公路路线设计规范》(JTG D20—2017)规定中,当设计速度不小于 60km/h 时,反向圆曲线间直线最小长度(以 m 计)以不小于设计速度(以 km/h 计)的 2 倍为宜。当直线两端设有缓和曲线时,也可以直线相连,构成 S 形曲线。

5.2.3　直线的运用

道路平面线形采用直线时,应注意线形与地形的关系,并应符合上述直线的最大长度和最小长度的采用原则;在运用直线线形并确定其长度时,必须慎重考虑,原则是宜直则直、宜曲则曲,一般不宜采用长直线,但在下述路段上宜采用直线。

(1) 路线完全不受地形、地物限制的平坦地区或山间的宽阔河谷地带。

(2) 城镇及其近郊道路,或以直线为主体进行规划的地区。

(3) 长大桥梁、隧道等构造物路段。

(4) 路线交叉点及其附近。

(5) 双车道公路提供超车的路段。

当不得已而采用了长直线时,应注意其对应的纵坡不宜过大;若两侧地形过于空旷时,宜采取种植不同树种的树木或设置一定建筑物等技术措施予以改善;定线时应注意把能引起兴趣的自然风景或建筑物纳入驾驶员的视线范围之内。在长直线尽头设置的平曲线,除曲线半径、超高、视距等必须符合规定要求外,还必须采取设置标志、增大路面抗滑能力等安全保护措施,以确保行车安全。

5.3 汽车行驶的横向稳定性与圆曲线半径

5.3.1 汽车行驶的横向稳定性

汽车行驶稳定性是指汽车行驶过程中,在外部因素作用下,汽车尚能保持正常行驶状态和方向,不致失去控制而产生滑移、倾覆等现象的能力。

影响汽车行驶稳定性的因素主要有汽车本身的结构参数、驾驶员的操作技术以及道路与环境等外部因素的作用。

1. 汽车在圆曲线上行驶时力的平衡

汽车在圆曲线上行驶时会产生离心力,其作用点在汽车的重心,方向水平背离圆心。一定质量的汽车其离心力大小与行驶速度的平方成正比,而与圆曲线半径成反比,即

$$F = \frac{Gv^2}{gR} \tag{5.1}$$

式中　　F——离心力,N;

　　　　G——汽车重力,N;

　　　　R——圆曲线半径,m;

　　　　v——汽车行驶速度,m/s;

　　　　g——重力加速度,m/s²。

离心力对汽车在圆曲线上行驶的稳定性影响很大,它可能使汽车向外侧滑移或倾覆。为抵消或减小离心力的作用,保证汽车在圆曲线上稳定行驶,必须使圆曲线上路面做成外侧高、内侧低呈单向横坡的形式,称为横向超高。如图 5.3 所示,汽车行驶在具有超高的圆曲线上时,其重力的水平分力可抵消一部分离心力的作用,其余部分由汽车轮胎与路面之间的横向摩阻力与之平衡。

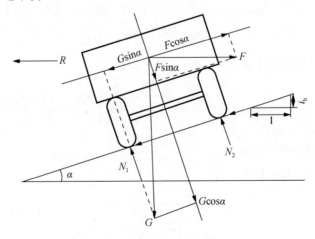

图 5.3　曲线上汽车的受力分析

将离心力 F 与汽车重力 G 分解为平行于路面的横向力 X 和垂直于路面的竖向力 Y，即

$$X = F\cos\alpha - G\sin\alpha$$
$$Y = F\sin\alpha + G\cos\alpha$$

因路面横向倾角 α 一般很小，则 $\sin\alpha \approx \tan\alpha = i_h$，$\cos\alpha \approx 1$，其中 i_h 称为横向超高坡度(简称超高值)，所以

$$X = F - Gi_h = \frac{Gv^2}{gR} - Gi_h = G\left(\frac{v^2}{gR} - i_h\right) \tag{5.2}$$

横向力 X 是汽车行驶的不稳定因素，竖向力是稳定因素。若对 X 从其值的大小，尚不能反映不同轴载汽车的稳定程度。例如，5kN 的横向力作用在小汽车上，可能使其产生横向倾覆的危险，而作用在重型载重汽车上则可能是安全的。故采用横向力系数来衡量稳定性程度，其意义为单位车载的横向力，即

$$\mu = \frac{X}{G} = \frac{v^2}{gR} - i_h$$

用 v(km/h)表达上述公式，则

$$\mu = \frac{v^2}{127R} - i_h \tag{5.3}$$

式中　R——圆曲线半径，m；
　　　μ——横向力系数；
　　　v——汽车行驶速度，km/h；
　　　i_h——横向超高坡度(超高值)。

式(5.3)表达了横向力系数与车速、圆曲线半径及超高值之间的关系。μ 值越大，汽车在圆曲线上的稳定性越差。此式对确定圆曲线半径、超高值以及评价汽车在圆曲线上行驶时的安全性和舒适性有十分重要的意义。

2. 横向倾覆条件分析

汽车在设有超高的圆曲线上行驶时，由于横向力的作用，可能使汽车绕外侧车轮触地点产生向外横向倾覆的危险。为使汽车不产生倾覆，必须使倾覆力矩不大于稳定力矩，即

$$Xh_g \leqslant Y\frac{b}{2} = (Fi_h + G)\frac{b}{2} \tag{5.4}$$

因 Fi_h 比 G 小得多，可略去不计，则

$$\mu = \frac{X}{G} \leqslant \frac{b}{2h_g} \tag{5.5}$$

式中　b——汽车轮距，m；
　　　h_g——汽车重心高度，m。

将式(5.5)代入式(5.3)并整理，得

$$R \geqslant \frac{v^2}{127\left(\dfrac{b}{2h_g} + i_h\right)} \tag{5.6}$$

用此式可计算汽车在圆曲线上行驶时，不产生横向倾覆的最小圆曲线半径 R 或最大允

许行驶速度 v。

3. 横向滑移条件分析

汽车在圆曲线上行驶时，因横向力的存在，可能使汽车沿横向力的方向产生横向滑移。为使汽车不产生横向滑移，不得使横向力大于轮胎和路面之间的横向摩阻力，即

$$X \leqslant Y\varphi_h \approx G\varphi_h$$

$$\mu = \frac{X}{G} \leqslant \varphi_h \tag{5.7}$$

式中 φ_h——横向摩阻系数，一般 $\varphi_h = (0.6 \sim 0.7)\varphi$，$\varphi$ 为附着系数。

将式(5.7)代入式(5.3)并整理，得

$$R \geqslant \frac{v^2}{127(\varphi_h + i_h)} \tag{5.8}$$

用此式可计算出汽车在圆曲线上行驶时，不产生横向滑移的最小圆曲线半径 R 或最大允许行驶速度 v。

4. 横向稳定性的保证

由式(5.4)和式(5.6)可知，汽车在圆曲线上行驶时的横向稳定性主要取决于横向力系数 μ_h 值的大小。现代汽车在设计制造时重心较低，一般 $b \approx 2h_g$，即 $\frac{b}{2h_g} \approx 1$，而 $\varphi_h < \frac{b}{2h_g}$。即汽车在圆曲线上行驶时，在发生横向倾覆之前先产生横向滑移现象，为此，在道路设计中应保证汽车不产生横向滑移，同时也就保证了横向倾覆的稳定性。只要设计采用的 μ 值满足式(5.6)的条件，一般在满载情况下能保证横向行车的稳定性，但装载过高时可能发生倾覆现象。

5.3.2 圆曲线半径

1. 影响因素

由式(5.3)得

$$R = \frac{v^2}{127(\mu \pm i_h)} \tag{5.9}$$

式中 v——行驶速度，km/h；
μ——横向力系数；
i_h——横向超高坡度。

在指定车速 v 下，最小 R_{min} 取决于允许的最大横向力系数 μ_{max} 和该圆曲线的最大超高坡度 $i_{h(max)}$。

1) 最大横向力系数 μ_{max}

横向力的存在对行车产生种种不利影响，μ 越大越不利，表现在以下几个方面。

(1) 危及行车安全。

汽车能在圆曲线上行驶的基本前提是轮胎不在路面上滑移，要求横向力系数 μ 低于轮胎与路面之间所能提供的横向摩阻系数 φ_h，即

$$\mu \leqslant \varphi_h \tag{5.10}$$

φ_h 与车速、路面及轮胎等有关。一般在干燥路面上为 0.4~0.8；在潮湿的沥青路面上汽车高速行驶时，降低到 0.25~0.40；路面结冰和积雪时，降到 0.2 以下；在光滑的冰面上可降到 0.06(不加防滑链)。

(2) 增加驾驶操纵的困难。

圆曲线上行驶的汽车，在横向力作用下，弹性轮胎会产生横向变形，使轮胎的中间平面与轮迹前进方向形成一个横向偏移角(图 5.4)，其存在增加了汽车在方向操纵上的困难。特别是车速较高时，如横向偏移角超过 5°，一般驾驶员就不易保持驾驶方向的稳定。

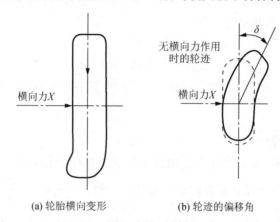

(a) 轮胎横向变形　　(b) 轮迹的偏移角

图 5.4　汽车轮胎的横向偏移角

(3) 旅行不舒适。

μ 值过大，汽车不能连续、稳定行驶，有时还需要减速。在圆曲线半径小的曲线上驾驶员要尽量大回转，易离开车道发生事故。当 μ 超过一定数值时，驾驶员要采用增加汽车稳定性的措施，增加了驾驶员在圆曲线行驶中的紧张。对乘客，μ 值增大会感到不舒适。

2) 最大超高值 $i_{h(max)}$

在车速较高的情况下为了平衡离心力要用较大的超高，但道路上行驶车辆的速度差异较大，特别是在混合交通的道路上，不仅要照顾快车，也要考虑慢车的安全。对于慢车，乃至因故暂停在弯道上的车辆，其离心力接近于 0 或等于 0。如超高坡度过大，超出轮胎与路面间的横向摩阻系数，车辆有沿路面最大合成坡度下滑的危险，必须满足

$$i_{h(max)} \leqslant \varphi_w \tag{5.11}$$

式中　φ_w ——一年中气候恶劣季节路面的横向摩阻系数。

制订最大超高值 $i_{h(max)}$，除考虑道路所在地区的气候条件外，还必须给驾驶员和乘客以心理上的安全感。对重山区、城市附近、交叉口以及有相当数量非机动车行驶的道路，最大超高坡度应比一般道路小些。

我国《公路路线设计规范》(JTG D20—2017)对各级公路的最大超高坡度规定：一般地区的高速公路、一级公路为 8%或 10%；二、三、四级公路为 8%。积雪冰冻地区的各级公路均为 6%。二、三、四级公路接近城镇且混合交通量大的路段，车速受到限制时和城市道路当设计速度为 80km/h，最大超高坡度取 6%；当设计速度为 60km/h、50km/h 时，最大超高坡度取 4%；当设计速度为 40km/h、30km/h、20km/h 时，最大超高坡度取 2%。

2. 圆曲线最小半径的计算

汽车在圆曲线上行驶时保持稳定的必要条件是汽车所受横向力被轮胎与路面之间的摩阻力抵消，若横向力大于摩阻力，则汽车出现横向滑移。因此，在设计时应控制横向力系数 μ 不超过摩阻系数 φ_h。

横向力系数 μ 实际是受摩阻系数 φ_h 约束的，即在不发生横向滑移前提下，μ 值不会超过 φ_h 值。因此，用 φ_h 代替 μ 值来计算圆曲线的最小半径更符合实际情况。《公路路线设计规范》(JTG D20—2017)采用摩阻系数 φ_h 作为计算圆曲线最小半径的指标，即

$$R = \frac{v^2}{127(\varphi_h + i_h)} \tag{5.12}$$

式中　R——圆曲线半径，m；
　　　v——设计速度，km/h；
　　　φ_h——路面与轮胎之间的横向摩阻系数；
　　　i_h——超高坡度。

我国《公路路线设计规范》(JTG D20—2017)根据不同的 φ_h 值，对不同等级的公路规定了极限最小半径、一般最小半径和不设超高的最小半径，见表5.1。城市道路圆曲线的最小半径见表5.2。

表 5.1　各级公路圆曲线最小半径

设计速度/(km/h)		120	100	80	60	40	30	20
极限最小半径/m		650	400	250	125	60	30	15
一般最小半径/m		1000	700	400	200	100	65	30
不设超高最小半径/m	路拱≤2%	5500	4000	2500	1500	600	350	150
	路拱>2%	7500	5250	3350	1900	800	450	200

表 5.2　城市道路圆曲线最小半径

设计速度/(km/h)	80	60	50	40	30	20
设超高的最小半径/m	250	150	100	70	40	20
设超高的推荐最小半径/m	400	300	200	150	85	40
不设超高的最小半径/m	1000	600	400	300	150	70

(1) 极限最小半径。

极限最小半径是指为保证车辆按设计速度安全行驶所规定的圆曲线半径最小值。《公路路线设计规范》(JTG D20—2017)中的极限最小半径是在规定的设计速度时，$i_h = 8\%$，$\varphi_h = 0.1 \sim 0.16$，用式(5.12)计算取整得到。

极限最小半径是路线设计中的极限值，是在特殊困难条件下不得已才使用的，一般不轻易采用。

(2) 一般最小半径。

一般最小半径是指各级公路对按设计速度行驶的车辆能保证其安全、舒适的最小圆曲线半径，标准中的一般最小半径值是按 $i_h = 6\% \sim 8\%$、$\varphi_h = 0.05 \sim 0.06$ 计算取整得到。

一般最小半径是在通常情况下推荐采用的最小半径。一是考虑汽车在这种圆曲线上以设计速度或以接近设计速度行驶时,旅客有充分的舒适感;二是考虑在地形比较复杂的情况下不会过多增加工程量。

(3) 不设超高的最小半径。

当圆曲线半径较大时,离心力的影响较小,路面摩阻力可保证汽车有足够的稳定性,这时可不设超高,设置与直线段上相同的双向横坡路拱形式。因此,不设超高最小半径是指不必设置超高就能满足行驶稳定性的圆曲线最小半径。从舒适和安全的角度考虑,φ_h值应尽可能小,以使乘客在圆曲线上与在直线上有大致相同的感觉。《公路路线设计规范》(JTG D20—2017)中不设超高的最小半径是分别取 $\varphi_h=0.035$、$i_h=-0.015$ 和取 $\varphi_h=0.04$、$i_h=-0.025$ 按式(5.12)计算取整得到。

3. 圆曲线的特点及运用

1) 圆曲线的特点

各级道路不论转角大小均应设置圆曲线。一般认为,圆曲线作为平面线形要素之一,具有以下主要特点。

(1) 圆曲线上任意点的曲率半径 R=常数,曲率 $1/R$=常数,故测设和计算简单。

(2) 圆曲线上任意一点都在不断地改变着方向,比直线更能适应地形的变化,由不同半径的多个圆曲线组合而成的复曲线,对地形、地物和环境有更强的适应能力。

(3) 汽车在圆曲线上行驶要受到离心力的作用,对行车的安全性和舒适性等产生不利影响,圆曲线半径越小、行驶速度越高,行车越危险。

(4) 汽车在圆曲线上转弯时各轮轨迹半径不同,比在直线上行驶多占用路面宽度。

(5) 汽车在小半径的圆曲线内侧行驶时,视距条件较差,视线会受到路堑边坡或其他障碍物的阻挡,易发生行车事故。

2) 圆曲线的运用

道路平面设计时,应根据沿线地形、地物等条件,尽量选用较大半径,以保证行车安全、舒适。在选定半径时既要技术合理,又要经济适用;既不能盲目采用高标准(大半径)而过分增加工程量,也不能只考虑眼前通行要求而采用低标准。

(1) 选定圆曲线半径应与地形相适应,以采用超高坡度为2%~4%的圆曲线半径为宜。

(2) 地形条件限制时,可采用大于或接近圆曲线一般最小半径;地形条件特殊困难不得已时,方可采用圆曲线极限最小半径。

(3) 在选用圆曲线半径时,应与设计速度相适应,同向衔接路段的平、纵横线形要素相协调,构成连续、均衡的曲线线形。

(4) 选用圆曲线半径时,最大半径值一般不宜超过10km。

5.4 缓 和 曲 线

缓和曲线是道路平曲线形要素之一,它是设置在直线与圆曲线间或半径相差较大、转向相同的两圆曲线间的一种曲率连续变化的曲线。在高速公路上,有时缓和曲线所占比例超过了直线和圆曲线,成为平面线形主要组成部分。在城市道路上,缓和曲线也被广泛使用。以下主要介绍缓和曲线的性质、形式、长度和参数等。

5.4.1 缓和曲线的作用与性质

1. 缓和曲线的作用

(1) 曲率连续变化，便于车辆遵循。

汽车转弯行驶的过程中，存在一条曲率连续变化的轨迹线，无论车速高低，这条轨迹线都是客观存在的，它的形式和长度则随行驶速度、曲率半径和驾驶员转动转向盘的快慢而定。在低速行驶时，驾驶员尚可利用路面的富余宽度将汽车保持在车道范围内，缓和曲线似乎没有必要。但在高速行驶时，汽车有可能超越自己的车道驶出一条很长的过渡性轨迹线。从安全考虑，有必要设置一条驾驶员易于遵循的缓和曲线，使车辆在进入或离开圆曲线时不致侵入邻近的车道。

(2) 离心加速度逐渐变化，旅客感觉舒适。

汽车行驶在圆曲线上产生离心力，离心力的大小与圆曲线的曲率成正比。汽车由直线驶入圆曲线或由圆曲线驶入直线，因曲率的突变会使乘客有不舒适的感觉。所以，应在曲率不同的直线和圆曲线、圆曲线和圆曲线之间，设置一条过渡性的曲线以缓和离心加速度的变化，使旅客感到舒适。

(3) 超高及加宽逐渐变化，行车更加平稳。

道路横断面从直线上的双坡断面过渡到圆曲线上的单坡断面和由直线上的正常宽度过渡到圆曲线上的加宽宽度，一般是在缓和曲线长度内完成的。为避免车辆在这一过渡行驶中急剧地左右摇摆，并保证路容的美观，需设置一定长度的缓和曲线。

(4) 与圆曲线配合，增加线形美观。

圆曲线与直线相连接，在连接处曲率突变，视觉上有不平顺的感觉。设置缓和曲线后，线形连续圆滑，增加线形的美观(图 5.5)。

(a) 不设缓和曲线感觉路线扭曲；   (b) 设置缓和曲线后变得平顺美观

图 5.5 直线与曲线连接效果

2. 缓和曲线的性质

为研究汽车由直线进入圆曲线的行驶轨迹，假定汽车是等速行驶，驾驶员匀速转动转向盘。当转向盘转动角度为 φ 时，前轮相应转动角度为 ϕ，它们之间的关系为

$$\phi = k\varphi \quad \text{rad}$$

式中　k——小于1的系数。而

$$\varphi = \omega t \quad \text{rad}$$

式中　ω——转向盘转动的角速度，rad/s；
　　　t——行驶时间，s。

汽车前轮的转向角为

$$\phi = k\omega t \quad \text{rad} \tag{5.13}$$

设汽车前后轮轴距为d，前轮转动ϕ后，汽车行驶轨迹的曲率半径为r，由图5.6可知

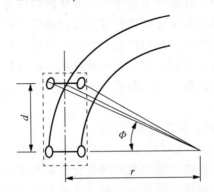

图5.6　前后轮轴距d与曲率半径r的关系

$$r = \frac{d}{\tan\phi} \quad \text{m}$$

因ϕ很小，可近似地认为

$$r \approx \frac{d}{\phi} = \frac{d}{k\omega t} \quad \text{m} \tag{5.14}$$

汽车以v(m/s)等速行驶，经时间t(s)后，其行驶距离(弧长)为

$$l = vt \quad \text{m} \tag{5.15}$$

由式(5.14)得

$$t = \frac{d}{k\omega r}$$

代入式(5.11)得

$$l \approx v\frac{d}{k\omega r} \tag{5.16}$$

式中，v、d、k、ω均为常数，令

$$\frac{vd}{k\omega} = C$$

则

$$l = \frac{C}{r}$$

或

$$rl = C \tag{5.17}$$

式中　l——汽车自直线终点开始转弯，经t(s)后行驶的弧长，m；
　　　r——汽车行驶t(s)后在l处的曲率半径，m；

C——常数。

式(5.17)为汽车以不变角速度转向盘等速行驶的轨迹，即汽车匀速由直线驶入圆曲线或圆曲线驶入直线，其行驶轨迹的弧长与曲率半径乘积为一常数。

5.4.2 缓和曲线的形式

1. 回旋线作为缓和曲线

回旋线是曲率随曲线长度成比例变化的曲线。这一性质与前面驾驶员以匀速转动方向盘，汽车由直线驶入圆曲线或圆曲线驶入直线的轨迹线相符。其基本公式为

$$rl = A^2 \tag{5.18}$$

式中　r——回旋线上某点的曲率半径，m；
　　　l——回旋线上某点到原点的曲线长，m；
　　　A——回旋线参数。

回旋线参数 A 表征回旋线曲率变化的缓急程度，在回旋线内 r 是随 l 的变化而变化的。在回旋线起点曲率为零，曲率半径为无穷，但在回旋线终点处，$l = L_s$，$r = R$，则 $RL_s = A^2$，即

$$A = \sqrt{RL_s} \tag{5.19}$$

式中　R——回旋线所连接的圆曲线半径，m；
　　　L_s——回旋线形缓和曲线长度，m。

2. 其他形式的缓和曲线

1) 三次抛物线

按行驶轨迹导出的缓和曲线一般方程式(5.17)中的弧长 l，用 l 在横轴上的投影 x 代替，则得到三次抛物线的方程为

$$r = \frac{C}{x} \tag{5.20}$$

若仅取回旋线坐标方程中的第一项，可得三次抛物线上各点的直角坐标方程为

$$x = l \tag{5.21}$$

$$y = \frac{x^3}{6C} \tag{5.22}$$

其中

$$C = R \cdot L_s$$

三次抛物线的曲率半径与回旋线一样，也是随长度由无穷大逐渐减小的。但当缓和曲线角 β 达到 24°后，又开始增加，所以三次抛物线用作缓和曲线的条件为 $\beta \leqslant 24°$。

2) 双纽线

将式(5.17)中的弧长 l 用曲线的弦长 a 来代替，则得双纽线方程为

$$r = \frac{C}{a} \tag{5.23}$$

双纽线的极角为 45°时，曲率半径最小，此后半径增大至原点，全程转角达到 270°。因此，当曲线转角较大、半径较小时，如在回头曲线或立体交叉的匝道上可采用双纽线设

置整个曲线，代替两段回旋线和一段主曲线。

5.4.3 缓和曲线的最小长度及参数

1. 缓和曲线的最小长度

因车辆要在缓和曲线上完成不同曲率的过渡行驶，缓和曲线应有足够的长度，以使驾驶员能从容地打转向盘、乘客感觉舒适、线形美观流畅，圆曲线上的超高和加宽的过渡也能在缓和曲线内平顺完成。所以，应规定缓和曲线的最小长度，可从以下几方面考虑。

1) 旅客感觉舒适

汽车在缓和曲线上行驶，其离心加速度随缓和曲线曲率的变化而变化，如变化过快会使乘客感到横向冲击。由离心力产生的离心加速度 $a = v^2/r$，在 $t(s)$ 时间内汽车从缓和曲线的起点到达缓和曲线终点，曲率半径 r 由 ∞ 均匀地变化到 R，离心加速度由零均匀地增加到 v^2/R，离心加速度的变化率为

$$\alpha_s = \frac{a}{t} = \frac{v^2}{Rt}$$

假定汽车做等速行驶，则 $t = L_s/v$，此时

$$\alpha_s = \frac{v^3}{RL_s}$$

则

$$\alpha_s = \frac{v^3}{R\alpha_s} \tag{5.24}$$

式中离心加速度变化率 α_s 的采用值，各国不尽相同。一般高速公路，英国采用 0.3，美国采用 0.6，我国一般采用的范围在 $0.5 \sim 0.6 \text{m/s}^3$ 内。若以 v (km/h) 表示设计速度，则最小缓和曲线长度 $L_{s(\min)}$ 的计算公式为

$$L_{s(\min)} = 0.0214 \frac{v^3}{R\alpha_s} \tag{5.25}$$

2) 超高渐变率适中

因在缓和曲线上设置超高过渡段，若过渡段太短则会因路面急剧地由双坡变为单坡而形成一种扭曲的面，对行车不利。

在超高过渡段上，路面外侧逐渐抬高，从而形成一个"附加坡度"。当圆曲线上的超高坡度一定时，该附加坡度取决于过渡段长度。附加坡度（也称超高渐变率）太大和太小都不利，太大会使行车左右摇摆影响行车安全，太小对排水不利。《公路路线设计规范》(JTG D20—2017)规定了适中的超高渐变率，由此可导出计算过渡段最小长度的公式，即

$$L_{s(\min)} = \frac{B'\Delta i}{p} \quad \text{m} \tag{5.26}$$

式中　B'——旋转轴至行车道（设路缘带时为路缘带）外侧边缘的宽度，m；
　　　Δi——超高坡度（超高值）与路拱坡度代数差，%；
　　　p——超高渐变率。

3) 行驶时间不过短

缓和曲线不管其参数如何，都不可使车辆在缓和曲线上的行驶时间过短，过短会使驾驶员操作不便，甚至造成驾驶操纵的紧张和忙乱。一般认为，汽车在缓和曲线上的行驶时间至少应有 3s，于是

$$L_{s(\min)} = \frac{v}{1.2} \tag{5.27}$$

根据影响缓和曲线长度的各项因素，《公路路线设计规范》(JTG D20—2017)制定了各级公路缓和曲线最小长度如表 5.3 所列。《公路路线设计规范》(JTG D20—2017)规定了城市道路的最小缓和曲线长度，如表 5.4 所列。其中表 5.3 规定的最小值是由式(5.25)计算并取整得到，若采用最小值则不一定满足超高渐变率的要求，经验算后取整为 5 或 10 的倍数确定采用值。

表 5.3　各级公路缓和曲线最小长度

设计速度/(km/h)		120	100	80	60	40	30	20
缓和曲线最小长度/m	一般值	130	120	100	80	50	40	25
	最小值	100	85	70	60	40	30	20

表 5.4　城市道路缓和曲线最小长度

设计速度/(km/h)	80	60	50	40	30	20
缓和曲线最小长度/m	70	50	45	45	25	20

2. 回旋线参数 A 值

回旋线参数 A 值决定了回旋线曲率变化的缓急程度。A 的最小值应根据汽车在缓和曲线上缓和行驶的要求、行驶时间要求以及允许的超高渐变率要求等决定。我国《公路路线设计规范》(JTG D20—2017)规定了缓和曲线最小长度，由公式 $RL_s = A^2$ 可知，也确定了最小参数 A 值。因此，在进行平面线形设计时，可选定缓和曲线长度，也可选定回旋线参数 A 值。

回旋线参数应与圆曲线半径相协调。研究认为，回旋线参数 A 与连接的圆曲线半径之间，只要保持 $R/3 \leq A \leq R$，便可获得视觉上协调、舒顺的线形。当 R 接近 100m 时，宜取 $A = R$；若 $R < 100$m，则选择 $A \geq R$；反之，在圆曲线半径较大或接近 3000m 时，可选择 A 在 $R/3$ 左右；如 R 超过 3000m，即使 $A < R/3$，在视觉上也是舒顺的。

3. 缓和曲线的省略

在直线和圆曲线之间设置缓和曲线后，圆曲线产生内移值 p，在 L_s 一定的情况下，p 与圆曲线半径成反比；当 R 大到一定程度时，p 值甚微，即使直线与圆曲线半径相连接，汽车也能完成曲率渐变行驶，因为在车道的富余宽度中已包含该内移值。所以《公路路线设计规范》(JTG D20—2017)规定，在下列情况下可不设缓和曲线。

(1) 在直线与圆曲线间，当圆曲线半径不小于"不设超高的最小半径"时。

(2) 半径不同的同向圆曲线间，当小圆半径不小于"不设超高的最小半径"时。

(3) 小圆半径大于表 5.5 所列复曲线中小圆临界曲线半径，且符合下列条件之一时。

表 5.5 复曲线中小圆临界曲线半径

设计速度/(km/h)	120	100	80	60	400	30
临界曲线半径/m	2100	1500	900	500	250	130

《公路路线设计规范》(JTG D20—2017)规定的不设缓和曲线的最小圆曲线半径如表 5.6 所列。

表 5.6 城市道路不设缓和曲线的最小圆曲线半径

设计速度/(km/h)	80	60	50	40
不设缓和曲线的最小圆曲线半径/m	2000	1000	700	500

课 后 习 题

5.1 汽车行驶轨迹有哪些特征?道路平面线形由哪些要素组成?

5.2 为何要限制直线的长度?

5.3 公路的最小圆曲线半径有几种?分别在何种情况下使用?

5.4 缓和曲线的作用是什么?确定其长度应考虑哪些因素?

5.5 圆曲线的特点是什么?

5.6 什么是汽车行驶的横向稳定性?

第6章 纵断面设计

6.1 概 述

陆地表面是高低起伏变化的,当这种起伏不大时,道路可以顺应地形修建,当起伏剧烈,不能满足汽车的动力性能和平稳性要求时,就需要对道路经过的区域进行填挖处理(包括修建桥隧等构造物),以保证汽车行驶的安全和快速,同时还要考虑经济性及对环境的影响等。这些都是纵断面设计的工作。

1. 纵断面图的组成

纵断面即沿着道路中线竖直剖切然后展开的立面投影。由于道路路线是由直线与曲线组合而成,故剖切面既有平面又有曲面(柱面),为了清楚地表示出路线纵断面情况,把剖切面展开(展开时不改变路线纵坡度)成一立面,即路线纵断面图,纵断面图的长度就是路线的长度。在纵断面图中有两条主要的线:一条是地面线,它是根据中线上各桩点的高程而绘制的一条不规则的折线,平面线形确定后,地面线即可唯一地确定,对于新建道路而言,地面线反映了沿着中线地面的起伏变化情况;另一条是设计线,它是经过技术上、经济上及美学上等多方面比较后确定的,具有规则形状的几何线形,反映了路线的起伏变化状况,以及路线的纵向设计坡度和竖曲线。另外,为了表现平纵面配合的情况、纵断面设计指标、填挖状况、道路经过区域的地质情况等,在纵断面图下面的资料表中设有直线及平曲线、坡度/坡长、填挖高度和地质概况等栏目。不同的设计阶段,对纵断面图内容的要求不同。

2. 纵断面设计中的几点规定

纵断面设计线是由直线和竖曲线组成的。直线(即均匀坡度线)有上坡和下坡,用坡度和水平长度表示,不计斜长。直线的坡度和长度影响着汽车的行驶速度、运输经济性以及行车安全性,其相关临界值根据通行的汽车类型及行驶性能确定。

在直线的坡度转折处为了平顺过渡,要设置竖曲线。按坡度转折形式的不同,竖曲线有凹有凸,其大小可用半径和水平长度表示,不计曲线长。另外,坡度转折处(变坡点)只计坡度代数差,不计角度。

一般而言,路线纵断面图上的设计高程(即路基设计高程)应符合以下规定。
(1) 新建公路的路基设计高程。高速公路和一级公路采用中央分隔带的外侧边缘高程;

二、三、四级公路采用路基边缘高程，在设置超高、加宽路段的路基设计高程为设超高、加宽前该处的边缘高程。

(2) 改建公路的设计高程。宜按新建公路的规定执行，也可视具体情况采用中央分隔带中线或行车道中线高程。

3. 纵断面设计的主要任务

纵断面设计的主要任务就是根据汽车的动力特性、道路的功能和等级、地形、地质、水文及其他自然环境的限制，综合考虑工程的技术要求和经济性等诸多因素，合理确定坡度、坡长和竖曲线半径，并进行纵断面和平面的组合设计，以便达到行车安全、环保、快速、经济、合理及乘客感觉舒适的目的。

6.2 纵 坡 设 计

6.2.1 纵坡

1. 最大纵坡

最大纵坡是道路纵坡设计的极限值，是纵面线形设计的一项重要指标。最大纵坡的大小将直接影响路线的长短、使用质量、行车安全以及运营成本和工程的经济性。最大纵坡主要是依据汽车的动力特性、道路等级、自然条件、车辆行驶安全以及工程、运营经济等因素确定。汽车沿陡坡行驶时，因升坡阻力增加而需增大牵引力，从而降低车速，若长时间爬陡坡，不但会引起汽车水箱沸腾、气阻、行驶无力以致发动机熄火，使驾驶条件恶化，而且在爬坡时汽车的机件磨损也将增大。因此，应从汽车爬坡能力考虑对最大纵坡加以限制。与上坡相比，汽车下坡时的安全性更为重要。汽车下坡时，制动次数增加，制动器易因发热而失效，驾驶员心理紧张，也容易发生车祸。根据行车事故调查分析，坡度大于8%、坡长为360m或坡长很短但坡度很大(11%～12%)的路段下坡的终点是发生交通事故的主要地点。同时，调查资料表明，当纵坡大于8.5%时，制动次数急增，所以，最大纵坡的制定从下坡安全来考虑，其最大值应控制在8%为宜。

根据上述因素，考虑到工程经济及我国车辆的具体情况，《公路工程技术标准》(JTG B01—2014)和《城市道路工程设计规范》(CJJ 37—2012)(2016年版)分别对我国公路和城市道路的最大纵坡作出了具体规定，见表6.1和表6.3。

表6.1 公路最大纵坡

设计速度/(km/h)	120	100	80	60	40	30	20
最大纵坡/%	3	4	5	6	7	8	9

当设计速度为120km/h、100km/h、80km/h 的高速公路受地形条件或者其他特殊情况限制时，经技术经济论证，最大纵坡可增加1%；公路改建中，设计速度为40km/h、30km/h、20km/h 的利用原有公路的路段，经技术经济论证，最大纵坡可增加1%。

在高海拔地区，因空气密度下降而使汽车发动机的功率、汽车的驱动力降低，导致汽车爬坡能力下降。位于海拔 3000m 以上的高原地区各级公路的最大纵坡值按表 6.2 的规定予以折减。最大纵坡折减后若小于 4%，则仍采用 4%。

表 6.2 高原纵坡折减值

海拔高度/m	3000～4000	4000～5000	5000 以上
折减值/%	1	2	3

桥上及桥头路线的最大纵坡：小桥与涵洞处纵坡应按路线规定采用；大桥上纵坡不宜大于 4%，桥头引道纵坡不宜大于 5%；紧接大、中桥桥头两端的引道纵坡应与桥上纵坡相同。对于隧道部分路线的纵坡，隧道内纵坡不应大于 3%，但独立明洞和短于 100m 的隧道其纵坡不受此限；紧接隧道洞口的路线纵坡应与隧道内纵坡相同。在非机动车交通比例较大路段，为照顾其交通要求可根据具体情况将纵坡适当放缓：平原、微丘区一般不大于 2%～3%；山岭、重丘区一般不大于 4%～5%。

城市道路设计规范规定了城市道路机动车车行道最大纵坡推荐值与限制值，见表 6.3；同时规定，海拔 3000～4000m 的高原城市道路的最大纵坡度推荐值按表 6.2 所列数值减小 1%，积雪寒冷地区最大纵坡度推荐值不得超过 6%。

表 6.3 城市道路最大纵坡

设计速度/(km/h)		100	80	60	50	40	30	20
最大纵坡	一般值	3	4	5	5.5	6	7	8
	极限值	4	5	6		7		8

2. 最小纵坡

在挖方路段、设置边沟的低填方路段和其他横向排水不畅的路段，为了保证排水，防止水渗入路基而影响路基的稳定性，应设置不小于 0.3%的纵坡(一般情况下不宜小于 0.5%)。当横向排水不畅的路段或长路堑路段采用平坡(0%)或小于 0.3%的纵坡时，其边沟应进行纵向排水设计。

3. 平均纵坡

在道路设计中，平均纵坡是指一定路线长度范围内，路线两端点的高差与路线长度的比值。平均纵坡是衡量路线线形设计质量的重要指标之一。

根据对山区道路行车的实际调查发现，有时虽然道路纵坡设计完全符合最大纵坡、坡长限制及缓和坡长规定，但也不能保证行车顺利安全。如果在长距离内，平均纵坡较大，汽车上坡用二挡时间较长，发动机长时间发热，易导致汽车水箱沸腾、气阻；同样，汽车下坡时，频繁制动，易引起制动器发热，甚至烧毁制动片，加之驾驶员心理过分紧张，极易发生事故。因此，从汽车行驶方便和安全出发，为了合理利用最大纵坡、坡长和缓和坡段的规定，还要控制平均纵坡。平均纵坡是在宏观上控制路线纵坡。

$$i_p = \frac{H}{l} \tag{6.1}$$

式中　i_p——平均纵坡；

　　　l——路线长度，m；

　　　H——路线长度两端的高差，m。

《公路路线设计规范》(JTG D20—2017)规定，二级、三级、四级公路越岭路线连续上坡(或下坡)路段，相对高差为200～500m时平均纵坡应不大于5.5%，相对高差大于500m时平均纵坡不应大于5%。任意连续3km路段的平均纵坡应不大于5.5%。

6.2.2　坡长限制

1. 最小坡长

最小坡长是指相邻两个变坡点之间的最小水平长度。为保证行车的安全与平顺，应规定坡段最小长度。如果坡长过短，会使变坡点增多，汽车颠簸频繁，给乘客带来不舒适感。另外，驾驶员驾驶操作及变换排挡需要一定的长度，同时变坡点之间应能敷设相邻两竖曲线的切线长。两变坡点之间还应满足视距的要求。为此，《公路工程技术标准》(JTG B01—2014)和《城市道路设计规范》(CJJ 37—2012)(2016年版)分别规定了我国公路和城市道路的最小坡长，分别见表6.4和表6.5。在平面交叉口、立体交叉的匝道以及过水路面地段的最小坡长可以不受此限制。

表6.4　公路最小坡长

设计速度/(km/h)	120	100	80	60	40	30	20
最小坡长/m	300	250	200	150	120	100	60

表6.5　城市道路纵坡坡段最小坡长

设计速度/(km/h)	100	80	60	50	40	30	20
最小坡长/m	250	200	150	130	110	85	60

2. 最大坡长

最大坡长是指控制汽车在坡道上行驶，当车速下降到最低允许速度时所行驶的距离。最大坡长限制是根据汽车动力性能决定的。长距离的陡坡对汽车行驶不利。连续上坡，发动机过热影响机械效率，从而使行驶条件恶化；下坡则因制动频繁而危及行车安全，因此，应对陡坡的长度有所限制。《公路路线设计规范》(JTG D20—2017)和《城市道路工程设计规范》(CJJ 37—2012)(2016年版)对不同纵坡最大坡长限制见表6.6和表6.7。对城市道路，坡长限制还应考虑到非机动车的要求，规定见表6.8。

各级公路的连续上坡路段，应根据载重汽车上坡时的速度折减变化，在不大于表6.6规定的纵坡长度之间设置缓和坡段。其设置应符合下列规定。

(1) 设计速度不大于80km/h时，缓和坡段的纵坡应不大于3%；设计速度大于80km/h时，缓和坡段的纵坡应不大于2.5%。

(2) 缓和坡段的长度应大于表6.4中最小坡长的规定。

第6章 纵断面设计

表 6.6 各级公路不同纵坡最大坡长

设计速度/(km/h)		120	100	80	60	40	30	20
纵坡坡度/%	3	900	1000	1100	1200			
	4	700	800	900	1000	1100	1100	1200
	5		600	700	800	900	900	1000
	6			500	600	700	700	800
	7					500	500	600
	8					300	300	400
	9						200	300
	10							200

表 6.7 城市道路机动车最大坡长

设计速度/(km/h)	100	80	60			50			40		
纵坡坡度/%	4	5	6	6.5	7	6	6.5	7	6.5	7	8
最大坡长/m	700	600	400	350	300	350	300	250	300	250	200

表 6.8 城市道路非机动车最大坡长

纵坡坡度/%		3.5	3.0	2.5
最大纵坡/m	自行车	150	200	300
	三轮车	—	100	150

3. 缓和坡段

在纵断面设计中,连续上坡(下坡)时,应在不大于表 6.5 和表 6.6 所规定的纵坡长度范围内设置缓和坡段。缓和坡段的纵坡应不大于3%,其长度应符合纵坡长度的规定。

缓和坡段的具体位置结合纵向地形起伏情况,尽量减少填挖方工程数量,同时应考虑路线的平面线形要素。在一般情况下,缓和坡段宜设置在平面的直线或较大半径的平曲线上,以便充分发挥缓和坡段的作用,提高整条道路的使用质量。在必须设置缓和坡段而地形又困难的地段,可以将缓和坡段设于半径比较小的平曲线上,但应增加缓和坡段的长度,以使缓和坡段端部的竖曲线位于该小半径平曲线之外。这种要求对提高行驶质量、保证行车安全是完全必要的。

6.2.3 合成坡度

道路在平曲线路段,若纵向有纵坡且横向又有超高时,则最大坡度在纵坡和超高横坡所合成的方向上,这时的最大坡度称为合成坡度,如图 6.1 所示,其值按式(6.2)计算,即

$$I=\sqrt{i^2+i_h^2} \tag{6.2}$$

式中 I——合成坡度;

i——路线纵坡度；

i_h——超高横坡度。

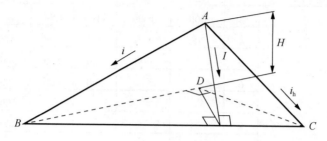

图 6.1 合成坡度

由于合成坡度是由纵向坡度与横向坡度组合而成的，其坡度值比原路线纵坡大，汽车在设有超高的坡道上行驶时，不仅要受坡度阻力的影响，而且还要受离心力的影响。尤其是当纵坡大而平曲线半径小时，合成坡度大，使汽车重心发生偏移，会给汽车行驶带来危险。所以，当平曲线与坡度组合时，为了防止汽车沿合成坡度方向滑移，应将超高横坡与纵坡的组合控制在适当的范围内。

实践证明，合成坡度对于控制急弯和陡坡组合路段的纵坡设计是非常必要的，在条件许可时，宜采用较小的合成坡度。

我国《公路路线设计规范》(JTG D20—2017)规定，在设有超高的平曲线上，超高与纵坡的合成坡度值不得超过表 6.9 的规定，在积雪或冰冻地区，合成坡度值不应大于 8%。《城市道路工程设计规范》(CJJ 37—2012)(2016 年版)规定了城市道路合成坡度，见表 6.10。

表 6.9 公路最大合成坡度

公路技术等级	高速公路、一级公路				二级公路、三级公路、四级公路				
设计速度/(km/h)	120	100	80	60	80	60	40	30	20
合成坡度值/%	10.0	10.0	10.5	10.5	9.0	9.5	10.0	10.0	10.0

表 6.10 城市道路最大合成坡度

设计速度/(km/h)	100	80	60	50	40	30	20
合成坡度值/%		7.0		6.5		7.0	8.0

注：积雪地区各级道路的合成坡度应不大于 6%。

为了保证路面排水，各级公路的最小合成坡度不宜小于 0.5%；当合成坡度小于 0.5% 时，应采用综合排水措施，以保证路面排水畅通。

6.2.4 纵坡设计的一般要求

1. 公路纵坡设计一般要求

(1) 公路纵坡设计必须符合纵坡的有关规定。各级公路的最大纵坡值及陡坡限制坡长，一般不轻易使用，而应留有余地。

(2) 纵面线形应与地形相适应。平原地形的纵坡应均匀、平缓；丘陵地形的纵坡应避免过分迁就地形而起伏过大；越岭线的纵坡应力求均匀，不应采用最大值或接近最大值的坡度，更不宜连续采用不同纵坡最大坡长值的陡坡夹短距离缓坡的纵坡线形；山脊线和山腰线，除结合地形不得已时采用较大的纵坡外，在可能条件下应采用平缓的纵坡。

(3) 纵面线形应重视平纵面线形的组合。设计成视觉连续、平顺而圆滑的线形；短距离内要避免线形起伏过于频繁，由于纵面线形连续起伏，使视线中断视觉不良；避免能看得见近处和远处而看不见中间的凹陷路段，由于线形发生凹陷，出现隐蔽路段，使驾驶员视觉不适，产生莫测感，影响行车速度和安全；在较长的连续陡坡路段，宜将最陡的纵坡放在底部，接近顶部的纵坡放缓些；应注意与平面线形的配合。

(4) 纵坡设计应结合自然条件综合考虑。为利于路面和边沟排水，一般情况下，最小纵坡以不小于 0.5% 为宜。在受洪水影响的沿河路段及平原区的低洼路段，应保证路线的最低高程，以免受洪水冲刷，确保路基稳定。

(5) 纵坡设计为保证路基稳定，应尽量减少深路堑和高填方，在设计中应重视纵、横向填挖的调配利用，争取填挖平衡，尽量利用挖方当作就近填方，来减少借方和废方，降低工程造价。

(6) 纵坡设计应结合道路沿线的实际情况和具体条件进行设计，并适当照顾农业机械、农田水利等方面的要求。

2. 城市道路纵坡设计一般要求

(1) 城市道路纵坡设计应符合《城市道路工程设计规范》(CJJ 37—2012)(2016 年版)规定，并参照城市规划控制高程，适应临街建筑立面布置及沿路范围内地面水的排除。

(2) 为保证行车安全、舒适，纵坡宜缓顺，起伏不宜频繁。

(3) 山城道路及新建道路的纵断面设计，应综合考虑土石方平衡、汽车运营经济效益等因素，合理确定路面设计高程。

(4) 机动车与非机动车混合行驶的车行道，宜按非机动车爬坡能力设计纵坡度。

(5) 纵断面设计，应对沿线地形、地下管线、地质、水文、气候和排水要求综合考虑。

6.2.5 纵断面设计方法与步骤

1. 准备工作

根据实测资料绘出路线纵断面的地面线及桥涵、通道、立交等位置，并绘出平面直线、曲线示意图。写出每个中桩的桩号和地面高程以及沿线土质地质说明资料，并熟悉和掌握全线有关勘测设计资料，领会设计意图和要求。

2. 标注控制点

控制点是指影响纵坡设计的高程控制点。"控制点"可分为两类。第一类是属于控制性的"控制点"，控制路线纵坡设计时必须通过它或限制从其上方或下方通过。这类控制点主要有公路路线的起终点、垭口、重要桥梁及特殊涵洞、隧道的控制高程，重要城镇通过位置的高程以及受其他因素限制而使路线必须通过的控制点高程等；城市道路控制点是指城市桥梁桥面高程控制点、立交桥桥面高程控制点、铁路道口高程(按铁路轨顶高程计算)、平面交叉相交中心点控制高程、重要建筑物的地坪高程、满足重要管线最小覆土厚度的控制高程等。第二类是属于参考性的"控制点",称为经济点。对于山岭重丘区的公路,除应标出控制性质的"控制点"以外,还应考虑各横断面上横向填挖基本平衡的经济点,以降低工程造价,如图 6.2 所示。横断面上的经济点有以下 3 种情况。

(1) 当地面横坡不大时,可在中桩地面高程上下找到填方和挖方基本平衡的高程,纵坡通过此高程时,在该横断面上挖方数量基本等于填方数量。该高程为其经济点,如图 6.2(a)所示。

(2) 当地面横坡较陡时,填方往往不宜填稳,有时坡脚伸得较远,采用多挖少填甚至全部挖出路基的方法比砌石护坡经济,这时多挖少填或全挖路基的高程为经济点,如图 6.2(b)所示。

(3) 当地面横坡很陡,无法填方时,需砌筑挡土墙,此时可全部挖出路基或深挖,该全部挖出或深挖路基的高程为其经济点,如图 6.2(c)所示。

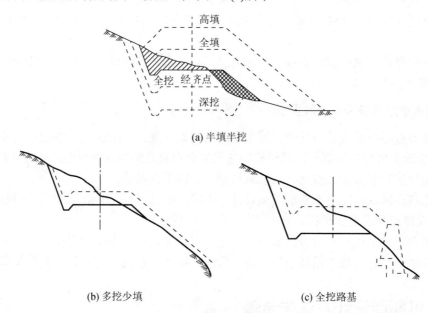

图 6.2 横断面上的经济点

3. 试坡

试坡主要是在已标出"控制点"的纵断面图上,根据技术标准、选线意图,考虑各控制点和经济点的要求以及地形变化情况,确定出满意的设计线,作为初定坡度线。

试坡应以"控制点"为依据,照顾多数"经济点"。当个别"控制点"确实无法满足时,应对控制点重新研究,以便采取弥补措施。试坡的要点可以归纳为:前后照顾,以点定线,反复比较,以线交点。"前后照顾"就是要前后坡段通盘考虑,不能只局限在某一坡段上。"以点定线"就是按照纵面技术标准的要求,满足"控制点",参考"经济点",初步定出坡度线。"反复比较"就是用三角板推平行线的办法,移动坡度线,反复试坡,对各种可能的坡度线方案进行比较,最后确定既符合技术标准,又满足控制点要求而且土石方量最省的坡度线。"以线交点"就是将得到的坡度线延长,交出变坡点的初步位置。

4. 调坡

调坡主要从以下两个方面进行。

(1) 结合选线意图进行调坡。将试坡线与选线时所考虑的坡度进行比较，两者应基本相符。若有脱离实际情况或考虑不周的现象，则应全面分析、找出原因、权衡利弊、决定取舍。

(2) 对照技术标准或规范进行调坡。详细检查设计最大纵坡、坡长限制、纵坡折减以及平纵线形组合是否符合技术标准或规范的要求。特别要注意，陡坡与平曲线、竖曲线与平曲线、桥头接线、路线交叉、隧道及渡口码头等地方的坡度是否合理，发现问题及时调整修正。

调整坡度线的方法有抬高、降低、延长、缩短纵坡线和加大、减小纵坡度等。调整时应以少脱离控制点、少变动填挖为原则，以便调整后的纵坡与试定纵坡基本相符。

5. 核对

核对主要在有控制意义的特殊横断面上进行，如选择高填深挖、挡土墙、重要桥涵、人工构造物以及其他重要控制点的断面等。其做法是：在纵断面图上直接由厘米格读出相应桩号的填挖高度，检查若有填挖过大、坡脚落空、挡土墙过高、桥涵填土不够以及其他边坡不稳现象，则需调整坡度线。核对是保证纵面设计质量的重要环节，对某些复杂地段，如山区横坡陡峻的傍山线，这一工作尤为重要。

6. 定坡

经调整核对合理后，即可确定坡度线。定坡就是把坡度值、变坡点位置(桩号)和高程确定下来。坡度值一般是用三角板推平行线的办法，直接读厘米格得出，要求取值到1‰。变坡点的位置直接从图上读出，一般要调整到整 10m 桩位上。变坡点的高程是根据路线起点的设计高程由已定的坡度、坡长依次推算而来。由于内业设计都用道路 CAD 系统来完成，因此，坡段的坡度也可以由 CAD 系统确定的变坡点高程进行反算。

道路的纵坡设计是在全面掌握设计资料的基础上经过多次方案比较，精心设计才能完成。除以上提到的设计要求外，纵坡设计还要注意以下几点。

(1) 与平面线形的合理组合，以得到较佳的空间组合线形。
(2) 回头曲线路段纵坡的特殊要求。
(3) 大、中桥上不宜设置竖曲线，即不宜设变坡点。
(4) 注意交叉口、城镇、大中桥、隧道等地段路线纵坡的特殊要求。

7. 设计竖曲线

根据道路等级和情况，确定竖曲线半径，并计算竖曲线要素。

8. 高程计算

根据确定的纵坡和变坡点的设计高程及竖曲线半径，即可计算出各桩号的设计高程。中桩设计高程与对应原地面高程之差即为路基施工高度，当两者之差为正时，则是填方；两者之差为负，则是挖方。

6.3 竖曲线设计

纵断面上两相邻不同坡度线的交点称为变坡点。为保证行车安全、舒适以及视距的需要而在变坡处设置的纵向曲线，即为竖曲线。相邻两坡度线的交角用坡度差 ω 表示，坡度角一般较小，可近似地用两坡段坡度的代数差表示，即 $\omega = i_2 - i_1$。式中，i_2、i_1 分别为两相邻坡段的坡度值，上坡为正，下坡为负。如图 6.3 所示，ω 为正，变坡点在曲线下方，竖曲线开口向上，称为凹形竖曲线；ω 为负，变坡点在曲线上方，竖曲线开口向下，称为凸形竖曲线。

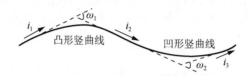

图 6.3 竖曲线示意图

各级道路在变坡点处均应设置竖曲线。竖曲线的线形采用二次抛物线。由于在其应用范围内，圆曲线与抛物线几乎没有差别，因此，竖曲线通常表示成圆曲线的形式，用圆曲线半径 R 来表示竖曲线的曲率半径。

6.3.1 竖曲线的计算

1. 用二次抛物线作为竖曲线的基本方程式

在图 6.4 所示坐标系下，二次抛物线的一般方程为

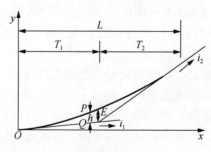

图 6.4 竖曲线要素示意图

$$y = \frac{1}{2k}x^2 + ix \tag{6.3}$$

对竖曲线上任意点 P，其斜率为

$$i_p = \frac{dy}{dx} = \frac{x}{k} + i \tag{6.4}$$

当 $x=0$ 时，$i=i_1$；当 $x=L$ 时，$i=\dfrac{L}{k}+i_1=i_2$，则有

$$k=\frac{L}{i_2-i_1}=\frac{L}{\omega} \tag{6.5}$$

抛物线上任一点的曲率半径为

$$R=\frac{\left[1+\left(\dfrac{\mathrm{d}y}{\mathrm{d}x}\right)^2\right]^{\frac{3}{2}}}{\dfrac{\mathrm{d}^2 y}{\mathrm{d}x^2}} \tag{6.6}$$

式中，$\dfrac{\mathrm{d}y}{\mathrm{d}x}=i$，$\dfrac{\mathrm{d}^2 y}{\mathrm{d}x^2}=\dfrac{1}{k}$，代入式(6.6)得

$$R=k\left(1+i^2\right)^{\frac{3}{2}} \tag{6.7}$$

因为 i 介于 $i_1\sim i_2$，且 i_1、i_2 均很小，故 i^2 可忽略不计，则有

$$R\approx k \tag{6.8}$$

将式(6.5)和式(6.8)代入式(6.3)，得二次抛物线竖曲线基本方程为

$$y=\frac{\omega}{2L}x^2+i_1 x \text{ 或 } y=\frac{1}{2R}x^2+i_1 x \tag{6.9}$$

式中　ω——坡差，%；

　　　L——竖曲线长度，m；

　　　R——竖曲线半径，m。

2. 竖曲线几何要素计算

竖曲线的几何要素主要有竖曲线长 T、曲线长 L 和外距 E，如图 6.5 所示。

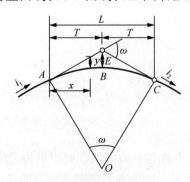

图 6.5　竖曲线几何要素图

$$L=R\cdot\omega \tag{6.10}$$

$$T=\frac{L}{2} \tag{6.11}$$

$$E=\frac{T^2}{2R} \tag{6.12}$$

3. **竖曲线上任意点纵距 y 的计算**

$$y = \frac{x^2}{2R} \tag{6.13}$$

式中　　y——计算点纵距；

　　　　x——计算点桩号与竖曲线起点的桩号差。

4. **竖曲线上任意点设计高程的计算**

(1) 计算切线高程，有

$$H_1 = H_0 - (T - x) \cdot i \tag{6.14}$$

式中　　H_0——变坡点高程，m；

　　　　H_1——计算点切线高程，m；

　　　　i——纵坡度。

利用式(6.14)可直接计算直坡段上任意点的设计高程。

(2) 计算设计高程，有

$$H = H_1 \pm y \tag{6.15}$$

式中　　H——设计高程，m；

　　　　$\pm$——当为凹形竖曲线时取+，当为凸形竖曲线时取-。

6.3.2　竖曲线的设计标准

竖曲线的设计标准有竖曲线最小半径和竖曲线长度。由于在凸形竖曲线上和在凹形竖曲线上汽车行驶时的受力及视距等考虑因素的不同，凸形竖曲线和凹形竖曲线又有不同的设计标准。

1. 竖曲线最小半径

1) 凹形竖曲线最小半径

凹形竖曲线最小半径主要从限制离心力、夜间行车前灯照射的影响以及在跨线桥下的视距 3 个方面计算分析确定。

(1) 从限制离心力不致过大考虑。

汽车行驶在竖曲线上，由于离心力的作用，要产生失重(凸形竖曲线)或增重(凹形竖曲线)。失重直接影响乘客的舒适感；增重则不仅影响乘客的舒适感，还对汽车的悬挂系统产生超载的影响。竖曲线半径的大小直接影响离心力的大小，因此，必须首先从控制离心力不致过大来限制竖曲线的最小半径。

汽车在竖曲线上产生的离心力为

$$F = \frac{G}{g} \cdot \frac{v^2}{R} = \frac{Gv^2}{127R}$$

则

$$R = \frac{v^2}{127\frac{F}{G}} \tag{6.16}$$

式中 F——汽车转弯时受到的离心力，N；

F/G——单位车重受到的离心力。

根据日本资料，限制 F/G=0.028，代入式(6.16)得

$$R = \frac{v^2}{3.6} \tag{6.17}$$

(2) 从汽车夜间行驶前灯照射距离考虑。

如图 6.6 所示，若照射距离小于要求的视距长度，则无法保证行车安全。按此条件即可推导出此时凹形竖曲线的最小半径的计算公式。

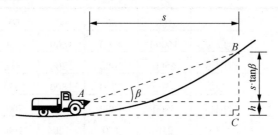

图 6.6 夜间行车前灯照射距离

设汽车前灯高度为 h，向车灯照射角为 β，由竖曲线计算公式得

$$BC \approx \frac{s^2}{2R}$$

由图 6.6 可知

$$BC = h + s \cdot \tan\beta$$

两式联立可得

$$R = \frac{s^2}{2(h + s \cdot \tan\beta)} \tag{6.18}$$

式中 s——前灯照射距离，m，按行车视距长度取值；

h——前灯高度，m，取 h=0.75m；

β——前灯向上的照射角，取 β=1°。

将 s、h、β 取值代入式(6.18)，得

$$R = \frac{s^2}{1.5 + 0.0349s} \tag{6.19}$$

(3) 从保证跨线桥下的视距考虑。

为保证汽车穿过跨线桥时有足够的视距，也应对凹形竖曲线最小半径加以限制。

综合分析以上 3 种情况后，技术标准以限制凹形竖曲线离心力条件为依据，即采用式(6.16)制订出凹形竖曲线最小半径的规定值，如表 6.11 和表 6.12 所示，其中，一般值为正常

情况下的采用值,极限值为条件受限制时经技术经济论证后的采用值。

表 6.11 公路竖曲线最小半径和最小长度

设计速度/(km/h)		120	100	80	60	40	30	20
凸形竖曲线半径/m	一般值	17000	10000	4500	2000	700	400	200
	极限值	11000	6500	3000	1400	450	250	100
凹形竖曲线半径/m	一般值	6000	4500	3000	1500	700	400	200
	极限值	4000	3000	2000	1000	450	250	100
竖曲线长度/m	一般值	250	210	170	120	90	60	50
	极限值	100	85	70	50	35	25	20

表 6.12 城市道路竖曲线最小半径和最小长度

设计速度/(km/h)		100	80	60	50	40	30	20
凸形竖曲线半径/m	一般值	10000	4500	1800	1350	600	400	150
	极限值	6500	3000	1200	900	400	250	100
凹形竖曲线半径/m	一般值	4500	2700	1500	1050	700	400	150
	极限值	3000	1800	1000	700	450	250	100
竖曲线长度/m	一般值	210	170	120	100	90	60	50
	极限值	85	70	50	40	35	25	20

2) 凸形竖曲线最小半径

凸形竖曲线最小半径主要从限制失重不致过大和保证纵面行车视距两个方面计算分析确定。

(1) 从失重不致过大考虑。

与凹形竖曲线的限制条件和计算公式相同,即

$$R = \frac{v^2}{127\dfrac{F}{G}} \tag{6.20}$$

(2) 从保证纵面行车视距考虑。

凸形竖曲线半径过小,路面上凸直接影响行车视距(图 6.7),按规定的视距控制即可推导出计算最小半径的公式。分为以下两种情况。

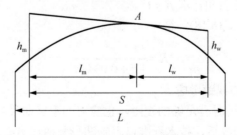

图 6.7 夜间行车前灯照射距

① $s \leq L$(图6.7),有

$$h_w = \frac{l_w^2}{2R}$$

$$h_m = \frac{l_m^2}{2R}$$

由几何条件知

$$s = l_w + l_m$$

将上述两式代入,得

$$s = \sqrt{2R}\left(\sqrt{h_w} + \sqrt{h_m}\right) \tag{6.21}$$

式中 h_w——物高,m,取 h_w=0.10m;
h_m——目高,m,取 h_m=1.20m;
l_w——竖曲线顶点 A 距物点的距离,m;
l_m——竖曲线顶点 A 距目点的距离,m;
s——要求的行车视距,m,按停车视距考虑。

将 l_w、h_m 的值代入式(6.21),并整理得

$$R_{\min} = \frac{s^2}{3.98} \tag{6.22}$$

② $s > L$

$$R_{\min} = \frac{2s}{\omega} - \frac{3.98}{\omega^2} \tag{6.23}$$

式中 s——要求的视距长度,m;
ω——纵断面边坡处的坡度角。

经比较,式(6.21)和式(6.23)的计算结果比式(6.22)小,故采用式(6.22)作为标准的制定依据。

《公路工程技术标准》(JTG B01—2014)和《城市道路工程设计规范》(CJJ 37—2012)(2016年版)规定的各级公路和城市道路的凸形竖曲线的最小半径见表6.11和表6.12。

3) 竖曲线一般最小半径

竖曲线最小半径是缓和行车冲击和保证行车视距所必需的竖曲线半径的最小值,该值只有在地形受限制迫不得已时才采用。通常为了使行车有较好的舒适条件,设计时多采用大于最小半径1.5~2.0倍的半径值,此值即为竖曲线一般最小半径。倍数1.5~2.0,随设计速度减小而取用较大值。《公路工程技术标准》(JTG B01—2014)和《城市道路工程设计规范》(CJJ 37—2012)(2016年版)规定的竖曲线一般最小半径如表6.11和表6.12所示。

2. 竖曲线最小长度

与平曲线相似,当坡度角较小时,即使采用较大的竖曲线半径,竖曲线的长度也很短,这样容易使驾驶员产生急促的变坡感觉;同时,竖曲线长度过短,易对行车造成冲击。我国公路按照汽车在竖曲线上3s的行程时间控制竖曲线的最小长度。《公路工程技术标准》(JTG B01—2014)和《城市道路工程设计规范》(CJJ 37—2012)(2016年版)对竖曲线的最小长度的规定如表6.11和表6.12所示。

6.3.3 竖曲线的设计要求

1. 竖曲线设计的一般要求

竖曲线是否平顺,在视觉上是否良好,往往是构成纵面线形优劣的主要因素。竖曲线设计应满足以下要求。

(1) 宜选用较大的竖曲线半径。在不过分增加工程量的情况下,宜选用较大的竖曲线半径。通常采用大于竖曲线的最小半径的值,特别是当坡度差较小时,更应采用大半径,以利于视觉和路容美观。只有当地形限制或其他特殊困难不得已时才允许采用最小半径。设计速度不小于 60km/h 的公路,竖曲线设计宜采用长的竖曲线和长直线坡段的组合。有条件时,宜采用不小于表 6.13 所示视觉所需要的竖曲线半径值。

表 6.13 城市道路竖曲线最小半径和最小长度

设计速度/(km/h)	竖曲线半径/m	
	凸 形	凹 形
120	20000	12000
100	16000	10000
80	12000	8000
60	9000	6000

(2) 同向竖曲线应避免"断背曲线"。同向竖曲线特别是同向凹形竖曲线间,如直坡段不长,应合并为单曲线或复曲线。

(3) 反向曲线间,一般由直坡段连接,也可径向连接。反向竖曲线间最好设置一段直坡段,直坡段的长度应能保证汽车以设计速度行驶 3s 的行程时间,以使汽车从失重(或增重)过渡到增重(或失重)有一个缓和段。如受条件限制,也可互相连接或插入短的直坡段。

(4) 竖曲线设置应满足排水需要。若相邻纵坡的代数差很小时,采用大半径竖曲线可能导致竖曲线上的纵坡小于 0.3%,不利于排水,应重新进行设计。

2. 半径的选择

选择竖曲线半径主要应考虑以下因素。

(1) 选择半径应符合表 6.11 和表 6.12 所规定的竖曲线的最小半径和最小长度的要求。

(2) 在不过分增加土石方工程量的情况下为使行车舒适,宜采用较大的竖曲线半径。

(3) 结合纵断面起伏情况和高程控制要求,确定合适的外距值,按外距控制选择半径,即

$$R = \frac{8E}{\omega^2} \tag{6.24}$$

(4) 考虑相邻竖曲线的连接(即保证最小直坡段长度或不发生重叠)限制曲线长度,按切线长度选择半径,即

$$R = \frac{2T}{\omega} \tag{6.25}$$

(5) 过大的竖曲线半径将使竖曲线过长，从施工和排水来看都是不利的，选择半径时应注意。

(6) 对夜间行车交通量较大的路段考虑灯光照射方向的改变，使前灯照射范围受到限制，选择半径时应适当加大，以使其有较长的照射距离。

6.4 平、纵面线形组合设计

道路的空间线形是指由道路的平面线形和纵面线形所组成的空间立体形状。道路线形设计首先是从路线规划开始的，然后经选线、平面线形设计、纵面线形设计和平纵线形组合设计的过程，最终以平、纵组合的立体线形展现在驾驶员眼前。行驶过程中，驾驶员所选择的实际行驶速度，是根据对立体线形的判断做出的。因此，设计中仅仅满足平面、纵面线形标准是不够的。道路的空间线形应能保持视觉的连续性，并使人有足够的舒适感和安全感。

对于设计速度不小于 60km/h 的公路，应注重空间线形设计，不仅要满足汽车运动学和力学要求，而且应充分考虑驾驶员在视觉和心理的要求，尽量做到线形连续、指标均衡、视觉良好、景观协调、安全舒适。设计速度越高，平、纵组合设计所考虑的因素应越周全。当设计速度不大于 40km/h 时，首先应在保证行驶安全的前提下，正确运用线形要素规定值，在条件允许的情况下，力求做到各种线形要素的合理组合，并尽量避免和减少不利组合。

道路平面线形和纵面线形的组合设计，就是要得到一个既满足汽车行驶安全、舒适的要求，能使工程造价及运营费用经济，能在驾驶员视觉和心理状态方面引起良好反应，同时使道路与沿线周围环境和景观相协调的道路立体线形，从而达到安全、舒适、快速和经济的目的。

6.4.1 线形组合设计的原则

(1) 线形组合设计中，各技术指标除应分别符合平面、纵断面规定值外，还应考虑横断面线形组合与行驶安全的影响，应避免平面、纵断面、横断面的最不利值相互组合的设计。

(2) 在确定平面、纵断面的各相对独立技术指标时，各自除应相对均衡、连续外，还应考虑与之相邻路段的各技术指标的均衡、连续。

(3) 线形组合设计除应保持各要素间内部的相对均衡与变化节奏的协调外，还应注意同公路外部沿线自然景观的适应和地质条件等的配合。

(4) 路线线形应能自然地诱导驾驶员的视线，并保持视线的连续性。

6.4.2 线形组合设计的要求

(1) 平、纵线形组合宜相互对应，且平曲线宜比竖曲线长。当平、竖曲线半径均较小时，相互对应程度应较严格。随着平、竖曲线半径的同时增大，其对应程度可适当放宽；当平、竖曲线半径均大时，可不严格相互对应。

(2) 长直线不宜与坡陡或半径小且长度短的竖曲线组合。
(3) 长的平曲线内不宜包含多个短的竖曲线；短的平曲线不宜与短的竖曲线组合。
(4) 半径小的圆曲线起、终点，不宜接近或设在凸形竖曲线的顶部或凹形竖曲线的底部。
(5) 长的竖曲线内不宜设置半径小的平曲线。
(6) 凸形竖曲线的顶部或凹形竖曲线的底部，不宜同反向平曲线的拐点重合。
(7) 复曲线、S 形曲线中的左转圆曲线不设超高时，应采用运行速度对其安全性予以验算。
(8) 应避免在长下坡路段、长直线路段或大半径圆曲线路段的末端接小半径圆曲线的组合。

6.4.3 线形组合设计要点

1. 平曲线与竖曲线的组合

(1) 平曲线与竖曲线应互相重合，且平曲线应稍长于竖曲线，竖曲线和平曲线对应，最好使竖曲线的起、终点分别放在平曲线的两个缓和曲线内，即所谓的"平包竖"。对于等级较高的道路应尽量做到这种组合，并使平、竖曲线半径都大一些才显得协调，特别是凹形竖曲线处速度较高，两者半径更应该大些。

(2) 平曲线与竖曲线大小应保持均衡。均衡是指平、竖曲线几何要素要大体平衡、匀称、协调，不要把过缓与过急、过长与过短的平曲线和竖曲线组合在一起。表 6.14 所列为德国经验值，可供设计时参考。

表 6.14 平、竖曲线半径的均衡经验值

平曲线半径/m	竖曲线半径/m	平曲线半径/m	竖曲线半径/m
500	10000	1100	30000
700	12000	1200	40000
800	16000	1500	60000
900	20000	2000	100000
1000	25000		

(3) 暗、明弯与凸、凹竖曲线。暗弯与凸形竖曲线及明弯与凹形竖曲线的组合是合理、美观的。

对暗与凹、明与凸的组合，当坡差较大时，会给人留下近路不走，而故意爬坡、绕弯的感觉。此种组合在山区难以避免，但只要坡差不大，矛盾也不很突出。

(4) 平、竖曲线应避免的组合有以下几种。
① 设计速度不小于 40km/h 的公路，凸形竖曲线的顶部和凹形竖曲线的底部，不得插入小半径平曲线。
② 凸形竖曲线的顶部或凹形竖曲线的底部，不得与反向平曲线的顶点重合。
③ 小半径竖曲线不宜与缓和曲线相互重叠。
④ 平面转角小于 7°的平曲线，不宜与坡度角较大的凹形竖曲线组合在一起。

⑤ 在完全通视的条件下，长上(下)坡路段的平面线形多次转向形成蛇形的组合线形，应极力避免。

2. 直线与纵断面的组合

平面的长直线与纵面的直坡线配合，对双车道公路超车方便，在平坦地区易与地形相适应，但行车单调乏味、易使人疲劳。直线上一次变坡是较好的平纵组合，从美学观点讲以包括一个凸形竖曲线为好，而包括一个凹形线次之；直线中短距离内二次以上变坡会形成反复凸凹的"驼峰"和"凹陷"，看上去线形既不美观也不连贯，使驾驶员的视线中断。因此，只要路线有起伏，就不要采用长直线，最好使平面路线随纵坡的变化略加转折，并把平、竖曲线合理地组合。使用时，应避免以下几种情况。

(1) 长直线配长坡。
(2) 直线上短距离内多次变坡。
(3) 直线段内不能插入短的竖曲线。
(4) 在长直线上设置坡陡及曲线长度短、半径小的凹形竖曲线。
(5) 直线上的纵断面线形应避免出现驼峰、暗凹、跳跃等使驾驶员视觉中断的线形。

3. 平、纵线形组合与景观的协调配合

道路作为一种线形构造物，应将其视为景观的对象来研究。修建道路会对自然景观产生影响，有时会产生一定的破坏作用。而道路两侧的自然景观会影响道路上汽车的行驶，特别是对驾驶员的视觉、心理以及驾驶操作等都有很大影响。

平、纵线形组合，必须是在充分与道路所经地区的景观相配合的基础上进行；否则，即使线形组合满足有关规定，也不一定是良好设计。对于驾驶员来说，只有看上去具有连续而流畅的线形和优美的景观，才能称为舒适和安全的道路。对设计速度高的道路，驾驶员的精力会高度集中，视角减少而视点增长，平、纵线形组合设计与周围景观配合尤为重要。

道路景观工程包括内部协调和外部协调两方面。其中，内部协调主要指平、纵线形视觉的连续性和立体协调；而外部协调是指道路与其两侧坡面路肩、中间带、沿线设施等的协调以及道路宏观位置。实践证明，线形与景观的配合应遵循以下原则。

(1) 应在道路的规划、选线、设计、施工全过程中重视景观要求。尤其在规划和选线阶段，如对风景旅游区、自然保护区、名胜古迹区、文物保护区等景点和其他特殊地区，一般以绕避为主。

(2) 在选定路线时，应充分利用自然风景，如孤山、湖泊、大树等，或人工建筑物如水坝、桥梁、农舍等，尽量做到路线与大自然融为一体，不产生生硬感和隔断大自然。特别是在长直线路段上，应使驾驶员能看到前方显著的景物。必要时，路旁可设置一些设施，以消除单调感。

(3) 对道路本身不能仅把它当作技术对象，还应把它作为景观来看待。为此，道路修建时，要少破坏沿线自然景观，纵面尽量避免高填深挖。

(4) 横面设计要使边坡造型和绿化与现有景观相适应，弥补填挖对自然景观的破坏。有条件时，可适当放缓边坡或将边坡的变坡点修整圆滑，使边坡接近于自然地面的形式，增进路容美观。不得已时，可采用修整、植草皮、种树等措施加以补救。

(5) 应进行综合绿化处理，避免形式和内容上的单一化，应将绿化作为诱导视线、点缀风景以及改造环境的一种措施，而进行专门设计。中央分隔带的植树，除符合防眩要求外，也应考虑景观要求，种植常青植物丛，并注意形态的适当变化。

(6) 应根据技术和景观要求，合理选定构造物的造型、色彩，使道路构造物成为对自然景观的补充，如跨线桥、跨河桥、服务区、沿线设施等作为道路上的景点要讲究艺术造型，避免单一化。

课后习题

6.1 最大纵坡和最大坡长的确定需要考虑哪些因素？
6.2 为什么要规定平均纵坡？
6.3 平、纵组合的基本原则有哪些？
6.4 公路纵坡设计的一般要求有哪些？
6.5 竖曲线的几何要素有哪些？如何计算？

第 7 章 横断面设计

道路横断面是指中线上任意一点的法向切面,它是由横断面设计线和地面线组成。其中,设计线包括行车道、非机动车道、人行道、路肩、分隔带、边沟、边坡、截水沟、护坡道以及取土坑、弃土堆、环境保护设施等部分。地面线是表征地面起伏变化的线,它是通过现场实测或由大比例尺地形图、航测相片、数字地面模型等途径获得。路线设计研究的横断面设计一般只限于与行车直接有关的路幅部分,即两侧路肩外缘(城市道路为规划红线)之间各组成部分的宽度、横向坡度等问题,有时也将路线横断面设计称为"路幅设计"。

7.1 道路横断面分类

7.1.1 公路横断面

公路横断面的组成和各部分的尺寸要根据设计交通量、交通组成、设计速度、地形条件等因素确定。路幅是指公路路基顶面两路肩外侧边缘之间的部分。在保证必要的通行能力和交通安全与畅通的前提下,其横断面设计尽量做到用地省、投资少,使道路发挥其最大的经济效益与社会效益。

1. 单幅双车道

单幅双车道公路指的是整体式供双向行车的双车道公路。这类公路在我国公路总里程中占的比例最大。二级公路、三级公路和一部分四级公路均属这一类。这类公路在交通量不大时,车速一般都不会受到影响,如图 7.1 所示。

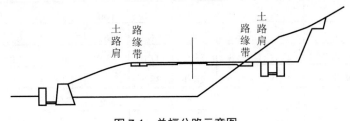

图 7.1 单幅公路示意图

2. 双幅多车道

双幅多车道是指设分隔带的或分离的四车道及其以上多车道公路。有些分离式路基为利用地形或处于风景区等,甚至做成两条独立的单向行车公路。此类公路适应车速高、通行能力大,每条车道能担负的交通量比一条双车道公路还多,且行车顺适,事故率低,但造价高,适用于高速公路和一级公路,如图7.2所示。

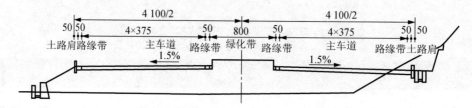

图7.2 双幅公路示意图(尺寸单位:cm)

3. 单车道

单车道是指交通量小、地形复杂、工程艰巨的山区公路或地方道路采用设错车道的单车道公路。单车道适用于地形复杂或通行交通量极小的四级公路。此类公路造价低,但适应的交通量小、车速低。为错车的需要,应在不大于300m的距离内选择有利地点设置错车道,使驾驶员能看到相邻错车道之间的车辆。设置错车道路段的路基宽度应不小于双车道的路基宽度6.5m,有效长度应不小于20m,错车道的尺寸如图7.3所示。

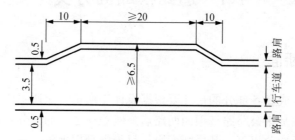

图7.3 错车道布置示意(尺寸单位:m)

表7.1列出了各级公路的路基宽度。路基宽度为车道宽度与路肩宽度之和,当设有中间带、爬坡车道、加(减)速车道、错车道时,还应计入该部分的宽度。

表7.1 各级公路路基宽度(单位:m)

公路等级		高速公路、一级公路								
设计速度/(km/h)		120			100			80		60
车道数		8	6	4	8	6	4	6	4	4
路基宽度	一般值	42.0	34.5	28.0	41.0	33.5	26.0	32.0	24.5	23.0
	最小值	40.0	—	25.0	38.5	—	23.5	—	21.5	20.0
公路等级		二级公路、三级公路、四级公路								
设计速度/(km/h)		80	60	40	30	20				
车道数		2	2	2	2	2 或 1				

续表

路基宽度	一般值	12.0	10.0	8.5	7.5	6.5(双车道)	4.5(单车道)
	最小值	10.0	8.5	—	—	—	—

注：8 车道高速公路路基宽度"一般值"为设置左侧硬路肩、内侧车道采用 3.5m 时的宽度；8 车道高速公路路基宽度"最小值"为不设左侧硬路肩、内侧车道采用 3.75m 时的宽度。

7.1.2 城市道路横断面

城市道路的交通性质和组成比较复杂，尤其表现在行人和各种非机动车较多，各种交通工具和行人的交通问题都需要在横断面设计中综合考虑解决，所以城市道路路线设计中的横断面设计是矛盾的主要方面，一般都放在平面和纵断面设计之前进行。

(1) 单幅路，俗称"一块板"断面，见图 7.4。各种车辆在车道上混合行驶。其在交通组织上可以有两种方式：画出快、慢车行驶分车线，快车和机动车车辆在中间行驶，慢车和非机动车靠两侧行驶；或者不画车线，车道的使用可以在不影响安全的条件下予以调整。例如，只允许机动车辆沿同一方向行驶的"单行道"；限制载重汽车和非机动车行驶，只允许小客车和公共汽车通行的街道；限制各种机动车辆、只允许行人通行的"步行道"等。上述措施，对交通安全有利，仅适用于机动车交通量不大非机动车较少的次干路、支路以及用地不足拆迁相对不变的，也可以按规定的周期变换。单幅路占地少，投资省，但各种车辆混合行驶，主要存在于交通安全难以保证的旧城改建的城市道路。

图 7.4　单幅城市道路示意图

(2) 双幅路，俗称"两块板"断面，见图 7.5。其在车道中心用分隔带或分隔墩将车行道分为两半，上下行车辆分向行驶，各自再根据需要决定是否划分快、慢车道。双幅路断面将对向行驶的车辆分开，减少了行车干扰，提高了车速；分隔带上还可以用作绿化、布置照明和敷设管线等。它主要用于各向两条机动车道以上，非机动车较少的道路，地形地物特殊，或有平行道路可供非机动车通行的快速路和郊区道路。

图 7.5　双幅城市道路示意图

(3) 三幅路，俗称"三块板"断面，见图 7.6。其中间为双向行驶的机动车车道，两侧为靠右侧行驶的非机动车车道。三幅路将机动车与非机动车分开，对交通安全有利；在分隔带上布置绿化带，有利于夏天遮阴防晒、减少噪声和布置照明等。对于机动车交通量大、非机动车多的城市道路上宜优先考虑采用三幅式断面，但其占地较多，只有当红线宽度不小于 40m 时才能满足车道布置的要求。

图 7.6　三幅城市道路示意图

(4) 四幅路，俗称"四块板"断面，在三幅路的基础上，再将中间机动车车道分隔为二，分向行驶，见图 7.7。四幅路不但将机动车和非机动车分开，还将对向行驶的机动车分开，对安全和车速较三幅路更为有利。它适用于机动车车辆较多、车速较快、两侧设置辅路的快速路或机动车车速较快、各向两条机动车车道以上且非机动车数量较多的快速路与主干路。

图 7.7　四幅城市道路示意图

7.2　机动车道行车道宽度

机动车道宽度是为了保障车辆安全、顺适通行所需的车道几何宽度。车道宽度是根据设计车辆的最大宽度，加上错车、超车所必需的余宽确定的；车道宽度与设计速度相关，速度越高需要的宽度越大。一条道路所需的机动车道总宽度是根据设计车辆宽度，设计交通量、交通组成和汽车行驶速度确定的。公路的行车道一般包括两条以上车道，高速公路和一级公路双向有 4 条以上车道。城市道路横断面布置与公路有较大区别。

7.2.1　一般双车道公路行车道宽度确定

双车道公路有两条车道，行车道宽度包括汽车宽度和富余宽度。汽车宽度取载重汽车车厢的总宽度 2.5m。富余宽度是指对向行驶时两车厢之间的安全间隙以及汽车轮胎至路面边缘的安全距离，如图 7.8 所示。双车道公路每一条单向行驶的车道宽度可用下式计算，即

$$B_{单} = \frac{a+c}{2} + x + y \tag{7.1}$$

对两条车道,有

$$B_{双} = a + c + 2x + 2y \tag{7.2}$$

式中　　a——车厢宽度,m;

　　　　c——汽车轮距,m;

　　　　$2x$——两车厢安全间隙,m;

　　　　y——轮胎与路面边缘之间的安全距离,m。

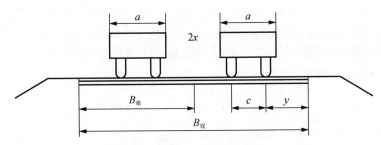

图 7.8　双车道公路的行车道宽度

根据试验观测,计算 x、y 的经验公式为

$$x = y = 0.5 + 0.005v \tag{7.3}$$

式中　　v——行驶速度,km/h。

从式(7.3)可知,行车道的富余宽度与车速有关。此外,还与路侧环境、驾驶员心理、车辆状况等有关。当双车道公路设计速度为 80km/h 时,单条车道宽度取 3.75m 是合适的。对车速较低、交通量不大的公路可取较小宽度,双车道公路车道宽度如表 7.2 所列。

表 7.2　各级公路车道宽度

公路等级	高速公路、一级公路					
设计速度/(km/h)	120,100			80		60
车道数	8	6	4	6	4	4
车道宽度/m	3.75	3.75	3.75	3.75	3.75	3.50
公路等级	二级公路、三级公路、四级公路					
设计速度/(km/h)	80	60	40	30	20	
车道数	2	2	2	2	2 或 1	
车道宽度/m	3.75	3.50	3.50	3.25	3.50 或 3.00	

7.2.2　有中央分隔带公路的行车道宽度确定

高速公路、一级公路有 4 条以上车道,一般设中央分隔带。分隔带两侧的行车道只有同向行驶的汽车,如图 7.9 所示。

车速、交通组成和大型车混入率对行车道宽度确定有较大影响。根据实地观测，得出下列关系式，即

$$y = 0.103v_1 + 0.56 \tag{7.4}$$

$$D = 0.000066(v_2^2 - v_1^2) + 1.49 \tag{7.5}$$

$$M = 0.0103v_2 + 0.46 \tag{7.6}$$

式中　D——两汽车后轮外缘之间的安全间隙，m；
　　　M——左后轮外缘与车道(或路缘带)左侧之间的安全间隙，m；
　　　y——右后轮外缘与车道(或路缘带)右侧之间的安全间隙，m；
　　　v_1，v_2——轮胎与路面边缘之间的安全距离，m。

则单侧两条行车道宽度：

$$B = y + D + M + 2c - w_z - w_y \tag{7.7}$$

式中　w_z，w_y——车道左侧与右侧路缘带宽度，m；
　　　c——汽车后轮外缘间距，m。

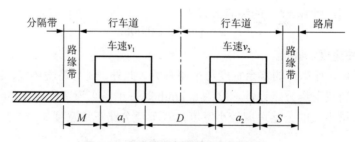

图 7.9　有中央分隔带的行车道宽度

根据式(7.7)计算，设计速度不小于 80km/h 且客货混合行驶时，每条车道的宽度应采用 3.75m；当 v<80km/h 时，每条车道的宽度可采用 3.50m，如表 7.2 所列。

8 车道及以上公路采用分车道、分车型通行管理方式，内侧车道(内侧第 1.2 车道)仅限小客车通行时，其车道宽度可采用 3.5m；以通行中、小型客运车辆为主且设计速度为 80km/h 及以上的公路，如机场和景区专用高速公路、客车或轻型交通专用高速公路，经论证车道宽度可采用 3.5m。

高速公路和一级公路的车道数应依据其交通量和设计通行能力确定。高速公路和一级公路的车道数不应少于 4 条，增加车道数时，应两侧对称增加。

7.2.3　城市道路行车道宽度确定

1. 靠路边的车道宽度

(1) 一侧靠边，另一侧为反向行驶的车道，其车道宽度如图 7.10 所示。

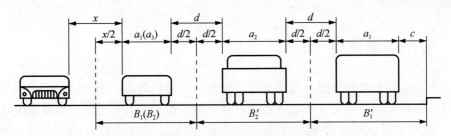

图 7.10 城市道路的行车道宽度示意图

图 7.10 中：a——车厢宽度，m；
d——同向行驶汽车间的安全间隙，m；
x——反向行驶汽车间的安全间隙，m；
c——车身边缘与路缘石间的横向安全距离，m。

(2) 一侧靠边，另一侧同向行驶的车道，有

$$B_1' = d + a + c \tag{7.8}$$

2. 靠路中线的车道

$$B_2 = x + a + d \tag{7.9}$$

3. 同向行驶中间的车道

$$B_2' = d + a + d \tag{7.10}$$

根据试验观测 c、d、x 与车速之间的关系式为

$$c = 0.4 + 0.02v^{\frac{3}{4}} \text{ (m)} \tag{7.11}$$

$$2d = 0.7 + .02v^{\frac{3}{4}} \text{ (m)} \tag{7.12}$$

$$2x = 0.7 + 0.02(v_1 + v_2)^{\frac{3}{4}} \text{ (m)} \tag{7.13}$$

其中，行驶速度是以 km/h 为单位。

车道宽 B 是车速 v 的函数，其宽度依车速和车身宽度在 3.40～3.80m 变化。城市道路上行驶的车辆各异，且车道可调整使用，故一条车道的平均宽度取 3.50m，当车速 $v>40$km/h 时，可取 3.75m。城市道路车道宽度规定如表 7.3 所列。

表 7.3 各城市道路机动车车道宽度

车型及行驶状态	设计速度/(km/h)	
	>60	≤60
大型车或混行车道/m	3.75	3.50
小客车专用车道/m	3.50	3.25

7.2.4 专用车道宽度

专用车道主要有爬坡车道、变速车道、错车道、避险车道、紧急停车带、港湾式停靠站等。这些专用车道的定义、作用及设计要点见相关内容。其车道或行车道宽度规定，爬坡车道、变速(加速或减速)车道的车道宽度采用3.50m，错车道路段的行车道宽度不小于5.50m，避险车道的宽度应不小于4.50m，紧急停车带宽度为3.50m。

快速公交专用道、常规公交专用道的单车道宽度均不应小于3.50m。公交港湾式停靠站可分为直接式和分离式两种。直接式公交停靠站的车道宽度不应小于3.00m；分离式公交停靠站的车道总宽度应包括路缘带宽度，不应小于3.50m。

7.3 路肩、分隔带、路侧带及路缘石

7.3.1 路肩

位于行车道外缘且至路基边缘具有一定宽度的带状部分称为路肩。各级公路都要设置路肩。路肩的作用如下。

(1) 路肩紧靠在路面的两侧设置，具有保护及支撑路面结构的作用。

(2) 供发生故障的车辆临时停放之用，有利于防止交通事故和避免交通紊乱。

(3) 作为侧向余宽的一部分，能增进驾驶的安全和舒适感。这对保证设计速度是必要的，尤其在挖方路段，还可以增加弯道视距，减小行车事故。

(4) 提供道路养护作业、埋设地下管线的场地；对未设人行道的道路，可供行人及非机动车等使用。

(5) 精心养护的路肩，能增加公路的美观。

根据上述功能，路肩从构造上又可分为硬路肩、土路肩。硬路肩是指进行铺装的路肩，它可以承受汽车荷载的作用，在混合交通的公路上便于非机动车、行人通行。在填方路段，为使路肩能汇集路面积水，在路肩边缘应设置缘石。土路肩是指不加铺装的土质路肩，它起保护路面和路基的作用，并提供侧向余宽。具体规定见表7.4。

城市道路一般设管道排水，两侧设人行道；当采取边沟排水则应在路面外侧设置路肩，与公路一样，分硬路肩和保护性路肩。城市道路的设计速度不小于40km/h时，应设置硬路肩。保护性路肩一般为土质或简易铺装，其作用是为城市道路的某些交通设施，如护栏、杆栏、交通标志牌等设置提供场地，最小宽度为0.5m。双幅路或四幅路若中间具有排水沟，应设置左侧路肩。

表7.4 公路路肩宽度

设计速度/(km/h)		高速公路、一级公路				二级公路、三级公路、四级公路				
		120	100	80	60	80	60	40	30	20
右侧硬路肩宽度/m	一般值	3.00 或 3.50	3.00	2.50	2.50	1.50	0.75	—	—	—
	最小值	3.00	2.50	1.50	1.50	0.75	0.25			
土路肩宽度/m	一般值	0.75	0.75	0.75	0.50	0.75	0.75	0.75	0.50	0.25(双车道)
	最小值	0.75	0.75	0.75	0.50	0.50	0.50			0.50(单车道)

注：设计速度为120km/h的4车道高速公路，采用3.50m的右侧硬路肩；6车道、8车道高速公路，采用3.00m的右侧硬路肩。

7.3.2 分隔带

1. 中间带

4条和4条以上车道的公路应设置中间带。中间带由两条左侧路缘带和中央分隔带组成，其作用如下。

(1) 将上、下行车流分开，既可防止因快车驶入对向行车带造成车祸，又能减少公路中心线附近的交通阻力，从而提高通行能力。

(2) 可作设置公路标志牌及其他交通管理设施的场地，也可作为行人的安全岛使用。

(3) 设置一定宽度的中间带并种植花草灌木或设置防眩网，既可防止对向车辆灯光眩目，还可起到美化路容和环境的作用。

(4) 设于分隔带两侧的路缘带，由于有一定宽度且有标线，既引导驾驶员视线，又增加行车所必需的侧向余宽，从而提高行车的安全性和舒适性。

中间带的宽度在一般情况下应保持等宽，若需要变宽时，在宽度变化地点应设置过渡段。过渡段以设在回旋线范围内为宜，其长度应与回旋线长度相等。宽度大于4.5m的中间带过渡段以设在半径较大的平曲线路段为宜，如表7.5所示。

表7.5 公路中间带宽度

设计速度/(km/h)		120	100	80	60
中央分隔带宽度/m	一般值	3.00	2.00	2.00	2.00
	最小值	1.00	1.00	1.00	1.00
左侧路缘带宽度/m	一般值	0.75	0.75	0.50	0.50
	最小值	0.75	0.50	0.50	0.50
中间带宽度/m	一般值	4.50	3.50	3.00	3.00
	最小值	2.50	2.00	2.00	2.00

为了便于养护作业和某些车辆在必要时驶向反向车道，中央分隔带应按一定距离设置开口部。开口部一般情况下以每 2km 的间距设置为宜，太密会造成交通紊乱。城市道路可根据横向交通(车辆和行人)的需要设置。

中央分隔带的开口应设置在通视良好的路段，若在曲线上开口，其曲线半径宜大于 600m。在互通式立体交叉、隧道、特大桥、服务区等设施的前后必须设置开口。

2. 两侧带

布置在横断面两侧的分车带叫两侧带，其作用与中间带相同，只是设置的位置不同。两侧带常用于城市道路的横断面设计中，它可以分隔快车道与慢车道、机动车道与非机动车道、车行道与人行道等。

两侧带的最小宽度规定为 2.0~2.25m。在北方寒冷积雪地区，在满足最小宽度的前提下，还应考虑能否满足临时堆放积雪的要求。降雪初期允许将路面积雪临时堆放在两侧带上，所以两侧带的宽度应不小于堆雪宽度。两侧带的宽度可按临时堆放机动车道路面宽度之半的积雪量计算，其余允许堆放到路侧带上。

7.3.3 路侧带

位于城市道路行车道两侧的人行道、绿化带、公用设施带等统称为路侧带。路侧带的宽度应根据道路类别、功能、行人数量、绿化、沿街建筑性质及布设公用设施要求等确定。

1. 人行道

人行道主要供行人步行交通，应能满足行人通行的安全和通畅，保证高峰小时的行人流量，并用来设置绿化、照明、地下管线等。

人行道横坡为单向坡，一般为 1.5%~2.0%，向路缘石一侧倾斜，高出车行道 0.1~0.2m。为了使街道各部分宽度相互协调，符合视觉上的正常比例，再将计算的人行道宽度与整个街道宽度相比较。一般认为街道总宽与单侧人行道宽度之比为 5∶1~6∶1 是适宜的。

2. 种植带

人行道上靠行车道一侧种植行道树。行道树的株距一般为 4~6m。树池采用1.5m×1.5m 的正方形或1.2m×1.8m 的矩形，也可种植草皮与花丛。

3. 设施带

设施带宽度包括设置行人护栏、照明灯柱、标志牌、信号灯等的宽度。红线宽度较窄及条件困难时，设施带可与种植带合并，但应避免各种设施与树木间的干扰。常用宽度为：护栏 0.25~0.50m；杆柱 1.0~1.5m。

按上述所求得的人行道宽、种植带宽与设施带宽之和即为路侧带宽。此外，还要考虑路侧带下面埋设管线所需要的宽度。

7.3.4 路缘石

路缘石是设置在路面与其他构造物之间的标石。在分隔带与路面之间，人行道与路面之间，一般都需要设置路缘石。路缘石的形状有立式、斜式和曲线式等几种(图 7.11)。

(a) 栏式（立式）　　　(b) 斜式　　　(c) （齐）平式

图 7.11　路缘石

高速公路和一级公路中央分隔带上的路缘石起导向、连接和便于排水的作用，高度不宜太高，因为高的路缘石(高度大于 0.2m)会使高速行驶的汽车产生飞跃甚至翻车的危险。所以，高速公路的分隔带因排水必须设置路缘石时，应使用低矮光滑的斜式或曲线式，高度宜小于 0.12m。

城市道路的人行道及人行横道宽度范围内路缘石宜做成为低矮的，而且坡面是较为平缓的斜式，便于儿童车、轮椅及残疾人通行。在分隔带端头或交叉口的小半径处，缘石宜做成曲线式。

缘石宜高出路面 0.1～0.2m，隧道内线形弯曲线段或陡峻路段等处，可高出 0.25～0.4m，并应有足够的埋置深度，以保证稳定。缘石宽度宜为 0.1～0.15m。

7.4　平曲线加宽设计

平曲线加宽是指为满足汽车在平曲线上行驶时后轮轨迹偏向曲线内侧的需要，平曲线内侧相应增加的路面、路基宽度。

7.4.1　加宽值计算

汽车行驶在圆曲线上，各轮迹半径不同，其中后内轮轨迹半径最小，且偏向曲线内侧，故曲线内侧应增加路面宽度，以确保圆曲线上行车的安全与顺适。

普通汽车的加宽值可由图 7.12 所示的几何关系求得，即

$$b = R - (R_1 + B)$$

而

$$R_1 + B = \sqrt{R^2 - A^2} = R - \frac{A^2}{2R} - \frac{A^2}{8R^3} - \cdots$$

故

$$b = \frac{A^2}{2R} + \frac{A^2}{8R^3} + \cdots$$

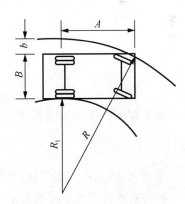

图 7.12　普通汽车的加宽

上式第二项以后的数值很小，可省略不计，则一条车道加宽

$$b_单 = \frac{A^2}{2R} \tag{7.14}$$

式中　A——汽车后轴至前保险杠的距离，m；
　　　R——圆曲线半径，m。

对有 N 个车道的行车道，有

$$b = \frac{NA^2}{2R} \tag{7.15}$$

半挂车的加宽值由图 7.13 所示的几何关系求得，即

$$b_1 = \frac{A_1^2}{2R}$$

$$b_2 = \frac{A_2^2}{2R'}$$

式中　b_1——牵引车的加宽值，m；
　　　b_2——拖车的加宽值，m；
　　　A_1——牵引车保险杠至第二轴的距离，m；
　　　A_2——第二轴至拖车最后轴的距离，m。

其余符号含义见图 7.13。

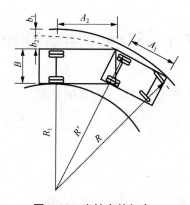

图 7.13　半挂车的加宽

由于 $R' = R - b_1$，而 b_1 与 R 相比甚微，可取 $R' \approx R$，则半挂车的加宽值为

$$b = b_1 + b_2 = \frac{A_1^2 + A_2^2}{2R} \tag{7.16}$$

令 $A_1^2 + A_2^2 = A^2$，式(7.16)仍为式(7.15)的形式，但 A 的含义不同。

据查阅资料，汽车转弯加宽还与车速有关，一个车道摆动加宽值计算的经验公式为

$$b' = \frac{0.05v}{\sqrt{R}} \tag{7.17}$$

式中　v——汽车转弯时行驶速度，km/h。

考虑车速的影响，圆曲线上路面的加宽值按下式计算，即

$$b = N\left(\frac{A^2}{2R} + \frac{0.05v}{\sqrt{R}}\right) \tag{7.18}$$

根据 3 种标准车型轴距加前悬的长度分别计算并整理,可得公路与城市道路不同半径对应的 3 类加宽值。

二级公路、三级公路、四级公路的圆曲线半径不大于 250m 时,应设置加宽。公路的双车道路面加宽值如表 7.6 所示。

表 7.6 双车道公路圆曲线加宽值

加宽类别	设计车辆	圆曲线半径/m								
		200~250	150~200	100~150	70~100	50~70	30~50	25~30	20~25	15~20
1	小客车	0.4	0.5	0.6	0.7	0.9	1.3	1.5	1.8	2.2
2	载重汽车	0.6	0.7	0.9	1.2	1.5	2.0	—	—	—
3	铰接列车	0.8	1.0	1.5	2.0	2.7	—	—	—	—

圆曲线加宽类别应根据该公路的交通组成确定。二级公路以及设计速度为 40km/h 的三级公路有集装箱半挂车通行时,应采用第 3 类加宽值;不经常通行集装箱半挂车时,可采用第 2 类加宽值。四级公路和设计速度为 30km/h 的三级公路可采用第 1 类加宽值。

由 3 条以上车道构成的行车道,其加宽值应另行计算。单车道公路路面加宽值为表 7.6 规定值的一半。各级公路的路面加宽后,路基也相应加宽。四级公路路基采用 6.5m 以上宽度时,当路面加宽后剩余的路肩宽度不小于 0.5m 时,则路基可不予加宽;小于 0.5m 时,则应加宽路基,以保证路肩宽度不小于 0.5m。

双车道公路当采取强制性措施实行分向行驶的路段,其圆曲线半径较小时,内侧车道的加宽值应大于外侧车道的加宽值,设计时应通过计算确定其差值。

当城市道路的圆曲线半径不大于 250m 时,应在圆曲线范围内设置加宽,每条车道加宽值应符合表 7.7 的规定。

表 7.7 城市道路圆曲线每条车道的加宽值

加宽类型	设计车辆	圆曲线半径/m								
		200~250	150~200	100~150	70~100	50~70	30~50	25~30	20~25	15~20
1	小客车	0.30	0.30	0.35	0.40	0.40	0.45	0.50	0.60	0.75
2	载重汽车	0.40	0.40	0.60	0.65	0.70	0.90	1.05	1.30	1.80
3	铰接列车	0.45	0.60	0.75	0.90	0.95	1.25	1.50	1.90	2.75

公路与城市道路圆曲线上的路面加宽应设置在圆曲线的内侧。各级道路的路面加宽后,路基也应相应加宽。

7.4.2 加宽过渡

加宽过渡段是为使路面由直线上的正常宽度过渡到圆曲线上而设置的宽度变化段。以上加宽值为圆曲线内等值最大加宽(也称全加宽),而直线上不加宽,在加宽过渡段内,路面宽度逐渐过渡变化。加宽过渡的设置根据道路性质和等级可采用不同方法。

1. 比例过渡

在加宽过渡段全长范围内按其长度成比例逐渐加宽，如图 7.14 所示。加宽过渡段内任意点的加宽值为

$$b_x = \frac{L_x}{L} b \tag{7.19}$$

式中　　L_x——任意点距过渡段起点的距离，m；

　　　　L——加宽过渡段长度，m；

　　　　b——圆曲线上的全加宽，m。

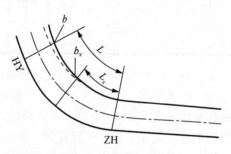

图 7.14　加宽的过渡

比例过渡计算简单，但经加宽后的路面内侧边线与行车轨迹不符，过渡段的起点、终点出现破折，路容也不美观。这种方法可用于二级、三级、四级公路。

2. 高次抛物线过渡

在加宽过渡段内插入一条高次抛物线，抛物线上任意点的加宽值为

$$b_x = (4k^3 - 3k^4) b \tag{7.20}$$

其中，

$$k = \frac{L_x}{L}$$

式中符号意义同前。

该法加宽后的路面内侧边缘圆滑、美观，适用于对路容有一定要求的高速公路和一级公路。

3. 回旋线过渡

在加宽过渡段路面内侧插入回旋线，不但中线上有回旋线，而且加宽后的路面边线也是回旋线，与行车轨迹相符，保证了行车的顺适与线形的美观。适用于高速公路和一级、二级公路的下列路段。

(1) 位于大城市近郊的路段。

(2) 桥梁、高架桥、挡土墙、隧道等构造物处。

(3) 设置各种安全防护设施的路段。

7.4.3 加宽过渡段长度

对设有缓和曲线或超高过渡段的平曲线，加宽过渡段应采用与缓和曲线或超高过渡段相同的长度；对不设缓和曲线，但设有超高过渡段的平曲线，可采用与超高过渡段相同的长度；既不设缓和曲线，又不设超高过渡段的平曲线，加宽过渡段应按渐变率为 1∶15 且长度不小于 10m 的要求设置。对复曲线的大圆和小圆之间设有缓和曲线的加宽过渡段，均可按上述方法处理。

7.5 平曲线超高设计

7.5.1 超高及其作用

为抵消或减小车辆在平曲线路段上行驶时所产生的离心力，在该路段横断面上做成外侧高于内侧的单向横坡形式，称为平曲线超高。合理设置超高，可全部或部分抵消离心力，提高汽车在平曲线上行驶的稳定性与舒适性。当汽车等速行驶时，圆曲线上所产生的离心力是常数，超高横坡度应是与圆曲线半径相适应的全超高。而在缓和曲线上曲率是变化的，其离心力也是变化的。因此，在缓和曲线上应是逐渐变化的超高。从直线段的双向路拱横坡渐变到圆曲线段具有单向横坡的路段，称为超高过渡段。四级公路不设缓和曲线，但圆曲线上若设有超高，也应设超高过渡段。

7.5.2 超高值计算

极限最小半径(R_{min})是与最大超高率(i_{hmax})相对应的，由汽车在曲线上行驶的力的平衡方程式，可得

$$i_h + \mu = \frac{v^2}{127R} \tag{7.21}$$

式中，右边是汽车行驶在曲线上所产生的离心加速度，只要代入相应的车速 v 和半径 R 即可求得；等式左边是抵抗该加速度的路面超高 i_h 和横向力系数 μ。该 μ 是由路面与轮胎之间的摩阻力提供的，并与乘客感受到的横向力抗衡。要计算 i_h 的值，必须首先明确 i_h 和 μ 各分配多少才是合理的。

对于某一既定的设计速度 v，$(i_h+\mu)$ 与 $1/R$ 成线性关系。其中，i_h 和 μ 可以有以下 4 种分配方式，其关系如图 7.15 所示。

图中各方式意义如下。

① 在未达到 $i_h = i_{hmax}$ 之前，离心力完全由超高所抵消。当曲率再大时，i_{hmax} 保持不变，其增加的离心力部分由横向摩阻力来抵消。

② 方法与①基本相同，区别在于①采用设计速度，这里采用行驶速度。

③ 超高和曲率成正比，即 $i_h=0$ 与 $i_h=i_{hmax}$ 之间为一直线关系。

④ 超高和曲率成曲线关系，其值介于②和③之间。

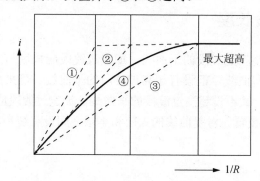

图 7.15　超高与横向摩阻力的分配方法

横向力系数 μ 的存在对于驾驶操纵的稳定、旅客的舒适及燃料、轮胎的消耗都有不利影响。因此，把大多数车辆的 μ 值减到最低限度，应是 i_h 和 μ 分配的主要原则。根据调查研究，车辆实际行驶速度是驾驶员根据路况和环境情况的判断而采用的。在现代道路上，85%～90%的车辆行驶低于设计车速，10%～15%的车辆行驶超出设计车速。在设计速度低的路上，实际车速超出得更多些，所以方式②采用行驶速度计算出的超高比方式①采用设计速度所计算出的超高更符合大多数车辆的要求。

车辆在曲线上行驶时，其速度会因曲率不同而变化。当曲率大时车速较低，当曲率较小时车速较高。方式②在所有曲率半径上均采用统一的驾驶速度，对于大半径曲线，其超高比较符合实际；而对于小半径曲线，其超高就显得偏大。

方式③采用超高和曲率成正比，当半径较大时，采用方式③所计算出的超高远比最大超高要小，而 μ 仍然存在，这将对车辆行驶产生不利影响，宜适当增大超高值以减小 μ。尤其是在大半径曲线上，车辆将采用较快的车速，故应将超高规定得比采用方式③所计算出的超高要大些。

方式④中超高和曲率成曲线关系，当平曲线半径较大时，其超高值接近方式②，由适当的超高抵消横向力。随着半径的减小，则以接近最大超高的方式设置超高。这样，在超高设置上兼顾了大半径和小半径曲线，在一定程度上避免了上述几种方法的缺点，但对大半径曲线更加有利。

按上述原则可以计算出不同设计速度下，不同半径所对应的超高。对于应用运行速度设计和检验的道路，宜采用运行速度计算超高坡度 i_h。

高速公路、一级公路在纵坡较大路段、连续上坡路段，其上、下行车道车辆的运行速度会有明显的差异，宜采用不同的超高坡度。

7.5.3　超高过渡方式

1. 无中央分隔带道路的超高过渡

若超高值等于路拱横坡度，路面由直线上双向倾斜路拱形式过渡到圆曲线上具有超高的单向倾斜形式，只需行车道外侧绕中线逐渐抬高，直至与内侧横坡相等为止。

当超高值大于路拱横坡度时，可分别采用以下3种过渡方式。

(1) 绕内边线旋转。

先将外侧车道绕路中线旋转，待达到与内侧车道构成单向横坡后，整个断面再绕未加宽前的内侧车道边线旋转，直至超高值，如图7.16(a)所示。

(2) 绕中线旋转。

先将外侧车道绕路中线旋转，待达到与内侧车道构成单向横坡后，整个断面仍绕中线旋转，直至超高值，如图7.16(b)所示。

(3) 绕外边线旋转。

先将外侧车道绕外边线旋转，内侧车道随中线的降低而降低，待达到单向横坡后，整个断面仍绕外侧车道边线旋转，直至超高坡度，如图7.16(c)所示。

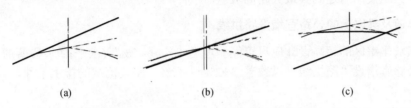

图 7.16　无中央分隔带公路的超高过渡方式

3种方式中，绕内边线旋转因行车道内侧不降低，利于路基纵向排水，一般新建工程多用此法。绕中线旋转可保持中线高程不变，且在超高值一定情况下，外侧边缘的抬高值较小，多用于旧路改建工程。而绕外边线旋转是一种特殊设计，仅用于某些改善路容的地点。

2. 有中央分隔带道路的超高过渡

(1) 绕中央分隔带中线旋转。

将外侧行车道绕中央分隔带边线旋转，待达到与内侧行车道构成相同横坡后，整个断面一同绕中央分隔带中线旋转，直至超高坡度。此时中央分隔带呈倾斜状，如图7.17(a)所示。

(2) 绕中央分隔带边线旋转。

将两侧行车道分别绕中央分隔带边线旋转，使各自成为独立的单向超高断面，此时中央分隔带维持原水平状态，如图7.17(b)所示。

(3) 绕各自行车道中线旋转。

将两侧行车道分别绕各自的中线旋转，使各自成为独立的单向超高断面，此时中央分隔带两边缘分别升高与降低而成为倾斜断面，如图7.17(c)所示。

3种超高方式可按中央分隔带宽度和车道数选用。中央分隔带宽度较窄时(≤4.5m)可采用图7.17(a)的方式；各种宽度的中央分隔带都可采用图7.17(b)的方式；对双向车道数大于4条的公路可采用图7.17(c)的方式。城市道路的超高过渡方式与公路相同。

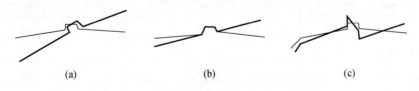

图 7.17　有中央分隔带公路的超高过渡方式

3. 分离式路基道路的超高过渡

分离式断面的道路因上、下行车道是各自独立的,其超高的设置及其过渡可按两条无中央分隔带的道路分别处理。

4. 硬路肩的超高过渡

硬路肩横坡与超高一般宜与行车道一致,确有必要时,可采用不同坡度。当曲线超高不大于 5%时,其横坡值和方向应与相邻车道相同;当曲线超高大于 5%时,其横坡值应不大于 5%,且方向相同。硬路肩的超高旋转轴位置为硬路肩内侧边缘。硬路肩超高值与相邻车道超高值相同时,其超高过渡段应与车道相同,且采用与车道相同的超高渐变率。硬路肩超高值比相邻车道超高值小时,应先将硬路肩横坡过渡到与车道横坡度相同,再与车道一起过渡,直至硬路肩达到其最大超高坡值。

5. 6 车道及其以上的公路宜增设路拱线

超高横坡平缓区的超高设计应尽可能缩短"+2%~-2%"(水平)横坡段落的长度。6 车道及以上公路宜增设"路拱线"以改善"+2%~-2%"路段范围的排水条件。

7.5.4 超高过渡段长度

为了使行车舒适、路容美观和排水通畅,必须设置一定长度的超高过渡段,超高过渡是在超高过渡段全长范围内进行。公路最小超高过渡段长度按下式计算,即

$$L_c = \frac{B' \Delta_i}{p} \tag{7.22}$$

式中 L_c——最小超高过渡段长度,m;

B'——未设硬路肩的公路,为旋转轴至行车道(设路缘带时为路缘带)外侧边缘的宽度;设有硬路肩的公路,为旋转轴至硬路肩外侧边缘的宽度,m;

Δ_i——超高坡度与路拱横坡度的代数差,%,当绕内边线旋转时,$\Delta_i = i_h$;当绕中线旋转时,$\Delta_i = i_h + i_G$,i_G 为路拱横坡度,i_h 为超高值;

p——超高渐变率,即旋转轴线与行车道(设路缘带时为路缘带)外边线之间的相对坡度,其最大值如表 7.8 所示。

表 7.8 最大超高渐变率

设计速度/(km/h)	超高旋转轴位置	
	中 线	内边线
120	1/250	1/200
100	1/225	1/175
80	1/200	1/150
60	1/175	1/125
40	1/150	1/100
30	1/125	1/75
20	1/100	1/50

由式(7.22)计算的超高过渡段长度，应取 5m 的整倍数，并不小于 10m。

超高过渡段长度主要从两个方面来考虑：一是从行车舒适性来考虑，过渡段长度越长越好；二是从横向排水来考虑，过渡段长度短些好，特别是路线纵坡较小时，更应注意排水的要求。为了行车的舒适，超高过渡段应不小于按式(7.22)计算的长度。但从利于排除路面降水考虑，横坡度由 2%(或 1.5%)过渡到 0%路段的超高渐变率不得小于 1/330，即超高过渡段又不能设置得太长。所以，在确定超高过渡段长度 L_c 时应考虑以下几点。

(1) 一般情况下，在确定缓和曲线长度时，已经考虑了超高过渡段所需的最短长度，故通常取超高过渡段 L_c 与缓和曲线长度 L_s 相等，即 $L_c = L_s$。

(2) 若计算出的 $L_c > L_s$，此时应修改平面线形，使 $L_s \geqslant L_c$。当平面线形无法修改时，可将超高过渡段起点前移，即超高过渡在缓和曲线起点前的直线路段开始，路面外侧以适当的超高渐变率逐渐抬高，使横断面在 ZH(或 HZ 点)渐变为向内倾斜的单向横坡(临界断面)。

(3) 若 $L_s > L_c$，但只要超高渐变率 $p \geqslant 1/330$，仍可取 $L_c = L_s$。

(4) 在高速公路和一级公路设计中，因照顾线形的协调性，在平曲线中一般配置较长的缓和曲线。为了避免在缓和曲线全长范围内均匀过渡超高而造成路面横向排水不畅，超高过渡可采取以下措施。

① 超高的过渡仅在缓和曲线的某一区段内进行。即超高过渡起点可从缓和曲线起点($R=\infty$)至缓和曲线上不设超高的最小半径之间的任一点开始，至缓和曲线终点结束。

② 超高过渡在缓和曲线全长范围内按两种超高渐变率分段进行。即第一段从缓和曲线起点由双向路拱横坡以超高渐变率 1/330 过渡到单向横坡，其值等于路拱横坡；第二段由单向横坡过渡到缓和曲线终点处的超高横坡。全超高断面宜设在缓圆点或圆缓点处。

(5) 四级公路不设缓和曲线，但若圆曲线上设有超高，则应设超高过渡段，其长度仍由式(7.22)计算。超高过渡段应设在紧接圆曲线起(终)点的直线上。受地形或其他特殊情况限制时，如直线长度不足，允许超高过渡段在直线和圆曲线上各分配一半。

对线形设计要求较高的道路，应在超高过渡段的起、终点插入一段二次抛物线，使之连接圆滑、舒顺。

超高过渡中，横坡度 0%附近的路段应加强路面排水分析，采取路基和路面结构的综合排水措施，消除可能的路面积水问题。

课 后 习 题

7.1 公路横断面的组成、类型及其适用性各是什么？
7.2 城市道路横断面的组成、类型及其适用性是什么？
7.3 各级公路都要设置路肩，路肩的作用是什么？
7.4 为什么要进行平曲线加宽设计？有多少种加宽过渡方式？
7.5 在确定超高过渡段长度时应考虑什么？
7.6 无中央分隔带道路的超高过渡方式及适用条件是什么？有中央分隔带道路的超高过渡方式及适用条件是什么？

第 8 章 平面交叉工程

8.1 交叉口设计概述

8.1.1 平面交叉设计的基本要求和内容

道路与道路(或铁路)在同一平面上相交称为平面交叉,又称为平面交叉口。在道路网中,各种道路纵横交错,必然会形成很多交叉口,交叉口是道路网的重要组成部分,是道路交通的咽喉。相交道路的各种车辆、行人都要在交叉口汇集、通过或转向,由于它们之间相互干扰,造成行车速度降低,阻滞交通,耽误通过时间,也容易发生交通事故。因此,如何正确设计交叉口,合理组织交通,对于提高交叉口的车速和通行能力,避免交通堵塞,减少交通事故,保障交叉口行车通畅,都具有重要意义。

交叉口设计的基本要求:①保证车辆与行人在交叉口能以最短的时间顺利通过,使交叉口的通行能力能适应各条道路的行车要求;②正确设计交叉口立面,保证转弯车辆的行车稳定,同时符合排水要求。

交叉口设计的主要内容如下。

(1) 选择交叉口的交通管理方式和交叉口的类型。
(2) 进行交通组织,布置各种交通设施,包括设置专用车道和组织渠化交通。
(3) 交叉口的平面设计,确定各组成部分的几何尺寸,包括行车道宽度、转角曲线的转弯半径、各种交通岛及绿化带的尺寸等。
(4) 验算交叉口的行车视距,保证安全通行条件。
(5) 交叉口立面设计和排水设计。

8.1.2 平面交叉的交通特征分析

进出交叉口的车辆,因行驶方向不同,车辆与车辆之间的交错方式也有所不同,可能产生交错点的性质也不一样。

一股车流分为两股或多股车流的交通现象称为分流;两股或多股车流合为一股车流的交通现象称为合流;交叉口内各方向车流固定行驶轨迹的交汇点称为冲突点。分流与合流在任何交叉口都存在，而冲突点在有些交叉口没有。此3类交错点是影响交叉口行驶速度、通行能力和行车安全的主要原因。其中，以直行与直行、左转与左转以及直行与左转车辆之间所产生的冲突点，对交通的干扰和行车的安全影响最大；其次是合流点；再次是分流点。因此，设计时应尽量采取措施减少冲突点和合流点，尤其要减少或消灭冲突点。

无交通管制时，三、四、五路(均为双车道)相交时平面交叉的交错点分布如图8.1所示，其数量如表8.1所列。有交通管制时，交错点相应减少，其数量如表8.1所示。

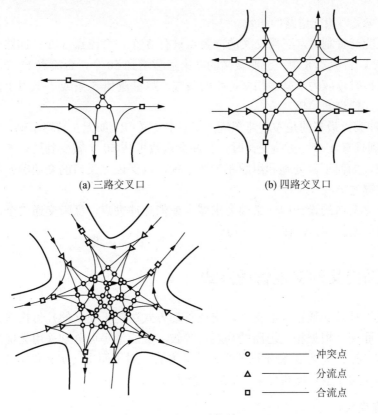

(a) 三路交叉口　　(b) 四路交叉口

(c) 五路交叉口

图8.1　平面交叉交错点

表8.1　平面交叉交错点数量表

交错点类型	无交通管制			有交通管制		
	相交道路的条数			相交道路的条数		
	3条	4条	5条	3条	4条	5条
分流点	3	8	15	2或1	4	4
合流点	3	8	15	2或1	4	4
冲突点	3	16	50	1或0	2	4
总数	9	32	80	5或2	10	14

分析上述图表可得出以下两点结论。

(1) 在无交通管制的交叉口，都存在各种交错点。其数量随相交道路条数的增加而显著

增加，其中增加最快的是冲突点。当相交道路均为双车道时，各交错点的数量可用下式计算，即

$$\text{分流点}=\text{合流点}=n(n-2) \tag{8.1}$$

$$\text{冲突点}=\frac{n^2(n-1)(n-2)}{6} \tag{8.2}$$

式中　　n——交叉口相交道路的条数。

例如，无交通管制时，三路交叉的冲突点只有 3 个，合流点 3 个；四路交叉的冲突点就增加到 16 个，合流点 8 个；五路交叉的冲突点猛增到 50 个，合流点 15 个。因此，在规划和设计交叉口时，应力求减少相交道路的条数，尽量避免 5 条或 5 条以上的道路相交，以减少碰撞点，使交通简化。

(2) 产生冲突点最多的是左转弯车辆。在十字交叉口上如无左转弯车辆，则冲突点就可从 16 个减少到只有 4 个；五路交叉时，其冲突点数可从 50 个减少到只有 5 个。因此，在交叉口设计中，如何正确处理和组织左转弯车辆，以保证交叉口的交通顺畅和安全，是设计交叉口的关键之一。

所以，在交叉口的设计中，必须力求减少或消除冲突点，保障交通安全，同时又要努力提高交叉口的通行能力，保证行车畅通。

8.1.3　平面交叉的交通管理方式

平面交叉管理是交通管理的重点，交通管理方式决定了交叉的几何构造、交叉类型和几何设计。平面交叉根据相交道路的功能、等级、交通量等可分别采用无优先交叉、主路优先交叉和信号控制交叉 3 种不同的交通管理方式。对平面交叉实施科学管理的目的是为保障交叉口的交通安全和提高交叉口的通行能力。

1. 无优先交叉

无优先交叉是在相交道路交通量都很小时，各方向车流在交叉口处寻找间隙通过，不设任何管理措施的交叉口。

无任何管理控制的交叉口，交叉范围内冲突点多，若交通量大时，会严重影响交叉口的畅通，安全性较差。

2. 主路优先交叉

主路优先交叉也称停、让控制交叉，是指对没有实施信号控制的主、次道路相交交叉口，主路车辆可优先通行，次路车辆必须减速或让行的控制方式，适用于交通量较低的交叉口或有明显主、次关系的交叉口。在非优先车流的进口道上设置停车或让路标志，在保障有优先通行权车辆通行的前提下，以停车或让路方式通过交叉口。主路上的车流通常不受影响，无须停车顺畅通过，其速度可保证和路段上的速度基本一致；次路车流需在交叉口进口处先停车观望，利用主路的车头间隙通过交叉口。如果主、次路上都有左、右转车流，可遵循以下优先规则通过交叉口，即次路右转车流、主路左转车流、次路直行车流、

次路左转车流。

有停车或让路标志的交叉口可最大限度地保证主路车辆顺畅通过，但次路因让行，会产生较大延误，特别是当交叉口的交通量接近其通行能力时，停车、延误更加严重，此时应考虑采用其他交通控制方式。

3. 信号控制交叉

信号控制交叉是采用交通信号控制灯方式，对平面交叉路口的交通流实施动态控制和调节的交叉口。交通信号配时有多种方法，目前应用较普遍的是多相位定周期配时方法。相位是在一个周期内安排若干种控制状态，每一种控制状态对某一方向的车辆或行人配给通行权，并合理安排这些控制状态的显示顺序。车辆进入信号控制交叉口，要根据信号灯提供的通行相位排队等候通过。

实行信号控制的交叉口，在时间上使相互冲突的车流分离，减少了各向车流之间的相互干扰，提高了车辆运行的安全性和效率。

8.1.4 平面交叉的类型及适用范围

平面交叉口的形式取决于相交道路的功能、等级、交通量、交通管理方式、用地条件和工程造价等因素。常见的形式有"十"字形、T 形及其演变而来的 X 形、Y 形、错位、多路交叉等。这些交叉口在平面上的几何图形，由规划道路网和街坊建筑的形状所决定，一般不易改变。在具体设计中，常因相交道路的功能、交通量、交通管理和组织方式，将交叉口设计成各具交通特点的形式，可归纳为加铺转角式、分道转弯式、扩宽路口式及环形交叉式 4 类。

(1) 加铺转角式。这是用适当半径的单圆曲线或复曲线平顺连接各个转角构成的平面交叉，如图 8.2 所示。此类交叉口形式简单，占地少，造价低，设计方便，但行车速度低，通行能力小。适用于交通量小、车速低、转弯车辆少的次要道路或地方道路，若斜交不大时，也可用于转弯交通量较小的主要道路与次要道路交叉。设计时主要解决合适的转角曲线半径和足够视距要求。

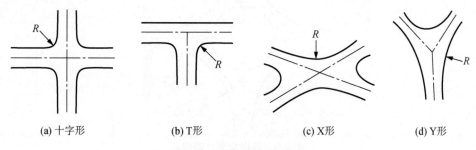

(a) 十字形　　　(b) T形　　　(c) X形　　　(d) Y形

图 8.2 加铺转角式交叉口

(2) 分道转弯式。这是指采用设置导流岛、划分车道等措施，使转弯车辆分道行驶的平面交叉，如图 8.3 所示。此类交叉口适用于车速较高、转弯车辆较多的主要道路。设计时主要解决分道转弯半径、保证足够的视距和满足导流岛端部半径的要求。

(3) 扩宽路口式。这是指在接近交叉口的道路两侧展宽或增辟附加车道的平面交叉。可单增右转或左转车道，也可同时增设左、右转车道，如图 8.4 所示。此类交叉口可减少转弯交通对直行交通的干扰，车速较高，事故率低，通行能力大，但占地多，投资较大。适用于交通量较大、转弯车辆较多的干线公路和城市主干路。设计时主要解决扩宽的车道数和位置，也要满足视距和转角曲线半径的要求。

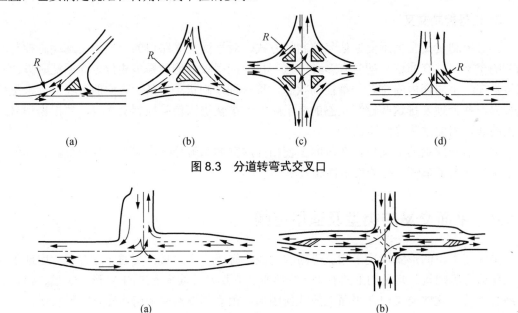

图 8.3　分道转弯式交叉口

图 8.4　扩宽路口式交叉口

(4) 环形交叉式。这是指多条道路交汇处设有中心岛的平面交叉。在交叉口中央设置中心岛，用环道组织渠化交通，使进入环道的所有车辆一律按逆时针方向绕岛单向行驶，直至所要去的路口离岛驶出，如图 8.5 所示。

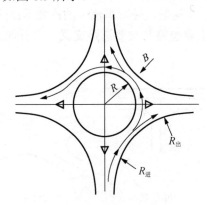

图 8.5　环形交叉式路口

环形交叉的优点：驶入交叉口的各种车辆可连续不断地单向运行，没有停滞，减少了车辆在交叉口的延误时间；环道上行车只有分流与合流，消灭了冲突点，提高了行车的安全性；交通组织简便，不需要信号控制；对多路交叉和畸形交叉，用环形组织渠化交通更为有效；中心岛绿化可美化环境。缺点：占地面积大，城区改建困难；增加了车辆绕行距离，特别是左转弯车辆；一般造价高于其他平面交叉。

环形交叉适用于多条道路相交或转弯交通量较大，且地形较平坦的交叉口。在快速道路和交通量大的干线道路、有大量非机动车和行人交通、位于斜坡较大地形以及桥头引道上均不宜采用。按规划需修建立体交叉处，近期可采用平面环形交叉作为过渡形式，并预留远期改建为立体交叉的可能性。

环形交叉设计时主要解决中心岛的形状和半径、环道的布置和宽度、交织段长度、交织角、进出口曲线半径和视距要求等问题。

8.2 交通组织设计

8.2.1 机动车交通组织方法

机动车交通组织的目的是保证交叉口上车辆行驶安全、通畅，提高交叉口的通行能力。常用的交通组织方法有设置专用车道、组织渠化交通、实行信号管制及调整交通组织等。

1. 设置专用车道

组织不同行驶方向的车辆在各自的车道上分道行驶，互不干扰。根据行车道宽度和左、直、右行车辆的交通量大小可作出多种组合的车道划分，如图 8.6 所示。

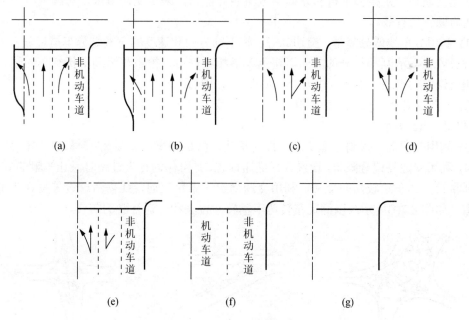

图 8.6　交叉口车道划分

(1) 左、直、右方向车辆组成均匀，可各设一条专用车道；对于非机动车交通，可划分快、慢车分道线或设分隔带(墩)组织分流行驶；为了节省用地，特别是当车行道宽度不足时，左转车道可向中心线稍左偏移布置；对向的车道为反对称布置，如图 8.6(a)所示。

(2) 如直行车辆特别多，左、右转车辆也有一定数量，可分设两条直行车道和左、右转各条车道，如图8.6(b)所示。

(3) 如左转车多而右转车少，可设一条左转车道，右转与直行车辆合用一条车道，如图8.6(c)所示。

(4) 如左转车少而右转车多，可设一条右转车道，左转与直行车辆合用一条车道，如图8.6(d)所示。

(5) 如左、右转车辆较少，可分别与直行车道合用，如图8.6(e)所示。

(6) 如行车道较窄，无法划分左、直、右行车道，可仅划分快、慢车道线，如图8.6(f)所示。

(7) 如行车道宽度很窄，无法划分快、慢车道线，或划分了反而对车道的相互调剂使用不利，则可不划分，如图8.6(g)所示。

平面交叉应保证进口道车道数与出口道车道数平衡，原则上出口道车道数不得小于进口道车道数。若平面交叉的直行车道数是2，则直行方向的出口道也需2条及以上车道。同样，需设2条左转车道时，左转方向的出口道也需2条及以上车道。这种设置利于出入口车道位置和出入口通行能力对应，避免出口拥堵和发生追尾、碰撞事故。平面交叉还应保证进口道直行交通流在交叉口范围内不改变驾驶方向即可驶入出口车道。

2. 组织渠化交通

在交叉口设置交通标志、标线和交通岛等，引导车流和行人各行其道的措施称为渠化交通。

渠化交通在一定条件下可有效提高道路通行能力，减少交通事故，对解决畸形交叉口的交通问题较为有效。

(1) 利用分车线或分隔带、交通岛等，将不同方向和速度的车辆划分车道行驶，使行人和驾驶员容易看清互相行驶的方向，避免车辆相互侵占、抢占车道和干扰行车路线，减少车辆相互碰撞的机会，增加行车安全，如图8.7(a)所示。

(2) 利用交通岛，限制车辆行驶方向，使斜交对冲的车流为直角交叉或锐角交叉，如图8.7(b)和图8.7(c)所示。

(3) 利用交通岛，限制车道宽度，控制车速，防止超车，如图8.7(d)和图8.7(e)所示。

(4) 利用交通岛或分隔带，设置各种交通标志，并可作为行人过路时避让车辆的安全岛。在交通量较大、车速较高的交叉口利用交通岛组织渠化交通，还需考虑设置变速车道和候驶车道，如图8.7(f)所示，以满足左转弯车辆转向行驶和变速行驶的需要。

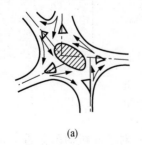
(a)

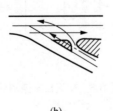
(b)

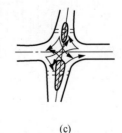
(c)

图8.7 渠化交通

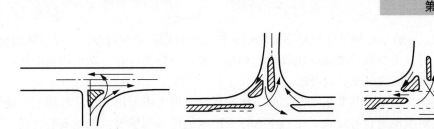

图 8.7 渠化交通(续)

8.2.2 行人和非机动车交通组织

公路设计中经常较少考虑行人和非机动车交通。但对城市而言，有大量行人和非机动车存在。因此，合理组织行人和非机动车交通，是消除交叉口交通阻塞，保障交通安全的有效方法。

1. 行人交通组织

人行道通常对称布置在行车道两侧。交叉口内相邻道路的人行道应互相连通，并将转角处人行道加宽，以适应人流集中转向需要。为使行人安全、有序地横穿行车道，应在交叉路口设置人行横道。交叉范围的人行道和人行横道相互连接，共同组成可达任意方向的步行道网。尽量不将吸引大量人流公共建筑的出入口设在交叉口上。

若人、车流量较大且行车道较宽时，应在人行横道中间设安全岛；必要时转角处用栏杆将人、车隔离，人行横道两端设置信号灯。

当交叉口宽阔、人流量多、车流量大且车速高时，可考虑设置人行天桥或人行地道，这是行人交通组织最彻底、最有效的办法。交叉口处的人行道除满足行人通过外，还应为过街行人提供等待场地，其宽度原则上不小于路段人行道的宽度。若因设置附加车道不得已压缩人行道时，应根据人流量决定最小宽度。拟设人行天桥或地道时，人行道还应考虑梯道或坡道出入口宽度。在人行道上除必要的道路标志、交通信号、照明栏杆等外，不允许布置其他设施，以保证人行道的有效宽度。

人行横道应设置在驾驶员容易看清的位置，标线应醒目。人行横道一般可布置在交叉口人行道的延续方向后退 4~5m 的地方，如图 8.8(a)所示。当转角半径较大时可将人行横道设在圆弧段内，如图 8.8(b)所示。原则上人行横道应垂直于道路设置，可使行人过街距离最短；但如道路斜交时，为避免行人不拐直角弯及扩大交叉口交通面积，人行横道可与相交道路平行，如图 8.8(c)所示。T 形和 Y 形交叉口人行横道可按图 8.8(d)和图 8.8(e)所示设置。

在信号灯控制或设置停车标志的交叉口，应在路面上标绘停车线，指明停车位置。对无人行横道的交叉口，在不影响相交道路交通的条件下，停车线应尽量靠近交叉口，以减小交叉口的范围，提高通行能力。当有人行横道时，停车线应布置在人行横道线后至少 1m 处，并应与人行横道平行，如图 8.8(a)所示。

2. 非机动车交通组织

在交叉路口，非机动车道通常布置在机动车道和人行道之间。

在交叉口内，一般车流量下非机动车随机动车按交通规则在右侧行驶，不设分离设施；车流量较大时，可采用分隔带或隔离墩将机动车与非机动车分离行驶，减少相互干扰。上述两种情况与机动车交通组织共同考虑。

当车流量很大，机动车与非机动车之间干扰严重时，可考虑采用立体非机动车交通组织，并与人行天桥或地道合并设置。上、下人行天桥或地道可用梯道、坡道或混合式。一般行人宜用梯道型升降方式；非机动车应采用坡道型；非机动车较多，又因地形或其他条件限制不能设置坡道时，可用梯道带坡道的混合型升降方式。

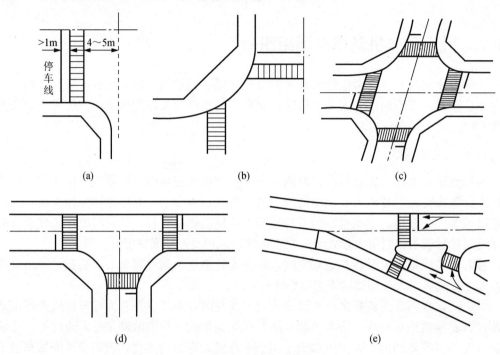

图 8.8 人行横道的布置

8.3 平面与视距设计

8.3.1 平面交叉处道路的平面线形

平面交叉范围内两相交道路应正交或接近正交，平面线形宜为直线或大半径曲线，尽量避免采用需设超高的圆曲线半径。但由于进口道线形、地形特征以及周围用地的开发等条件限制，难以做到正交时，则应保证两相交道路相交不小于 70°，特殊困难情况下可达 45°；否则应进行平面交叉的扭正设计。图 8.9 列出了 5 种斜交的扭正方法。

(1) 图 8.9 中(a)和(b)是对一条交叉道路的扭正改线，一般对功能等级较低的道路进行改造，使其垂直交叉。此法缺点是次要道路的重新定线所增加的几个曲线段，会成为危险路段，应与减速措施和前置警告标志相结合。

(2) 图 8.9 中(c)和(d)是将斜交改成错位交叉。错位交叉是指两个相距很近的反向 T 形交叉相连接的交叉形式。图 8.9(c)所示为逆错位,其中次要道路的改线,提供了右转连续进入,而穿越的车辆离开主路时,必须左转弯重新进入次要道路,对主路的干扰较大。只用于中、小交通量的次要道路交叉。图 8.9(d)所示为顺错位,次要道路线形的连续性比图 8.9(c)好,因为穿越的车辆等待主路直行车辆的间隙安全左转进入主路后,只需右转弯重新进入次要道路,对主路上的直行交通干扰较小。若次要道路交通量较大时,需要的交织段较长,设计中应尽量避免采用错位交叉。

(3) 图 8.9(e)所示为道路曲线段斜交的处理措施,该交叉口是曲线与其一条切线相交而成。这种改线能改善交叉处的视线,但给转弯车辆带来的反向超高,影响了车辆行驶的平顺性(尤其当圆曲线超高较大时),因此应设置足够的超高过渡段。最彻底的解决方法是避免在具有超高的曲线段设置交叉口。

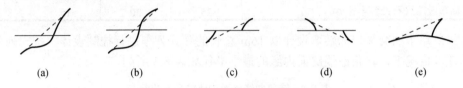

图 8.9 平面交叉斜交扭正示意图

8.3.2 平面交叉的转弯设计

为保证右转车辆能以一定速度顺利转弯,交叉口转角处的缘石或行车道边缘应做成圆曲线或复曲线,圆曲线的半径 R_1 称为转角半径,如图 8.10 所示。

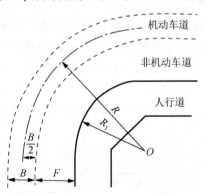

图 8.10 转角半径计算图式

在未考虑机动车道加宽的情况下,转角半径 R_1 为

$$R_1 = R - \left(\frac{B}{2} + F\right) \quad \text{m} \tag{8.3}$$

$$R = \frac{v_1^2}{127(\mu \pm i_h)} \tag{8.4}$$

式中　B——机动车道宽度,m,一般采用 3.5m;
　　　F——转弯处的非机动车道宽度,m,无非机动车道时,$F=0$;
　　　R——右转车道中心线半径,m;

v_1——右转弯设计速度 km/h，可取路段设计速度的 0.5～0.7 倍，计算时可用 0.6 倍；

μ——横向力系数，在 0.15～0.20 之间取值；

i_h——交叉口路面横坡度，一般采用 2%。

城市道路平面交叉口转角处缘石宜为圆曲线或复曲线，其转弯半径应满足机动车和非机动车的行驶要求，可按表 8.2 选定。当平面交叉口为非机动车专用路交叉口时，路缘石转弯半径可取 5～10m。通常非机动车(多以自行车为主)转角最小半径宜大于 3m，一般最小半径为 5m，在条件允许时应尽量采用大转角半径，以利于行车和以后交通发展的需要。

表 8.2 交叉口缘石转角半径

右转弯设计速度/(km/h)	30	25	20	15
无非机动车道路缘石推荐半径/m	25	20	15	10

各级公路平面交叉口的转弯设计以 16m 总长的鞍式列车进行控制设计。鞍式列车在各种转弯速度情况下，转角曲线路面内缘的最小半径如表 8.3 所列。

表 8.3 转角曲线路面内缘的最小半径

转弯速度/(km/h)	≤15	20	25	30	40	50	60	70
最小半径/m	15	20(15)	25(20)	30	45	60	75	90
最小超高/%	2	2	2	2	3	4	5	6
最大超高/%	一般值：6，绝对值：8							

注：条件限制时可采用括号内的值。

公路交叉口转角曲线路面内缘的线形应符合车辆转弯时的行迹。简单非渠化平面交叉以载重汽车为主，转弯路面边缘可采用半径 15m 的圆曲线。当按鞍式列车设计时，路面边缘可采用符合转弯行迹的复曲线。渠化平面交叉的右转弯车道，其内侧路面边缘应采用三心圆复曲线，左转弯内侧路面边缘以一单圆曲线来控制分隔岛端的边缘线。以鞍式列车控制设计时，相交路面的边缘应采用图 8.11 所示的复曲线，相应半径 R_1、R_2 的取值见表 8.4。详细设计见下节。

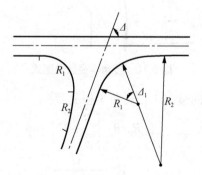

图 8.11 以鞍式列车控制设计时简单交叉口的转弯设计

表 8.4 R_1、R_2 的取值

$\Delta/(°)$	R_1/m	R_2/m	Δ_1
70～74	18	80	53°30′～58°50′
75～84	17	80	58°55′～68°00′
85～91	16	80	69°00′～75°00′
92～99	15	80	16°00′～83°00′
100～110	14	90	84°00′～95°00′

8.3.3 平面交叉的视距设计

1. 视距三角形

为保证交叉口行车安全，驾驶员在进入交叉口前的一定距离内，应能看到相交道路上的行车情况，以便能及时采取措施顺利驶过或安全停车。这段必要的距离应该不小于停车视距 $S_停$。

由相交道路上的停车视距所构成的三角形称为视距三角形(通视三角形)。在该范围内不能有任何阻挡驾驶员视线的障碍物，如图 8.12 所示。视距三角形应以最不利的情况绘制，绘制的方法和步骤如下。

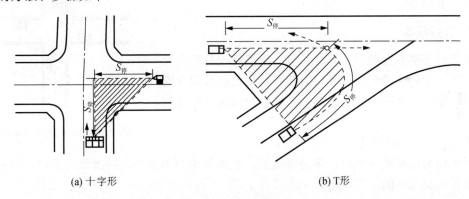

(a) 十字形　　　　　　　　　　(b) T形

图 8.12 视距三角形

(1) 确定停车视距 $S_停$。可用前述停车视距计算公式计算或根据相交道路的设计速度按表 8.5 选用。

(2) 找出行车最危险冲突点。不同形式交叉口的最危险冲突点不尽相同。常见十字形和 T 形(或 Y 形)交叉口的最危险冲突点可按下述方法确定。

① 对十字形交叉口如图 8.12(a)所示，最靠右侧第一条直行机动车道的轴线与相交道路最靠中线的第一条直行车道的轴线所构成的交叉点为最危险冲突点。

② 对 T 形(或 Y 形)交叉口如图 8.12(b)所示，直行道路最靠右侧第一条直行车道的轴线与相交道路最靠中线的一条左转车道的轴线所构成的交叉点为最危险冲突点。

(3) 从最危险冲突点向后沿行车轨迹线各量取停车视距 $S_停$。

(4) 连接末端构成视距三角形。

条件受限不能保证由停车视距构成的视距三角形时,应保证主要道路的安全交叉停车视距和次要道路至主要道路边车道中线 5~7m 所组成的视距三角形,如图 8.13 所示。安全交叉停车视距值规定见表 8.5。

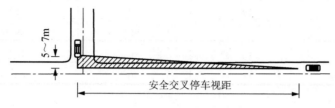

图 8.13 安全交叉停车视距三角形

表 8.5 安全交叉停车视距

设计速度/(km/h)	100	80	60	40	30	20
停车视距/m	160	110	75	40	30	20
安全交叉停车视距/m	250	175	115	70	55	35

对信号交叉口,各进口道的车辆受信号控制,速度低且直接冲突少,信号交叉口的视距,只要满足任一条车道路口停车线前第一辆车的驾驶员看到相邻路口第一辆车即可,如图 8.14 所示。

2. 识别距离

为保证车辆安全顺利通过交叉口,应使驾驶员在交叉口之前的一定距离能识别交叉口的存在及交通信号和交通标志等,这一距离称为识别距离。该识别距离随交通管制条件而异。

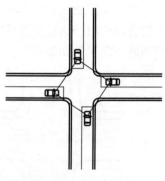

图 8.14 信号交叉通视三角形

(1) 无信号控制交叉口。

对无信号控制的交叉口,多是等级低、交通量小及车速不高的次要交叉口,识别距离可采用各相交道路的停车视距。

(2) 有信号控制交叉口。

对有信号控制的交叉口,识别距离为使正常行驶的驾驶员能看清交通信号和显示内容,有足够时间制动减速直至停车,但这种制动停车并非紧急制动,识别距离可用下式计算,即

$$S_s = \frac{v}{3.6}t + \frac{v^2}{26a} \quad \text{m} \tag{8.5}$$

式中 S_s——交叉口的识别距离,m;
      v——路段设计速度,km/h;
      a——减速度,m/s²,取 $a=2$m/s²;
      t——识别时间,s。

识别时间 t 包括驾驶员的反应时间和制动生效时间。在公路上识别时间可取 10s;在城市道路上因交叉口较多,驾驶员对其存在已有思想准备,识别时间可取 6s。

(3) 停车标志控制交叉口。

对停车标志控制的交叉口，一般为主要道路与次要道路交叉，主次关系明确，且对标志的识别要比对信号容易，可采用式(8.5)及识别时间为2s计算。

信号控制及停车标志控制交叉口的识别距离见表8.6，在此范围内不应有任何障碍物。

表8.6 交叉口的识别距离(m)

设计速度/(km/h)	信号控制交叉口				停车标志控制交叉口	
	公　路		城市道路			
	计算值	采用值	计算值	采用值	计算值	采用值
80	348	350	—	—	—	—
60	237	240	171	170	104	105
40	143	140	99	100	54	55
30	102	100	68	70	35	35
20	64	60	42	40	19	20

8.4 环形交叉设计

8.4.1 环形交叉的形式

环形交叉的组成如图 8.15 所示。环形交叉根据中心岛的大小和交通组织原则等分成两种形式。

(1) 普通环形交叉。具有单向环形车道，其中包括交织路段，中心岛直径大于25m。

(2) 入口让路环形交叉。具有单向环形车道，中心岛直径为5~25m。

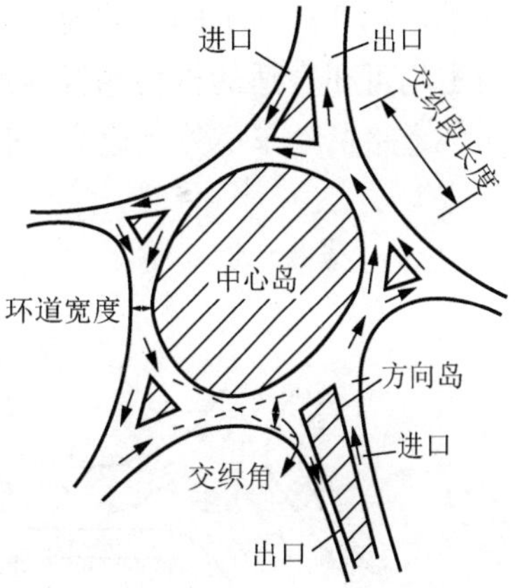

8.4.2 普通环形交叉

1. 中心岛的形状和半径

1) 中心岛的形状

中心岛的形状应根据交通流特性、相交道路的等级和地形地物等条件确定。原则上应保证车辆能以一定速度安全、顺适完成交织运行，有利于主要道路方向车辆行驶，满足交叉所在地形、地物和用地条件的限制。

中心岛的形状一般多用圆形，有时也用圆角方形和菱形；主、次道路相交时宜采用椭圆形；交角不等的畸形交叉可采用复合曲线形。此外，结合地形、地物和交角等，也可采用其他规则或不规则几何形状的中心岛。

图 8.15 环形交叉的组成

2) 中心岛的半径

中心岛的半径应满足设计速度的要求,并按相交道路的条数和宽度,验算相邻道口之间的距离是否符合车辆交织行驶的要求。下面以圆形中心岛为例,介绍中心岛半径的计算方法。

(1) 按设计速度的要求。

设计速度要求的中心岛半径 R 仍按圆曲线半径公式计算,但因绕岛车辆紧靠中心岛宽度为 b 的车道中间行驶,距中心岛边缘 $b/2$,故实际采用的中心岛半径应按下式计算,即

$$R=\frac{v^2}{127(\mu \pm i_h)}-\frac{b}{2} \quad \text{m} \tag{8.6}$$

式中　　R——中心岛半径,m;

b——紧靠中心岛的车道宽度,m;

μ——横向力系数,建议大客车 $\mu=0.10\sim0.15$,小客车 $\mu=0.15\sim0.20$;

i_h——环道横坡度,%,一般采用 1.5% 或 2.0%,紧靠中心岛行车道的横坡向中心岛倾斜时,i_h 值为正,反之,i_h 值为负;

v——环道设计速度,km/h,实测资料:公共汽车为路段的 0.5 倍,载重车为路段的 0.6 倍,小客车为路段的 0.65 倍,供参考。

(2) 按交织段长度的要求。

交织是指两股车流汇合交换位置后又分离的过程。进环和出环的两辆车辆,在环道行驶时相互交织,交换一次车道位置所行驶的距离,称为交织长度。交织长度的大小主要取决于车辆在环道上的行驶速度。当相邻路口之间有足够的距离,使进环和出环的车辆在环道上均可在合适的机会相互交织连续行驶时,该段距离称为交织段长度。其位置大致可取相邻道路机动车道外侧边缘延长线与环道中心线交叉点之间的弧长,如图 8.16 所示。

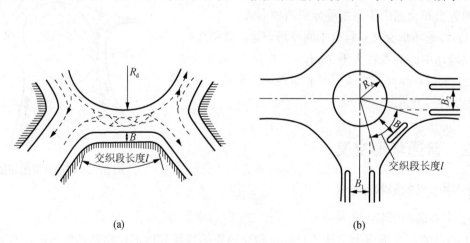

图 8.16　交织段长度

中心岛半径必须满足两个路口之间最小交织段长度的要求;否则,在环道上行驶中需要互相交织的车辆,就要停车等候,不符合环形交叉连续行驶的交通特征。环道上不同车速所需要的最小交织段长度见表 8.7。

表 8.7 最小交织段长度

环道设计速度/(km/h)	50	45	40	35	30	25	20
最小交织段长度/m	60	50	45	40	35	30	25

2. 环道的宽度

环道即环绕中心岛的单向行车带。其宽度取决于相交道路的交通量和交通组织。

一般地，靠近中心岛的一条车道作绕行之用，最靠外侧的一条车道供右转弯之用，中间的 1~2 条车道为交织之用，环道上一般设计 3~4 条车道。实践证明，车道过多易使行车混乱，导致不安全。当环道车道数从 2 条增加到 3 条时，通行能力提高最为显著；而当车道数增加到 4 条以上时，通行能力增加得很少。因为车辆在绕岛行驶时需要交织，在交织段长度小于两倍的最小交织段长度(考虑占地和经济性，一般不可能超过两倍)范围内，车辆只能顺序行驶，不可能同时出现大于两辆车交织。不论车道数设计多少条，在交织断面上只能起到一条车道的作用。

因此，环道的车道数一般采用 3 条为宜；如交织段长度较长时，环道车道数可布置 4 条；若相交道路的行车道较窄，也可设两条车道。

如采用 3 条机动车道，每条车道宽 3.50~3.75m，并按前述曲线加宽中单车道部分的加宽值，当中心岛半径为 20~40m 时，环道机动车道的宽度一般为 15~16m。

对非机动车交通可与机动车混行或分行布置，为保证交通安全，减少相互干扰，一般以分行为宜，可用分隔带(或墩)或标线等分隔。非机动车道宽度应视具体情况而定，一般不小于相交道路中的最大非机动车行车道宽度，也不宜超过 8m。

3. 交织角

交织角是进环车辆轨迹与出环车辆轨迹的平均相交角度。它以距右转机动车道外缘 1.5m 和中心岛边缘 1.5m 的两条切线交角来表示，如图 8.17 所示。

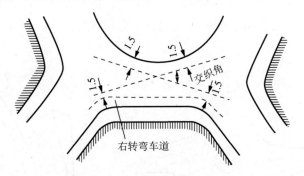

图 8.17 交织角(尺寸单位：m)

交织角的大小取决于环道的宽度和交织段长度。环道宽度越窄，交织段长度越大，则交织角越小，行车越安全。但交织段越长，中心岛半径增大，占地增加。根据经验，交织角以控制在 20°~30°为宜。通常在交织段长度已有保证的条件下，交织角多能满足要求。

8.4.3 入口让路环形交叉

1. 入口让路环形交叉口的行驶规则

入口让路环形交叉将入口视为"支路",到达入口的车辆发现左方环道上有车辆,且无插入间隙时,应在入口等候,伺机入环。当环行车流出现间隙时,为使等候车辆有效使用这一间隙,入口应为不同去向的车辆提供等候车道,左转弯车辆等候在较左的车道上,右转弯车辆等候在较右的车道上。入口让路的规定,改变了环形交叉连续运行的特性,但可减少不必要的交织运行,防止环道上交通拥阻。因此,长的交织段对提高通行能力不再是唯一的影响因素,因入口拓宽,车流的活动空间增大,使环行车流间的间隙充分利用,具有较大的通行能力。当入口和环道上交通量较大时,环行车流间的间隙较少,甚至没有,导致入口等待车辆过多和时间过长,此时环形交叉已不适应交通量需求,应改造为其他交叉形式。

2. 中心岛的形状和半径

入口让路环形交叉应根据设计车辆的转弯行迹、环道车道数及各岔路的路幅宽度(包括中央分隔带时宽度)确定中心岛的直径。因交叉口为不同流向的车流提供尽可能宽的通道,必须压缩中心岛的直径,以增加环道上的车道数,但直径一般不应小于10m,最小可采用5m。

中心岛一般由缘石围成,其形状除特殊需要外,均应为圆形。环形交叉的中心岛面积较小时,可采用齐平式或微凸式;当面积较大时,应采用浅碟式,环道内侧应设缓边坡,不应沿岛缘(仅靠行车道)设置深的排水沟。

3. 出入口设计

为提高入口让路环形交叉的通行能力,入口要为不同去向的车辆分别提供等候车道,应增辟车道做成喇叭状。增辟的车道数至少为 1 条,最多为 2 条,入口车道总数不大于 4 条。停车线处车道宽度为 3.0m,增辟车道起点车道宽度为 2.5m,拓宽有效长度为 25m,如图 8.18 所示。

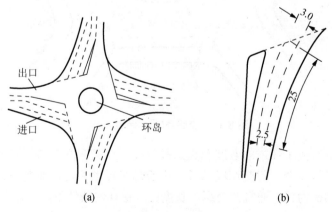

图 8.18 入口让路环形交叉入口(尺寸单位:m)

入口应右偏且呈曲线形,并使入口左路缘的延长线不与中心岛相割。入口曲线半径为

10～100m，并以 20m 为宜。当接近或超过 100m 时，显得偏斜不足。

出口不增辟车道，但应拓宽车道，并用 1∶15～1∶20 的渐变率收敛到正常车道的宽度。

入口与邻接的出口之间应尽量避免采用短的反向曲线，而应采用直线圆角形。必要时可增大出口曲线半径。三路交叉中相邻的入口和出口间距较长时，可采用反向曲线。

课后习题

8.1　道路平面交叉设计的主要内容是什么？
8.2　道路交叉口有何交通特征？
8.3　道路平面交叉的交通管理方式有哪些？
8.4　试讲述道路平面交叉的类型、适用范围及在设计时主要解决的问题。
8.5　提出平面交叉口设置条件的目的是什么？
8.6　为什么要控制平面交叉口的间距？
8.7　平面交叉机动车交通组织的方法有哪些？各自的任务是什么？
8.8　规定交叉口处道路平纵线形的目的是什么？
8.9　试讲述视距三角形及其绘制方法和步骤。
8.10　简述环形交叉中心岛半径的确定方法。
8.11　入口让路环形交叉的行驶规则是什么？

第9章 立体交叉工程

9.1 概 论

立体交叉简称立交,是利用跨线构造物使道路与道路或道路与其他线形工程,在不同高程上相互跨越的连接方式。立体交叉是高速道路(高速公路和城市快速路的统称)的重要组成部分。

采用立体交叉可消除或减少相交道路各方向车流的冲突点,控制相交道路的车辆出入,保证行车安全和畅通;车流可连续、稳定地运行,减少时间延误,提高行车速度;车辆各行其道,等候时间减少,能快速、连续行驶,提高了道路通行能力。立体交叉构造物多、施工复杂、造价高、不易改建。因此,是否采用立体交叉应根据道路、交通、环境及自然条件,经过技术、经济及环境效益的比较和分析慎重确定。

1. 立体交叉的组成

立体交叉的主要组成部分如图 9.1 所示。

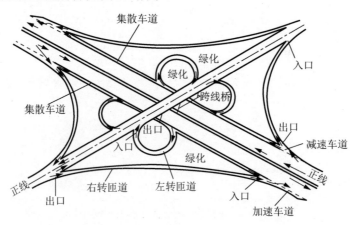

图 9.1 立体交叉的组成

1) 跨线构造物

跨线构造物是指跨越被交道路的跨线桥(上跨式)或穿越被交道路的通道(下穿式)。这是立体交叉实现车流空间分离的主体构造物,有时也包括跨越匝道的桥梁。

2) 正线

正线是指立体交叉范围内的直行道路。根据相交道路的等级，正线可分为主线和次线。

3) 匝道

匝道是指相交道路间的连接道，是立体交叉的重要组成部分，主要供转弯车辆行驶。按其作用可分为右转匝道和左转匝道两类。

4) 匝道端部

匝道端部是指匝道两端分别与正线相连接的道口，包括出入口、变速车道及辅助车道等。

(1) 出入口。它是指匝道从正线的出口与入口，转弯车辆由正线驶出进入匝道的道口为出口，由匝道驶入正线的道口为入口。

(2) 变速车道。在匝道与正线连接的路段，为适应车辆变速行驶的需要，不影响正线交通所设置的附加车道。变速车道分为减速车道和加速车道，出口端为减速车道，入口端为加速车道。

(3) 辅助车道。在立体交叉设置双车道匝道的分流、合流附近，为使匝道与正线车道数平衡和保持正线的基本车道数而在正线外侧增设的附加车道。

除以上主要组成部分外，立体交叉还包括集散车道、绿化地带以及立体交叉范围内的排水、照明、交通工程等设施。

立体交叉的设计范围，一般是指各相交道路出、入口变速车道渐变段顶点以内包含的正线、跨线构造物、匝道等全部区域。

2. 公路立体交叉与城市道路立体交叉的主要特征

公路立体交叉和城市道路立体交叉，在其作用、主要组成部分和设计方法方面是基本相同的。但由于受地形、地物、用地、交通组成和管制以及收费制式等环境条件的影响，二者设计的主导思想有所侧重，各具特征。

(1) 公路立体交叉一般设收费站，相邻立体交叉的间距较大，地物障碍少，用地较松；多采用地上明沟排水系统；常用立体交叉形式简单，采用的设计速度高，线形指标也较高，占地较大，以两层式为主。

(2) 城市道路立体交叉一般不收费，相邻立体交叉的间距较小，须考虑非机动车和行人交通，用地较紧，受地上和地下各种管线及建筑物影响大，拆迁费用高；多采用地下排水系统，施工时要考虑维持原有交通和快速施工，注重设计的美观和绿化。常作为一种城市景观来设计，立体交叉形式复杂、多样，以多层式为主。

9.2 立体交叉的类型及其适用条件

9.2.1 按相交道路的跨越方式分类

立体交叉按相交道路的跨越方式可分为上跨式和下穿式两类，如图9.2所示。

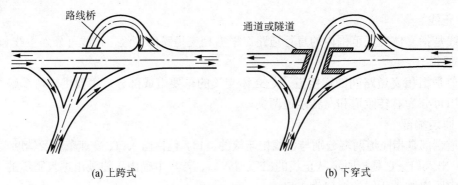

(a) 上跨式　　　　　　　　(b) 下穿式

图 9.2　上跨式和下穿式立体交叉

1. 上跨式

上跨式是用跨线桥从被交道路或其他线形工程上方跨过的交叉方式。这种立体交叉施工方便，造价较低，排水易处理；但占地大，引道较长，跨线桥影响视线。

2. 下穿式

下穿式是用通道(或隧道)从被交道路或其他线形工程下方穿过的交叉方式。这种立体交叉占地较少，立面易处理，对视线和周围景观影响小，但施工期较长，造价较高，排水困难。

对上跨式和下穿式立体交叉的选用，要根据相交道路的功能、等级，立体交叉所处位置的地形、地质、排水、施工、周围景观等因素，经技术、经济比较后确定。一般上跨式立体交叉宜用于市区以外或周围有高大建筑物处；下穿式立体交叉多用于市区或被交道路为高路堤处。

9.2.2　按立体交叉的交通功能分类

立体交叉按其交通功能可分为分离式立体交叉和互通式立体交叉两类。

1. 分离式立体交叉

仅设一座跨线构造物(跨线桥或通道)，上、下各层道路与道路(或其他线形工程)间互不连通的交叉方式，如图 9.3 所示。

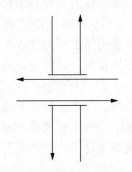

图 9.3　分离式立体交叉

这种类型的立体交叉结构简单，占地少，造价低；但相交道路的车辆不能转弯行驶。

分离式立体交叉的设置应根据道路网规划、相交道路的功能、等级、交通量、地形和地质条件、经济与环境因素等确定。

符合下列条件者应设置分离式立体交叉：高速公路同其他各级道路交叉，除因交通转换而设置互通式立体交叉外，均必须设置分离式立体交叉；具有干线功能的一级公路同其他各级道路交叉，除因交通转换而设置互通式立体交叉外，为减少平面交叉，应采用分离式立体交叉；二级、三级、四级公路间的交叉，直行交通量很大或地形条件适宜，且不考虑交通转换时，可设置分离式立体交叉；道路与干线铁路交叉，应采用分离式立体交叉。

2. 互通式立体交叉

它指不仅设跨线构造物使相交道路空间分离，且上、下道路之间相互连通的交叉方式。

这种类型的立体交叉车辆可转弯行驶，全部或部分消灭了冲突点，各方向行车相互干扰小，行车安全、迅速，通行能力大。但立体交叉结构复杂，占地多，造价高。

公路互通式立体交叉分为枢纽互通式立体交叉和一般互通式立体交叉两类。

高速公路之间或高速公路与具有干线功能的一级公路之间、或具有干线功能的一级公路之间的互通式立体交叉，应为枢纽互通式立体交叉。其匝道应具有良好自由流线形，匝道上不设置收费站，匝道端部不出现穿越冲突。

高速公路、一级公路与其他道路相交时应采用一般互通式立体交叉。其匝道上可设置收费站，且高速公路出、入口以外允许设置平面交叉。

互通式立体交叉的基本形式，根据交叉处车流轨迹线的交叉方式和几何形状的不同，又可分为部分互通式、完全互通式和环形立体交叉 3 种。

1) 部分互通式立体交叉

相交道路的车流轨迹线之间至少有一个平面冲突点的立体交叉称为部分互通式立体交叉。它是一种低级形式立体交叉，一般多用于主要道路与次要道路相交，当个别方向的交通量很小或分期修建，或受地形、地物及路网规划限制某个方向不能布设匝道时也可采用。其代表形式有菱形立体交叉和部分苜蓿叶形立体交叉等。

(1) 菱形立体交叉。设有 4 条单向匝道通向被交道路，在次要道路的连接部存在平面交叉的互通式立体交叉，如图 9.4 所示，图 9.4(a)所示为三路菱形立体交叉，图 9.4(b)所示为四路菱形立体交叉。

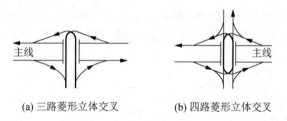

(a) 三路菱形立体交叉　　(b) 四路菱形立体交叉

图 9.4　菱形立体交叉

这种立体交叉能保证主线直行车流快速畅通；左转车辆绕行距离较短；主线上有高标准的单一进出口，交通标志简单；主线下穿时，匝道纵坡便于驶出车辆减速和驶入车辆加速；形式简单，仅需一座跨线构造物，用地和工程费用小。但次线与匝道连接处为平面交叉，影响通行能力和行车安全。适用于城市主要道路与次要道路相交且用地困难的情况，公路上采用较少。

布设时应将平面交叉设在次要道路上，主要道路应视地形和排水条件确定上跨或下穿形式，一般以下穿为宜。次要道路上可通过渠化或设置交通信号等措施组织交通。

(2) 部分苜蓿叶形立体交叉。部分左转弯方向不设环形左转匝道，而呈不完全苜蓿叶形的立体交叉。如图 9.5 所示，可根据转弯交通量的大小或场地限制，采用图示任一形式或其他变形形式。

这种立体交叉可保证主线直行车流快速畅通；单一的驶出方式便于车辆运行并简化了主线上的交通标志；仅需一座跨线构造物，用地和工程费用较小；便于分期修建，远期可扩建为全苜蓿叶形立体交叉。但次要道路上为平面交叉，影响通行能力和行车安全，且有停车等待和错路运行的可能。适用于主要道路与次要道路相交。

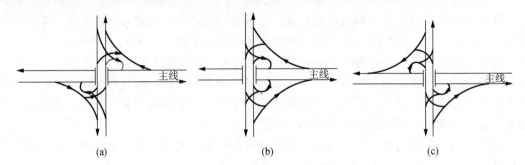

图 9.5　部分苜蓿叶形立体交叉

布设时应使转弯车辆的出入尽量少妨碍主线交通，平面交叉应设在次要道路上，必要时可在次要道路上组织渠化交通或设置信号控制。

2) 完全互通式立体交叉

相交道路的车流轨迹线全部在空间分离的交叉称为完全互通式立体交叉。它是一种比较完善的高级形式立体交叉，匝道数与转弯方向数相等，各转弯方向均有专用匝道，无冲突点，行车安全、迅速，通行能力大；但占地面积大、造价高。适用于高速道路之间或高速道路与其他交通量大的道路相交。其代表形式有喇叭形、苜蓿叶形、子叶形、Y 形、X 形等。

(1) 喇叭形立体交叉。用一个环形(转向约为 270°)左转匝道和一个半定向式左转匝道组成的完全互通式立体交叉，如图 9.6 所示，是三路立体交叉的代表形式。喇叭形立体交叉可分为 A 型和 B 型，经环形左转匝道驶入正线(或主线)为 A 型，驶出时为 B 型。

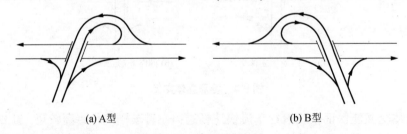

图 9.6　喇叭形立体交叉

这种立体交叉除环形匝道适应车速较低外，其他匝道都能为转弯车辆提供较高速度的定向或半定向运行；只需一座跨线构造物，投资较省；无冲突点和交织，通行能力大，行车安全；造型美观，行车方向容易辨别。但环形匝道线形指标较低，行车速度低。一般适用于高速道路与一般道路相交的 T 形交叉。

布设时应将环形匝道设在交通量较小的方向上，主线左转弯交通量大时宜采用 A 型；反之可采用 B 型。一般道路上跨时对转弯交通视野有利，下穿时宜斜交。

(2) 苜蓿叶形立体交叉。用 4 个对称的环形左转匝道实现各方向左转车辆运行的全互通式立体交叉。它是四路交叉常用互通式立体交叉之一，如图 9.7 所示。

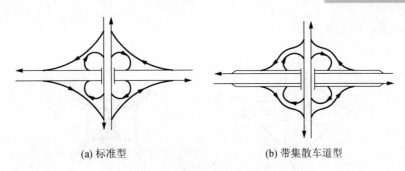

(a) 标准型　　　　　　　　(b) 带集散车道型

图 9.7　苜蓿叶形立体交叉

这种立体交叉各匝道相互独立，无冲突点，交通运行连续而自然，仅需一座跨线构造物，可分期修建。但立体交叉占地面积大，左转车辆绕行距离长，环形匝道适应车速较低，且跨线桥上、下存在交织，限制了立体交叉的通行能力。适用于高速道路之间或城市外围环路上的不收费立交采用。

布设时为消除正线上的交织，避免双重出口而使标志简化，提高通行能力和行车安全，常在正线的外侧增设集散车道，使出、入口及交织段布置在集散车道上，成为带集散车道的苜蓿叶形立体交叉。

(3) 子叶形立体交叉。这是用两个环形匝道实现车辆左转的全互通式立体交叉，如图 9.8 所示。

这种立体交叉只需一座跨线构造物，造价较低，匝道对称，造型美观。但交通运行条件不如喇叭形好，正线上存在交织，左转车辆绕行长。多用于苜蓿叶形立体交叉的前期工程。布设时以主线下穿为宜。

(4) Y 形立体交叉。这是用定向匝道或半定向匝道实现车辆左转的全互通式立体交叉，如图 9.9 所示。

图 9.8　子叶形立体交叉

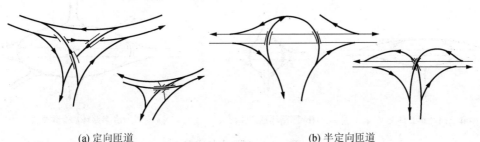

(a) 定向匝道　　　　　　　　(b) 半定向匝道

图 9.9　Y 形立体交叉

这种立体交叉能为转弯车辆提供高速的定向或半定向运行，通行能力大；无交织，无冲突点，行车安全；行车方向明确，路径短捷，运行流畅；正线外侧占地宽度较小。但跨线构造物多，造价较高。适用于各方向交通量都很大的三路互通式立体交叉。

布设时定向 Y 形立体交叉的正线在交叉范围内，应为双向分离式断面，或拉开适当的距离，以满足左转匝道纵坡和桥下净空要求，在正线设计时就应充分考虑立体交叉布设的要求。半定向 Y 形立体交叉适用于正线双向行车道之间不必拉开或难以拉开的情况。

(5) X 形立体交叉。它又称半定向式立体交叉，是由 4 条半定向左转匝道组成的高级全互通式立体交叉，如图 9.10 所示。

(a) 对向左转匝道对角靠拢布置　　　　(b) 对向左转匝道对角拉开布置

图 9.10　X 形立体交叉

这种立体交叉各方向转弯车辆转向明确，自由流畅；单一的出口或入口，便于车辆运行和简化标志；无冲突点，无交织，行车安全；适应车速高，通行能力大。但层多桥长，造价高，占地面积大。一般多用于高速道路之间、各左转弯交通量大、车速要求高、通行能力大的枢纽互通式立体交叉。

对图 9.10(a) 和图 9.10(b) 两种形式，图 9.10(a) 所示形式的转弯匝道线形更为流畅，转弯半径更大，适应的车速更高，桥梁建筑长度缩短；但总的建筑高度增加，匝道桥与跨线桥集中布设使结构更复杂。布设时，宜将直行车道分别布置在较低层，而将对角左转匝道布置在高层。图 9.10(b) 所示形式，可以合理利用空间高差的变化，以降低立体交叉的建筑高度，但要避免一条匝道几次上下起伏变化，以一次升降坡为宜。

3) 环形立体交叉

它是指主线直通，次线及主线转弯车辆环绕中心岛交织运行的互通式立体交叉，如图 9.11 所示。

  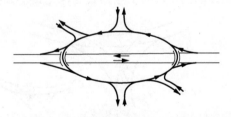

(a) 三路环形立体交叉　　　(b) 四路环形立体交叉　　　(c) 多路环形立体交叉

图 9.11　环形立体交叉

环形立体交叉是由平面环形交叉发展而来，为保证主线直行车流快速、畅通，将主线下穿或上跨中心岛。次要道路的直行车流和交叉口的左转车流一律绕中心岛作单向逆时针方向行驶，车流在环道内相互交织，直至所去的路口离去。

环形立体交叉能保证主线直通；无冲突点，交通组织方便；结构紧凑，占地较少。但次要道路的通行能力受环道交织能力的限制，车速受到中心岛半径的影响，构造物较多，左转车辆绕行距离长。适用于主要道路与次要道路交叉，以用于 5 条以上道路相交为宜。

布设时，应让主线直通，中心岛可采用圆形、椭圆形或其他形状。

9.2.3　按其他方式分类

立体交叉还可按以下几种方式分类。

1. 按几何形状分类

(1) T 形立体交叉，如喇叭形、子叶形立体交叉等。
(2) Y 形立体交叉，如定向 Y 形、半定向 Y 形立体交叉等。
(3) 十字形立体交叉，如菱形、苜蓿叶形、定向型立体交叉等。

2. 按交会道路的条数分类

(1) 三路立体交叉，由 3 条道路交会于一处的立体交叉。
(2) 四路立体交叉，由 4 条道路交会于一处的立体交叉。
(3) 多路立体交叉，由 5 条及 5 条以上道路交会于一处的立体交叉。

3. 按层数分类

(1) 双层式立体交叉。
(2) 三层式立体交叉。
(3) 多层式立体交叉。

4. 按用途分类

(1) 公路立体交叉，指城镇范围以外的立体交叉。
(2) 城市道路立体交叉，指城镇范围以内的立体交叉。
(3) 公铁立体交叉，指道路与铁路的立体交叉。
(4) 人行立体交叉，供行人(有时含非机动车)横跨道路的人行天桥或人行横道。

9.3　立体交叉的布置规划与形式选择

9.3.1　立体交叉的布置规划

1. 立体交叉位置的选定

对互通式立体交叉的位置选定，应以道路网现状和规划为依据，综合考虑交通条件、地形和地质条件，以及用地、文物、景观和环保等社会和环境因素。要求立体交叉范围内主线及其出入口附近的平纵线形指标、视距和横坡等，能提供安全的分、合流条件并能与匝道顺适连接，被交道路应具有与互通式立体交叉出入交通量相适应的通行能力，并能为交通发生源提供便捷的连接。同时考虑立体交叉对地区交通的分散和吸引作用、立体交叉设置的条件、技术上的合理性、经济上的可能性以及拟选的立体交叉形式等。一般应选择在相交道路的平纵线形指标良好、地势平坦开阔、地质稳定和环境条件有利的位置。

2. 立体交叉的间距

确定互通式立体交叉间距时，主要应考虑以下影响因素。

(1) 满足交通密度的要求。

相邻立体交叉之间保持合适的间距，能均匀分散交通，使整条道路和区域交通流被各立体交叉均衡、合理地负担。立体交叉间距过大，不仅难以满足交通需要，且会影响高速道路功能的发挥；间距过小，则会使行车速度和通行能力降低，导致交通运行困难，交通事故发生的可能性增加，建设投资加大。

(2) 满足交织段长度的要求。

相邻立体交叉之间要有足够的交织路段，以在相邻立体交叉出入口之间设置足够长度的加、减速车道。交织路段是从前立体交叉匝道上车辆驶入正线的合流点到下一立体交叉正线上车辆驶入匝道的分流点之间的距离。

(3) 满足设置交通标志的要求。

相邻立体交叉之间应保证足够的距离，使在此距离内能设置若干预告标志，以便连续不断地告知驾驶员下一立体交叉和出口的位置。

(4) 驾驶员操作舒适的要求。

互通式立体交叉，尤其是多层式立体交叉，由于其平面线形连续变化，纵断面多有起伏，如间距过短，会对驾驶操作的顺适、交通流的稳定及景观均不利。

城市道路规定两座互通式立体交叉的最小间距按正线设计速度 80km/h、60km/h、50km/h 和 40km/h，分别采用 1km、0.9km、0.8km 和 0.7km。

9.3.2 立体交叉形式的选择

互通式立体交叉形式选择的目的，是为提高行车效率和安全舒适性、适应设计交通量和设计速度、满足车辆转弯需要，并与环境相协调。选形是否合理，不仅影响互通式立体交叉本身的功能，如通行能力、行车安全和工程经济等，而且与整个地区道路网规划、地方交通的发挥、工程投资及市容环境等都有密切的关系。

1. 影响立体交叉形式选择的因素

影响因素可概括为道路、交通、环境及自然条件，具体内容详见图 9.12。

2. 立体交叉形式选择的基本原则

互通式立体交叉形式选择，应根据道路、交通条件，结合自然、环境条件等综合考虑而定，并遵循下列基本原则。

(1) 互通式立体交叉选型应根据路网布局和规划，尽量使一条道路上互通式立体交叉形式统一，进、出口的位置和形式保持一致性。

(2) 互通式立体交叉选型应考虑相交道路的等级、性质、任务和交通量等，确保行车安全通畅和车流的连续。

(3) 互通式立体交叉选型应与所在地的自然条件和环境条件相适应，充分考虑区域规划、地形、地质条件、可能提供的用地范围、文物古迹保护区等。

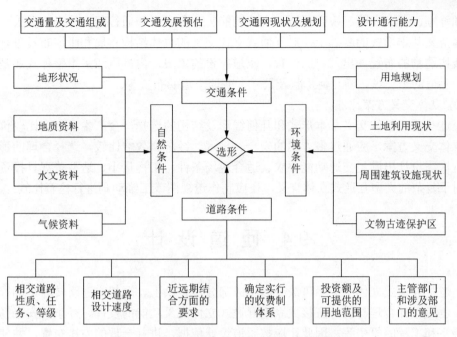

图 9.12　影响立体交叉形式选择的基本因素

(4) 互通式立体交叉选形应全面考虑近、远期结合，既要满足近期交通的要求，减少投资，又要考虑远期交通发展的需要和改扩建提高的可能，使前期工程为后期所利用。

(5) 互通式立体交叉选形要考虑工程实施，造型和工程投资两者兼顾，有利于施工、养护和排水，尽量采用新技术、新工艺、新结构，以提高工程质量、缩短工期和降低成本。

(6) 互通式立体交叉选形要和匝道布置一并考虑，分清主次。处理好主要道路与次要道路的关系，应先满足主要道路的要求，后考虑次要道路。

(7) 立体交叉选形应与定位相结合。形式随所在位置的地形、地物及环境条件而异，通常是先定位后选形，并使选形与定位相结合。

3. 立体交叉形式选择的方法与步骤

互通式立体交叉形式选择是在交叉位置选定后，在定位时提供的可选形式基础上，按下列步骤确定该位置可采用的立体交叉形式。

(1) 初定立体交叉的基本形式。

应先选择立体交叉的总体布局，首先解决下列问题。

① 是否为收费立体交叉。
② 是否采用完全互通式或部分互通式。
③ 是否考虑行人交通。
④ 机动车与非机动车是分离行驶还是混合行驶。
⑤ 主线是上跨还是下穿被交线。
⑥ 采用两层式、三层式还是四层式。

(2) 立体交叉几何形状及结构的选择。

互通式立体交叉的几何形状及结构对整个立体交叉的车辆运行速度、运行距离、行车安全和舒顺、行车视距、视野范围、交通功能、服务水平和通行能力等影响很大。在互通式立体交叉基本形式的基础上，对互通式立体交叉的总体结构布局和匝道布设进行安排，如跨线构造物的布置，出入口的位置，匝道布设的象限，内外匝道采用整体式还是分离式断面，匝道的平、纵、横几何形状及尺寸，变速车道的布置等。

(3) 立体交叉方案比选。

经过互通式立体交叉基本形式和几何线形及结构的选择，会产生多个有比较价值的互通式立体交叉方案，应通过多方案的安全、技术、经济、效益比较，选择合理的形式和适当的规模，设计出满足交通功能要求、适合现场条件、工程量小、造型美观且投资少的方案。对于复杂的大型互通式立体交叉，还应制作透视图或三维动画进行检查比较。

9.4 匝道设计

匝道是互通式立体交叉不可缺少的组成部分，是供上、下相交道路转弯车辆行驶的连接道。匝道设计合理与否，直接关系到互通式立体交叉功能的发挥、行车的安全畅通、运营的经济和工程的投资等。因此，应按匝道设计依据，进行合理的安排布置，并使用合适的线形。

9.4.1 匝道的分类

按照匝道的功能及其与相交道路的关系、匝道横断面车道数及车流方向等，匝道一般有以下两种分类方法。

1. 按匝道的功能及其与相交道路的关系分类

根据匝道的功能及其与相交道路的关系，可将互通式立体交叉的匝道划分为右转匝道和左转匝道两类。

(1) 右转匝道。

右转匝道是从正线右侧驶出后直接右转，到相交道路的右侧驶入，一般不设跨线构造物，如图 9.13 所示。根据立体交叉的形式和用地限制条件，右转匝道可以布置成单(或复)曲线、反向曲线、平行线或斜线 4 种，特殊情况下右转匝道也可以通过连续左转约 360°来实现。右转匝道属于右出右进的直连式匝道，其特点是形式简单、直捷顺畅。

(2) 左转匝道。

左转匝道车辆须转 90°～270°越过对向车道，除环形匝道外，在匝道上至少需要一座跨线构造物。按匝道与相交道路的关系，左转匝道又可分为直连式(图 9.14)、半直连式(图 9.15)和环形匝道(图 9.16) 3 种类型。

2. 按匝道横断面的车道类型分类

互通式立体交叉的匝道按横断面车道的类型，可划分为以下 4 种。

(1) 单向单车道匝道(Ⅰ型横断面)。如图 9.17(a)所示，这是一种常用的匝道形式。无论是右转匝道还是左转匝道，当转弯交通量比较小而未超过单车道匝道的设计通行能力时都可采用。

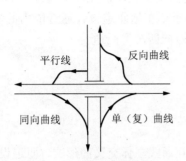

图 9.13 右转匝道示意图

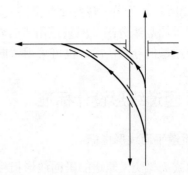

图 9.14 直连式左转匝道(左出右进)

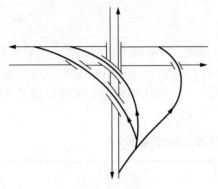

图 9.15 半直连式左转匝道(左出右进)

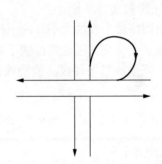

图 9.16 环形左转匝道

(2) 单向双车道匝道(Ⅱ型横断面)(简称简双匝道)。如图 9.17(b)所示，匝道出入口之间的路段采用双车道，但出入口采用单车道。双车道之间可以采用划线分隔，右侧不设置紧急停车带。主要适用于转弯交通量未超过单车道匝道的设计通行能力，且考虑超车需要的情况。

(3) 单向双车道匝道(Ⅲ型横断面)(简称标双匝道)。如图 9.17(c)所示，匝道(包括出入口)采用双车道。双车道之间可划线分隔，右侧设置紧急停车带。主要适用于转弯交通量超过单车道匝道的设计通行能力，且考虑超车和紧急停车需要的情况。

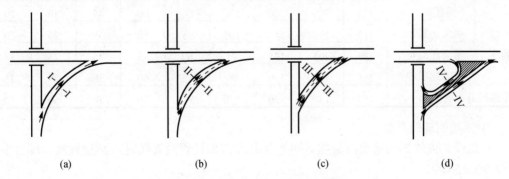

图 9.17 按匝道横断面车道类型分类

(Ⅰ-Ⅰ、Ⅱ-Ⅱ、Ⅲ-Ⅲ、Ⅳ-Ⅳ断面图另见图 9.19)

(4) 对向双车道匝道(Ⅳ型横断面)。对向行车道之间一般采用中央分隔带隔离，如图 9.17(d)所示，适用于转弯交通量满足设计通行能力要求且用地允许的情况。如用地较紧张，也可采用划线分隔，但只适用于转弯交通量小于单车道匝道设计通行能力的情况。根据双向交通量的分布情况，也可采用双向三车道或双向四车道匝道。

9.4.2 匝道线形设计标准

1. 匝道平面线形指标

互通式立体交叉匝道的平面线形指标，应根据互通式立体交叉的形式、匝道设计速度、交通量、地形和用地条件及造价等因素确定，并保证车辆能连续、安全地运行，力求达到工程及运营经济。

1) 匝道圆曲线半径

匝道圆曲线半径的大小取决于匝道的设计速度，同时应考虑经济性、安全性和舒适性。公路互通式立体交叉匝道圆曲线不应小于最小半径的规定(表 9.1)。通常应选用大于一般值的半径，当受地形条件或其他特殊情况限制时，方可采用极限值。冰冻积雪地区不得采用极限值。

表 9.1 公路立体交叉匝道圆曲线的最小半径

匝道设计速度/(km/h)		80	70	60	50	40	35	30
圆曲线最小半径/m	一般值	280	210	150	100	60	40	30
	极限值	230	175	120	80	50	35	25

城市道路立体交叉匝道圆曲线最小半径的规定见表 9.2。选用时宜采用不小于表列最大超高为 2%的最小半径，有条件的地方可采用不设超高的最小半径。

表 9.2 城市道路立体交叉匝道圆曲线的最小半径及平曲线最小长度

匝道设计速度/(km/h)		80	70	60	50	40	35	30	25	20
积雪冰冻地区		—	—	240	150	90	70	50	35	25
一般地区	不设超高	420	300	200	130	80	60	45	30	20
	最大超高 2%	315	230	160	105	65	50	35	25	20
	最大超高 4%	280	205	145	95	60	45	35	25	15
	最大超高 6%	255	185	130	90	55	40	30	25	15
平曲线最小长度/m		150	140	120	100	90	80	70	50	40

2) 匝道回旋线参数

匝道缓和曲线形式采用回旋线。匝道及其连接部设置回旋线时，其参数及长度宜不小于表 9.3 的规定。

回旋线长度应不小于超高过渡所需的长度，其参数 A 以不大于 1.5 倍的所接圆曲线半径为宜。反向曲线间两个回旋线，其参数宜相等或相近。相差较大时，大小两参数之比不宜大于 1.5。径向衔接的复曲线，其大小半径之比不应大于 1.5；否则应设回旋线。

表9.3 匝道回旋线参数及长度

匝道设计速度/(km/h)	80	70	60	50	40	35	30
回旋线参数 A/m	140	100	70	50	35	30	20
回旋线长度/m	70	60	50	40	35	30	25

3) 分流点处匝道最小曲率半径

驶出匝道的分流点处,因从正线分离后行驶速度较高,应具有较大的曲率半径,并使其后的曲率变化与行驶速度的变化相适应,如图9.18所示。

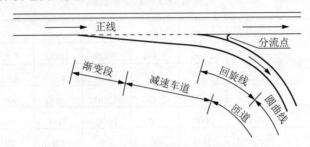

图9.18 分流点处匝道曲率半径和曲率过渡

在分流点处,公路互通式立体交叉匝道分流点最小曲率半径规定如表9.4所示。

表9.4 分流点处匝道最小曲率半径

主线设计速度/(km/h)		120	100	≤80
最小曲率半径/m	一般值	350	300	250
	极限值	300	250	200

2. 匝道纵断面线形指标

1) 匝道最大纵坡

匝道因受上、下线高程的限制,为克服高差、节省用地和减少拆迁,并考虑匝道上车速较低,匝道纵坡一般比正线纵坡大。公路互通式立体交叉匝道最大纵坡见表9.5。

匝道最大纵坡,因地形困难或用地紧张时可增大1%;出口匝道的上坡、入口匝道的下坡路段,在非冰冻积雪地区特殊困难情况下可增加2%。

城市道路立体交叉匝道的最大纵坡不应大于表9.6的规定。若机动车与非机动车在同一匝道上混行时,考虑非机动车的行车要求,最大纵坡应按非机动车车行道的规定,一般不宜大于3%。

表9.5 公路立体交叉匝道最大纵坡

匝道设计速度/(km/h)			80、70	60、50	40、35、30
最大纵坡/%	出口匝道	上坡	3	4	5
		下坡	3	3	4
	入口匝道	上坡	3	3	4
		下坡	3	4	5

表 9.6　城市道路立体交叉匝道最大纵坡

匝道设计速度/(km/h)		80	≤60
最大纵坡/%	冰冻地区	4	4
	非冰冻地区	4	5

2) 匝道竖曲线最小半径及最小长度

匝道各设计速度对应的竖曲线最小半径及长度如表 9.7 所示。

表 9.7　匝道竖曲线的最小半径及长度

匝道设计速度/(km/h)			80	70	60	50	40	35	30
竖曲线最小半径/m	凸形	一般值	4500	3500	2000	1600	900	700	500
		极限值	3000	2000	1400	800	450	350	250
	凹形	一般值	3000	2000	1500	1400	900	700	400
		极限值	2000	1500	1000	700	450	350	300
竖曲线最小长度/m		一般值	100	90	70	60	40	35	30
		极限值	75	60	50	40	35	30	25

设计时应尽量采用不小于一般值的竖曲线半径，特殊困难时可适当减少，但不得低于表列极限值。

3. 匝道横断面及加宽

1) 匝道横断面

匝道横断面由行车道、路缘带、硬路肩和土路肩(城市道路可不设)组成，对向分隔的双车道匝道还应包括中央分隔带，城市道路互通式立体交叉匝道考虑非机动车行驶时，还应包括侧分带和非机动车道。匝道横断面类型如图 9.19 所示，选用条件如下。

(1) 当交通量小于 300pcu/h、匝道长度小于 500m，或交通量不小于 300pcu/h 但小于 1200pcu/h、匝道长度小于 300m 时，应采用Ⅰ型。

(2) 当交通量小于 300pcu/h、匝道长度不小于 500m，或交通量不小于 300pcu/h 但小于 1200pcu/h、匝道长度不小于 300m 时，应考虑超车而采用Ⅱ型，但采用单车道出、入口。

(3) 当交通量不小于 1200pcu/h 但小于 1500pcu/h 时，应采用Ⅱ型。

(4) 当交通量不小于 1500pcu/h 时，应采用Ⅲ型。

(5) 当两条对向单车道匝道相依，且平、纵线形一致时，应采用Ⅳ型；当设计速度不小于 40km/h，且位于非高速公路一方时，可采用Ⅱ型。

匝道各组成部分的宽度：公路立体交叉车道宽度采用 3.50m，城市道路立体交叉当匝道设计速度不小于 40km/h 时，采用 3.75m 或 4.00m；当设计速度小于 40km/h 时，采用 3.50m；城市道路机动车、非机动车混行的匝道，非机动车道宽应视交通量而定。路缘带宽度为 0.50m。左侧硬路肩(含路缘带)宽度为 1.00m。右侧硬路肩(含路缘带)宽度，设供紧急停车用硬路肩时为 2.50m，条件受限制时可采用 1.50m，但对向分隔式双车道宜采用 2.00m；不设供紧急停车用硬路肩时为 1.00m。土路肩的宽度为 0.75m；条件受限制时，不设路侧护栏者可采用 0.50m。中央分隔带的宽度应不小于 1.00m。

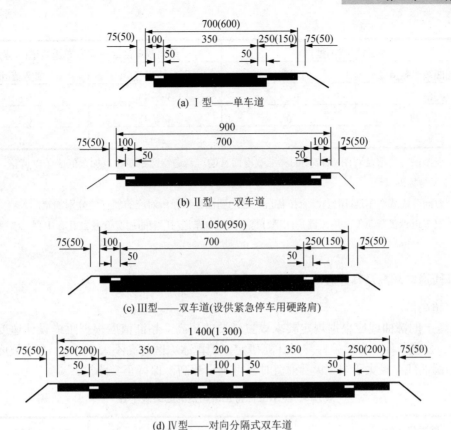

图 9.19 匝道横断面类型(单位尺寸:cm)

(注:不包括曲线上的加宽值)

匝道的车道、硬路肩宽度与正线不同时,应设置渐变率为 1/40～1/20 的过渡段。

2) 匝道的加宽及其过渡段

匝道圆曲线的加宽值,应根据圆曲线半径的大小,按表 9.8 所示数值采用。圆曲线上路面的加宽一般设在圆曲线内侧,加宽的过渡可按照正线加宽过渡的方式进行。

表 9.8 匝道圆曲线的加宽值

单车道匝道(Ⅰ型)		单向双车道或对向双车道匝道(Ⅱ型)	
圆曲线半径/m	加宽值/m	圆曲线半径/m	加宽值/m
25～27	2.00	25～26	2.25
27～29	1.75	26～27	2.00
29～32	1.50	27～29	1.75
32～36	1.25	29～31	1.50
36～42	1.00	31～33	1.25
42～48	0.75	33～36	1.00
48～58	0.50	36～39	0.75

续表

单车道匝道(I 型)		单向双车道或对向双车道匝道(II 型)	
圆曲线半径/m	加宽值/m	圆曲线半径/m	加宽值/m
58～72	0.25	39～43	0.50
≥72	0	43～47	0.25
		≥47	0

注：(1) 表中的加宽值是对图 9.17(a)的标准宽度而言的。当遇特殊断面时，加宽值应予以调整，使加宽后的总宽度与标准一致。

(2) 对向分隔式双车道(Ⅳ型)，应按各自车道的圆曲线半径所对应的加宽值分别加宽。

(3) 双车道设供紧急停车用硬路肩(Ⅲ型)的加宽为双车道(Ⅱ型)的加宽值减去Ⅱ、Ⅲ型二者硬路肩的差值。

4. 匝道的超高及其过渡

1) 超高值

匝道上的圆曲线应根据规定要求设置必要的超高，超高值应根据匝道设计速度、圆曲线半径、公路条件、自然条件等经计算确定。积雪冰冻区超高不大于 6%，合成坡度不大于 8%。当圆曲线半径大于表 9.9 所列值时，可不设超高，保持正常路拱。

表 9.9 匝道上保持正常路拱的圆曲线半径

匝道设计速度/(km/h)	80	70	60	50	40	35	30
保持正常路拱(2%)的圆曲线半径/m	3500	2600	2000	1300	800	650	500

2) 超高过渡段

匝道上直线与超高圆曲线之间或两超高不同的圆曲线之间，应设置超高过渡段。超高过渡段长度应根据匝道的设计速度、横断面类型、旋转轴的位置以及超高渐变率等因素确定。超高过渡段长度计算公式与正线相同。匝道超高渐变率按表 9.10 所列执行。

表 9.10 匝道超高渐变率

断面类型及转轴位置 匝道设计速度 /(km/h)	单向单车道		单向双车道及 非分隔式对向双车道	
	左路缘带外边线	行车道中心线	左路缘带外边线	行车道中心线
80	1/200	1/250	1/150	1/200
70	1/175	1/235	1/135	1/185
60	1/150	1/225	1/125	1/175
50	1/125	1/200	1/100	1/150
≤40	1/100	1/150	1/100	1/150

匝道超高过渡应平顺和缓，不产生扭曲突变。超高过渡方式可根据实际条件，采用以行车道中线或以左路缘带外边线旋转，沿超高过渡段逐渐变化，直至达到圆曲线内的全超高。

3) 超高设置方式

超高过渡段设置方法视匝道平面线形而定，设回旋线时，超高过渡在回旋线全长或部分范围内进行；无回旋线时，可按所需过渡段长度的 1/3～1/2 插入圆曲线，其余设在直线上；两圆曲线径向连接时，可将过渡段的各半分别置于两圆曲线内。

课 后 习 题

9.1 立体交叉的组成部分有哪些？
9.2 常用三路全互通式立体交叉的形式及其适用条件是什么？
9.3 常用四路全互通式立体交叉的形式及其适用条件是什么？
9.4 立体交叉形式选择的方法是什么？
9.5 立体交叉的分类体系是什么？匝道是如何分类的？各有何特点？

第 10 章 道路路线测量

10.1 概　　述

10.1.1 道路测量基础知识

1. 道路测量符号

测量符号可采用英文字母(国家标准或国际通用)或汉语拼音字母(国家标准)。当该项工程需引进外资或为国际招标项目时，应采用英文字母；国内招标时可采用汉语拼音字母，每个公路项目应采用一种符号。

2. 道路测量标志与记录要点

1) 测量标志

(1) 主要控制桩是指需要保留较长时间、反复用于各设计阶段和施工期间的控制性标志，主要有 GPS 点、三角点、导线点、水准点、桥隧控制桩、互通立交控制桩等。主要控制桩应为预制或就地浇筑混凝土桩；当有整体坚固岩石或建筑物时，可设置在岩石或建筑物上。

(2) 一般控制桩包括交点桩、转点桩、平曲线控制桩、路线起(终)点桩、断链桩及其他构造物控制桩等。

(3) 标志桩指主要用于路线中线上的整桩、加桩和控制桩的指示桩。

2) 测量记录

(1) 公路勘测的各种记录，应采用专用记录簿。

(2) 采用计算机记录时可按现行的《测量外业电子记录基本规定》执行。

(3) 测量结束后，应及时整理、检查所有成果和计算是否符合各项限差及技术要求，经复核人员复核无误并签署后，方能交付使用，计算工作采用计算机时，对输入的数据应进行核对，计算的打印结果也应进行校验。

10.1.2 道路平面控制测量要点

1. 一般规定

(1) 公路平面控制测量包括路线、桥梁、隧道及其他大型建筑物的平面控制测量等，平面控制网的布设应符合因地制宜的原则。

(2) 路线平面控制网是公路平面控制测量的主控网，沿线各种工点平面控制网应联系于主控网上，主控网宜全线贯通、统一平差。

(3) 平面控制网可采用全球定位系统(GPS)测量、三角测量、三边测量和导线测量等方法建立。

(4) 坐标系主要有 GPS 所用的 WGS-84 坐标系、1980 西安坐标系和 1954 北京坐标系。大地原点：位于西安市以北 60km 的陕西泾阳县永乐镇，称之为西安原点。大地原点的坐标是利用 1954 北京坐标系的坐标(按新测的原点网推算)，并按定位参数转换的坐标。高程基准：采用 1985 国家高程基准，该高程基准是以青岛验潮站 1956 年黄海平均海水面为高程起算点，水准原点高出黄海平均海水面 72.260m。

2. 平面控制网的设计

(1) 平面控制网的设计，应首先根据公路等级或桥梁、隧道的建设规模确定平面控制网的等级，详见表 10.1，各等级的技术要求详见《工程测量规范》(GB 50026—2016)。然后收集公路沿线已有的测量资料，在现场踏勘和周密调查研究的基础上进行平面控制网的设计。

表 10.1 平面控制测量等级选用

高架桥、路线控制测量	多跨桥梁总长 L/m	单跨桥梁 L_K/m	隧道贯通长度 L_G/m	测量等级
—	$L \geqslant 3000$	$L_K \geqslant 500$	$L_G \geqslant 6000$	二等
—	$L \geqslant 2000$	$300 \leqslant L_K < 2000$	$3000 \leqslant L_G < 6000$	三等
高架桥	$1000 \leqslant L < 2000$	$150 \leqslant L_K < 300$	$1000 \leqslant L_G < 3000$	四等
高速公路、一级公路	$L < 1000$	$L_K < 150$	$L_G < 1000$	一级
二、三、四级公路	—	—	—	二级

(2) 平面控制点位置的选定应符合下列要求：相邻点之间必须通视，点位能长期保存；便于加密、扩展和寻找；观测视线超越(或旁离)障碍物应在 1.3m 以上；平面控制点位置应沿路线布设，距路中心的位置宜大于 50m 且小于 300m，同时应便于测角、测距及地形测量和定测放线；路线平面控制点的设计，应考虑沿线桥梁、隧道等构造物布设控制网的要求。在大型构造物的两侧应分别布设一对控制点。

10.1.3 道路高程控制测量要点

1. 一般规定

(1) 公路高程系统一般采用国家高程基准。同一条公路应采用同一个高程系统，不能采

用同一系统时,应给定高程系统的转换关系。独立工程或三级以下公路联测有困难时,可采用假定高程。

(2) 高程控制测量的等级应根据公路等级,或桥梁、隧道的建设规模确定高程控制测量的等级,详见表10.2,各等级的技术要求详见《工程测量规范》(GB 50026—2016)。

(3) 公路高程测量一般采用水准测量的方法。在进行水准测量有困难的山岭地带、沼泽、水网地区,四、五等水准测量可采用光电测距三角高程测量。

表 10.2 高程控制测量等级选用

高架桥、路线控制测量	多跨桥梁总长 L/m	单跨桥梁 L_K/m	隧道贯通长度 L_G/m	测量等级
—	$L \geqslant 3000$	$L_K \geqslant 500$	$L_G \geqslant 6000$	二等
—	$1000 \leqslant L < 3000$	$150 \leqslant L_K < 500$	$3000 \leqslant L_G < 6000$	三等
高架桥、高速公路、一级公路	$L < 1000$	$L_K < 150$	$L_G < 3000$	四等
二级、三级、四级公路	—	—	—	五等

2. 高程点的布设要求

高程采用水准测量,水准路线应沿公路路线布设,水准点宜设于公路中心线两侧50~300m范围内,水准点间距宜为1~1.5km。山岭、重丘区可根据需要适当加密;大桥、隧道口及其他大型构造物两端,应增设水准点。

3. 跨河水准测量

当水准路线跨越江河(或湖塘、宽沟、洼地、山沟等),视线长度在200m以内时,可用一般观测方法进行。但在测站上应变换一次仪器高度,观测两次,两次高差之差应不超过7mm,取两次结果的中数。若视线长度超过200m时,应根据跨河宽度和仪器设备等情况,选用相应等级的光电测距三角高程测量方法或跨河水准测量方法进行观测。

10.1.4 道路地形测量要点

1. 一般规定

(1) 测图比例尺应符合各设计阶段的有关规定。

(2) 地形图的测量可选用大平板仪测绘法、经纬仪小平板联测法、电子测速仪机助成图法、航空摄影测量法、GPS实时动态差分定位(RTK)法及其他符合规范测量精度要求的方法。

2. 图根控制测量

图根平面控制测量应采用图根三角、图根导线、光电测距仪极坐标或交会点等方法。条件受限制时可布设支导线。

3. 地形测图

(1) 实测地形图,可选用测绘法、测记法等方法。

(2) 采用速测仪或测距仪极坐标测记法时，应符合下列要求。

① 应绘制草图。对各种地物、地貌特征应分别指定代码。测站上，宜按地物分类顺序施测。

② 内业可采用计算机辅助成图，也可用坐标展点成图。

(3) 高程注记点的分布。地形图上高程注记点应均匀分布，丘陵地区高程注记点的间距宜符合规定。山顶、鞍部、山脊、山脚、谷底、谷口、沟底、沟口、凹地、台地、河川湖池岸旁、水涯线上及其他地面倾斜变化处，均应测高程注记点。

10.2 道路中线测量

10.2.1 概述

检查初步设计阶段设置的测量控制点，如有丢失不能满足放线要求时，应增设或补设。应对原有测量控制点进行检测，其成果与初测成果的差值在限差以内时，采用原成果作为放线的依据；超出限差时，应予以重测。对新增或补设的测量控制点，应予以联测。检测、重测与联测的技术要求，必须符合现行勘测规范规定。根据批复的初步设计方案，结合现场地形、地物条件进一步优化、调整和完善线形、线位及构造物位置，确定定测路线。

采用拨角法、支距法、直接定交点法等方法放线时，中线一般每隔 5km，特殊情况不超过 10km，应与初测控制点联测，其闭合差不应超过表 10.3 的规定(注：n 为交点数)。

表 10.3 中线闭合差

名 称	高速公路、一级公路	二级及二级以下公路
水平角闭合差/(")	$\pm 30\sqrt{n}$	$\pm 60\sqrt{n}$
长度相对闭合差	1/2000	1/1000

10.2.2 交点和转点的测设

1. 交点的测设

在路线测设时，应先选定出路线的转折点，这些转折点是路线改变方向时相邻两直线的延长线相交的点，称之为交点，它是中线测量的主要控制点。当公路设计采用一阶段的施工图设计时，交点的测设可采用现场标定的方法。当公路设计采用两阶段设计，即初步设计和施工图设计时，则一般应采用先纸上定线、后实地放线确定交点的方法。对于高等级公路或地形、地物复杂，现场标定困难的地段，先在实地布设导线，测绘大比例尺地形图(通常为 1∶200 或 1∶1000，局部工点为 1∶500)，再在地形图上定线，然后到实地放线。或把交点在实地标定下来，采用极坐标放线或平曲线半径较大、曲线较长时，则实际不测量交点。交点坐标在地形图上确定以后，利用测图导线点按坐标放样法将交点直接放样在地面上。这种方法外业工作更快，由于利用测图导线放点，故无误差累积现象。

2. 里程桩设置

在路线交点、转点及转角测定后并计算了逐桩坐标，即可进行道路中线测量，以标定道路中线的具体位置。

1) 道路中线测量的基本要求

道路中线的边长测量要求同导线测量。中线上设有里程桩，里程桩也称中桩，桩上写有桩号，表示该桩至路线起点的水平距离。中桩测量可采用极坐标法、链距法，条件受限制时可配合基线法、交会法。各公路均应采用极坐标法；二级、三级、四级公路当条件受限制时，方可采用链距法；平曲线上宜采用极坐标法、支距法和偏角法。中桩桩距应按表10.4 的规定执行。中线量距精度及位限差，不得超过表10.5 的规定(注：S 为转点或交点至桩位的距离，以 m 计)。曲线测量闭合差，应符合表10.6 的规定。

表 10.4 中桩桩距

直线/m		曲线/m			
平原微丘区	山岭重丘区	不设超高的曲线	$R>60$	$60 \geq R \geq 30$	$R<30$
≤50	≤25	25	20	10	5

表 10.5 中线量距及中桩桩位限差

公路等级	距离限差	视距校链限差	桩位纵向误差/m		桩位横向误差/cm	
			平原公路微丘区	山岭公路重丘区	平原公路微丘区	山岭公路重丘区
高速公路、一级公路	1/2000	1/200	$S/2000+0.05$	$S/2000+0.1$	5	10
二级、三级、四级公路	1/1000	1/100	$S/1000+0.10$	$S/1000+0.1$	10	15

表 10.6 曲线测量闭合差

公路等级	纵向闭合差		纵向闭合差/cm		曲线公路偏角闭合差/(")
	平原公路微丘区	山岭公路重丘区	平原公路微丘区	山岭公路重丘区	
高速公路、一级公路	1/2000	1/1000	10	10	60
二级、三级、四级公路	1/1000	1/500	10	15	120

2) 里程桩设置

(1) 里程桩包括路线起(终)点桩、公里桩、百米桩和一系列加桩，还有起控制作用的交点桩、转点桩、平曲线主点桩、桥梁和隧道轴线桩、断链桩等。按其所表示的里程数，里程桩又分整桩和加桩两类。整桩按规定，每隔20m 或50m 设置桩号为整数的里程桩。百米桩和公里桩均属整桩，一般情况下均应设置。

(2) 加桩分地形加桩、地物加桩、曲线加桩和关系加桩等。凡下列位置应设加桩：路线纵、横向地形变化处，路线交叉处，拆迁建筑物处，桥梁、涵洞和隧道等构造物处，土质变化及不良地质、地段起(终)点处,省、地(市)、县级行政区划分界处,土地种类变化处,改建公路变坡点、构造物和路面面层类型变化处。加桩应取位至 1m,特殊情况可取位至 0.1m。对于人工构造物,在书写里程时,要冠以工程名称,如"桥""涵"等。在书写曲线和关系加桩时,应在桩号之前加写其缩写名称。

(3) 断链桩宜设于直线段上,不得设在桥梁、隧道、立交等构造物范围内。断链桩上应标明换算里程及增减长度。

10.2.3　经纬仪测设道路中线

1. 圆曲线测设

圆曲线是具有一定曲率半径的圆弧线,其测设一般分两步进行:首先测设对圆曲线起控制作用的主点桩,即圆曲线的起点(ZY)、中点(QZ)和终点(YZ);然后在主点桩之间进行加密,按规定桩距测设圆曲线的其他各点,称之为圆曲线的详细测设。

1) 主点的测设

将经纬仪置于交点 JD_i 上,望远镜照准后交点 JD_{i+1}、D_{i-1} 或此方向上的转点,自交点 JD_i 沿此方向量取切线长 T,即得圆曲线起点 ZY,插一测钎。然后用钢尺丈量自 ZY 至最近一个直线桩的距离,若两桩号之差等于所丈量的距离或相差在允许范围内,即可在测钎处钉下 ZY 桩。若超出允许范围,应查明原因,以确保桩位的正确性。设置圆曲线终点时,将望远镜照准前交点 JD_{i+1} 或此方向上的转点,往返量取切线长 T,得圆曲线终点,钉下 YZ 桩。设置圆曲线中点时,可自交点沿分角线方向量取外距 E,钉下 QZ 桩,如图 10.1 所示。

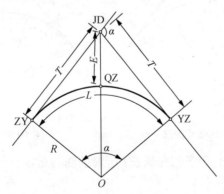

图 10.1　主点的测设

2) 圆曲线的其他点测设

在圆曲线测设时,除了设置圆曲线的主点桩及地形、地物等加桩外,当圆曲线较长时,应按曲线上中桩桩距的规定进行加桩,即进行圆曲线的详细测设。

整桩号法:将曲线上靠近曲线起点的第一个桩凑成为 l_0 倍数的整桩号,然后按桩距 l_0 连续向曲线终点设桩。这样设置的桩均为整桩号。

整桩距法:从曲线起点和终点开始,分别以桩距 l_0 连续向曲线中点设桩,或从曲线的起点按桩距 l_0 设桩至终点。由于这样设置的桩均为整数桩号,因此应注意加设百米桩和公里桩。

中线测量中一般均采用整桩号法。此外,中桩量距精度及桩位限差应符合规定,曲线测量闭合差也应符合规定。

(1) 切线支距法。

如图 10.2 所示,切线支距法是以圆曲线的起点 ZY 或终点 YZ 为坐标原点,以切线为 x 轴,以过原点的半径方向为 y 轴,建立直角坐标系。按曲线上各点坐标 x、y 设置曲线。

设 P_i 为曲线上欲测设的点位,该点至 ZY 点或 YZ 点的弧长为 l_i,φ_i 为 l_i 所对的圆心角,R 为圆曲线半径,则 P_i 的坐标可按下式计算,即

$$\left.\begin{array}{l} x_i = R\sin\varphi_i \\ y_i = R(1-\cos\varphi_i) \\ \varphi_i = \dfrac{180°}{\pi} \times \dfrac{l_i}{R} \end{array}\right\} \tag{10.1}$$

这种方法适用于平坦开阔的地区,具有操作简单、测设方便、测点误差不累积的优点。但测设的点位精度偏低。

(2) 偏角法。

如图 10.3 所示,偏角法是以圆曲线起点 ZY 或终点 YZ 至曲线任一待定点 P_i 的弦线与切线 T 之间的弦切角(这里称为偏角) $\varDelta_i$ 和弦长 c_i 来确定 P_i 点的位置。

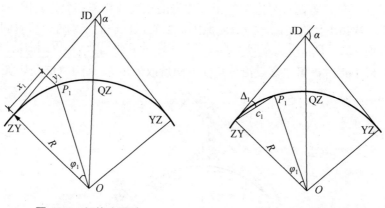

图 10.2　切线支距法　　　　图 10.3　偏角法

根据几何原理,偏角 $\varDelta_i$ 等于相应弧长 l_i 所对的圆心角 φ_i 之半,其计算公式及弦长 c_i 和弧弦差 δ_i 的计算公式分别为

$$\left.\begin{array}{l} \varDelta_i = \dfrac{\varphi_i}{2} = \dfrac{90°}{\pi} \times \dfrac{l_i}{R} \\ c_i = 2R \times \sin\dfrac{\varphi_i}{2} = l_i - \dfrac{l_i^3}{24R^2} + \cdots \\ \delta_i = l_i - c_i \end{array}\right\} \tag{10.2}$$

2. 带有缓和曲线的平曲线测设

主点 ZH、HZ 和 QZ 的测设方法,与圆曲线主点测设方法相同。HZ 和 ZH 点可按式计算,x_0、y_0 用切线支距法测设,平曲线其他点的测设,测设方法同上述圆曲线。

3. 回头曲线的测设

若能在现场定出交点，可由交点量 T 长定出 ZH、HZ 点。如无交点，如图 10.4 所示，在 ZH、HZ 点附近设置副交点 B、C，测出转向角 γ_1、γ_2 及 BC 长度，按此推算 BA、CA 长度，由 $BD=T-BA$、$CE=T-CA$（图中 D、E 分别为 ZH、HZ 点），便可在 B、C 点分别定出 ZH、HZ 点。

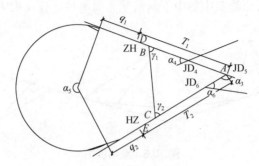

图 10.4　回头曲线法

10.2.4　全站仪测设道路中线

用全站仪测设道路中线，速度快、精度高，目前在道路工程中已广泛采用。在测设时一般应根据公路等级和有关要求沿路线方向布设导线控制点，然后依据导线进行中线测设。

1. 导线控制

对于高等级的道路工程，布设的导线一般应与附近的高级控制点进行联测，构成附合导线。联测一方面可以获得必要的起始数据——起始坐标和起始方位角；另一方面可对观测的数据进行校核。

2. 中线测量

由于红外测距仪在公路工程中的广泛使用，极坐标法已成为平曲线测设的一种简便、迅速、精确的方法。极坐标测设的基本原理是以控制导线为根据，以角度和距离交会定点。如图 10.5 所示，在导线 T_i 点设置红外测距仪，后视 T_{i-1}（或 T_{i+1}），待放点为 P。图 10.5(a)所示为采用夹角 J 的放样法，图 10.5(b)所示为采用方位角 A 的放样法。只要算出夹角 J 或方位角 A 和置仪点 T_i 到待放点 P 的距离 D_i，就可在实地放出 P 点。

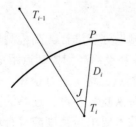 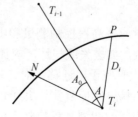

(a) 采用夹角 J 的放样法　　　　(b) 采用方位角 A 的放样法

图 10.5　极坐标法

极坐标测设测站点的坐标 $T_i(x_0, y_0)$ 和后视点的坐标 $T_{i-1}(x_h, y_h)$ 可按导线坐标计算法得出，路线中线上任一待放点的坐标 $P(x, y)$ 可按道路中线逐桩坐标的计算法得出，视为已知。放样数据 D、A、J 可用坐标反算求出，据此拨角测距即可放出待放点 P。

在用全站仪进行道路中线测量时，通常是按中桩的坐标测设。如图 10.6 所示，测设时将仪器置于导线点 D_i 上，按中桩坐标进行测设。在中桩位置定出后，随即测出该桩的地面高程(Z 坐标)。这样纵断面测量中的中平测量就无须单独进行，大大简化了测量工作。

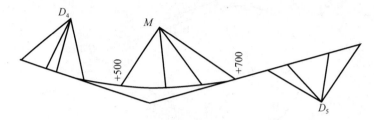

图 10.6　全站仪法

在测设过程中，往往需要在导线的基础上加密一些测站点，以便把中桩逐个定出。如图 10.6 所示，+500～+700 之间的中桩，在导线点 D_4 和 D_5 上均难以测设，可在 D_4 测设结束后，于适当位置选一 M 点，钉桩后，测出 M 点的三维坐标。再将仪器迁至 M 点上即可将 M 点视为上述测站点，继续测设。为保证测设精度，一般不得由 M 点再引出下一级测站点。

10.2.5　GPS 实时动态差分定位(RTK)法测设道路中线

测设过程中，把 RTK 基站架设在一个已知坐标值的固定点上(基准站)，并不断发射无线电信号，另外一台或几台 GPS 接收机(流动站)可以即时接收基站的信号，并和其构成一条基线，在 GPS 接收机(流动站)中输入道路中线逐桩坐标或任意放样点坐标，GPS 接收机就可以进行实时放样，且在中桩位置定出后，随即测出该柱的地面高程(Z 坐标)。其放样精度能达到厘米级，测量速度快、精度高。

10.3　道路高程测量

10.3.1　概述

道路高程测量应按高程控制测量和中柱高程测量分步进行。高程测量前，应对初测高程控制点逐一检查，如丢失或损坏，应加以恢复或补设；高程控制点距定测中线应为 50～200m，过小或过大时应予以迁移；对初测高程控制点应逐一进行检测，符合精度要求时采用初测高程，超出精度时应复测，并予以更正；对恢复、补设、迁移的高程控制点，均应进行联测，并与相邻的初测高程控制点闭合，其技术要求与精度应符合现行公路勘测规范的规定。

高程控制测量一般采用水准测量，也可采用光电测距三角高程测量或 GPS 实时动态差分定位(RTK)法等；中桩高程测量可采用水准测量、三角高程测量、全站仪三维坐标或 GPS 实时动态差分定位(RTK)法等。

中柱高程测量应起闭于高程控制点，其允许误差：高速公路、一级公路为 $\pm 30\sqrt{L}$ mm；二级及二级以下公路为 $\pm 50\sqrt{L}$ mm。中桩高程可观测一次，读数取位至 cm。

中桩高程检测限差：高速公路、一级公路为 ± 5cm；二级及二级以下公路为 ± 10cm。

中桩高程应测量桩所在处的地面标高。对沿线需要特殊控制的建筑物、管线、铁路轨顶等，应按规定测出其标高，其检测限差为 ± 2cm。

10.3.2 基平测量

基平测量工作主要是在路线走廊带范围沿线设置水准点，并测定其高程，建立公路高程系统，按照公路及构造物实际情况使水准测量等级达到规范规定的要求，从而建立路线高程测量控制点，作为中平测量、施工放样及竣工验收的依据。

1. 水准点的设置

路线水准点是用水准测量方法建立的路线高程测量控制点，在道路设计、施工及竣工验收阶段都要使用。因此，根据需要和用途不同，道路沿线可布设永久性水准点和临时性水准点。

2. 基平测量的方法

基平测量时，采用一台水准仪往返观测或用两台水准仪单程观测所得高差不符值应符合水准测量的精度要求，且不得超过允许值。精度要求如表 10.7 所示。

表中，L 为水准点的路线长度(km)，n 为测站数。当测段高差不符值在规定允许闭合差(限差)之内，则取其高差平均值作为两水准点间的高差；超出限差，则必须重测。

表 10.7 基平测量精度要求 $f_{h容}$ (mm)

公路等级	平原微丘区	山岭重丘区
高速公路、一级公路	$\pm 20\sqrt{L}$	$\pm 6.0\sqrt{n}$ 和 $\pm 25\sqrt{L}$
二级、三级、四级公路	$\pm 30\sqrt{L}$	$\pm 45\sqrt{L}$

10.3.3 中平测

中平测量主要是利用基平测量布设的水准点及其高程，引测出各中桩的地面高程，作为绘制路线断面地面线的依据。

1. 中平测量的方法

中平测量一般是以两相邻水准点为一测段，从一个水准点开始，逐个测定中桩的地面高程，直至闭合于下一个水准点上，也可以闭合于同一个水准点上。在每个测站上，除了传递高程、观测转点外，应尽量多地观测中桩。相邻两转点间所观测的中桩，称为中间点，其读数为中视读数。转点读数至 mm，视线长度不应大于 150mm，水准尺应立于尺垫、稳固的桩顶或坚石上。中间点读数可至 cm，视线也可适当放长立尺应紧靠桩边的地面上。

如图 10.7 所示，水准仪置于 Ⅰ 站，后视水准点 BM_1、前视转点 ZD_1，将读数记入后视、前视栏内。然后观测 BM_1 与 ZD_1 间的中间点，将读数记入中视栏。再将仪器搬至 Ⅱ 站，后视转点 ZD_1、前视转点 ZD_2，然后观测另一组中间点，将读数分别记入后视、前视和中视栏。按上述方法继续前测，直至闭合于水准点 BM_2。中平测量只作单程测量。一测段观测结束后，应计算测段高差 $\Delta_{h中}$。它与基平所测段两端水准点高差 $\Delta_{h基}$ 之差，称为测段高差闭合差 f_h。测段高差闭合差应符合中桩高程测量精度要求；否则应重测。中桩高程测量，对需要特殊控制的建筑物、管线、铁路轨顶等，应按规定测出其标高，检测限差为 ±2cm。中桩的地面高程以及前视点高程应按所属测站的视线高程进行计算。

每一测站的计算式为

$$视线高程=后视点高程+后视读数$$
$$中桩高程=视线高程-中视读数$$
$$转点高程=视线高程-前视读数$$

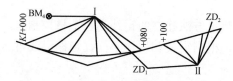

图 10.7　中平测量

2. 跨沟谷测量

当路线经过沟谷时，为了减少测站数，提高施测速度和保证测量精度，一般可采用沟内、沟外分开的方法进行测量。如图 10.8 所示，当中平测至沟谷边缘时，仪器置于测站 A，同时设两个转点 ZD_{16} 和 ZD_A、后视 ZD_{15}、前视 ZD_2 和 ZD_A。此后沟内、沟外即分开施测。测量沟内中桩时，仪器下沟置于测站 B，后视 ZD_A，观测沟谷内两侧的中桩并设置转点 ZD_B。再将仪器迁至测站 C，后视 ZD_B，观测沟底各中桩，至此沟内观测结束。然后仪器置于测站 D，后视 ZD_2，继续前测。这种测法可使沟内、沟外高程传递各自独立，互不影响。沟内的测量不会影响到整个测段的闭合，造成不必要的返工。但由于沟内的测量为支水准路线，缺少检核条件，故施测时应倍加注意，记录时也应分开单独记录。另外，为了减小 A 站前、后视距不等引起的误差，仪器置于 D 站时，尽可能使 $l_2 = l_3$、$l_4 = l_1$ 或者 $(l_1 - l_2) + (l_3 - l_4) = 0$。

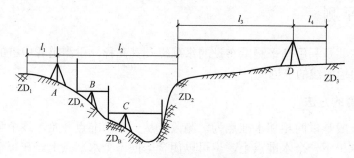

图 10.8　跨沟谷中平测量

10.4 道路横断面测量

10.4.1 概述

1. 横断面测量方法

横断面测量方法包括以下几种。

(1) 高速公路、一级公路横断面测量应采用水准仪皮尺法，横断面仪法、全站仪法或经纬仪视距法；二级及二级以下公路横断面测量可采用手水准皮尺法。

(2) 横断面测量应逐桩施测，其方向应与路线中线垂直，曲线路段与测点的切线垂直。

(3) 横断面中的高程、距离的读数应取位至 0.1m。

2. 横断面测量检测限差

横断面测量检测限差应符合表 10.8 的规定(注：L 为测点至中桩的水平距离；h 为测点至中桩的高差)。

表 10.8 横断面测量检测限差

路 线	距离/m	高程/m
高速公路、一级公路	$\pm(L/100+0.1)$	$\pm(h/100+L/200+0.1)$
二级及二级以下公路	$\pm(L/50+0.1)$	$\pm(h/50+L/100+0.1)$

3. 横断面测定要求

测定路线中线各里程桩两侧垂直于中线方向的地面高程，供路线横断面图点绘地面线、路基设计、土石方数量计算以及施工边桩放样等使用。横断面测量的宽度，应根据路基宽度、填挖高度、边坡大小、地形情况以及有关工程的特殊要求而定，一般要求中线两侧各测 10~50m，以满足路基和排水设计需要。断面测绘的密度，除各中桩应施测外，在大(中)桥头、隧道洞口、挡土墙等重点工程地段，可根据需要加密，对于地面点距离和高差的测定，一般只需精确至 0.1m。

4. 横断面测定内容

道路中线的法线方向剖面称为公路横断面。横断面测量是指在与路线中线正交方向上地形起伏和地物的测定，通常分为横断面方向的测定、横断面测量及横断面图的绘制等工作。其具体内容包括横断面图的绘制比例尺 1∶200；从下向上绘出路线前进方向的地面线；适当标出地物、地质描述；根据公路等级、地形情况确定两侧宽度。

10.4.2 横断面方向的测定

横断面方向的测定一般可采用方向架、方向盘定向，精度要求高的用经纬仪、全站仪定向。

1. 直线段定向

(1) 方向架法。

将方向架立于要测定的中桩上，用方向架的一个指针瞄准中线上另一个中桩，则另一个指针所指方向即为横断面方向。

(2) 方向盘法。

将方向盘立于要测定的中桩上，瞄准中线上另一个中桩，则在此方向上增加或减小 90°的方向即为横断面方向。

(3) 经纬仪法。

同(2)法，用经纬仪找出与中线垂直的方向，即拨转 90°方向为横断面方向。

(4) 全站仪法。

根据直线方位角，增加或减小 90°得横断面方向方位角，在路线左或右侧一定距离 l，计算坐标增量 Δx、Δy，在放出该中桩坐标后，由坐标增量放出距中线为 l 的一点，这点与中桩方向即为横断面方向。

2. 圆曲线段定向

当路线中线为圆曲线时，其横断面方向就是中桩点与曲线圆心的连线方向。

1) 方向架法

(1) 如图 10.9(a)所示，步骤如下。

① 将方向架置于 ZY(或 YZ)点，以固定指针 $a \to b$ 瞄准 JD，则 $c \to d$ 为圆心方向。

② 用活动指针 $e \to f$ 瞄准欲测中桩 A 点，fb 方向夹角为 ZY～A 弧的弦切角，fd 方向夹角为 ZY～A 弧的弦心角。

③ 将方向架搬至 A 点，用 $c \to d$ 瞄准 ZY 点，方向为横断面方向。

④ 把十字架置于 ZY 点，用相同方法测 B、C 等各点。

(2) 如图 10.9(b)所示，将方向架置于 ZY 点，固定指针 $a \to b$ 瞄准欲测点 A，活动指针 $e \to f$ 瞄准 JD，其余同上法。

(3) 如图 10.9(c)所示，当 ZY—A、A—B、……弧长相等时，用此法方便。

① 将方向架置于 ZY 点，固定指针 $a \to b$ 瞄准欲测 A 点，活动指针 $e \to f$ 瞄准下一点 B。

② 将方向架搬至 A 点，用 $e \to f$ 瞄准 B，则固定指针 cd 方向为 A 点横断面方向。

③ 直接将方向架搬至 B，用 $e \to f$ 瞄下一点 C，dc 方向为 B 点横断面方向。

④ 用相同方法测完曲线。

2) 方向盘和经纬仪

如图 10.10 所示，根据弧长、半径计算弦切角 α。

将方向盘或经纬仪安置在要测定的中桩 A 点，前视 B(或 C)，转动余角 90°−α 即为该桩横断面方向；或转动 C 即为该桩切线方向，其 90°(或 270°)方向为横断面方向。

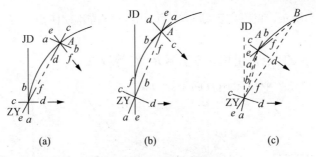

图 10.9　圆曲线段方向架定向

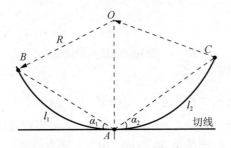

图 10.10　方向盘和经纬仪定向

3) 全站仪法

当圆曲线中桩的切线方位角已知时，可按"直线段定向"中的方法进行。

3. 缓和曲线段定向

1) 方向架法

(1) 如图 10.11 所示，先用公式计算切线长 T_L，再从 ZH 点沿切线方向量取 T_L 得 Q 点；将方向架置于测点 A，以固定指针 $a→b$ 瞄准 Q 点，则固定指针 cd 方向为横断面方向。

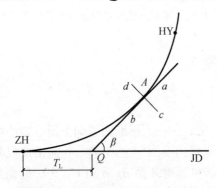

图 10.11　缓和曲线段方向架定向(1)

(2) 如图 10.12 所示，步骤如下。

① 如图 10.12(a)所示，将方向架置于 ZH 点，以活动指针 $e→f$ 瞄准 JD，固定指针 $a→b$ 瞄准欲测中桩 A；fb 方向夹角为 δ。

② 如图 10.12(b)所示，在 ZH 点上向左转动方向架，以活动指针 $e→f$ 瞄准 A 点；方向架不动，拨动活动指针 $e→f$ 再次瞄准 JD；fb 方向夹角为 2δ。

③ 如图10.12(c)所示,将方向架搬至 A 点,用 $e \rightarrow f$ 瞄准 ZH 点,cd 方向为横断面方向、ab 为切线方向。

④ 把十字架置于 ZH 点,用相同方法测 B、C 等各点。

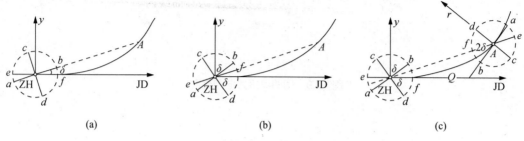

图 10.12　缓和曲线段方向架定向(2)

2) 方向盘和经纬仪法

如图10.13所示,由缓和曲线关系知:$\alpha = \delta/2 = \beta/3$。

将方向盘或经纬仪置于 ZH 点,测出 A 点偏角 α,再将仪器搬至 A 点,以 2α 的度盘瞄准 ZH 点,然后旋转指针或照准部至 90°(或 270°)方向为横断面方向。以后各点依次进行。

3) 全站仪

当缓和曲线中桩的切线方位角已知时,可按"直线段定向"中的方法进行。

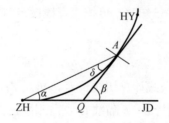

图 10.13　缓和曲线段方向盘和经纬仪定向图

10.4.3　横断面的测量

1. 花杆皮尺法

如图10.14所示,A、B、C、……为横断面方向上所选定的变坡点。施测时将花杆立于 A 点,从中桩处地面将尺拉平量出至 A 点的距离,并测出皮尺截于花杆位置的高度,即 A 相对于中桩地面的高差。同法可测得 A 至 B、B 至 C、……的距离和高差,直至所需要的宽度为止。中桩一侧测完后再测另一侧。此法简便,但精度较低,适用于山区地形变化较大的地段。

记录表格如表10.9所示,表中按路线前进方向分左侧、右侧。分数的分子表示测段两端的高差,分母表示其水平距离。高差为正表示上坡,为负表示下坡。

2. 水准仪法

在平坦地区可使用水准仪测量横断面。施测时选一适当位置安置水准仪,后视中桩水准尺读取后视读数,前视横断面方向上各变坡点上水准尺读取各前视读数,后视读数分别减去各前视读数即得各变坡点与中桩地面高差。用钢尺或皮尺分别量取各变坡点至中桩的水平距离,根据变坡点与中桩的高差及水平距离即可绘制横断面。

表 10.9　横断面测量记录表

左　侧			桩　号	右　侧			
…				…			
$\dfrac{-0.6}{11.0}$	$\dfrac{-1.8}{8.5}$	$\dfrac{-1.6}{6.0}$	K5+000	$\dfrac{+1.5}{4.6}$	$\dfrac{+0.9}{4.4}$	$\dfrac{-1.6}{7.0}$	$\dfrac{+0.5}{10.0}$
$\dfrac{-0.5}{7.8}$	$\dfrac{-1.2}{4.2}$	$\dfrac{-0.8}{6.0}$	K4+980	$\dfrac{+0.7}{7.2}$	$\dfrac{+1.1}{4.8}$	$\dfrac{-0.4}{7.0}$	$\dfrac{+0.9}{6.5}$

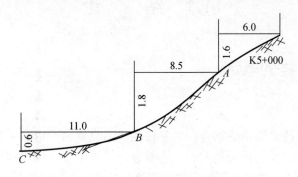

图 10.14　花杆皮尺法

3. 经纬仪法

在地形复杂、山坡较陡的地段宜采用经纬仪施测。将经纬仪安置在中桩上,用视距法测出横断面方向各变坡点至中桩的水平距离和高差。

4. 全站仪法

在测站安置全站仪,在路线中桩上安置棱镜,按全站仪斜距测量键测量中桩至测站斜距,然后移动棱镜到中桩横断面地形变化点,利用全站仪的对边测量功能,可直接测得地形变化点至中桩的斜距、平距及高差。

课后习题

10.1　道路中线测量的内容是什么?什么是路线转角?

10.2　什么是整桩号法设桩?什么是整桩距法设桩?两者各有什么特点?

10.3　路线纵断面测量的任务是什么?什么是横断面测量?跨河水准测量具有哪些特点?

第 11 章 路基设计与施工

11.1 绪 论

11.1.1 路基工程的概念

1. 路基

路基是公路工程的重要组成部分,它是按照线路位置和一定技术要求修筑的带状构造物,既是路线的主体,又是路面的基础。路基设计及施工质量的优劣直接关系到公路的使用质量和工程造价。随着我国高等级公路的建设与发展,人们对路基修筑技术越来越重视,要求也越来越高。路基的强度和稳定性是保证路面强度和稳定性的先决条件,提高路基的强度和稳定性,可以适当减小路面结构层厚度,从而达到降低工程造价的目的。

为了确保路基稳定和行车安全,一般路基的附属设施主要有取土坑、弃土坑、护坡道、碎落台、堆料坪、错车道及护栏等。这些设施也是路基设计的组成部分,对保证路基稳定和交通安全具有重要的作用。

1) 一般路基

一般路基是指在一般(正常)工程地质条件下(相对于特殊路基)修筑的路基。

2) 特殊路基

特殊路基是指位于特殊土(岩)地段、不良地质地段,或受水、气候等自然因素影响强烈的路基,包括以下几种。

(1) 滑坡地段(滑坡指斜坡上的岩体或土体在自然或人为因素的影响下沿带或面滑动的现象);崩塌与岩堆地段(崩塌指高陡斜坡上的岩体或土体在重力作用下倒塌、倾倒或坠落的现象)。

(2) 泥石流地区(泥石流指挟带大量泥沙、石块的间歇性洪流)。

(3) 岩溶地区(岩溶指可溶性岩层被水长期溶蚀而形成的各种地质现象和形态)。

(4) 红黏土与高液限土地区(红黏土是碳酸盐类岩石在温湿气候条件下经风化后形成的褐红色粉土或黏性土;高液限土是液限超过 50%的细粒土)。

(5) 膨胀土地区(膨胀土指含亲水性矿物并具有明显的吸水膨胀与失水收缩特性的高塑性黏土)。

(6) 黄土地区(湿陷性黄土是指在自重或一定压力下被水浸湿后,土体结构迅速破坏,并产生显著下沉现象的黄土)。

(7) 盐渍土地区(盐渍土是指易溶盐含量大于规定值的土)。

(8) 多年冻土地区(多年冻土是指冻结状态连续,多年温度低于0℃且含冰的土)。

(9) 软土地区:滨海。

另外,还有风沙地区、雪害地段、涎流冰地段、采空区、水库地区路基等。有关特殊路基设计,可参阅现行《公路路基设计规范》(JTG D30—2015)。

2. 基本要求

1) 足够的整体稳定性

路基是在天然地面上填筑或挖去一部分而建成的。路基修建后,改变了原地面的天然平衡状态,当地质不良时,修建路基可能会加剧原地面的不平衡状态,从而发生沉陷、滑塌、崩塌等病害,造成路基损害。为防止路基在行车荷载及自然因素作用下发生较大的变形或破坏,必须因地制宜采取一定的措施来保证路基的整体稳定性。

2) 足够的强度

路基强度是指在行车荷载作用下路基抵抗变形的能力。行车荷载及路基路面自重同时对路基下层及地基形成一定压力,这些压力都可能使路基产生变形,直接影响路面结构的使用性能。为保证路基在外力及自重作用下不致产生超过允许范围的变形,要求路基应具有足够的强度。

3) 足够的水温稳定性

路基在地面水和地下水作用下,其强度将会显著降低。特别是在季节性冰冻地区,由于水温的变化,路基会发生周期性冻融作用,形成冻胀与翻浆,使路基强度急剧下降。因此,路基不仅要有足够的强度,还应采取措施确保路基在不利的水温状况下强度不致显著降低,这就要求路基应具有一定的水温稳定性。

3. 一般路基设计

(1) 路基设计之前,应做好全面调查研究,充分收集沿线地质、水文、地形、地貌、气象、地震等设计资料。改建公路设计时,还应收集历年路况资料及当地路基的翻浆、崩塌、水毁、沉降、变形等病害的防治经验。

(2) 路基设计应根据当地自然条件和工程地质条件,选择适当的路基横断面形式和边坡坡度。河谷地段不宜侵占河床,可视具体情况设置其他的结构物和防护工程。

(3) 陡坡上的半填半挖路基,可根据地形、地质条件,采用护肩、砌石或挡土墙;当山坡高陡或稳定性差,不宜多挖时,可采用桥梁、悬出路台等构造物;三级、四级公路的悬崖陡壁地段,当山体岩石整体性好时,可采用半山洞。

(4) 沿河路基边缘标高应满足规定要求,并根据冲刷情况,设置必要的防护设施。沿河路基废方应妥善处理,以免造成河床堵塞、河流改道或冲毁沿线构造物、农田、房屋等不良后果。

4. 路基荷载

路基承受着路基自重和汽车轮重两种荷载。在路基上部靠近路面结构的一定深度范围内，路基土主要受车辆荷载的影响。正确的设计应使得路基所受的力在路基弹性限度范围内，而当车辆行驶过后，路基能恢复原状，以保证路基相对稳定，路面不致被破坏。

假定车轮荷载为一圆形均布垂直荷载，路基为一弹性均质半空间体。

路基土在车轮荷载作用下所受的垂直应力为 σ_Z，路基土本身自重在路基内深度为 Z 所引起的垂直压应力为 σ_B，即

$$\left. \begin{array}{l} \sigma_Z = K \dfrac{P}{Z^2} \\ \sigma_B = \gamma Z \end{array} \right\} \tag{11.1}$$

式中　P——一侧轮重荷载，kN；

　　　K——系数，一般取 $K=0.5$；

　　　Z——荷载中心下应力作用点的深度，m；

　　　γ——土的重度，kN/m^3；

　　　Z——应力作用点深度，m。

单位体积材料所受的重力称为重力密度，简称重度。虽然路面结构材料重度比路基土的重度略大，但是结构层的厚度相对于路基某一深度而言，这个差别可以忽略，仍可近似作为均质土体。路基内任一点处的垂直应力为由车轮荷载引起的 σ_Z 和由土基自重引起的 σ_B 两者的共同作用，如图 11.1 所示。

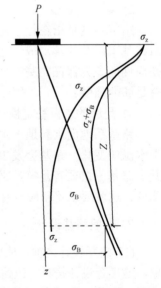

图 11.1　土中应力分布示意图

在路基某一深度 Z_a，当车轮荷载引起的垂直应力 σ_Z 与路基土自重引起的垂直应力 σ_B 相比所占比例很小，仅为 $1/10 \sim 1/5$ 时，该深度 Z_a 范围内的路基称为路基工作区。在工作区范围内的路基，对于支承路面结构和车轮荷载影响较大，在工作范围以外的路基，影响逐渐减小。确定路基工作区深度 Z_a，可以将式(11.1)与式(11.2)相比，得系数 n。

深度 Z_a，即

$$n = \frac{\sigma_B}{\sigma_Z} = \frac{\gamma Z}{K \dfrac{P}{Z^2}} \tag{11.2}$$

得到

$$Z_a = \sqrt[3]{\frac{nKP}{\gamma}}$$

路基工作区内，土基的强度和稳定性对保证路面结构的强度和稳定性极为重要，对工作区深度范围内的土质选择、路基的压实度应提出较高的要求。当工作区深度大于路基填土高度时，行车荷载的作用不仅施加于路堤，而且施加于天然地基的上部土层，因此天然地基上部土层和路堤应同时满足工作区的要求，均应充分压实，如图 11.2 所示。

5. 路基土力学强度及表征参数

在车轮荷载作用下，路基、路面结构的强度和刚度与路面材料的品质有关，路基的支承起着决定性的作用。路基作为路面结构的基础，它抵抗车轮荷载能力的大小，主要决定

于路基顶面在一定应力级位下抵抗变形的能力。所以路基的承载能力都采用一定应力级位下的抗变形能力来表征。尽管柔性路面设计和刚性路面设计以不同的理论体系为基础，不同的设计方法有不同的假定前提，但是用于表征路基承载力的各种指标，它们的前提基本上是相同的，也就是土基在一定应力级位下的抗变形能力。用于表征土基承载力的参数指标有土基回弹模量、地基反应模量和加州承载比(CBR)等。

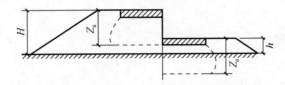

图 11.2　路堤高度与应力作用区深度的关系

(1) 土基回弹模量。

以回弹模量表征土基的承载能力，可以反映土基在瞬时荷载作用下的可恢复变形性质，因而可以应用弹性理论公式描述荷载与变形之间的关系。以回弹模量作为表征土基承载能力的参数，可以在弹性理论为基本体系的各种设计方法中得到应用。为了模拟车轮印迹的作用，通常都以圆形承载板压入土基的方法测定回弹模量。

有两种承载板可以用于测定土基回弹模量，即柔性压板与刚性压板。

(2) 地基反应模量。

用温克勒(E. Winkler)地基模型描述土基工作状态时，以地基反应模量 K 表征土基的承载力。根据温克勒地基假定，土基顶面任一点的弯沉 l，仅同作用于该点的垂直压力 P 成正比，而同其相邻点处的压力无关。

(3) 加州承载比(CBR)。

加州承载比是早年由美国加利福尼亚州(California)提出的一种评定土基及路面材料承载能力的指标。承载能力以材料抵抗局部荷载压入变形能力来表征，并采用高质量碎石为标准，以它们的相对比值表示 CBR 值。

11.1.2　影响路基稳定的因素

路基路面的稳定性通常与下列因素有关，即地理条件、地质条件、气候条件、水文和水文地质条件、土的类别及行车荷载等。

1. 公路自然区划

我国地域辽阔，各地气候、地形、地貌、工程地质和水文地质等自然条件相差很大，而这些自然条件与公路建设密切相关。我国的公路自然区划分为 3 个等级。

(1) 一级区划。

以两条均温等值线(全年均温-2℃等值线和 1 月份均温 0℃等值线)和两条等高线(1000m 和 300m 等高线)作为一级区划的标志，将全国分为 7 个一级区。

(2) 二级区划。

二级区划以潮湿系数为主要区分标志，按公路工程的相似性及地表气候的差异，在 7 个一级区划内进一步分为 3 个二级区和 19 个副区(亚区)，具体见《公路自然区划标准》(JTJ

003—1986），潮湿系数 K 为年降水量(mm)与同年蒸发量(mm)的比值，按区内的 K 值大小分为 6 个等级。

(3) 三级区划。

三级区划是二级区划的进一步划分。各省、市、自治区在二级区划的基础上，根据各地的地貌、水文和土质类型等具体情况进行划分，具体见《公路自然区划标准》(JTJ 003—1986)。

2. 土的分类和性质

1) 按土的粒径划分

土的分类方法很多，目的不同，方法各异，有地质、工程分类等。根据《公路土工试验规程》(JTG 3430—2020)，按土的粒径分为：巨粒组——包括漂石(块石)，$D>200mm$；卵石(碎石)，$D=60\sim200mm$。粗粒组——包括砾石(粗、中、细)，$D=2\sim60mm$；砂(粗、中、细)，$D=0.074\sim2mm$。细粒组——包括粉粒，$D=0.074\sim0.02mm$；黏粒，$D<0.02mm$。

2) 根据填料的性质和适用性划分

(1) 砾石、不易风化的石块。

渗水性强、水稳定性极好、强度高，为良好的填料，石块空隙间用小石料充填密实并经充分压实后，路堤残余下沉量小，车辆荷载作用下的塑性变形小。

(2) 碎石土、卵石土、砾石土、粗砂、中砂。

渗水性强、水稳性好，属施工性能良好的填料，但其中黏性土含量过多时，水稳性能下降较多。

(3) 砂性土。

砂性土既含有一定数量的粗颗粒，使之具有足够的强度和水稳性，又含有一定数量的细颗粒，从而把粗颗粒黏结在一起，为填筑路堤的良好材料。

(4) 黏性土。

渗水性很差，干燥时强度高而不易挖掘，浸水后水稳定性差，强度下降，变形大，在充分碾压且有良好排水设施情况下，筑成的路基也能稳定。

(5) 粉性土。

含有较多的粉土粒，干时有一定黏结性，但易被压碎，浸水时很快被湿透，毛细现象严重，在季节性冰冻地区易产生湿度积聚，造成冻胀翻浆，水饱和时有振动液化问题，是最差的一种筑路材料。

(6) 重黏土。

渗水性极差，塑性指数和液限都很高，干时坚硬、难挖掘，湿时膨胀性和塑性都很大，不宜用作路基填料。

3. 路基干湿类型

路基的强度与稳定性，与路基的干湿类型有密切关系。路基的干湿类型划分为干燥、中湿、潮湿和过湿 4 类。公路应使路基处于干燥或中湿状态；否则需要对路基进行处理。因此，正确区分路基的干湿类型，是做好公路路基设计的前提。路基干湿类型的划分和确定因新建和改建而有以下两种方法。

(1) 根据路基土的平均相对含水率(ω_x)或平均稠度(ω_c)划分。

对于改建公路，路基土的干湿类型可以根据实测不利季节路床表面以下 80cm 深度内土的 ω_x 或 ω_c，并结合路基土的分界相对含水率建议值或分界稠度建议值划分，然后确定路基干湿类型。

(2) 以路基临界高度判别路基干湿类型。

对于新建公路，因路基尚未建成，路床范围(80cm)内的平均相对含水率无法测定，因此，不能以 ω_x 或 ω_c 来判断路基的干湿类型。此时，可采用地下水或地表长期积水的水位至路床顶面的距离，与路基临界高度进行比较来判别路基干湿类型。

以临界高度判别路基干湿类型，同样是以分界相对含水率为依据的。路基的干湿类型、土的分界相对含水率和路基临界高度是互相对应的，其关系如图 11.3 所示。

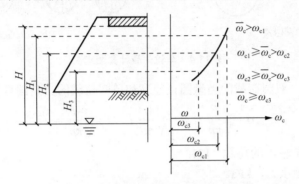

图 11.3　路基临界高度与路基干湿类型

路基临界高度是指在不利季节，当路基分别处于干燥、中湿、潮湿和过湿状态时，路床表面距地下水或地表积水水位的最小高度，分别用 H_1、H_2 和 H_3 表示。临界高度可根据土质和气候因素按当地经验确定。

缺乏资料时，可按规范选用。当 $H > H_1$ 时，路基为干燥状态；当 $H_1 > H > H_2$ 时，路基为中湿状态；当 $H_2 > H > H_3$ 时，路基为潮湿状态；当 $H < H_3$ 时，路基为过湿状态。

4．行车荷载

行车荷载和土基的稳定性关系密切，汽车荷载是造成路基路面结构损伤的主要原因。因此，为了保证设计的路基、路面结构达到预计的功能，具有良好的结构性，首先应对行驶的汽车进行分析，包括汽车轮重与轴重的大小与特性，不同车型车轴的布置，设计期限内，汽车轴型的分布以及车辆通行量逐年变化的规律，汽车静态荷载与动态荷载特性比较等。

1) 汽车轴型

由于轴重的大小直接关系到路面结构的设计承载力与结构强度，为了统一设计标准和便于交通管理，各个国家对于轴重的最大限度均有明确的规定。据国际道路联合会 1989 年公布的统计数据，在 141 个成员国和地区中，轴限最大的为 140kN，近 40%执行 100kN 轴限。我国公路与城镇道路路面设计规范中均以 100kN 作为设计标准轴重。

2) 汽车对道路的静态压力

汽车在道路上行驶可分为停驻状态和行驶状态。当汽车处于停驻状态时，对路面的作用力为静态压力，主要是由轮胎传给路面的垂直压力 P。它的大小受下列因素的影响：汽车

轮胎的内压力 P；轮胎的刚度和轮胎与路面接触的形态；轮载的大小。

轮胎与路面接触的形态如图 11.4 所示，它的轮廓近似于椭圆形，因其长轴与短轴的差别不大，在工程设计中以圆形接触面积来表示。将车轮荷载简化成当量的圆形均布荷载，并采用轮胎内压力作为轮胎接触压力，当量圆的半径为 δ，对于双轮组车轴，若每一例的双轮用一个圆表示，称为单圆荷载；如用两个圆表示，则称为双圆荷载。

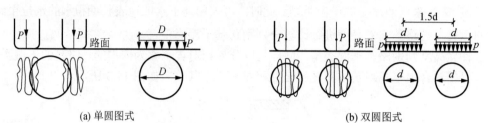

图 11.4　车轮荷载计算图式

当量圆的半径 δ、双圆荷载的当量圆直径 d 和单圆荷载的当量圆直径 D 分别为

$$\delta = \sqrt{\frac{P}{\pi p}}；\quad d = \sqrt{\frac{4P}{\pi p}}；\quad D = \sqrt{\frac{8P}{\pi p}} = \sqrt{2}d \tag{11.3}$$

式中　P——作用在车轮上的荷载，kN；

　　　p——轮胎接触压力，kPa。

我国现行路面设计规范中规定的标准轴载 BZZ-100 的轮载 P=100/4kN，p=700kPa。

3) 运动车辆对道路的动态影响

行驶状态的汽车除了施加给路面垂直静压力外，还给路面施加水平力、振动力。此外，由于汽车以较快的速度通过，这些动力影响还有瞬时性的特性。

11.2　路基构造物

11.2.1　路基横断面

路基的构造通常用横断面图来表示。按路基填挖的情况，其断面可分为路堤、路堑和半填半挖 3 种类型。

1. 路堤

路堤是指全部用岩土填筑而成的路基。路堤的几种常用横断面形式如下。

(1) 矮路堤(填土高度低于 1.0m)。
(2) 高路堤(填土高度大于 18m 的土质或 20m 的石质)。
(3) 一般路堤(填土高度介于矮路堤与高路堤两者之间)。

另外，还包括浸水路堤、护脚路堤、挖沟填筑路堤等。

2. 路堑

路堑是指全部在原地面开挖而成的路基。路堑横断面的几种基本类型为全挖式路基、台口式路基、半山洞式路基。

3. 半填半挖路基

当原地面横坡大，且路基较宽，需一侧开挖另一侧填筑时，为挖填结合路基，也称半填半挖路基。在丘陵或山区公路上，挖填结合是路基横断面的主要形式。

11.2.2 坡面防护

坡面防护主要是用以防护易于冲蚀的土质边坡和易于风化的岩石边坡，应根据边坡的土质、岩性、水文地质条件、坡度、高度及当地材料，采取相应防护措施。

1. 植物防护

植物防护就是在边坡上种植草丛或树木或两者兼有，以减缓边坡上的水流速度，利用植物根系固着边坡表层土壤以减轻冲刷，从而达到保护边坡的目的。这对于一切适合种植的土质边坡都是应当首先选用的防护措施。植物防护还可以绿化环境，易于和周围景观协调。

1) 植被防护

(1) 选用草种时应根据防护目的、气候、土质、施工季节等确定，宜采用易成活、生长快、根系发达、叶茎矮或有匍匐茎的多年生草种。

(2) 种子的配合、播种量等的设计应根据选用植物的生长特点、防护地点及施工方法确定。

(3) 铺草皮适用于需要快速绿化的边坡，当为坡率缓于 1∶1 的土质边坡和严重风化的软质岩石边坡时，草皮应选择根系发达、茎矮叶茂的耐旱草种，不宜采用喜水草种，严禁采用生长在泥沼地的草皮。

(4) 植树适用于坡率缓于 1∶1.5 的边坡，或在边坡以外的河岸及漫滩外。树种应选用能迅速生长且根深枝密的低矮灌木类。

2) 三维植被网防护

三维植被网适用于砂性土、土夹石及风化岩石，且坡率缓于 1∶0.75 的边坡防护；三维植被网中的回填土采用外来土壤或土、肥料及含腐殖质土的混合物。其结构分为上、下两层，下层为一个经双面拉伸的高模量基础层，强度足以防止植被网变形，上层由具有一定弹性的、规则的、凹凸不平的网包组成。网包能降低雨滴的冲蚀能量，并能阻挡坡面雨水，同时网包能很好地固定充填物(土、营养土、草籽)而不被雨水冲走，为植被生长创造良好条件。另外，三维植被网固定在坡面上，直接对坡面起固筋作用。当植物生长茂盛后，根系与三维网盘错、连接、纠缠在一起，坡面和土相接，形成一个坚固的绿色复合保护整体，起到复合护坡的作用。

3) 客土喷

(1) 客土喷播适用于风化岩石、土壤较少的软质岩石、养分较少的土壤、硬质土壤，植物立地条件差的高大陡坡面和受侵蚀显著的坡面。

(2) 当坡率陡于 1∶1 时，宜设置挂网或混凝土框架。

2. 骨架植物防护

骨架形式多样，主要有拱形骨架、菱形(方格)骨架、人字形骨架、多边形混凝土空心块等。

1) 浆砌片石或水泥混凝土骨架植草护坡

(1) 适用于坡度缓于 1∶0.75 的土质边坡和全风化的岩石边坡。当坡面受雨水冲刷严重或潮湿时，坡度应缓于 1∶1。

(2) 应视边坡坡率、土质和当地情况确定骨架形式，并与周围景观相协调。框架内应采用植物或其他辅助防护措施。

(3) 在降雨量较大且集中的地区，骨架宜做成截水沟型。截水沟断面尺寸由降雨强度计算确定。浆砌片石(混凝土块)骨架植草防护既能稳定路基边坡，又能节省材料，造价较低、施工方便、造型美观，且能与周围环境自然融合，是目前高速公路边坡防护的主要形式之一，值得广泛推广应用。

2) 多边形水泥混凝土空心块植物护坡

(1) 适用于坡度缓于 1∶0.75 的土质边坡和全风化、强风化的岩石路堑边坡，并视需要设置浆砌片石或混凝土骨架。

(2) 多边形空心预制块的混凝土强度不应低于 C20，厚度不应小于 15cm。空心预制块内应填充种植土，喷播植草。

3) 锚杆混凝土框架植物防护

(1) 适用于土质边坡和坡体中无不良结构面、风化破碎的岩石路堑边坡。

(2) 锚杆采用非预应力的全长黏结型锚杆，锚杆间距、长度应根据边坡地质情况而定。锚杆保护层厚度不应小于 2cm。

(3) 框架应采用钢筋混凝土，混凝土强度不应低于 C25，框架几何尺寸应根据边坡高度和地层情况等确定，框架内宜植草。

锚杆混凝土框架植草防护是近年来在总结锚杆挂网喷浆(混凝土)防护的经验教训后发展起来的，它既保留了锚杆对风化破碎岩石边坡的主动加固作用，防止岩石边坡经开挖卸荷和爆破松动而产生的局部楔形破坏，又吸收了浆砌片石(混凝土块)骨架植草防护的造型美观、便于绿化的优点。锚杆混凝土框架植草防护形式有多种组合，包括锚杆混凝土框架+喷播植草、锚杆混凝土框架+挂三维土工网+喷播植草、锚杆混凝土框架+土工格室+喷播植草、锚杆混凝土框架+混凝土空心块+喷播植草等。

3. 圬工防护

圬工防护包括喷护、锚杆挂网喷浆、浆砌片石护坡和护面墙等结构形式。

1) 喷护

(1) 适用于坡率缓于 1∶0.5、易风化但未遭强风化的岩石边坡。

(2) 喷浆防护厚度不宜小于 5cm，采用的砂浆强度不应低于 M10。

(3) 喷射混凝土防护厚度不宜小于 8cm，混凝土强度不应低于 C15。

(4) 喷护坡面应设置泄水孔和伸缩缝。

2) 锚杆挂网喷浆(混凝土)

(1) 适用于坡面为碎裂结构的硬质岩石或层状结构的不连续地层以及坡面岩石与基岩分开并有可能下滑的挖方边坡。

(2) 锚杆应嵌入稳固基岩内,锚固深度应根据岩体性质确定。

(3) 钢筋网喷射混凝土支护厚度不应小于 10cm,也不应大于 25cm。钢筋保护层厚度不应小于 2cm。

3) 浆砌片石护坡

(1) 干砌片石护坡适用于坡度缓于 1∶1.25 的土(石)质路堑边坡。干砌片石护坡厚度不宜小于 25cm。

(2) 浆砌片(卵)石护坡适用于坡度缓于 1∶1 的易风化的岩石和土质路堑边坡。浆砌片(卵)石护坡的厚度不宜小于 25cm,砂浆强度不应低于 M5,护坡应设置伸缩缝和泄水孔。

(3) 水泥混凝土预制块护坡适用于石料缺乏地区的路基边坡防护。预制块的混凝土强度不应低于 C15,在严寒地区不应低于 C20。

(4) 铺砌层下应设置碎石或砂砾垫层,厚度不宜小于 10cm。

4) 护面墙

(1) 护面墙适用于防护易风化或风化严重的软质岩石或较易破碎岩石的挖方边坡以及坡面易受侵蚀的土质边坡,边坡不宜陡于 1∶0.5。护面墙类型应根据边坡地质条件确定,窗孔式护面墙防护的边坡不应陡于 1∶0.75;拱式护面墙适用于边坡下部岩层较完整而上部需防护的路段,边坡应缓于 1∶0.5。

(2) 单级护面墙的高度不宜超过 10m,并应设置伸缩缝和泄水孔。

(3) 护面墙基础应设置在稳定的地基上,埋置深度应根据地质条件确定,在冰冻地区,应埋置在冰冻深度以下且不小于 25cm。护面墙前趾应低于边沟铺砌的底面。

4. 坡面处治

边坡过陡或植物不易生长的坡面,可视具体情况,选用勾缝、灌浆、抹面、喷浆、嵌补、锚固、喷射混凝土等处治措施。

11.2.3 挡土墙

1. 挡土墙概念

挡土墙:主要承受土压力,防止土体塌滑的墙式构造物。

路肩墙:墙顶面内缘高程与路基边缘高程齐平的挡土墙。

路堤墙:墙顶面外缘高程低于路基边缘高程,墙顶与填方路基边坡相连接的挡土墙。

路堑墙:用于防止路堑边坡的坍滑或为保护路堑边坡上方的建筑物而修建在挖方边坡一侧的挡土墙,又称为上挡墙。

重力式和半重力式挡土墙:依靠石砌圬工或水泥混凝土的墙体自重来抵抗土体侧压力的挡土墙称为重力式挡土墙;用于软弱地基,由立壁和底板组成的混凝土或在墙体中加入少量钢筋来承受拉应力以减小截面尺寸和自重的混凝土挡土墙,称为半重力式挡土墙。

衡重式挡土墙:利用作用于墙背衡重台构造上的填土重力和墙体重心后移而抵抗土体侧压力的挡土墙。

锚杆式挡土墙:由钢筋混凝土柱、板和锚杆组成,依靠锚固在岩土层内的锚杆的拉力以承受土体侧压力的挡土墙。

锚定板式挡土墙：由钢筋混凝土柱、板、拉杆和锚定板组成，依靠埋置在破裂面后部稳定土层内的定板和拉杆的拉力以承受土体侧压力的挡土墙。

加筋土式挡土墙：由填土、筋带和镶面砌块或金属面板组成的加筋土体以承受土体侧压力的挡土墙。悬臂式挡土墙：由立壁、趾板和踵板3个钢筋混凝土悬臂构件组成的挡土墙。

扶壁式挡土墙：构造与悬臂式挡土墙相似，但沿立壁每隔一定距离加一道扶壁，将立壁与踵板连接起来的挡土墙。

桩板式挡土墙：由抗滑桩、桩间挡土板或增设锚杆组成的平衡土体侧压力的挡土墙。

2. 挡土墙的分类(表11.1)

挡土墙作为一种用以保证路基边坡或山坡土体稳定的挡土结构物，其本身必须有足够的整体稳定性，墙身截面应具有足够的强度，以抵御墙后的土体侧压力。

表 11.1 支挡加固工程类型

类型		结构与构造
按位置不同划分	路堤墙、路肩墙、路堑墙、山坡墙等(图中虚线为不设挡土墙时的路基边坡) (a)路堑墙；(b)路堤墙(虚线为路肩墙)；(c)路肩墙；(d)驳岸(路肩墙)；(e)山坡挡土墙；(f)抗滑挡土墙	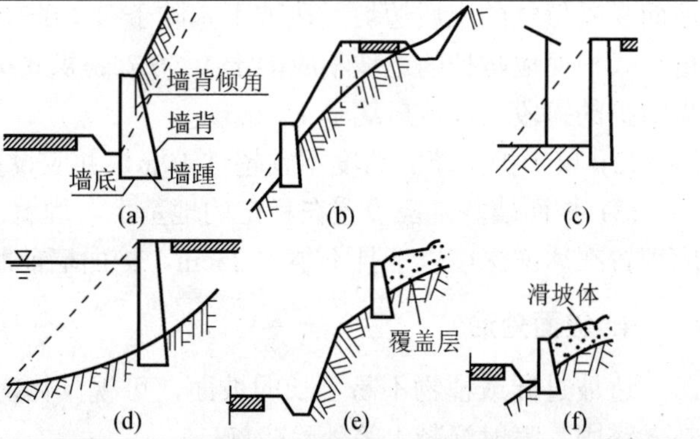
按墙身断面划分	按墙背的倾斜方向，墙身断面形式可分为仰斜、垂直、俯斜、凸形折线和衡重式等。 (a)仰斜；(b)垂直；(c)俯斜；(d)凸形折线式；(e)衡重式	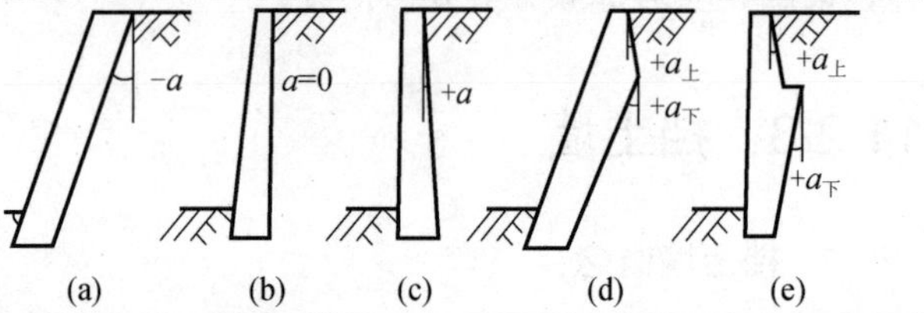
按结构类型划分	重力式与衡重式	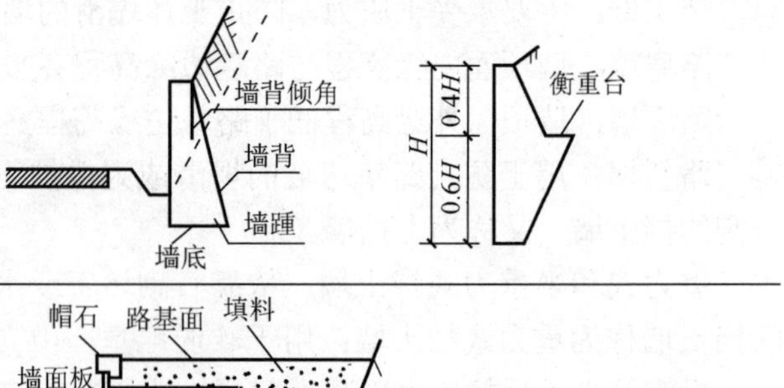
	加筋式	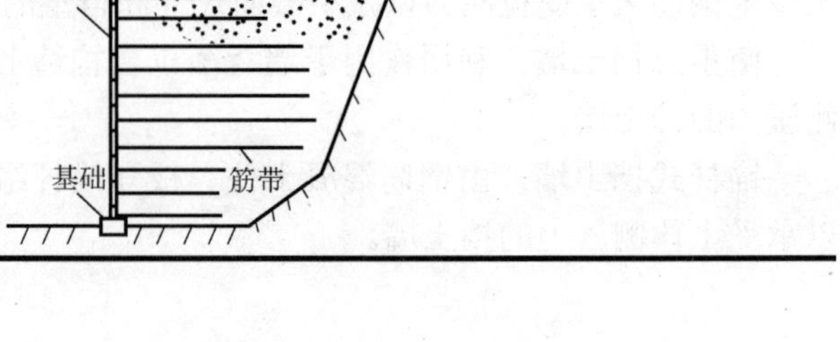

续表

类型		结构与构造
按结构类型划分	锚杆式与锚碇板式	(a) 横剖面　　(b) 平剖面 I—I
	钢筋混凝土悬臂式与扶壁式	(a) 悬臂式　　(b) 扶壁式
按材料划分	按挡土墙身材料可分为石砌、混凝土、钢筋混凝土等	—

其作用可归纳为：支挡路基填方、挖方边坡或山坡；减少路基占地；支撑隧道洞口、桥头及河流岸壁等支挡构造物用以防止路基变形或支挡路基本身，以保证路基的稳定性。

11.3 路基施工

11.3.1 概述

1. 基本施工方法

(1) 路基施工的重要性。

路基的强度和稳定性直接影响到路面的强度和稳定，关系到交通运输的畅通与安全。而路基施工的质量，对保证路基的强度和稳定性又具有十分重要的意义。

(2) 路基施工方法。

路基的施工方法包括人工及简易机械化、机械化、水力机械化和爆破等几种。选择施工方法，应根据工程性质、工程数量、施工期限以及可能获得的人力和机械设备等条件来考虑。

公路建设中主要的土石方机械有推土机、铲运机、挖掘机、装载机、平地机、拖拉机、压路机、夯土机、凿岩机、锻钎机等。

2. 路基压实

1) 土方路基压实质量及评定

(1) 压实。

路堤、路床、路堤基底及桥台、挡土墙构造物背后等均应进行压实。压实质量以压实度 K 表示，即工地干密度 ρ 与最大干密度 ρ_0 之比，即

$$K = \frac{\rho}{\rho_0} \tag{11.4}$$

路床土最小强度和压实度要求如表 11.2 所示。

表 11.2 路床土最小强度和压实度要求

项目分类	路面底面以下深度/m	填料最小强度(CBR)/%			压实度/%		
		高速、一级	二级	三、四级	高速、一级	二级	三、四级
填方路基	0～0.3	8	6	5	≥96	≥95	≥94
	0.3～0.8	5	4	3	≥96	≥95	≥94
零填方及挖方路基	0～0.3	8	6	5	≥96	≥95	≥94
	0.3～0.8	5	4	3	≥96	≥95	—

(2) 填料孔隙率。

建筑材料的体积由固体物质和孔隙组成，它们所占的比例说明材料的密实程度。密实度 D 和孔隙率 η 两者之和为 1，两者均反映材料的密实程度，通常用孔隙率来直接反映材料密实程度。

土粒密度比例是干土粒的重量与它的体积之比 $G = g_s/V_s$；土样干密度是土的固体部分的重量与土的总体积之比 $\rho_d = g_s/V$；孔隙比是孔隙的体积与固体部分的体积之比 $e = V_v/V_s$、填料孔隙率是孔隙的体积与总体积之比 $\eta = V_v/V$，孔隙率可写成

$$\eta = \frac{e}{1+e} = 1 - \frac{\rho_d}{G} \tag{11.5}$$

密实度指材料体积内被固体物质所充实的程度 $D = V_s/V = \rho_d/G$。

(3) 含水率。

土的含水率 ω 是土中水的重量 g_w 与固体部分重量 g_s 之比，即

$$\omega = \frac{g_w}{g_s} \tag{11.6}$$

路床填料最大粒径应小于 10cm，路床顶面横坡应与路拱横坡一致。路床加固应根据土质、降水量、地下水类型及埋藏深度、加固材料来源等，经比选采用就地碾压、换土或土质改良、加强地下排水、设置土工合成材料等加固措施。

2) 影响路基土压实因素

根据试验研究可知，土的压实过程和结果将受到多种因素的影响。掌握这些规律，对深入了解土的压实原理和指导压实工作，都有重要的意义。影响路基土压实度的内在因素主要是含水量和土的性质，外在因素有压实功能、压实工具和方法等。

(1) 含水率对压实的影响。

在最佳含水率 ω_0 范围内，增加土的含水率对路基土压实有良好的作用。超过此范围时，

含水率增加反而对土基压实产生不利的影响。产生这一现象的原因是：在 ω_0 范围内，含水率增加时，包裹于土粒表面的水膜加厚，相应地降低了土粒之间的吸引力，减少了土的内摩阻力，所以土粒在外力作用下易产生相对位移，重新排列成紧密的新结构；当含水率超过 ω_0 并继续增加时，土粒间的空隙几乎全部被水分充满，此时外力不能直接作用于土粒，而被传给了土粒周围的水分或被封闭的空气，因此尽管花费很大的压实功能，也难以改变土粒的本来位置，故压实效果很差。含水率与强度的关系和含水率与密实度的关系具有相仿的特性。

根据试验分析可以得出结论：含水率是影响压实效果的决定性因素；在最佳含水率时，即土处于硬塑状态时，最容易获得最佳的压实效果；压实到最佳密实度的土体水稳定性最好。

(2) 土质对压实的影响。

不同的土质有不同的最佳含水率 ω_0 及最大干密度 ρ_0；分散性较高(液限较高、黏性较大)的土，其最佳含水量的绝对值较高，而最大干密度的绝对值较低。这是由于黏土颗粒细，比面积大，需要较多的水分包裹土粒以形成水膜，另外还由于黏土中含有亲水性较高的胶体物质所致。对于砂土，因其颗粒较大，呈松散状，水分易于散失，所以最佳含水率的概念对它并没有多大的实际意义。亚砂土和亚黏土的压实性能较好($\rho_0 > 1.85$)，而黏性土的压实性能较差($\rho_0 < 1.70$)。

(3) 压实功能对压实的影响。

同一种土的最佳含水量随压实功能的增加而减小，而最大干密度则随压实功能的增加而增加；当含水率一定时，压实功能越大，则密实度越高。根据这一特性，施工中如果土的含水率低于最佳含水率 ω_0 而加水有困难时，可采用增加压实功能的办法来提高其密实度。然而，当压实功能增加到一定程度后，土的密实度就增加得不显著了。这表明，对于某一种土说来，如果超过某一限度，再采用增加压实功能的办法来提高土的密实度就不经济了。此时，若不能降低密实度的要求，则应采取换土或其他措施来解决。

(4) 压实工具和方法对压实的影响。

压实工具不同，压力传布的有效程度也不同。夯击式机具的压力传布最深，振动式次之，碾压式最浅。根据这一特性即可确定各种机具的最佳压实厚度。然而，一种机具的作用深度，在压实过程中并不是固定不变的。例如，光面碾，开始碾压时，因土体松软，压力传布较深，但随着碾压次数的增加，土的强度相应提高，其作用深度就逐渐减小。

压实机具的重量较小时，荷载作用时间越长，土的密实度越高，但密实度的增加速度则随时间增加而减小；压实机具较重时，土的密实度随施荷时间增加而迅速增加，但超过某一时间限度后，土的变形急剧增加而受到破坏；机具过重以至超过土的强度极限时，将立即引起土体破坏。

碾压速度越高，压实效果越差。

3) 填石路堤压实质量标准

目前，我国尚未制定公路填石路堤压实质量标准。在水利部门，关于类似于公路填石路堤的堆石坝工程的修筑，取得了较多的经验。

试验表明，目前检测压实质量常用的方法(干密度、承板、沉降差、面波)单一，进行填石路堤的质量控制均不能很好地控制质量填石路堤的施工参数，即压实功率、碾压速度、压实遍数、铺筑层厚等，它们对压实质量的影响大，必须对其进行质量监控。填石路堤较为合适的质量控制方法是对施工参数与压实质量检测同时控制的双控方法，填石路堤压实质量检测可以采用压实沉降差或孔隙率标准。要检测填料压实干密度或孔隙率，就必须采用挖大坑(最大粒径的 1.5～2 倍)水袋法进行。

目前采用压实沉降差进行检测的较多，压实沉降差与压数以及填石料的压实度有很好的相关性(据福建和广东试验工程统计，相关系数在 95%以上)，在压实机具不变的情况下，可以较好地控制实际的压实遍数。但压实沉降差还应与施工工艺参数进行联合控制，才能有效地控制填石路堤的压实质量。经过国内一些试验工程的总结，建议对压实沉降差检测采用以下标准：压实沉降差为采用施工碾压时的重型振动压路机(建议 14t 以上)按规定碾压参数(强振，4km/h 以下速度)碾压两遍后各测点的高程差。压实沉降差平均值应不大于 5mm，标准差应不大于 3mm。

11.3.2　路基工程施工准备工作

1. 施工准备内容

路基工程施工，尤其是路基土石方的开挖及填筑，是公路工程施工过程最前期所开展的工程。其准备工作包括组织准备、物质准备和技术准备 3 个方面。组织准备包括建立健全的施工组织机构，制定施工管理、工程监理的规章制度等；物质准备包括材料、机具的购置、配置、运输、储存及供水、供电、通信等，以及生产、生活设施的布设及修建等；技术准备包括现场调查、核对设计文件、恢复路线、清理现场、路基放样等技术性工作。

2. 施工准备与场地清理要点

(1) 施工测量和放样。

施工测量的精度应符合交通运输部颁布实施的《公路勘测规范》(JTG C10—2007)的要求。

(2) 施工前的复查和试验。

承包人在开工前，对于沿线挖方、借土场和料场用作填料的土，取有代表性的土样，按《公路土工试验规程》(JTG 3430—2020)方法，进行液限、塑限、塑性指数、天然稠度试验，颗粒大小分析试验，含水量试验，密度试验，相对密度试验，土的击实试验，土的承载比试验(CBR 值)，有机质含量及易溶盐含量试验等。

并画出土样的密度与湿度关系曲线，确定其最大干容重、最佳含水量和能达到压实要求的含水量范围，报请审批。

(3) 场地清理。

场地清理包括公路用地范围及借土场范围内施工场地的清理、拆除和挖掘，以及必要的平整场地等有关作业。表土清除后，注意绿化利用。

11.3.3　基底及零填挖路床处理

1. 基底处理

填方路堤施工前的原地面，除应按有关规定进行清理外，对其基底还应按下列规定处理。

(1) 应做好原地面临时排水设施，并与永久排水设施相结合。排走的雨水，不得流入农田、耕地，也不得引起水沟淤积和路基冲刷。

(2) 路基填筑范围内，原地面的坑、洞、墓穴等，应用原地的土或砂性土回填，并按规定压实。

(3) 路堤基底为耕地或松土时，应先清除有机土、种植土，清除深度按设计要求，一般不小于15cm，基底清理后应按规定要求压实。在深耕地段，必要时应将松土翻挖、打碎，再整平、压实。

(4) 路基基底原状土的强度不符合要求时，应进行换填，换填深度应不小于30cm，并按规定要求予以分层压实。

(5) 路基经过水田、池塘、洼地时，应根据情况采用排水疏干，换填稳定性好的土或抛石挤淤，打沙桩，铺垫砂砾石、碎石等处理措施，确保填方基底具有一定的强度和稳定性。

(6) 路堤填筑时，应从最低处起分层填筑、逐层压实。当原地面纵坡大于12%，横坡陡于1:5时，应按设计要求挖台阶，或设置坡度向内并大于4%、宽度大于2m的台阶。

2. 零填及挖方路床处理

零填及挖方地段和路床底面以下0~80cm的原地面，天然密实度若达不到路基压实度的要求，应将原地面翻挖、压实，使其压实度达到要求。零填挖路床面若位于特殊土路基上时，经翻挖、晾晒等处理后仍不能降低含水率，压实度难以达到设计要求时，则应采取换填透水性良好的土等技术措施。

11.3.4 路堤填筑施工

土方路堤一般应采用机械化施工。主要操作程序：取土→运输→推土机初平→平地机整→压路机碾压→验收。

1. 填料含水率控制

天然土通常接近最佳含水率，分层填铺后应及时进行碾压。路堤应水平分层填筑压实，用透水性不良的土填筑路堤时，应严格控制其含水率在最佳含水率的±2%以内。土的含水率过大时，应翻晒晾干至含水率符合要求再整平、压实。填土接近最佳含水率的允许范围，与土的种类和压实度要求有关，在一定的压实度要求下，砂类土比细粒土的范围大；在同一种土中，压实度要求低的比要求高的范围大。最佳含水率范围的具体值可从该种土的标准击实试验曲线上查得。

天然土过干需加水时，可于前一天在取土点浇洒，使水均匀渗入；高速公路、一级公路大量填方的机械化施工，一般大型取土都采用推土机先推运集土，前一天下班前用洒水车洒水，经一夜使土润湿至最佳含水率，第二天用装载机装土，用平地机平整，用压路机碾压成型，其压实效果良好。填方数量不大时，也可将土摊铺后再均匀洒水。

2. 路基超宽控制

填筑路堤时，为保证路基边缘有足够的压实度，一般在施工时需超出设计宽度填筑。

采用机械碾压时，路堤每边加宽的填筑宽度视路堤填筑高度而定，通常在20～50cm之间。超填部分设计中已考虑，不再单独计量。填筑路堤完成后是否清除加宽填筑部分，应结合路基稳定及环境美化等多种因素综合考虑。当保留加宽填筑部分更有利于路基稳定，对路容、环境、景观也无碍大局，利大于弊时，一般也可不予清除，但要求平顺、美观。

3. 填料铺

用开山土石混合料填筑路堤时，如土石易于分清时，宜分段填筑；如不易分清时，可混合填筑，但不得乱抛乱填。分层填筑时，石块最大粒径应小于层厚的2/3。

土方路堤采用机械压实时，分层的最大松铺厚度可按机械压实吨位而定：高速公路、一级公路不应超过30cm；其他公路，按土质类别、压实机具功能、碾压遍数等经过试验确定，但最大松铺厚度不宜超过50cm。填筑到路床顶面最后一层的最小压实厚度，不应小于10cm。

填石路堤的分层松铺厚度：高速公路及一级公路不宜大于50cm，其他公路不宜大于100cm，填石路堤倾填前，路堤边坡坡脚应用粒径大于30cm的硬质石料码砌。当设计无规定，且填石路堤高度不大于6m时，其码砌厚度不应小于1m；当高度大于6m时，码砌厚度不应小于2m。填石路基由于石块间空隙较大，故要求嵌紧，用重型机械碾压；否则很容易下沉。

土石路堤不得采用倾填方法，均应分层填筑、分层压实，每层铺填厚度应根据压实机械类型和规格确定，不宜超过40cm。土石混合料中，当石料含量超过70%时，应先铺大块石料，且大面向下，摆放平稳，再铺小块石料、石渣或石屑嵌缝找平，然后碾压；当石料含量小于70%时，土石可混合铺填，但应避免硬质石块(特别是尺寸大的硬质石块)集中。

高速公路及一级公路土石路堤的路床顶面以下30～50cm范围内应填筑符合路床要求的土并分层压实，填料最大粒径不大于10cm；其他公路填筑砂类土厚度为30cm，最大粒径不大于15cm。实际施工中，沿线土质经常发生变化，应特别注意避免不同性质的土任意混填而造成路基病害，正确的填筑方式应满足下述要求。

(1) 同一水平层路基的全宽应采用同一种填料，不得混合填筑。

(2) 性质不同的填料，应水平分层、分段填筑、分层压实。同一水平层路基的全宽应采用同一种填料，不得混合填筑。每种填料的填筑层压实后的连续厚度不宜小于500mm。填筑路床顶最后一层时，压实厚度不应小于100mm。

(3) 潮湿式冻融敏感性小的填料应填筑在路基上层，强度较小的填料应填筑在路基下层。

(4) 在透水性好的压实层上填筑透水性较好的填料前，应在其表面设2%～4%的双向横坡，并采取相应的防水措施，不得在透水性较好的填料所填筑的路堤边坡上覆盖透水性不好的填料。

4. 压实作业

需注意以下要点。

(1) 压实机具应先轻后重，以便能适应逐渐增加的土基强度。

(2) 碾压速度宜先慢后快，以免引起疏松土推挤壅起。

(3) 压实机具的运行线路一般是直线段应从路缘向路中心，以形成路拱。弯道设有超高坡度时，由低一侧向高一侧碾压，以便形成单向超高坡度。碾压时，相邻轮迹(轮或印)应重叠 1/3 左右(15～20cm)，对振动压路机一般重叠 40～50cm，使各点都得到压实，避免土基产生不均匀沉陷。

(4) 经常注意并检查土的含水率及压实度，并视需要采取相应措施。最佳含水率约控制在无塑性土的塑限含水率的 0.65 倍；塑性土可用相当于塑性限度的含水率。

压实机具可分为静力式、夯击式和振动式三大类。不同的压实机具对不同土质的压实效果不同，如对砂性土以振动式机具效果为最好，夯击式次之，碾压式较差；对黏性土，则碾压式和夯击式较好，而振动式较差，甚至无效。

此外，压实机具的单位压力不应超过土的强度极限；否则会引起土基破坏。选择压实机具时，还应考虑土的状态、层厚及对压实度的要求。当土的含水率小、土层厚、压实度要求高时，应选择重型机具；反之可选轻型机具。

5. 台背回填

桥台台背、涵洞两侧及涵顶、挡土墙墙背的填筑，按结构形式不同，填筑时间皆有不同要求。由于场地狭窄，又要保证不损坏构造物，填筑比较困难，而且容易积水。若填筑不良，填土与构造物连接处往往出现沉降差，影响行车舒适与安全，甚至影响构造物的稳定及其安全。所以桥梁台背回填的强度和刚度应低于桥台而高于路基。近年来提出了桥台-台背回填-路基的"刚柔过渡"理念，"刚柔过渡可采用高强、硬质的透水材料回填台背实现，也可采用在台背范围打设刚性或半刚性桩实现。台背回填施工步骤如下。

(1) 填料。

除设计文件另有规定外，一般应选用砾石土或砂性土，特别应注意不要将构造物挖基的劣质土混入填料。当采用非透水性土时，应在土中增加外掺剂，如石灰、水泥等。

(2) 填筑。

桥涵填土的范围：台背填土顺路线方向长度，顶部为距翼墙尾端不小于台高加 2m；底部距基础内缘不小于 2m；拱桥台背填土长度不应小于台高的 3～4 倍；涵洞填土每侧不应小于 2 倍孔径长度。桥台背后填土应与锥坡填土同时进行。涵洞、管道缺口填土，应在两侧对称、均匀、分层回填压实；涵顶填土的松铺厚度应符合规定，涵顶填土未能达到允许重型车辆或施工机械通行条件时，应严格禁止这些车辆或机械通行。涵顶面填土压实厚度大于 50cm 时，方可通过重型机械和汽车；挡墙填料宜选用砾石土或砂类土，墙趾部分的基坑应及时回填压实，并做成向外倾斜的横坡，整个回填结束后，顶部应及时封闭。

(3) 排水。

在施工中要避免雨水流入，对已有的积水应挖沟引出或用水泵排出。地下水可设自沟引出。当不得不用非渗水土填筑时，应在其上设横向盲沟或用黏土等不透水材料封顶。挡土墙墙背应做好反滤层，使挡土墙背后的渗水能从泄水孔顺利流出。

(4) 压实。

填土应在接近最佳含水率状态下分层压实或夯实，每层松铺厚度不宜超过 20cm，当采用小型夯具时，一级以上的公路松铺厚度不宜大于 15cm。为保证压实质量，条件许可时仍应尽量采用大型压实机，场地狭窄、临近构造物边缘及涵顶 50cm 内，应用小型压实机械分层压实或夯实。夯压遍数应通过试验确定，以达到规定的压实度要求为准。适用于"三背"填土压实的小型机械有蛙式打夯机、内燃打夯机、手扶式振动压路机及振动平板夯等。

(5) 打沉管挤密桩或半刚性桩。

若桥台较高，则可采用在台背打沉管挤密桩或半刚性桩的"刚柔过渡"方法，其回填土可为一般黏土。台背回填压实后，在桥头搭板端部位置路基中打沉管挤密桩或半刚性桩，在桩顶浇筑枕梁，在枕梁上浇筑桥头搭板。对高于 6m 的台背，该方法比回填法造价低，质量更可靠，且消除桥头跳车的效果非常明显。

课 后 习 题

11.1 名词解释：一般路基；特殊路基；压实度；填料孔隙率；含水率；路堤；路床；路堑；路基边坡；路基工作区；挡土墙。

11.2 简述防护墙、挡土墙分类、坡面防护、沿河路基防护选择的依据以及各类挡土墙的适用条件。

11.3 汽车轴载标准如何规定？

第12章 沥青路面设计与施工

12.1 概 述

12.1.1 沥青路面发展概况

公路交通是为国民经济、社会发展和人民生活服务的公共基础设施,是衡量一个国家经济实力和现代化水平的重要标志。沥青路面开始于1712年瑞士发现的岩沥青,以后在德国和法国分别发现了岩沥青。1850年开始,法国首先将岩沥青用于道路路面,1854年法国人在巴黎修筑了薄层沥青路面,视之为热铺岩沥青路面的开始。1850年以后,美国在法国、瑞士大量进口岩沥青,开始在东部地区铺筑沥青路面,1871年德斯门特在纽约市把砂、石灰石粉和特尼里特湖沥青用于铺路,施工方法获得专利,这可以视为现代热铺沥青路面的开始。1872年,在华盛顿市把岩沥青施工方法与用石灰石粉、砂掺加湖沥青以及石油残渣的施工方法进行比较,证明三者都能适用当时的交通要求。该段试验工程成为路面材料从岩沥青转为湖沥青、石油残渣铺筑路面的依据和开始。1900年美国又在石粉、砂、湖沥青中加入碎石,铺筑下层为粗级配沥青混凝土,上层为沥青砂两层摊铺一次碾压成型的沥青混凝土路面。1905年美国托皮卡市发明了沥青路面磨耗层,使沥青路面结构更趋完善。1920年出现了沥青路面最初的试验方法。1930年发明了沥青路面摊铺机,1934年开始修建高速公路,路面为沥青结构,从此沥青路面成为现代沥青路面的主要类型。据国外资料统计,发达国家沥青路面结构占有绝对优势,其中美国95%以上为沥青路面,德国75%以上为沥青路面。

路面材料和施工机械的发展带动了沥青路面的发展,在国际沥青发展史上,有3个推动沥青材料发展的里程碑式的大事件。

首先是出现了用拌制的沥青混合料铺筑的路面,20世纪40年代,时任美国密西西比州道路局工程师的马歇尔提出了著名的马歇尔稳定度试验方法,并提出了初期的马歇尔稳定度等技术标准和试验方法。这些试验方法甚至沿用至今,只是根据交通发展的要求不断进行了适当修订。该时期沥青路面在一些石油资源缺乏或开发较晚的国家也开始进入试用阶段。我国于1935年在南京附近利用进口沥青修筑了沥青路面试验路段;1941年又在滇缅公路修筑了双层沥青表面处治路面155km;抗日战争胜利后又在宁杭公路修筑了沥青贯入式及双层沥青表面处治等路面。

60年代初，随着美国AASHO试验路的铺筑和大量的试验成果的发表，沥青路面的设计、施工、结构和材料都从根本上发生了变化。这些AASHO试验路的许多成果成为美国AASHO路面设计指南及一系列施工规范的依据。

90年代初，美国战略公路研究计划(SHRP)及研究项目的进行，SUPERPAVE等一大批研究成果的发表，使沥青及沥青混合料的研究开创了一个新的纪元。国际上对沥青材料的研究得到了前所未有的重视。延续了半个世纪的沥青标准，沥青混合料的体积设计方法，受到了沥青结合料路用性能规范及沥青混合料性能设计的挑战和冲击。

美国SHRP计划的沥青研究项目，其研究经费占整个SHRP研究经费的1/3。该研究项目的主要任务是制定一个以路面性能为基础的沥青材料规范和沥青混合料规范，以及相配套的沥青混合料设计方法。其基本思路是将沥青的化学性质和物理性质分别同其路用性能的研究联系起来，整个研究项目中由一个试验设计、协调与材料控制的合同组织起来，朝着经济上、技术上可行的方向发展。

回顾我国自新中国成立以来的公路建设发展史，可以大致分为以下几个阶段。

50—60年代，我国主要以恢复原有的公路和建设干线公路为主，以解决基本通车问题。由于当时公路交通量小、车辆轴载小且技术、经济等方面落后，1949年我国公路主要为砂石路面和少部分泥结碎石路面，能通车里程仅为8.07×10^4 km。

在60—70年代，主要重点在于改善路面行车质量、增加车速、减少养护。在这个阶段，公路交通量明显增长，到1978年我国公路里程增加到89×10^4 km。随着大庆原油的开发，渣油表面处治路面开始得到推广。在本阶段，渣油表面处加石灰土基层成了最主要的路面结构形式。与此同时，由于胜利等油田的开发，开始生产符合一定规格的沥青，沥青碎石结构、贯入式路面得到了发展，成了干线公路的主要路面结构形式。

在80年代中期，以提高路线和路面质量、改建和新建高等级公路，同时开始建设高速公路为特征，以适应迅速增长的交通量的需要。在这一阶段，以京津塘高速公路建设为契机，我国开始进入高等级公路建设的新时期。采用沥青铺筑较厚的贯入式面层、沥青碎石面层和沥青混凝土路面层，在高等级公路上，沥青混凝土路面成为崭新的结构形式，发挥了重要作用。

近10多年来，由于交通量的不断增长和轴载的明显增大，给沥青路面带来明显的早期损坏，也对沥青路面上行车的安全和降低噪声提出了更高的要求。为适应这些新的形势和要求，传统的连续级配沥青面层受到了挑战，一些新的表面层结构或新的沥青混合料已在我国有所应用。

12.1.2 沥青路面使用性能的气候分区

道路沥青的路用性能会受到许多因素尤其是气候环境因素的影响。夏季高温季节，沥青路面损坏的主要原因是路面行车的车辙。而在寒冷的冬季，气温骤降和反复的升温、降温会引起沥青路面的温缩裂缝，从而造成路面横向开裂。除温度以外，水分也是影响沥青材料性能的一个重要原因。水分会渗入沥青与集料的界面上，降低黏附性，在荷载的作用下，集料将产生剥离、坑槽。

因此，如何根据本国的地区气候特点，选择恰当的沥青，使路面具有较强的高温抗车辙能力和低温抗裂性能、水稳定性，延长路面的使用寿命是一个关系到公路路面使用质量的重要问题。我国"八五"国家科技攻关"道路沥青及沥青混合料路用性能的研究"专题对我国的气候特点进行了深入的研究，选择了反映影响沥青及沥青混合料路用性能的最主要的气候要素，提出了全国性的气候区划，山西、新疆等省区还根据本地具体情况，提出了更细的二级区划，根据不同地区的不同气候条件对沥青质量及沥青混合料性质提出不同的要求。研究成果对沥青路面的建设具有指导意义，有很高的实用价值。

尽管针对沥青及沥青混合料使用性能研究气候，在我国还是首次。但是在实际工作中，一直普遍地考虑到了这些因素。例如，按照不同地区的气候特点选择沥青等级，南方用针入度较小的沥青，北方寒冷地区用针入度大的沥青，在《沥青路面施工及验收规范》(GB 50092—1996)和《公路沥青路面施工技术规范》(JTG F40—2004)中已有对沥青路面施工气候的分区，按照1月份平均气温分成3个区，≤10℃的为寒区、≥0℃的为热区、介于-10～0℃之间为温区，这对选择沥青等级、进行沥青混合料配合比设计，指导沥青路面施工有一定意义。

1988年，美国公路战略研究计划(SHRP)沥青项目的研究，首先提出沥青及沥青混合料按气候分级的设想，将沥青及沥青混合料的分级建立在沥青路面使用性能的基础上。在沥青性能分级中，主要考虑的是温度因素，按照高温、低温两种极端情况考虑。

"八五"国家科技攻关课题运用数值区划方法对沥青及沥青路用性能的气候进行了区划，这种方法较以往的区划方法更客观定量。区划工作分为以下几个步骤进行。

(1) 经过独立性分析选取要素。
(2) 资料的网格化处理。
(3) 要素分布函数的拟合。
(4) 用等概率原则对要素进行划分。

1. 气候要素选取的原则

为能更好地进行沥青及沥青混合料路用性能的气候区划工作，在选取气候要素时，本着以下两个原则。

(1) 能较好地反映影响沥青及沥青混合料路用性能的气候要素。

(2) 要素本身应具有相对的独立性。造成沥青路面的永久性变形、低温缩裂、疲劳龟裂及加速老化的因素很多，气候是最主要的外在因素。研究课题首先利用经验选出一些备用要素，其次通过偏相关检验，确定要素之间是否相关，如果彼此不太依存，就可选为区划沥青及沥青混合料路用性能的气候要素。

2. 区划指标

由于我国幅员辽阔，气候变化大，各地区对沥青路面使用性能的要求有很大差别。为此，《公路沥青路面施工技术规范》(JTG F40—2004)中提出了我国"沥青及沥青混合料气候分区指标"及相应的"分区图"。

1) 高温指标

使用最热月平均最高气温作为高温指标。将全国划分为大于30℃、20℃～30℃、小于20℃这3个区。30℃线基本上是沿燕山、太行山、四川盆地及云贵高原边缘走向，与自然

2) 低温指标

使用年极端最低气温(30年一遇预期最低气温)作为使用指标,将全国分为大于-9℃、-21.5℃～-9℃、-37℃～-21.5℃、小于-37℃这4个区。

3) 雨量指标

使用年降雨量作为分区指标,将全国分为大于1000mm、500～1000mm、250～500mm、小于250mm这4个区。1000mm分界线基本上位于淮河秦岭区域。

沥青路面气候分区为二级区划,按最热月平均最高气温和年极端最低气温把全国分为三大区、9种气候型。每个气候型用两个数字来表示:第一个数字代表最热月平均最高气温的分级(1——>30℃、2——20℃～30℃、3——<20℃);第二个数字代表年极端最低气温的分级(1——<-37℃、2——-37℃～-21.5℃、3——-21.5℃～-9℃、4——>-9℃)。沥青及沥青混合料气候分区是在沥青路面气候分区的基础上再增加一级雨量分级,即每个气候型用3个数字表示。第三个数字代表年降水量分级(1——>1000mm、2——500～1000mm、3——250～500mm、4——<250mm)。

3个数字综合定量地反映了某地的气候特征,每个因素的数字越小,表示气候因素的影响越严重。

因此根据高温、低温、雨量3个主要因素的30年气象统计资料,按照概率大体相等的原则提出了分区指标的界限及气候分区图,见表12.1、表12.2。

表 12.1 沥青路面气候分区指标

气候区	气候区名	温 度	
		7月平均最高气温/℃	年极端最低气温/℃
1-1	夏炎热冬温	>30	<-37.0
1-2	夏炎热冬冷	>30	-37～-21.5
1-3	夏炎热冬寒	>30	-21.5～-9
1-4	夏炎热冬严寒	>30	>-9
2-1	夏热冬严寒	<30	<-37.0
2-2	夏热冬寒	20～30	-37～-21.5
2-3	夏热冬冷	20～30	-21.5～-9
2-4	夏热冬温	20～30	>-9
3-2	夏凉冬寒	<20	-37～-21.5

表 12.2　沥青及沥青混合料气候分区指标

气候区名		7月平均最高温度/℃	年极端最低温度/℃	年降雨量/mm
1-1-4	夏炎热冬严寒干旱	>30	<-37.0	<250
1-2-2	夏炎热冬寒湿润	>30	-37.0~-21.5	500~1000
1-2-3	夏炎热冬寒半干	>30	-37.0~-21.5	250~500
1-2-4	夏炎热冬寒干旱	>30	-37.0~-21.5	<250
1-3-1	夏炎热冬冷潮湿	>30	-21.5~-9.0	>1000
1-3-2	夏炎热冬冷湿润	>30	-21.5~-9.0	500~1000
1-3-3	夏炎热冬冷半干	>30	-21.5~-9.0	250~500
1-3-4	夏炎热冬冷干旱	>30	-21.5~-9.0	<250
1-4-1	夏炎热冬温潮湿	>30	>-9.0	>1000
1-4-2	夏炎热冬温湿润	>30	>-9.0	500~1000
2-1-2	夏热冬严寒湿润	20~30	<37.0	500~1000
2-1-3	夏热冬严寒半干	20~30	<37.0	250~500
2-1-4	夏热冬严寒干旱	20~30	<37.0	<250
2-2-1	夏热冬寒潮湿	20~30	-37.0~-21.5	>1000
2-2-2	夏热冬寒湿润	20~30	-37.0~-21.5	500~1000
2-2-3	夏热冬寒半干	20~30	-37.0~-21.5	250~500
2-2-4	夏热冬寒干旱	20~30	-37.0~-21.5	<250
2-3-1	夏热冬冷潮湿	20~30	-21.5~-9.0	>1000
2-3-2	夏热冬冷湿润	20~30	-21.5~-9.0	500~1000
2-3-3	夏热冬冷半干	20~30	-21.5~-9.0	250~500
2-3-4	夏热冬冷干旱	20~30	-21.5~-9.0	<250
2-4-1	夏热冬温潮湿	20~30	>-9.0	>1000
2-4-2	夏热冬温湿润	20~30	>-9.0	500~1000
2-4-3	夏热冬温半干	20~30	>-9.0	250~500
3-2-1	夏凉冬寒潮湿	<20	-37.0~-21.5	>1000
3-2-2	夏凉冬寒湿润	<20	-37.0~-21.5	500~1000

12.2　沥青路面的使用性能及设计

12.2.1　沥青路面的使用性能

1. 高温稳定性

沥青路面的强度与刚度，随温度升高而显著下降，在高温季节和行车荷载的反复作用下，为了保证沥青路面不致产生诸如波浪、推移、车辙、泛油、黏轮等病害，沥青路面应具有良好的高温稳定性,即在高温时具有足够的强度与刚度。

为了提高沥青路面的高温稳定性,可采用在混合料中增加粗集料含量;或控制剩余空隙率,使粗集料形成空间骨架结构,以提高沥青混合料的内摩阻力;适当地提高沥青材料的稠度,控制沥青与矿粉的比例,严格控制沥青用量,采用活性较高的矿粉,以改善沥青与矿料之间的相互作用,从而提高沥青混合料的黏聚力。此外,在沥青中掺入聚合物改善沥青性能,也可取得较为满意的结果。

2. 低温稳定性

裂缝是沥青路面的一种主要破坏形式,且裂缝的出现往往是路面损坏急剧增加的开始。沥青路面的裂缝可归为两种类型:一种是在交通荷载反复作用下的疲劳开裂;另一种是由于降温而产生的温度收缩裂缝,或由于半刚性基层开裂而引起的反射裂缝。

由于沥青路面在高温时变形能力较强,而低温时较差,故不论哪种裂缝,以在低温时发生的居多。从低温抗裂性的要求出发,沥青路面在低温时应具有较低的劲度和较大的抗变形能力,且在行车荷载和其他因素的反复作用下不致产生疲劳开裂。

使用稠度较低及温度敏感性低的沥青,可提高沥青路面的低温抗裂性能。沥青材料的老化会使其低温抗裂性能恶化,故为了提高沥青路面的低温抗裂性能,应选用抗老化能力较强的沥青。在沥青中掺加橡胶类高分子聚合物,对提高沥青路面的低温抗裂性能具有较为明显的效果。在沥青路面结构层中铺设沥青橡胶、土工布或塑料格栅等应力吸收薄膜,对防止沥青路面的低温开裂具有显著的效果。

3. 耐久性

沥青路面应具有抵抗温度性质变脆,以至于在行车荷载和其他因素的作用下发生脆裂,乃至沥青与矿料脱离,使路面松散破坏。

研究表明,沥青路面的使用寿命与沥青混合料中的沥青含量有很大关系。当沥青用量不足时,则沥青膜变薄,沥青路面的延伸能力降低,脆性增加,且沥青路面的空隙率增大,使沥青膜暴露增多,从而促进了老化作用。此外,空隙率增大也会使混合料的渗水率增加,从而加剧了水对沥青膜的剥落作用。

4. 抗滑能力

现代交通车速不断提高,对路面的抗滑能力也提出更高的要求。沥青路面应具有足够的抗滑能力,以保证在最不利的情况下(当路面潮湿时),车辆能够高速安全行驶,而且在外界因素作用下其抗滑能力不致很快降低。

沥青路面的粗糙度与矿质集料的微表面性质、混合料的级配组成以及沥青用量等因素有关。为保证沥青路面的粗糙度不致很快降低,应选择硬质有棱角的石料。研究表明,沥青用量对抗滑性的影响相当敏感,当沥青用量超过最佳用量的 0.5% 时,就会导致抗滑系数的明显降低。

5. 防渗能力

当沥青路面防渗能力较差时,不仅影响路面本身的稳定性,而且还会影响到基层的稳定性。因此,沥青路面必须具有较好的抗渗能力。在潮湿多雨地区尤为重要。

沥青路面的抗渗能力主要取决于沥青路面的空隙率。空隙率越大,其抗渗能力越差。

6. 平整性

其主要是指沥青路面的平整度，它直接影响着车辆在路面上的行驶质量和高速公路基本功能的充分发挥。路面的平整度是一项综合性指标，涉及施工过程各个环节的许多因素，它是路基、路面施工全过程各个环节质量的最终体现。

以上性能中，除平整性与沥青混合料本身关系较小外，其他性能都是由沥青混合料自身决定的。

12.2.2 沥青路面设计

在设计沥青混合料前，首先选择或设计出集料级配，以满足设计的沥青混合料需要。目前国内外著名的集料级配设计方法有贝雷法、林绣贤 i 法、沙庆林多碎石级配法、Hveem 设计法、Superpave 沥青混合料设计法。为了获得良好的沥青混合料，需要选择适宜的集料级配设计方法。贝雷法是美国伊利诺伊州交通厅 Robert D. Bailey 发明的一套确定沥青混合料集料级配设计方法。经过近 10 年内部使用和普渡大学进一步研究和实践，认为用该方法设计的沥青混合料具有良好的骨架结构，同时可以达到密实效果。

1. 贝雷法

在贝雷法集料级配设计时，集料嵌挤与填充空隙率是一个重要指标。集料不同嵌挤与填充，可形成不同的空隙，它主要依赖于压实方法与压实力大小、集料颗粒形状、表面纹理、粒径分布及颗粒强度等。贝雷法按集料嵌挤与填充情况，把密级集料分为粗级配和细级配。粗级配是能形成骨架结构的密级配，细级配是不足以形成骨架的集料。

2. 林绣贤 i 法

林绣贤教授在此基础上，把以筛余量递减系数改为通过率递减系数，建立以下计算公式，即

$$P_x = P_0 i^x \tag{12.1}$$

式中 P_x——不同粒径时的通过率，%；

P_0——最大粒径时的通过率，%，以 90%～100%控制；

x——级数，$x = 3.32 \lg D/d$；

i——通过率递减系数，$i = 0.64 \sim 0.70$。

3. 沙庆林多碎石级配(SAC)法

多碎石 SAC 级配属于粗集料级配，包含有悬浮式和骨架密实结构。集料级配分三部分：一是粗集料；二是细集料；三是填料。粗、细集料分界线统一定为 4.75mm。也就是最大粒径 4.75mm～D_{max} 为粗集料，0.075～4.75mm 为细集料，小于 0.075mm 为填料。集料级配计算，也分别按粗集料和细集料(事先确定填料含量)计算。在其发展初期，粗集料含量不小于 60%，中期粗集料含量为 60%～70%，近几年来为 65%～75%，并且增加 0.3mm 及 0.075mm 以下的通过率，尤其是 0.075mm 的通过率不能小于 6%。

从理论上分析，SAC 是一种优秀的级配类型，通过在河北省的多条高速公路上使用，

大多数表现出了良好的使用性能(表 12.3)。经过试验使用证明,在集料颗粒变化小,并且保证矿粉用量的情况下,SAC 空隙率小,具有良好的构造纹理深度和抗车辙能力。

表 12.3 近年来河北省应用多碎石沥青混凝土级配变化

使用路段		正定 SLH-20	石安 SL.H-20	原始 SAC-16	石黄 SAC-16	京秦 SAC-16	宣大 SAC-16	宣大 AC-16
各筛孔(mm)的通过率/%	19	100	100	100	100	100	100	100
	16	95~100	90~100	95~100	90~100	95~100	90~100	95~100
	13		61~79	75~90	75~90	75~90	75~90	75~90
	9.5	55~72	43~56	55~70	55~70	57~71	55~70	58~78
	4.8	35~47	28~38	30~40	38~48	38~48	40~50	42~63
	2.4	22~33	21~29	22~31	28~37	28~37	30~38	32~50
	1.2	13~25	16~24	16~24	20~27	21~29	22~28	22~37
	0.6	10~20	12~20	10~21	15~21	15~24	18~24	16~28

4. Hveem 法集料级配

Hveem 对级配和性能影响关系进行了定性研究分析,给出了可能发生问题的区域提示。
(1) 0.075~0.6mm 含量过高,属于驼峰级配,沥青含量稍多就会造成沥青混合料不稳定。
(2) 0.15~2.36mm 含量太低,混合料空隙太大,缺乏抗拉强度。
(3) 最粗的集料部分含量过多,级配曲线最大筛孔附近过于陡直,混合料容易离析。
(4) 级配曲线最大筛孔处过于平缓,粗集料相对较细,表面均匀易修整。

5. Superpave 设计法

Superpave 主要提出了级配控制点和禁区(表 12.4 和表 12.5),并制定了集料特性标准,建议级配曲线采用 0.45 次幂来描绘。

表 12.4 Superpave 级配控制点

筛孔尺寸/mm	最大公称粒径控制点/%				
	37.5	25	19	12.5	9.5
50	100				
37.5	90~100	100			
25		95~100	100		
19		~90	90~100	100	
12.5			~90	90~100	100
9.5				~90	90~100
4.75					~90
2.36	15~41	19~45	23~49	28~58	32~67
0.075	0~6	1~7	2~8	2~10	2~10

表 12.5　Superpave 的限制区

筛孔尺寸 /mm	最大公称粒径控制点/%				
	37.5	25	19	12.5	9.5
0.3	10	11.4	13.7	15.5	18.7
0.6	11.7~15.7	13.6~17.6	16.7~20.7	19.1~23.1	23.5~27.5
1.18	15.5~21.5	18.1~24.1	22.3~28.3	25.6~31.6	31.6~37.6
2.36	23.3~27.3	26.8~30.8	34.6	39.1	47.2
4.75	34.7	39.5			

注：许多研究者还进行了最大集料粒径 9.5~37.5mm 和设计旋转压实次数 75~152 次的研究，其研究的结论也与上面类似。

实际上，表 12.4 和表 12.5 所述的控制点和限制区概念完全是经验性的，其目的是限制天然砂用量，在 0.3~0.6mm 筛孔范围内不期望出现驼峰。

12.2.3　沥青路面结构组合设计

沥青路面通常由沥青面层、基层、底基层以及必要的功能层等多层结构组成。路面结构组合设计应根据道路的交通等级与气象、水文等自然因素，合理选择与安排路面结构各个层次，确保在设计使用期内，承受行车荷载与自然因素的共同作用，充分发挥各结构层的最大效能，使整个路面结构满足技术经济合理的要求。沥青路面结构组合设计应遵循以下原则。

(1) 保证路面表面使用品质长期稳定。在整个设计使用期内，表面抗滑安全性能、平整性、抗车辙性能等各项功能指标均稳定在允许范围之内。

(2) 路面各结构层的强度、抗变形能力与各层次的力学响应相匹配，由于车轮荷载与温度、湿度变化产生的各项应力或应变由上到下发生变化。因此，通常面层承受较高的压应力或剪应力，应具有较高的强度或模量和抗变形能力。基层承受拉力，应具有较好的疲劳性能。

(3) 直接经受温度、湿度等自然因素变化造成强度、稳定性下降的结构层次应提高其抵御能力。

(4) 充分利用当地材料，节约外运材料，做好优化选择，降低建设与养护费用。

1. 路面结构组合

沥青路面结构类型可按照基层材料性质分为无机结合料稳定类基层沥青路面、粒料类基层沥青路面、沥青结合料类基层沥青路面和水泥混凝土基层沥青路面 4 类。应结合交通荷载等级和路基状况等因素，结合路面材料特性和结构特性，选择路面结构类型。总体而言，无机结合料稳定类基层沥青路面适用于各种交通荷载等级，粒料类基层沥青路面适用于重载及以下交通荷载等级，沥青结合料类基层沥青路面适用于各种交通荷载等级，水泥混凝土基层沥青路面适用于重载及以上交通荷载等级。路基湿度状态为中湿或潮湿时，宜采用粒料类底基层或设置粒料类路基改善层。

路面结构组合的选择，需要充分考虑各种路面结构组合的材料特性和结构特性、主要损坏类型及性能衰变规律。不同结构组合的沥青路面主要损坏类型如表 12.6 所示。

表 12.6 沥青路面主要损坏类型

结构类型	粒料类基层沥青路面、底基层采用粒料的沥青结合料类基层沥青路面			无机结合料稳定类基层沥青路面、底基层采用无机结合料稳定材料的沥青结合料类基层沥青路面	
沥青混合料层厚度/mm	≥150	150~50	≤50	≥150	<150
主要损坏类型	沥青混合料层永久变形、沥青混合料层疲劳开裂	沥青混合料层疲劳开裂、沥青混合料层永久变形	车辙	车辙、基层疲劳开裂、面层反射裂缝	基层疲劳开裂、面层反射裂缝
季冻地区	面层低温开裂				

选无机结合料稳定类基层沥青路面承载能力高，适应于各种交通荷载等级，主要病害是无机结合料稳定层疲劳开裂和面层反射裂缝。反射裂缝处雨水、雪水渗入后容易出现唧泥、基层脱空等损坏。采用粒料底基层或设置粒料类路基改善层等，可减轻反射裂缝处的唧泥、脱空。选粒料类基层沥青路面无反射裂缝问题，但沥青面层承受更大的弯拉作用，沥青面层疲劳是主要损坏指标。此外，此类结构沥青面层、粒料层和路基都可能产生永久变形，需关注路面车辙问题。

沥青结合料类基层沥青路面适用各种交通荷载等级，底基层采用无机结合料稳定类材料时，性能类似于无机结合料稳定类基层沥青路面，由于沥青混合料层较厚，路面承载能力更强，且具有更好的延缓反射裂缝能力。底基层采用粒料类材料时，性能类似于粒料类基层沥青路面。

水泥混凝土基层沥青路面具有较高承载能力，适用于重载及以上交通荷载等级公路。除水泥混凝土路面常见损坏外，此类路面结构主要病害是水泥混凝土板接缝处沥青面层反射裂缝和沥青面层永久变形。

多雨地区的无机结合料稳定类基层和水泥混凝土基层沥青路面，路面出现反射裂缝后易发展为唧泥、脱空等，从而加速路面状况恶化。有必要采取如在无机结合料稳定类基层或水泥混凝土基层下方铺设粒料排水层或设置粒料类路基改善层等措施，减少唧泥、脱空损坏。

选定结构组合类型后，可根据交通荷载等级参照表 12.7 至表 12.12 初选各结构层厚度。结构层厚度应根据交通荷载等级、路基承载能力等因素选择。交通荷载等级高，路基承载能力弱时，宜取靠近高限的厚度或参照高一个交通荷载等级的路面厚度范围；反之可靠近低限取值或参照低一个交通荷载等级的路面厚度范围。

2. 沥青面层结构类型选择

沥青面层直接经受车轮荷载反复作用和各种自然因素影响，并将荷载传递到基层以下的结构层。因此，沥青面层应满足功能性和结构性的使用性能要求，沥青面层可分为单层、双层、3 层。双层结构分为表面层、下面层，3 层结构分为表面层、中面层、下面层。

表 12.7 无机结合料稳定类基层(粒料类底基层)路面厚度范围(mm)

交通荷载等级	极重、特重	重	中 等	轻
面层	250～150	250～150	200—100	150～20
基层(无机结合料稳定类)	600～350	550～300	500～250	450～150
底基层(粒料类)	200～150			

表 12.8 无机结合料稳定类基层(无机结合料稳定类底基层)路面厚度范围(mm)

交通荷载等级	极重、特重	重	中 等	轻
面层	250～120	250～100	200～100	150～20
基层(无机结合料稳定类)	500～250	450～200	400～150	500～200
底基层(无机结合料稳定类)	200～150			

表 12.9 粒料类基层(粒料类底基层)路面厚度范围(mm)

交通荷载等级	重	中 等	轻
面层	350～200	300～150	200～100
基层(粒料类)	450～350	400～300	350～250
底基层(粒料类)	200～150		

表 12.10 沥青结合料类基层(粒料类底基层)路面厚度范围(mm)

交通荷载等级	重	中 等	轻
面层	150～120	120～100	80～40
基层(沥青结合料类)	250～200	220～180	200～120
底基层(粒料类)	400～300	400～300	350～250

表 12.11 沥青结合料类基层(无机结合料稳定类底基层)路面厚度范围(mm)

交通荷载等级	极重、特重	重	中 等	轻
面层	120～100	120～100	100～80	80～40
基层(沥青结合料类)	180～120	150～100	150～100	100～80
底基层(无机结合料稳定类)	600～300	600～300	550～250	450～200

表 12.12 沥青结合料类基层(粒料类+无机结合料类底基层)路面厚度范围(mm)

交通荷载等级	极重、特重	重	中 等	轻
面层	120～100	120～100	100～80	80～40
基层(沥青结合料类)	240～160	180～120	160～100	100～80
底基层(粒料类)	200～150	200～150	200～150	250～150
底基层(无机结合料类)	400～200	400～200	350～200	250～150

表面层应具有平整密实、抗滑耐磨、稳定耐久等服务功能,同时应具有高温抗车辙、低温抗开裂、抗老化、抗剥离等品质。中、下面层应具有一定的密水性,高温抗车辙等性能。下面层应具有良好的抗疲劳性能和兼顾其他性能要求。面层材料类型可根据交通荷载等级和层位选用,如表 12.13 所示。

表 12.13　面层材料适用的交通荷载等级和层位

材料类型	适用交通荷载等级和层位
连续级配沥青混合料	各交通荷载等级的表面层、中面层和下面层
沥青玛蹄脂碎石混合料	极重、特重和重交通荷载等级的表面层、对抗滑有特殊要求的表面层
厂拌热再生沥青混合料	各交通荷载等级的表面层、中面层和下面层
上拌下贯沥青碎石	中等、轻交通荷载等级的面层
沥青表面处治	中等、轻交通荷载等级的表面层

高速公路、一级公路一般选用 3 层沥青面层结构。为满足沥青面层的性能要求,应精心选择沥青面层混合料。通常认为密实型中粒式或细粒式沥青混合料(如 AC-13、AC-16)最宜用于表面层,它的空隙率一般为 3%~5%。在这个范围内,可以防止水害及冻害。又由于它保留一定的空隙率,热季不会泛油。表面层切忌使用空隙率大于 6%的半密实型混合料。此外,密级配沥青混合料的抗裂性、疲劳强度和耐久性均较优越。对于重交通和特重交通等级,普通热拌和沥青混合料不能满足使用要求时,可从材料和沥青混凝土结构上改善,如采用改性沥青和 SMA-10、SMA-13 等混合料。对抗滑、排水和降噪有特殊要求的表面层可采用开级配沥青混合料,表面层下应设置防水层,防水层可采用改性乳化沥青或改性沥青等。

沥青中面层和下面层经受着与沥青上面层相同的不利工作环境,唯平整性和抗滑性方面的要求略低一些,因此对沥青混合料的选择同样有较高的要求,特别是在密实防水和抗剪切变形等方面的要求也很高,通常选用密实型中粒式和粗粒式混合料(如 AC-20、AC-25)。对于特重交通等级或者炎热地区,常采用改性沥青。

二级、三级以下等级公路一般采用双层式沥青面层。即上面层与下面层,沥青混合料的选择,除了沥青混凝土外,也可选用热拌沥青碎石(ATB)或沥青贯入式结构,再加上表面封层。三级、四级公路一般可采用双层沥青表面处治结构。

沥青面层在路面结构层中价格最高,一般情况下对沥青面层厚度应有所控制,但是也不宜过薄。从压实效果来看,各种类型的沥青层最小压实厚度与它的公称最大粒径相关。我国沥青路面设计规范对不同粒径沥青混合料的最小层厚规定如表 12.14 所示。结合大量工程经验,从技术、经济合理的角度考虑,表 12.15 所列的适宜厚度可供参考。

表 12.14　不同粒径沥青混合料层厚

沥青混合料类型	以下集料公称最大粒径沥青混合料的层厚/mm,≥					
	4.75	9.5	13.2	16	19	26.5
连续级配沥青混合料	15	25	35	40	50	75
沥青玛蹄脂碎石		30	40	50	60	
开级配沥青混合料		20	25	30		

表 12.15　沥青混合料压实最小厚度与适宜厚度

沥青混合料类型		最大粒径/mm	公称最大粒径/mm	符　号	压实最小厚度/mm	适宜厚度/mm
密级配沥青混合料(AC)	砂粒式	9.5	4.75	AC-5	15	15～30
	细粒式	13.2	9.5	AC-10	20	25～40
		16	13.2	AC-13	35	40～60
	中粒式	19	16	AC-16	40	50～80
		26.5	19	AC-20	50	60～100
	粗粒式	31.5	26.5	AC-25	70	80～120
密级配沥青碎石(ATB)	粗粒式	31.5	26.5	ATB-25	70	80～120
		37.5	31.5	ATB-30	90	90～150
	特粗式	53	37.5	ATB-40	120	120～150
开级配沥青碎石(ATPB)	粗粒式	31.5	26.5	ATPB-25	80	80～120
		37.5	31.5	ATPB-30	90	90～150
	特粗式	53	37.5	ATPB-40	120	120～150
半开级配沥青碎石(AM)	细粒式	16	13.2	AM-13	35	40～60
	中粒式	19	16	AM-16	40	50～70
		26.5	19	AM-20	50	60～80
	粗粒式	31.5	26.5	AM-25	80	80～120
	特粗式	53	37.5	AM-40	120	120～150
沥青玛蹄脂碎石混合料(SMA)	细粒式	13.2	9.5	SMA-10	25	25～50
		16	13.2	SMA-13	30	35～60
	中粒式	19	16	SAM-16	40	40～70
		26.5	19	SMA-20	50	50～80
开级配沥青磨耗层(OGFC)	细粒式	13.2	9.5	OGFC-10	20	20～30
		16	13.2	OGFC-13	30	30～40

沥青贯入碎石层的厚度宜为 40～80mm，乳化沥青贯入式路面的厚度不宜超过 50mm；上拌下贯式路面的拌和层厚度不宜小于 25mm；沥青表面处治可分为单层、双层和 3 层，单层表面处治厚度宜为 10～15mm，双层表面处治厚度宜为 15～25mm，3 层表面处治厚度宜为 25～30mm。

3. 基层类型选择

基层类型选择关系到路面结构的耐久性和长期使用性能，首先应根据路面结构所承受的交通等级进行比选，同时应考虑地基支承的可靠性以及当地水温状况和路基排水与路基稳定的可靠程度作出不同方案，比较后择优选定。

近年来再生工程实践表明，冷再生沥青混合料可实现既有路面铣刨材料的回收利用(或就地再生利用)，性能可满足各交通荷载等级的基层或底基层要求。厂拌热再生沥青混合料具有与新拌沥青混合料基本相当的路用性能，与冷再生混合料相比造价较高，用作基层时，推荐用于重及重以上交通荷载等级公路。

在交通、环境各方面工作条件都十分恶劣的情况下，可以考虑各种基层组合使用。如地基承载力不佳、交通特别繁重、雨水集中、路基排水不良，可以考虑半刚性基层和柔性基层组合应用，采用半刚性基层下层，柔性基层上层，一方面提高结构承载力，减轻沥青面层荷载应力；同时发挥柔性基层变形协调，利于渗水排水的优势，使路面始终保持良好工作状态，还可避免横向裂缝反射到面层。对于严重超载的沥青路面，除了采用组合基层之外，也可以采用配钢筋的混凝土板或连续配筋混凝土板作基层的沥青路面。为了减少或延缓反射裂缝，在无机结合料稳定层与沥青结合料类材料层间可设置级配碎石层、半开级配碎石层或开级配沥青碎石层，设置级配碎石层后，需注意验算沥青混合料层疲劳开裂寿命。

基层结构的厚度主要应满足强度与刚度的设计要求，在进行厚度设计时，应逐层进行验算。此外，还应考虑施工的可实施性和材料规格对厚度的影响。一般情况下，基层的厚度应大于混合料最大粒径的 4 倍，同时还应考虑压实机具的功能，通常取能一次压密的最佳厚度。若基层厚度超过最佳厚度，可分几层铺筑，每层厚度接近最佳厚度。不同材料基层和底基层厚度宜符合表 12.16 的规定。

表 12.16 基层和底基层厚度

材料种类	集料公称最大粒径/mm	厚度/mm，≥
密级配沥青碎石 半开级配沥青碎石 开级配沥青碎石	19	50
	26.5	80
	31.5	100
	37.5	120
级配贯入碎石	—	40
贫混凝土	31.5	120
无机结合料稳定类	19.0、26.5、31.5、37.5	150
	53	180
级配碎石 级配砾石 未筛分碎石、天然砂砾	26.5、31.5、37.5	100
	53	120
填隙碎石	37.5	75
	53	100
	63	120

4. 功能层选择

沥青路面功能层主要有防冻层、隔水层、封层、黏层、应力吸收层等。

为提高路基顶面回弹模量或改善路基湿度状态而设置的粒料层或无机结合料稳定层，一般将其归类为路基，称为路基改善层。

地下水位高，排水不良，路基经常处于潮湿、过湿状态的路段；排水不良的土质路堑，有裂隙水、泉眼等水文不良的岩石挖方路段，应设置隔水层。

在季节性冰冻地区，当冻深较大，不能满足防冻层验算要求时，在这种路段应设置防冻垫层，以保护路面结构不受冻胀和翻浆的危害。防冻层应采用隔温性能良好，热导率低的材料，如级配碎石等。防冻厚度与路基干湿类型、路基土类、道路冻深以及路面结构材料的热物理性能有关。

沥青路面各结构层之间应紧密结合，不因层间滑动或松散而丧失结构的整体效应。

(1) 沥青结合料类材料层间应设置黏层。在铺上层之前彻底清扫下层表面的灰尘、泥土、油污等有可能破坏层间结合的有害物质，然后设黏层沥青。极重、特重和重交通荷载等级路面的黏层宜采用改性乳化沥青、道路石油沥青或改性沥青；中等和轻交通荷载等级路面的黏层可选用乳化沥青；水泥混凝土板与沥青面层间的黏层宜采用改性沥青。

(2) 在沥青结合料类材料层与其他材料层间应设置封层，宜设置透层。无机结合料稳定类或冷再生类材料结构层与沥青结合料类结构层之间宜设置封层，封层可采用单层沥青表面处治或稀浆封层等，单层表面处治封层的结合料可采用改性沥青、道路石油沥青或乳化沥青。

(3) 无机结合料稳定类基层、水泥混凝土基层顶面可设置应力吸收层。当设置改性沥青应力吸收层时，可不再设封层，改性沥青应力吸收层中改性沥青宜采用橡胶沥青。粒料类基层和无机结合料稳定类基层顶面宜设置透层，透层沥青应具有良好的渗透性，可采用稀释沥青和乳化沥青等。

(4) 透层沥青、黏层沥青、微表处下封层、稀浆封层的材料规格、用量，应根据地区气候特点、施工季节和结构类型的不同，按《公路沥青路面施工技术规范》(JTG F40—2004)的要求选定。

12.3 沥青路面施工

12.3.1 沥青路面施工相关机械

1. 沥青路面摊铺机械

沥青混合料摊铺机是用来将拌制好的沥青混合料均匀地摊铺在已整修好的路面基层上的专用设备。按行走方式可分为自行式和拖式两种。高等级公路路面施工中常用前者。自行式摊铺机又可分为轮胎式(图 12.1)、履带式及复合式 3 种。

(1) 轮胎式沥青混合料摊铺机。轮胎式摊铺机的前轮为一对或两对实心小胶轮，可以起到增强承载能力、避免因其受荷载变化而变形的作用，后轮大多为大尺寸的充气轮胎。轮胎式摊铺机的优点是：行驶速度快(可达 20km/h)；可自行转移工地；机动性和操纵性能好；对单独的小面积高堆或深坑适应性较好，不致过分影响铺层的平整度；弯道摊铺质量好；结构简单，造价低。其缺点是：对路面平整度的敏感性较强；受料斗内的材料多少会改变后驱动轮胎的变形量，从而影响铺层的质量。为了避免这种现象，自卸汽车应分次卸料，但这又会影响汽车的周转。

(2) 履带式沥青混合料摊铺机。履带式摊铺机的履带大多加装有橡胶垫块，以免刺履对地面造成压痕，同时也可借此降低对地面的压力。履带式摊铺机的优点是：牵引力与接地面积都较大，减少对下层的作用力，对下层的平整度不太敏感。其缺点是：行驶速度低，不能很快地自行转移工地；对地面较高的凸起点适应能力差；机械传动式摊铺机在弯道上作业时会使铺层边缘不整齐。此外，其制造成本较高。

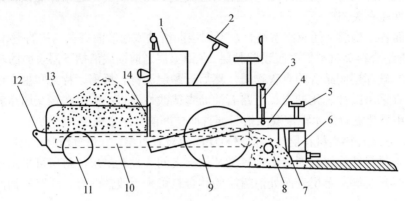

图 12.1　轮胎式沥青混合料摊铺机

1—控制台；2—方向盘；3—悬挂；4—大臂；5—调整螺旋；6—熨平板架；7—熨平板；8—螺旋布料器；
9—后轮；10—刮板输送器；11—前轮；12—前推楣；13—前料斗；14—料斗闸门

(3) 复合式沥青混合料摊铺机。作业时，利用履带行走装置；运输时，采用充气轮胎装置。广泛应用于小规模沥青混合料摊铺施工。

2. 沥青及碎石洒布机

在采用沥青透层、封层、表面处治路面施工中，乳化沥青稀浆混合料、贯入式施工工艺铺筑沥青路面时，是用沥青及碎石洒布机将碎石或沥青洒布到碾压好的碎石基层、沥青层等路面结构上的设备。

沥青路面施工时使用的沥青及碎石洒布机大致可分为手动式和自动式两种。

(1) 手动式沥青及碎石洒布机。该机器适用于高等级公路岔道、辅道等中、小型贯入式路面和沥青表面处治工程的半机械化施工。其特点是移动方便，洒布效率高，可降低劳动强度，喷洒均匀，可根据工作面大小配备多台用以平行作业，加快施工进度。

(2) 自动式沥青及碎石洒布机。该机器是将沥青箱和洒布系统等工作设备装在汽车底盘上，可以做远距离移动；并可根据路面宽度、作业要求调节排管长度及各阀门操作位置，进行自动洒布。它具有机动性能好、洒布速度快、工效高、作业能力大、洒布质量也较易掌握等优点，在高等级公路贯入式路面和沥青表面处治路面施工中应用广泛。

自动式沥青及碎石洒布机主要包括沥青箱、加热系统、传动机构、洒布机构和操纵机构五部分装置。

12.3.2　沥青路面的施工材料和设备的准备

1. 沥青材料的准备

沥青材料应采用导热油加热。普通沥青加热温度应符合《公路沥青路面施工技术规范》

(JTG F40—2004)的要求(表 12.17)，改性沥青加热温度为 160～165℃，并保证把沥青材料源源不断地从储料器输送到拌和机内。

表 12.17 确定沥青混合料拌和及压实的适宜温度

黏 度	适宜于拌和的沥青结合料黏度	适宜于压实的沥青结合料黏度	测定方法
表观黏度	(0.17+0.02)Pa·s	(0.28+0.03)Pa·s	T0625
运动黏度	(170+20)mm²/s	(280+30)mm²/s	T0619
赛波特黏度	(85+10)s	(140+15)s	T0623

2. 集料准备

为了保证集料清洁，集料堆场地面应用水泥混凝土硬化，进入拌和厂和集料堆场的道路也应用水泥混凝土硬化。为了保证集料之间不相互混杂，要求不同规格集料之间应隔离。集料堆场宜搭棚，至少应将细集料用油布覆盖，以避免集料淋湿。集料技术要求应符合《公路沥青路面施工技术规范》(JTG F40—2004)的要求。集料在送进拌和设备时的含水率不应超过 1%。

3. 沥青混合料拌和设备

沥青混合料的拌和设备宜采用自动控制的间歇式拌和机，拌和机应满足下列要求。

(1) 自动控制。自动控制的拌和设备应能利用计算机等设备便捷调整配合比，并配备装有温度计及具有保温功能的成品储料仓和二次除尘设备。拌和设备应由计算机控制，逐盘打印集料和沥青的加热温度、混合料的拌和温度、材料用量和每盘混合料的产量等。拌和设备的产量应和生产进度相匹配，在安装完成后应按批准的配合比进行试拌调试，直到符合要求为上。

(2) 集尘器。拌和机应配备集尘器，其构造应能把按规定要收集的全部或部分材料消解掉，不让有害粉尘逸散至空气中去。为防止粉尘排放到空气中，需要给滤尘网盖上防尘密封罩。

(3) 拌和场地布置应远离居民区，其距离不少于 1km。

12.3.3 沥青混合料的拌和

(1) 沥青应采用导热油加热，沥青与矿料的加热温度应调节到能使拌和的沥青混合料出厂温度满足要求，集料温度应比沥青温度高 10～20℃，严格掌握沥青和集料的加热温度以及沥青混合料的出场温度。当混合料出厂温度过高，已影响沥青与集料的黏结力时，混合料不得使用，已铺筑的沥青路面也应予以铲除。

(2) 拌和时间由试拌确定，必须使所用集料颗粒均匀裹覆沥青结合料，并以沥青混合料拌和均匀为度。间歇式拌和机每锅拌和时间宜为 30～50s(其中干拌时间不得少于 5s)。热矿料二次筛分用的振动筛筛孔应根据矿料级配选用，其安装角度应根据材料的可筛分性、振动能力等由试验确定。

(3) 拌和厂拌和的沥青混合料应均匀一致、无花白料、无结团成块或严重的粗细料分离现象，不符合要求时不得使用，并应及时调整。拌和好的热拌沥青混合料不立即铺筑时，可放入成品储料仓储存。热混凝土成品在储料仓储存后，其温度下降不应超过5℃，储料仓的储料时间一般不宜超过24h，最多不得超过48h。

(4) 拌和楼控制室要逐盘打印沥青及各种矿料的用量和温度，并定期对拌和楼的计量和测温系统进行校核；没有材料计量和温度自动计量装置的拌和机不得使用。每天应用拌和总量检验矿料的配合比和沥青混合料的油石比的误差。

(5) 沥青混合料应符合批准的工地配合比的要求，并应在目标值的容许偏差范围内，集料级配目标值的允许偏差应满足表12.18的要求。

表12.18 集料级配目标值的允许偏差

项 目		检查频度及单点检验评价方法	质量要求或允许偏差		试验方法
			高速公路、一级公路	其他等级公路	
矿料级配（筛孔）	0.075mm	逐盘在线检测	+2%(2%)	—	计算机采集数据计算
	≤2.36mm		+5%(4%)	—	
	≥4.75mm		+6%(5%)	—	
	0.075mm	逐盘检查，每天汇总一次，取平均值评定	±1%		JTGF40 附录G 总量检验
	≤2.36mm		±2%		
	≥4.75mm		±2%		
	0.075mm	每台拌和机每天1～2次，以2个试样的平均值评定	+2%(2%)	±2%	T0725 抽提筛分与标准级配比较的差
	≤2.36mm		+5%(3%)	±6%	
	≥4.75mm		+6%(4%)	±7%	

12.3.4 沥青混合料的运输

(1) 运送沥青混合料的汽车应有紧密、清洁、光滑的金属底板，底板应涂一薄层油水(柴油和水的比例可为1∶3)混合液，以防止混合料黏到底板上，但不得有余液积聚在车厢底部。不允许用石油衍生剂来做汽车底板的涂料。装卸前，汽车底板应排干积水。每辆汽车都应有一个帆布篷、棉被等其他材料做的篷，其大小应能保护混合料不受天气的影响，混合料装入车厢后由专人覆盖缚牢，以免在汽车行驶途中吹落。为使混合料按规定温度运到筑路工地，必要时汽车底板应采取保温措施，帆布篷也应扣牢。

(2) 施工前应对全体驾驶员进行培训，加强汽车保养，避免运料途中汽车抛锚造成混合料冷却受损；装料时汽车应前后移动，避免混合料离析；运料汽车应在摊铺机前10～30cm处停住，不得撞击摊铺机；卸料过程中运料汽车应挂空挡，靠摊铺机推动前进，以确保摊铺层的平整度。

(3) 沥青混合料运输车的运量应较拌和能力或摊铺能力有所富余，施工过程中摊铺机前方应有运料车等候卸料。对高速公路和一级公路，开始摊铺时在施工现场等候卸料的运料车不宜少于5辆。沥青混合料运至摊铺地点后应凭运料单接收，并检查拌和质量。不符合《公路沥青路面施工技术规范》(JTG F40—2004)对温度的要求，或已经结成团块，已遭雨淋湿的混合料不得铺筑在道路上。

12.3.5 沥青混合料的摊铺

1. 沥青混合料的摊铺

热拌沥青混合料应采用摊铺机摊铺,在喷洒有黏层油的路面上铺筑改性沥青混合料或 SMA 时,宜使用履带式摊铺机。铺筑高速公路、一级公路沥青混合料时,一台摊铺机的摊铺宽度不宜超过 6m,单向双车道或三车道以上高速公路宜采用两台或更多台摊铺机前后错开 10~20m 呈梯队方式同步摊铺。摊铺机必须连续、缓慢、不间断地摊铺,以提高平整度,减少混合料的离析。摊铺速度宜控制在 2~6m/min 的范围内,对改性沥青混合料及 SMA 宜控制在 1~3m/min 的范围内。摊铺机应采用自动找平方式。

2. 温度控制

沥青混合料的摊铺温度应符合要求(表 12.19),并应根据沥青标号、黏度、气温、摊铺层厚度选用。

聚合物改性沥青混合料的施工温度根据实践经验并参照表 12.20 选择。通常宜较普通沥青混合料的施工温度提高 10~20℃。对采用冷态胶乳直接喷入法制作的改性沥青混合料,集料烘干温度应进一步提高。

表 12.19 热拌沥青混合料的施工温度(℃)

施工工序		石油沥青的标号			
		50 号	70 号	90 号	110 号
沥青加热温度		160~170	155~165	150~160	145~155
矿料加热温度	间隙式拌和机	集料加热温度比沥青温度高 10~30			
	连续式拌和机	矿料加热温度比沥青温度高 5~10			
沥青混合料出料温度		150~170	145~165	140~160	135~155
混合料储料仓储存温度		储料过程中温度降低不超过 10			
混合料废弃温度,>		200	195	190	185
运输到现场温度,≥		150	145	140	135
混合料摊铺温度,≥	正常施工	140	135	130	125
	低温施工	160	150	140	135
开始碾压的混合料内部温度,≥	正常施工	135	130	125	120
	低温施工	150	145	135	130
碾压终了的表面温度,≥	钢轮压路机	80	70	65	60
	轮胎压路机	85	80	75	70
	振动压路机	75	70	60	55
开放交通的路表温度,≤		50	50	50	45

注:(1) 沥青混合料的施工温度采用具有金属探测针的插入式数显温度计测量。表面温度可采用表面接触式温度计测定。当采用红外线温度计测量表面温度时,应进行标定。

(2) 表中未列入的 130 号、160 号及 30 号沥青的施工温度由试验确定。

表 12.20 聚合物改性沥青混合料的正常施工温度范围(℃)

工 序	聚合物改性沥青品种		
	SBS 类	SBR 胶乳类	EVA、PE 类
沥青加热温度	160～165		
改性沥青现场制作温度	165～170	—	165～170
成品改性沥青加热温度，≤	175	—	175
集料加热温度	190～220	200～210	185～195
改性沥青 SMA 混合料出厂温度	170～185	160～180	165～180
混合料最高温度(废弃温度)	195		
混合料储存温度	拌和出料后降低不超过 10		
摊铺温度，≥	160		
初压开始温度，≥	150		
碾压终了的表面温度，≥	90		
开放交通时的路表温度，≤	50		

注：当采用列表以外的聚合物或天然改性沥青时，施工温度由试验确定。

12.3.6 沥青混合料的碾压

(1) 应选择合理的压路机组合方式及碾压步骤，以达到最佳效果。沥青混合料压实宜采用钢筒式静态压路机与轮胎压路机或振动压路机组合的方法，初压不宜使用轮胎压路机，以确保面层平整。压路机的数量应根据路面宽度等决定。

(2) 沥青混凝土的压实层最大厚度不宜大于 100mm，沥青稳定碎石混合料的压实层厚度不宜大于 120mm，但当采用大功率压路机且经试验证明能达到压实度时，允许增大到 150mm。

(3) 沥青路面施工应配备足够数量的压路机，选择合理的压路机组合方式及初压、复压、终压(包括成型)的碾压步骤，以达到最佳碾压效果。高速公路铺筑双车道沥青路面的压路机数量不宜少于 5 台。施工气温低、风大、碾压层薄时，压路机数量应适当增加。压路机的碾压速度应符合表 12.21 的规定。

表 12.21 压路机碾压速度(km/h)

压路机类型	初 压		复 压		终 压	
	适宜	最大	适宜	最大	适宜	最大
钢筒式压路机	2～3	4	3～5	6	3～6	6
轮胎压路机	2～3	4	3～4	6	4～6	8
振动压路机	2～3(静压或振动)	3(静压或振动)	3～4(振动)	5(振动)	3～6(静压)	6(静压)

12.3.7 施工接缝的处理

采用两台或多台摊铺机梯队作业时摊铺的混合料应留下 10～20cm 宽度暂时不碾压,作为后高程基准面,并有 5～10cm 专用的摊铺层重叠,以热接缝形式在最后做跨缝碾压以消除缝迹。上、下层纵缝应错开 15cm 以上。

横向施工缝采用平接缝。将 3m 直尺沿纵向放置,使摊铺段端部的直尺呈悬臂状,以摊铺层与直尺脱离接触处定出接缝位置,用锯缝机割齐后铲除;继续摊铺时,应将接缝锯切时留下的灰浆擦洗干净,涂上黏层沥青,摊铺机熨平板从接缝后起步摊铺;碾压时用钢轮压路机进行横向压实,从先铺路面上跨缝逐渐移向新铺路面。横向施工缝应远离桥梁伸缩缝 20cm 以外,不许设在伸缩缝处,以确保伸缩缝两边路面表面的平顺。

课后习题

12.1 为什么道路交叉口处易出现波浪或搓板?在沥青路面结构设计中如何对其进行考虑?

12.2 试用沥青混合料的"高温稳定性"解释沥青路面上重复停车地段出现的波浪推挤等现象。

12.3 沥青混合料的疲劳试验试件加载方式有哪两种?选择时考虑什么因素?

12.4 为什么整体性材料结构层的低温缩裂多呈横向间隔性裂缝?如何区分路面裂缝是沥青层缩裂还是反射裂缝?

第 13 章 水泥混凝土路面设计与施工

13.1 概 述

13.1.1 水泥混凝土路面分类

1. 普通水泥混凝土路面

普通水泥混凝土路面是指除接缝和局部范围外，面层内均不配筋的水泥混凝土路面，也称为素混凝土路面。它是我国目前应用最广泛的刚性路面形式，也是最重要的水泥混凝土路面种类。与其他水泥混凝土路面相比，其构造上的主要特征如下。

(1) 板内基本不配筋，或只按构造在局部薄弱环节配置少量加强钢筋。

(2) 除个别特殊位置外，板被主动切割出纵、横向正交接缝，横缝间距 4~6m，冬季低温情况下，材料产生收缩，将沿设定的接缝位置释放变形。

普通水泥混凝土路面因钢筋用量很少，造价相对低廉，在砂石、水泥资源丰富地区，可以利用本地筑路材料，进一步降低运输费用。在基础稳定性良好的情况下，耐久性较好，全寿命经济性好。但因板体刚度大，对重载的敏感性高，如果超限、超载严重，路面使用寿命会急剧下降，不能达到其设计目标。通过对普通水泥混凝土路面病害的调查发现，除荷载因素外，其损坏的直接原因往往是其下部支承层出现积水、松散、脱空、唧泥等现象，这与水的影响密不可分。我国早期修筑的水泥混凝土路面对结构内排水不够重视，在地基软弱、路面干湿状况较差路段极易出现病害。因此，在这些路段铺筑普通水泥混凝土路面时，应重视面层的耐冲刷能力，必须设置路面排水沟管，且需综合应用路基渗沟垫层排水、基层、面层配筋等技术措施，或采用钢筋混凝土路面或连续配筋混凝土路面。

2. 钢筋混凝土路面

钢筋混凝土路面(Jointed Reinforced Concrete Pavement，JRCP)是指面层配置纵、横向钢筋或钢筋网，并设接缝的水泥混凝土路面。配置钢筋的目的并非为增加板体的抗弯拉强度，而是确保混凝土路面板在产生裂缝之后保持裂缝紧密接触，裂缝宽度不会扩张。因此，钢筋混凝土路面主要适用于各种容易引起路面板裂缝的情况。举例如下。

(1) 路面板的平面尺寸过大或形状不规则，如路面板长度大于 10~20m。

(2) 地基软弱，虽经处理，但仍有可能产生明显的不均匀沉降而导致面板支承不均匀，如半填半挖路基、局部路基位于塘边、在河边填筑路堤等。

(3) 路面板下埋设地下设施，路面板上开设检查口等。

由于钢筋混凝土路面配筋后并不能提高路面板的抗弯拉强度，因此路面板的厚度采用与不配筋的普通混凝土路面相同的设计厚度。

钢筋混凝土路面纵、横向钢筋宜采用相同的直径，钢筋网中钢筋的最小间距应大于混凝土集料最大粒径的 2 倍，钢筋的搭接长度宜大于直径的 35 倍。钢筋网应设在面板顶部以下 1/3～1/2 板厚范围内，横向钢筋位于纵向钢筋之下。外侧钢筋中心距接缝或自由边的距离一般为 100～150mm。保护层最小厚度不小于 50mm。

钢筋混凝土路面的横向接缝间距(即路面板长度)可通过技术经济论证后确定，通常如接缝间距过长，则钢筋用量要增加；接缝间距太短，则接缝数量增加，对行车平顺性不利。一般情况下，取接缝间距为 10～20m，最大不超过 30m。横向接缝采用缩缝形式，并设置传力杆。

3. 连续配筋混凝土路面

连续配筋混凝土路面(Continuously Reinforced Concrete Pavement，CRCP)是指面层内配置纵向连续钢筋和横向钢筋，横向不设缩缝的水泥混凝土路面。连续配筋混凝土路面适用于高速公路、一级公路和交通量特别大的重载道路。连续配筋混凝土路面并非完全没有横向裂缝，只是由于混凝土的收缩变形为连续钢筋所约束，收缩应力被钢筋所承担，使横向裂缝分散在更多的部位，通常间距为 1.0～2.0m，即使有一道微小裂缝，但是由于钢筋的紧束，使之仍然保持紧密接触，裂缝宽度较小，这种小裂缝不致破坏路面的整体连续性、行车平稳性，如同无缝路面一样，路面表面雨水也不易渗入，因此使用效果理想。自 1921 年美国在华盛顿特区修建第一条连续配筋混凝土路面以来，美国连续配筋混凝土路面总里程已超过 3.2×10^4 km。除美国外，日本、西班牙等国也修建了连续配筋混凝土路面。我国自 20 世纪 80 年代末，开始研究并铺筑试验路进行长期观测以来已有多项工程修建了连续配筋混凝土路面。

连续配筋混凝土路面纵向连续钢筋的作用是约束变形，防止裂缝宽度增大，并不分担截面的弯拉应力。因此，原则上连续配筋混凝土路面的厚度与普通混凝土路面相同。

4. 钢纤维混凝土路面

钢纤维混凝土路面(Steel Fiber Reinforced Concrete Pavement，SFCP)是指在混凝土面层中掺入钢纤维的水泥混凝土路面。钢纤维混凝土是一种性能优良的路面材料，它能显著提高混凝土的抗拉强度、弯拉强度、抗冻性、抗冲击、抗磨耗、抗疲劳等性能，应用在路面工程中，可以明显减小路面板厚度，改善路用性能。国外主要用于公交停车站、收费站和行驶重型汽车的路面和旧路面的加铺层。我国近年来已逐步推广应用，特别适用于地面高程或恒载受限制的场合，如城市道路旧混凝土路面的加铺层、桥面铺装等。

5. 复合式混凝土路面

复合式混凝土路面(Composite Concrete Pavement，CCP)是指面层由两层不同材料类型和力学性质的结构层复合而成的路面。复合式混凝土路面板适用于以下 3 种情况。

(1) 为节省材料、降低造价，上、下层采用不同等级的混凝土，较高等级的混凝土用于上层，较低等级的混凝土用于下层。这种路面一般限于地方道路使用。

(2) 高速公路或一级公路，采用低等级混凝土或碾压混凝土作为基层，而面板与基层连续摊铺，可将面板与基层视为复合式路面。

(3) 在改建旧混凝土路面时，有时在其上加铺一层新混凝土面层，形成双层式混凝土路面。

6. 混凝土预制块路面

混凝土预制块路面(Concrete Block Pavement，CBP)是指面层由水泥混凝土预制块铺砌而成的路面。铺筑路面的块料由高强水泥混凝土材料预制而成。抗压强度约为 60MPa，水泥含量为 350～380kg/m³，水灰比为 0.35，最大集料尺寸为 8～16mm，块料承受磨耗的面积一般小于 0.03m²，厚度至少为 0.06m，形状有矩形和嵌锁型(不规则形状)两类。这种路面结构由面层、砂整平层(厚 0.03m)和基层组成，基层类型同普通混凝土路面。这种路面具有结构简单、价格低廉、能承受较大的单位压力、出现较大变形也不会破坏块料及便于修复等优点。因此，自 20 世纪 70 年代中期以来，这种路面在欧美各国得到了较大的发展，广泛地用于铺筑人行道、停车场、堆场(特别是集装箱码头堆场)、街区道路、次要道路、一般公路等。

7. 装配式混凝土路面

装配式混凝土路面(Precast Concrete Pavement，PCP)是在工厂中把混凝土预制成板块，然后运至工地现场装配而成。这种路面的优点是：混凝土板可以全年生产，不受气候影响，混凝土质量容易保证；施工进度快，铺筑完毕即可通车；损坏后易于拆换修理。因此，它较适用于城市道路、厂矿道路、大型基建场地、停车站场和软弱路基上。装配式混凝土路面的缺点是接缝多、整体性差、容易引起行车颠簸跳动，因而在公路上一般不宜采用。

为了便于吊装及搬运，装配式混凝土板一般做成 1～2m 的正方形或矩形，也可做成边长 1.2m 的六角形。板厚一般为 0.12～0.18m。近年来，有些国家还采用宽 3.5m、长 3～6m 的矩形板，但需有相应的运输和吊装机具来配合。六角形板的强度和稳定性较好。为承受车轮荷载应力和吊装应力，装配式混凝土板可在边缘和角隅配置钢筋，有时也可设全面网状钢筋。为提高板的质量，可采用预应力、真空作业、机械振捣或蒸汽养生等技术来制作混凝土板。冬季为加速板的硬结，可采用电热法或在铸模内安装管线，内通蒸汽或热水。有些国家还利用先张法或电热法施加预应力，做成装配式预应力混凝土板。

13.1.2 水泥混凝土路面构造

1. 路基和路面基层

1) 路基

理论分析表明，通过水泥混凝土面层和路面基层传到路基上的压力很小，一般不超过 0.05MPa。因此，混凝土板下似乎不需要有坚强的路基支承。然而，如果路基的稳定性不足，在路基自重的影响下会出现较大的变形，特别是不均匀沉陷，将给混凝土面板带来很不利的影响。实践证明，由于路基不均匀支承，使面板在受荷时底部产生过大的弯拉应力，易导致混凝土路面产生破坏。因此，混凝土路面下的路基必须密实、稳定和均匀。

路基的不均匀支承，可能由下列因素造成。

(1) 不均匀沉陷。湿软地基未充分固结；土质不均匀，压实不充分、填挖结合部以及新老路基交接处处理不当。

(2) 不均匀冻胀。季节性冰冻地区，土质不均匀(对冰冻敏感性不同)；路基潮湿条件变化。

(3) 膨胀土。在过干或过湿(相对于最佳含水率)时压实；排水设施不良等。

控制路基不均匀支承最经济、最有效的方法是：①进行有效的地基处理，控制沉降；②加强路基不均匀沉降；③控制压实时的含水率接近于最佳含水率，并保证压实度达到要求；④加强路基排水设施；⑤加设功能层，以缓和可能产生的不均匀变形对面层的不利影响。

2) 路面基层

水泥混凝土面层下设置基层的目的如下。

(1) 防唧泥。混凝土面层如直接放在路基上，会由于路基土型性变形量大，细料含量多和抗冲刷能力弱而极易产生唧泥现象。铺设基层后，可减轻甚至消除唧泥现象。但未经处治的砂砾基层，其细料含量和塑性指数不能太高；否则仍会产生唧泥。

(2) 防冰冻。在季节性冰冻地区，用对冰冻不敏感的粒状多孔材料铺筑基层，可以减少路基的冰冻深度，从而减轻冰冻的危害作用。

(3) 减小路基顶面的压应力，并缓和路基不均匀变形对面层的影响。

(4) 防水。在湿软路基上，铺筑开级配粒料基层，可以排除从路表面渗入面层板下的水分以及隔断地下毛细水上升。

(5) 为面层施工(如立侧模、运送混凝土混合料等)提供方便。

(6) 提高路面结构的承载能力，延长路面的使用寿命。

除路基本身就是级配良好的砂砾类土，而且是排水条件良好的轻交通道路之外，都应设置基层。同时，基层应具有足够的强度和稳定性，且断面正确、表面平整。理论计算和实践都已证明，采用整体性好，具有较高弹性模量的材料修筑基层(如贫混凝土、沥青混凝土、水泥稳定碎石、石灰粉煤灰稳定碎石、级配碎石等)，可以确保混凝土路面良好的使用特性，延长路面的使用寿命。因此，基层材料的技术要求必须符合现行《公路路面基层施工技术细则》(JTG/T F20—2015)的要求。如果基层出现较大的塑性变形累积(主要在接缝附近)，面层板将与之脱空，支承条件恶化，从而增加板的应力。同时，若基层材料中含有过多的细料还将促使其产生唧泥和错台等病害。

基层厚度以20cm左右为宜。研究表明，用厚基层来提高路基的支承力，或者说借以降低面层应力或减薄面层厚度一般不经济。但随着稳定类基层厚度的减小，基层底面的弯拉应力随之增大，因此基层厚度不宜太薄。

基层宽度应比混凝土路面板每侧各宽出 25~35cm(采用小型机具)或 50~60cm(采用滑模摊铺机施工)，或与路基同宽，以供施工时安装模板，并防止路面边缘渗水至路基而导致路面破坏。

在冰冻深度大于 0.5m 的季节性冰冻地区，为防止路基可能产生的不均匀冻胀对混凝土面层的不利影响，路面结构应有足够的总厚度，以便将路基的冰冻深度约束在有限的范围内。路面结构的最小总厚度，随冰冻线深度、路基的潮湿状况和土质而异，其数值可参照

表13.1选定。设计出的结构总厚度(面层+基层)小于表中最小厚度要求时,超出部分可用基层下的垫层(防冻层)来补足。

表13.1 水泥混凝土路面结构最小防冻厚度

路基干湿类型	路基土类别	当地最大冰冻深度/m			
		0.50~1.00	1.00~1.50	1.50~2.00	>2.00
路基干湿类型	易冻胀土	0.30~0.50	0.40~0.60	0.50~0.70	0.60~0.95
	很易冻胀土	0.40~0.60	0.50~0.70	0.60~0.85	0.70~1.10
潮湿路基	易冻胀土	0.40~0.60	0.50~0.70	0.60~0.90	0.75~1.20
	很易冻胀土	0.45~0.70	0.55~0.80	0.70~1.00	0.80~1.30

注:(1) 易冻胀土:细粒土质砾(GM、GC)、除极细粉土质砂外的细粒土质砂(SM、SC)、塑性指数小于12的黏质土(GL、CH)。

(2) 很易冻胀土:粉质土(ML、MH)、极细粉土质砂(SM)、塑性指数为12~22的黏质土(CL)。

(3) 冻深小或填方路段,或基、垫层采用隔温性能良好的材料,可采用低值;冻深大或挖方及地下水位高的路段,或基、垫层采用隔温性能稍差的材料,应采用高值。

(4) 冻深小于0.50m的地区,可不考虑结构层防冻厚度。

2. 水泥混凝土面层

轮载作用于混凝土面板中部时,路面板所产生的最大应力约为轮载作用于板边部时的2/3。因此,早期面层板的横断面曾采用过中间薄两边厚的形式(图13.1),以适应荷载应力的变化。但是厚边式路面会对路基和基层的施工带来不便,而且使用经验也表明,在厚度变化转折处,易引起板的折裂。因此,目前国内外常采用等厚式横断面的混凝土面板。

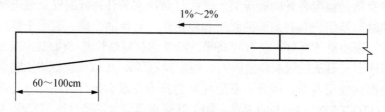

图13.1 混凝土面层横断面示意图

混凝土面板应保证表面平整、耐磨、抗滑。混凝土面板的平整度以3m直尺量测为准。3m直尺与路面表面的最大间隙,高速公路和一级公路不应大于3mm,其他各级公路不应大于5mm。混凝土面板的抗滑标准以构造深度为指标,高速公路和一级公路不应低于0.8mm,其他各级公路不应低于0.6mm。

3. 排水要求

水泥混凝土路面的排水应根据公路等级、地形、地质、气候、年降雨量、地下水等条件,结合路基排水进行设计,使之形成良好的排水系统,确保排水畅通、路基路面稳定和行车安全。高速公路和一级公路的路面排水一般由路肩排水、中央分隔带排水和路面表面渗入水的排出等组成。现代水泥混凝土路面的使用经验表明,路肩必须设置与板底连通的排水盲沟,以利于将路面板接缝处的渗水排出路肩。

4. 接缝的构造与布置

水泥混凝土面层是由一定厚度的混凝土板所组成，它具有热胀冷缩的性质。由于一年四季气温的变化，水泥混凝土板会产生不同程度的膨胀和收缩。而在一昼夜中，白天气温升高，混凝土板顶面温度比底面高，这种温度坡差会使板的中部形成隆起的趋势。夜间气温降低，板顶面温度比底面低，会使板的周边和角隅处发生翘起的趋势(图 13.2(a))。这些变形会受到板与基础之间的摩阻力和黏结力以及板的自重、车轮荷载等的约束，致使板内产生过大的应力，造成板的断裂(图 13.2(b))或拱胀等破坏。

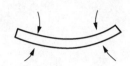 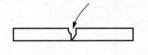 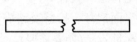

(a) 温度坡差引起的变形　　(b) 温度坡差引起板的开裂　　(c) 温度均匀下降引起板的断裂

图 13.2　混凝土由于温度变化引起的变形及破坏

由于翘曲引起的裂缝，将板体分割为两块，但是板体尚不致完全分离，倘若板体温度均匀下降引起收缩，则会将两块板体拉开(图 13.2(c))，从而失去传递荷载的作用。为避免这些缺陷，混凝土路面不得不在纵、横两个方向设置许多接缝，把整个路面分割成许多板块(图 13.3)。

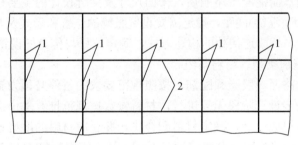

图 13.3　路面接缝设置示意图

1—横缝；2—纵缝

横向接缝是垂直于行车方向的接缝，共有 3 种，即缩缝、胀缝和施工缝。缩缝保证板因温度和湿度的降低而收缩时沿该薄弱断面缩裂，从而避免产生不规则的裂缝。胀缝保证板在温度升高时能部分伸张，从而避免路面板在高温季节产生拱胀和折断破坏，同时胀缝也能起到缩缝的作用。另外，混凝土路面每天完工以及因雨天或其他原因不能继续施工时，应尽量在胀缝处收工。如不可能，也应在缩缝处收工，并按施工缝的构造形式制作接缝。无论哪种形式的接缝，板体都不可能完全连续，其传递荷载的能力均无法达到连续板体的传荷水平，而且任何形式的接缝都不免要漏水。因此，对各种形式的接缝，都必须提供相应的传荷与防水设施。

13.2 水泥混凝土路面的设计

13.2.1 水泥混凝土路面设计内容

普通水泥混凝土路面设计的主要内容有以下几项。
(1) 结构组合设计。
(2) 平面尺寸、接缝及路肩设计。
(3) 配筋设计(如果需要)。
(4) 材料组成设计(如果需要)。
(5) 路面厚度设计。
(6) 排水设计等。

结构组合设计的主要任务是基于路某的基本状况及公路等级、交通荷载等级、自然环境条件、特殊工程要求等条件,选定某层的层数(是否需要底基层)、材料(级配碎石、水泥稳定碎石、碾压混凝土、沥青稳定碎石等),确定面层混凝土路面的类型(JPCP、JRCP 或 CRCP 等)、层数(多层板及复合式路面时)。

在确定采用普通水泥混凝土路面后,平面尺寸及接缝设计的主要任务是确定板宽或分幅施工宽度,确定横缝(缩缝)间距,确定需要设置胀缝的位置和形式及与其他路面相衔接的端部构造形式,确定与桥梁连接处的构造方式,确定拉杆与传力杆设置方案(钢筋半径、长度、间距等),选定路肩类型、材料与组合。

普通水泥混凝土路面一般无须配筋,按照规范要求的条件必须设置时,按构造要求设置材料组成设计在初步设计阶段无须进行,材料参数按规范推荐酌情选取,但在施工图设计阶段,应进行材料组成设计,确定材料配合比,并获取材料的准确设计参数用于计算分析。基层材料组成设计可参照《公路路面基层施工技术细则》(JTG/T F20—2015),水泥混凝土材料组成设计可参考《公路水泥混凝土路面施工技术细则》(JTG/T F30—2014)的相关内容。路面厚度设计的主要任务是计算并确定路面各层厚度,一般是假定其他层层厚,求算面板厚度。排水设计的主要任务是与路基排水设计相衔接和统一,将水泥混凝土路面排水有机统一在一起,考虑路表、中央分隔带路面结构内排水基层等多种排水方式组合的方案,确定沟管孔径和构造尺寸,进行水力计算验证其是否满足功能要求,并按技术经济性作出方案决策,具体参照《公路排水设计规范》(JTG/T D33—2012)。其他类型水泥混凝土路面的设计内容基本相同,根据不同类型水泥混凝土路面的材料构成及结构特征,可能侧重点有所差异,如钢筋混凝土路面和连续配筋混凝土路面的配筋设计就是其设计中的重要内容。

13.2.2 水泥混凝土路面结构组合设计

1. 水泥混凝土路面板

水泥混凝土面层板应具有足够的强度、耐久性、表面抗滑、耐磨、平整等良好的路用性能，一般采用设接缝(除接缝、板边和角隅处外)不配筋的普通水泥混凝土路面板。在交通荷载等级为重交通以上的，可增设角隅钢筋，对有些基础薄弱、未设传力杆或与其他构造物衔接的位置需配置边缘钢筋。当面层板的平面尺寸较大或形状不规则，路面结构下埋有地下设施，位于高填方、软土地基、填挖交界段等有可能产生不均匀沉降的路基段时，应采用接缝设置传力杆的钢筋混凝土面层。连续配筋混凝土、碾压混凝土和钢纤维混凝土等其他面层类型可依据适用条件选用，见表 13.2。

表 13.2 其他混凝土路面面层类型选择

面层类型		适用条件
连续配筋混凝土面层		高速公路
复合式面层	密级配沥青混合料上面层	极重、特重交通荷载的高速公路
	连续配筋混凝土下面层	
	设传力杆普通混凝土下面层	
碾压混凝土面层		二级及二级以下公路
钢纤维混凝土面层		高程受限制路段、混凝土加铺层
混凝土预制块面层		二级及二级以下公路桥头引道沉降未稳定段、服务区、停车场

普通混凝土、钢筋混凝土、碾压混凝土或钢纤维混凝土面层板一般采用矩形分仓，用纵横接缝分隔，纵向和横向接缝应垂直相交，纵缝两侧的横缝不得相互错位。纵缝间距按路面宽度在 3.0～4.5m 范围内确定。普通混凝土面层板的横缝间距一般为 4～6m。面层板的长宽比不宜超过 1.35，平面尺寸不宜大于 25m²。碾压混凝土或钢纤维混凝土面层板的横缝间距一般为 6～10m，钢筋混凝土面层板一般为 6～15m，面层板长宽比不宜超过 2.5，面积不宜大于 45m²。

钢筋混凝土、碾压混凝土和连续配筋混凝土面层的计算厚度，可依据交通荷载等级、公路等级和变异水平等级参照普通水泥混凝土路面计算方法确定。钢纤维混凝土的钢纤维体积率宜为 0.6%～1.0%，面层厚度宜为普通混凝土面层厚度的 0.65～0.75 倍，按钢纤维掺量确定。特重或重交通荷载时，其最小厚度应为 180mm；中等或轻交通荷载时，其最小厚度应为 160mm。

复合式路面的沥青混凝土上面层的厚度不宜小于 40mm。水泥混凝土下面层的计算厚度按普通水泥混凝土路面方法计算。水泥混凝土下面层与沥青混凝土上面层之间应设置黏结层。混凝土面层板的厚度取决于公路和交通荷载等级，普通混凝土、钢筋混凝土、碾压混凝土或连续配筋混凝土面层板所需的厚度，可参考表 13.3 所列的范围初步选定。

为保证行车安全，混凝土路面板表面构造应采用刻槽、压槽、拉槽或拉毛等方法制作。构造深度在使用初期应满足表 13.4 的要求。

2. 水泥混凝土路面基层

水泥混凝土路面的基层应具有足够的抗冲刷能力和一定的刚度。对于湿润和多雨地区，路基为低透水性细粒土的高速公路和一级公路，或者承受特重交通或重交通的二级公路，宜采用排水基层。水泥混凝土路面基层材料选择及各类基层适宜厚度范围见表 13.5。

表 13.3　水泥混凝土面层厚度的参考范围

交通荷载等级	极重	特重					
公路等级		高速公路	一级公路	二级公路	高速公路	一级公路	二级公路
变异水平等级	低	低	中	低	中	低	中
面层厚度/mm	≥320	320～280	300～260	280～240		270～230	260～220

交通荷载等级	中等		轻	
公路等级	二级公路		三、四级公路	三、四级公路
变异水平等级	高	中	高	中	高	中
面层厚度/mm	250～220	240～210	230～200	220～190	210～180

注：在水泥混凝土板上设置沥青混凝土层时，每增加 4cm 沥青混凝土层可减少 1cm 面板厚度。

表 13.4　各级公路水泥混凝土面层的表面构造深度要求(mm)

公路等级	高速公路、一级公路	二级、三级、四级公路	公路等级	高速公路、一级公路	二级、三级、四级公路
一般路段	0.70～1.10	0.50～1.0	特殊路段	0.80～1.20	0.60～1.10

注：(1) 高速公路和一级公路特殊路段是指立交、平交或变速车道等处；其他等级公路特殊路段是指急弯、陡坡、交叉口或集镇附近。

(2) 年降雨量 600mm 以下的地区，表列数值可适当降低。

表 13.5　各类基层适宜厚度的范围

材料种类		适宜施工层厚/mm
贫混凝土、碾压混凝土		120～200
无机结合料稳定粒料		150～200
沥青混凝土	集料公称最大粒径 9.5mm	25～40
	集料公称最大粒径 13.2mm	35～65
	集料公称最大粒径 16mm	40～70
	集料公称最大粒径 19mm	50～75
沥青稳定碎石	集料公称最大粒径 19mm	
	集料公称最大粒径 26.5mm	75～100
多孔隙水泥稳定碎石		100～150
级配碎石、未筛分碎石、级配砾石或碎砾石		100～200

基层的宽度应比混凝土面板每侧宽出 300～650mm。路肩采用混凝土面层，其厚度与行车道面层板相同时，基层宽度宜与路基同宽。

采用碾压混凝土作为基层时，应设置与混凝土面层板相对应的纵、横接缝。采用贫混凝土作为基层时，若弯拉强度超过 1.5MPa，应设置与混凝土面层板相对应的横向接缝；一次摊铺宽度大于 7.5m，还应设置纵向缩缝。

承受极重、特重或重交通荷载的路面，基层下应设置底基层；承受中等或轻交通荷载时，可不设底基层。当基层采用无机结合料稳定类材料，且上路床由细粒土组成时，应在基层下设置粒料类底基层。

贫混凝土或碾压混凝土基层上应铺设沥青混凝土夹层，层厚不宜小于 40mm。无机结合料稳定碎石基层上应设置封层，封层可采用单层沥青表面处治或适宜的膜层材料等。当采用单层沥青表面处治时，层厚不宜小于 6mm。

多雨地区，路基由低透水性细粒土组成的高速公路和一级公路或者承受极重或特重交通荷载的二级公路，宜设置由开级配沥青稳定碎石或开级配水泥稳定碎石组成的排水基层。排水基层下应设置由水泥稳定碎石组成的不透水底基层，底基层顶面宜铺设沥青封层或防水土工织物组成不透水底基层。

各种基层和底基层的结构层适宜压实厚度，应按所选集料的公称最大粒径和压实效果的要求而定。基层或底基层的设计层厚超出相应材料的适宜压实厚度范围时，应首先调整材料和其他层厚度在适宜范围。

贫混凝土或碾压混凝土基层设计厚度应依据计算厚度按 10mm 向上取整。

开级配沥青稳定碎石或水泥稳定碎石排水基层的计算厚度应满足排除表面水设计渗入量的需要。排水基层的设计厚度宜依据计算厚度按 10mm 向上取整后再增加 20mm。

3. 水泥混凝土路面的路基与功能层

水泥混凝土路面功能层结构一般是为应对路基的特殊需求而设置，分为防冻层、排水层与加固层 3 类。

在季节性冰冻地区修筑水泥混凝土路面，当路面结构总厚度不能满足最小防冻厚度要求时，应设置防冻层，保证总厚度满足最小防冻厚度的要求。

对于水文地质条件不良的土质路基，路床土的湿度较大时，为防止地下水对路面结构的侵蚀，应设置排水层。

当路基土特别软弱，经加固后，仍有可能出现不均匀沉降、变形时，应设置加固层以增强路床的承载能力。

有时以上 3 种情况兼而有之，在选择功能层结构材料时，也应兼顾，具备多种功能。一般情况下，功能层多选用当地廉价材料修筑，或取当地材料掺少量无机结合料处治后使用，如砂、砂砾料、低剂量无机结合料稳定粒料等。功能层厚度一般为 150~200mm。

水泥混凝土路面的路基应满足稳定、密实、均质、耐久的要求，为路面结构提供均匀的支承。因此对路基土质的要求很严格，一般高液限黏土及含有机质的细粒土均不能用于高速公路和一级公路的路床填料，也不能用于二级和二级以下公路的上路床填料。高液限粉土及塑性指数大于 16 或膨胀率大于 3%的低液限黏土不能用作高速公路和一级公路的上路床填料。因条件限制而必须采用上述土作填料时，应掺加石灰或水泥等无机结合料进行处治。

地下水位较高的路段，应提高路堤设计高程。若设计高程受限制，路基达不到中湿状态的临界高度时，应选用粗粒土或低剂量石灰或水泥稳定细粒料作路床填料；未能达到潮湿状态的路基临界高度时，除采用上述填料外，还应采取设置排水渗沟等降低地下水位的措施。

路基压实度应符合《公路路基设计规范》(JTG D30—2015)的要求,岩石或填石路床顶面应铺设整平层,整平层可采用未筛分碎石和石屑或低剂量水泥稳定粒料,其厚度视路床顶面不平整程度而定,一般为100~150mm。

《公路水泥混凝土路面设计规范》(JTG D40—2011)中规定,路床顶面的综合回弹模量不得低于40MPa,中等或重交通荷载等级时,不得低于60MPa,特重或极重交通时不得低于80MPa。

13.2.3 水泥混凝土路面厚度设计

本节介绍我国现行《公路水泥混凝土路面设计规范》(JTG D40—2019)中的设计方法。

1. 设计计算模型及选择

规范中回归公式的建立采用有限元计算方法,进行结构分析时采用了下述方案。

① 基层板与面层板的平面尺寸可以不相等。

② 应用有限元法求解基层板和面层板,荷载应力采用立方体弹性单元,层间水平光滑、竖向受压连续但不承受拉力。

③ 温度翘曲应力用近似解析法求解,基层板与面层板采用薄板假定,层间为竖向线性弹簧相连。

不同模型与假定的计算结果对比表明,水泥混凝土路面结构分析应采用弹性地基板理论。除粒料类基层外,其他各类基层与混凝土面层应按分离式双层板模型进行结构分析。粒料类基层及各类底基层和功能层应与路基一起视作多层弹性地基,以地基顶面当量回弹模量表征。

按基层与面层类型和组合的不同,路面结构分析可分别采用下述力学模型。

(1) 弹性地基单层板模型。适用于粒料基层上水泥混凝土面层,旧沥青路面加铺水泥混凝土面层;面层板底面以下部分按弹性地基处理。

(2) 弹性地基双层板模型。适用于无机结合料类基层或沥青类基层上水泥混凝土面层,旧水泥混凝土路面上加铺分离式水泥混凝土面层;面层和基层或者新旧面层作为双层板,基层底面以下或者旧面层底面以下部分按弹性地基处理。

(3) 复合板模型。适用于两层不同性能材料组成的面层或基层复合板。旧水泥混凝土路面上加铺结合式水泥混凝土面层,两层不同性能材料组成的层间黏结的面层,作为弹性地基上的单层板或者弹性地基上双层板的上层板;无机结合料类基层或沥青类基层与无机结合料类底基层组成的基层,作为弹性地基上双层板的下层板。

混凝土面层板的临界荷位始终选取纵缝边缘中部。基层板的临界荷位与面层板相同。设计计算的一般步骤如下。

(1) 根据调研或预测确定交通量相关参数,计算 N_e,并确定变异水平等级,确定可靠度系数。

(2) 列出所有已知条件,根据结构组合设计选定的组合形式,预设除待设计层(一般是最上层的板)以外各层的厚度与材料的弹性模量,预设待设计层模量、泊松比、弯拉强度标准值。

(3) 确定板的设计宽度，摊铺与横向衔接施工方案，预设板的平面尺寸(长度 L 和宽度 B)，根据要求选定接缝的类型。

(4) 根据结构组合情况选定设计计算的基本模型，分 3 种情况：弹性地基上的单层板、分离式双层板和结合式双层板(或称为复合板)。

(5) 根据路基土质等情况确定路基回弹模量 E_0，结合弹性层状地基其他层的厚度和模量计算地基顶面的当量回弹模量 E_t。

(6) 按模型选择不同的回归公式，计算标准轴载(或设计轴载)和最重轴载作用在四边自由的板上临界荷位处产生的板内荷载应力 σ_{ps}、σ_{pm}，确定修正系数 k_r、k_c、k_f，计算荷载疲劳应力 σ_{pr} 和最大荷载应力 $\sigma_{p,max}$ (只用前两个系数修正)。

(7) 按模型选择不同的回归公式，计算温度内应力和翘曲应力综合作用下的最大温度应力 $\sigma_{t,max}$，确定修正系数 k_t，计算温度疲劳应力 σ_{tr}。

(8) 对于分离式双层板，按类似方法计算并检验下层板(或基层)的荷载疲劳应力 σ_{bps}、σ_{bpr}(注意上、下板材料不同时，k_f 的计算公式有所不同)，检验其是否满足基层的极限状态表达式(不考虑最重轴载产生的最大荷载应力问题，疲劳应力分析中忽略温度疲劳应力项)。

(9) 检验极限状态表达式是否成立，如果不成立回到第(2)步，改变预设层厚度或重新进行组合设计，直到成立。

(10) 减小待设计层厚，或选择其他材料总价更低的组合方案，直到刚好满足极限状态表达式，确定优化的设计方案。

(11) 计算层厚确定后，应加上 6mm 磨耗厚度，按 10mm 向上取整，作为混凝土面层的设计厚度。

2. 弹性地基的综合回弹模量

规范设计方法中各种模型所选用的地基模型及分析方法基本相同，都是用地基顶面的综合回弹模量 E (也称为当量回弹模量)来表征。但需要注意的是，该"弹性层状地基"根据基层组合及面板层数等情况的不同而有所不同，需加以区别。

(1) 单层水泥混凝土路面板下，以粒料类材料作基层时，将粒料层及其以下层看作地基，包含粒料层本身。

(2) 单层水泥混凝土路面板下，以非粒料层为基层时，将基层以下各层看作地基，不含基层本身。

(3) 旧水泥混凝土板，加铺分离式新混凝土板时，将旧混凝土板的基层顶面以下看作地基(包括基层本身)。

(4) 旧水泥混凝土板加铺结合式新水泥混凝土板时，先将新旧板按结合式双层板理论换算单层；当旧基层为非粒料类材料时，将旧基层按分离式双层板理论换算为单层；其下部分看作地基，整体按分离式双层板计算。

(5) 旧沥青路面加铺水泥混凝土路面板时，以旧路面顶测试的指标换算出当量回弹模量。简而言之，除采用粒料基层的单层板结构或旧沥青路面加铺混凝土面板时，面板以下各层均属于地基外，其他结构都是去除上部非粒料类材料层后的部分作为地基。当量回弹模量以地基顶面指标形式给出。不同的模型均采用相同的回归计算公式。

$$E_t = \left(\frac{E_x}{E_0}\right)^2 E_0 \tag{13.1}$$

$$\alpha = 0.86 + 0.26 \ln h_x \tag{13.2}$$

$$E_x = \frac{\sum_{i=1}^{n} E_i h_i^2}{\sum_{i=1}^{n} h_i^2} \tag{13.3}$$

$$h_x = \sum_{i=1}^{n} h_i \tag{13.4}$$

式中　E_0——路基顶面的综合回弹模量，MPa；

　　　α——与地基内除路基以外各层的总厚度 h_x 有关的回归系数；

　　　E_t——地基顶面当量回弹模量，MPa；

　　　h_x——地基内除路基以外各层的总厚度，m；

　　　n——弹性地基分层数(不包括路基半空间体)；

　　　E_i，H_i——第 i 结构层的回弹模量和厚度，单位分别为 MPa、m；

　　　E_x——粒料层的当量回弹模量，MPa。

在旧沥青混凝土路面上铺装水泥混凝土面层时，地基顶面当量回弹模量可根据落锤式弯沉仪(荷载 50kN，承载板直径 30cm)的中心点弯沉的测定结果，按式(13.5)计算，即

$$E_t = \frac{18621}{w_0} \tag{13.5}$$

或根据贝克曼梁(后轴重 100kN 的车辆加载)的弯沉测定结果按式(13.6)计算，即

$$E_t = \frac{18621}{w_0} \tag{13.6}$$

$$w_0 = \bar{w} + 1.04 s_w \tag{13.7}$$

式中　w_0——路段代表弯沉值，0.01mm；

　　　$\bar{w}$——路段弯沉平均值，0.01mm；

　　　s_w——路段弯沉的标准差，0.01mm。

3. 单层板模型的设计方法与实例

1) 混凝土面层板荷载疲劳应力计算

(1) 设计轴载在四边自由板的临界荷位处产生的荷载应力 σ_{ps}，有

$$\sigma_{ps} = 1.47 \times 10^{-3} r^{0.70} h_c^{-2} P_s^{0.94} \tag{13.8}$$

$$r = 1.21 \sqrt[3]{\frac{D_c}{E_t}} \tag{13.9}$$

$$D_c = \frac{E_c h_c^3}{12(1-v_c^2)} \tag{13.10}$$

(2) 确定 3 个修正系数 k_r、k_c、k_f。

应力折减系数 k_r，因接缝的传荷能力，对板的应力降低有正面效果，取值不大于 1。因

临界荷位在纵缝边缘，因此主要由路肩情况决定：采用混凝土路肩时，取 0.87～0.92(路肩面层与路面面层等厚时取低值，减薄时取高值)；采用柔性路肩或土路肩时取 1。

考虑理论与实际差异及动载等因素影响的综合系数 k_c，按公路等级查表 13.6 确定。

表 13.6 综合系数 k_c

公路等级	高速公路	一级公路	二级公路	三级、四级公路
k_c	1.15	1.1	1.05	1

荷载疲劳应力系数 k_f，与累计轴次 N_e 有关，由式(13.11)确定，即

$$k_f = N_e^\lambda \tag{13.11}$$

式中　N_e——设计基准期内设计轴载累计作用次数；

λ——材料疲劳指数，普通混凝土、钢筋混凝土、连续配筋混凝土采用 0.057；碾压混凝土和贫混凝土采用 0.065；钢纤维混凝土按式(13.12)计算，即

$$\lambda = 0.053 - 0.017 \rho_f \frac{l_f}{d_f} \tag{13.12}$$

式中　ρ_f——钢纤维的体积率，%；

l_f——钢纤维的长度，mm；

d_f——钢纤维的直径，mm。

(3) 计算荷载疲劳应力

$$\sigma_{pr} = k_r k_c k_f \sigma_{ps} \tag{13.13}$$

式中符号意义同前。

2) 面层板在最重轴载作用下的荷载应力计算

(1) 最重轴载(或称极限荷载)在四边自由板的临界荷位处产生的荷载应力 σ_{pm} 计算公式与式(13.8)相同，但要用最重轴载 P_m 代替式中的标准轴载(或设计轴载) P_s。

(2) 确定修正系数 k_r、k_c。k_r、k_c 的确定方法与计算荷载疲劳应力时相同，无须重复计算。

(3) 最重轴载在临界荷位产生的最大荷载应力 $\sigma_{p,max}$，有

$$\sigma_{p,max} = k_r k_c \sigma_{pm} \tag{13.14}$$

式中符号意义同前。

温度应力与荷载是重复荷载还是单次最重荷载作用没有直接关系，但将荷载应力与温度应力相加时，存在与现实状态的相似性问题。温度应力在路面刚开始进入使用期时，因地基约束较强，产生的温缩和翘曲内应力较大，后期在应力反复作用下，界面上的约束将减弱，因此温度疲劳应力减小。考虑疲劳作用时，采用荷载疲劳应力，温度应力也应采用温度疲劳应力。在考察最重轴载的作用时，因其作用是一次性的，因此无须考虑疲劳效应，选择最大温度应力。

(1) 面层板最大温度应力 $\sigma_{t,max}$。

① 综合温度翘曲应力和内应力的温度应力系数 B_L，有

$$B_L = 1.77 e^{-4.48 h_c} C_L - 0.131(1 - C_L) \tag{13.15}$$

$$C_L = 1 - \frac{\sin ht \cdot \cos t + \cos ht \cdot \sin t}{\cos t \cdot \sin t + \sin ht \cdot \cos ht} \tag{13.16}$$

$$t = \frac{L}{3r} \tag{13.17}$$

式中 C_L——混凝土面层板的温度翘曲应力系数；

L——面层板的横缝间距，即板长，m；

r——面层板的相对刚度半径，m。

② 最大温度应力，即

$$\sigma_{t,max} = \frac{\alpha_c E_c h_c T_g}{2} B_L \tag{13.18}$$

式中 α_c——混凝土的线胀系数，根据粗集料的岩性按表 13.7 取用；

T——公路所在地 50 年一遇的最大温度梯度，按表 13.8 取用。

其他符号意义同前。

表 13.7 水泥混凝土线胀系数经验参考值

粗集料类型	石英岩	砂岩	砾石	花岗岩	玄武岩	石灰岩
水泥混凝土线胀系数(10^{-6}/℃)	12	12	11	10	9	7

表 13.8 水泥混凝土面板的温度梯度值

公路自然区划	Ⅰ、Ⅴ	Ⅲ	Ⅳ、Ⅵ	Ⅵ
温度梯度 T_g/(℃/m)	83～88	90～95	86～92	93～98

(2) 面层板温度疲劳应力 σ_{tr}。

① 确定温度疲劳应力系数 k_t，有

$$k_t = \frac{f_r}{\sigma_{t,max}} \left[a_t \left(\frac{\sigma_{t,max}}{f_r} \right)^{b_t} - c_t \right] \tag{13.19}$$

式中 a_t，b_t，c_t——回归系数，按所在地区的公路自然区划查表 13.9 选取。

其他符号意义同前。

表 13.9 回归系数 a_t、b_t 和 c_t

系 数	公路自然区划					
	Ⅱ	Ⅰ	Ⅳ	Ⅴ	Ⅵ	Ⅶ
a_t	0.828	0.855	0.84	0.87	0.84	0.83
b_t	1.323	1.355	1.32	1.29	1.38	1.27
c_t	0.041	0.041	0.06	0.07	0.04	0.05

② 温度疲劳应力 σ_{tr}，有

$$\sigma_{tr} = k_t \sigma_{t,max} \tag{13.20}$$

式中符号意义同前。

13.3 水泥混凝土路面的施工

13.3.1 水泥混凝土路面施工准备

1. 设备要求

一般施工技术水平下，不同等级的公路水泥混凝土路面的施工应满足表 13.10 的要求。

表 13.10 不同等级的公路水泥混凝土路面施工的设备要求

摊铺工艺机械装备	高速公路	一级公路	二级公路	三级公路	四级公路
滑模摊铺机	√	√	√	◎	○
三辊轴机组	○	○	√	√	√
小型机具	×	×	◎	√	√
碾压混凝土	◎	◎	√	√	√
计算机自动控制强制搅拌楼(站)	√	√	√	◎	○
强制搅拌楼(站)	×	○	◎	√	√

注：(1) 符号含义：√应使用；◎有条件使用；○不宜使用；×不得使用。
(2) 各等级公路均不得使用体积计量，小型自落滚筒式搅拌机，严禁使用人工控制加水量。

2. 设置模板

模板由钢模或其他材料制成，并符合路面平、纵、横设计的要求，保证模板连接牢固可靠、支立稳固，使在浇注混凝土时能经受捣实和饰面设备的冲击和振动而不产生位移，模板的高度与混凝土路面厚度相同。

施工缝处的模板应根据传力杆或拉杆的设计位置放样钻孔，模板接头处应有牢固拼接装置，拼装简单，拆卸方便。

3. 设置传力杆

在横向缩缝及胀缝处设置的传力杆应与中线及路面表面平行，传力杆长度的一半再加 5cm 涂一层沥青以确保面板自由伸缩。胀缝处的传力杆在涂沥青的一端加一个预制盖套，内留 30mm 空隙，填以纱头或泡沫塑料。

拉杆要求在混凝土摊铺之前就装设好，或者用一台拉杆振动器把它装入接缝边缘内，或者用混凝土摊铺机上的拉杆自动穿杆器来装设。

13.3.2 混凝土拌和物的搅拌

搅拌场配置的混凝土总拌和设备的生产能力要求保证满足实际的摊铺能力，并按总拌

和能力确定需要的搅拌楼数量和型号,混凝土路面不同摊铺方式的搅拌楼最小配置容量见表 13.11。

表 13.11 混凝土路面不同摊铺方式的搅拌楼最小配置容量(m³/h)

摊铺宽度	滑模摊铺	碾压混凝土	三辊轴机组摊铺	小型机具摊铺
单车道 3.75~4.5m	≥150	≥100	≥75	≥50
双车道 7.5~9m	≥300	≥200	≥100	≥75
整幅宽≥12.5m	≥400	≥300		

每台搅拌楼在投入生产前,必须进行标定和试拌。在标定有效期满或搅拌楼搬迁安装后,均应重新标定。施工中应每 15d 校验一次搅拌楼计量精确度。采用计算机自动控制系统的搅拌楼时,应使用自动配料生产,并按需要打印每天(周、旬、月)对应路面摊铺桩号的混凝土配料统计数据及偏差。

搅拌过程中,拌和物质量检验与控制应符合表 13.12 的规定。低温或高温天气施工时,拌和物出料温度宜控制在 10~35℃,并应测定原材料温度、拌和物温度、坍落度损失率和凝结时间等。

表 13.12 混凝土拌和物的质量检验项目和频率

检查项目	检查频率	
	高速公路、一级公路	其他等级公路
水灰比及稳定性	每 5000m³抽检 1 次,有变化随时测	每 5000m³抽检 1 次,有变化随时测
坍落度及其损失率	每工班测 3 次,有变化随时测	每工班测 3 次,有变化随时测
振动黏度系数	试拌、原材料和配合比有变化时测	试拌、原材料和配合比有变化时测
纤维体积率	每工班测 2 次,有变化随时测	每工班测 1 次,有变化随时测
含气量	每工班测 2 次,有抗冻要求时不少于 3 次	每工班测 1 次,有抗冻要求时不少于 3 次
泌水率	每工班测 2 次	每工班测 2 次
表观密度	每工班测 1 次	每工班测 1 次
温度、凝结时间、水化发热量	冬、夏季施工,气温最高、最低时,每工班至少测 1~2 次	冬、夏季施工,气温最高、最低时,每工班至少测 1 次
改进 VC 值	每工班测 3 次,有变化随时测	每工班测 3 次,有变化随时测
离析	随时观察	随时观察
压实度、松铺系数	每工班测 3 次,有变化随时测	每工班测 3 次,有变化随时测

13.3.3 混凝土拌和物的运输

水泥混凝土材料的运输应根据施工进度、运量、运距及路况,选配车型和车辆总数,总运力应比总拌和能力略有富余,确保新拌水泥混凝土在规定时间内运到摊铺现场。不同摊铺工艺的混凝土拌和物从搅拌机出料到运输、铺筑完毕的允许最长时间应符合表 13.13 的要求。不满足时应通过试验,加大缓凝剂或保塑剂的剂量。

表 13.13 混凝土拌和物出料到运抵现场允许最长时间

施工气温/℃	滑模摊铺/h	三辊轴机组摊铺、小型机具摊铺/h	碾压铺筑/h
5~9	1.5	1.2	1
10~19	1.25	1	0.8
20~29	1	0.75	0.6
30~35	0.75	0.4	0.4

13.3.4 水泥混凝土拌和物的铺筑

水泥混凝土在铺筑时，将倾卸在基层或摊铺机箱内的水泥混凝土按摊铺厚度均匀地充满模板范围之内。主要设备有以下两种。

1. 滑模摊铺机

高速公路、一级公路施工，宜选配能一次摊铺 2~3 个车道宽度(7.5~12.5m)的滑模摊铺机；二级及二级以下公路路面的最小摊铺宽度不得小于单车道设计宽度。硬路肩的摊铺宜选配中、小型多功能滑模摊铺机，并宜整体一次摊铺路缘石。滑模摊铺机的基本技术参数选择见表 13.14。

表 13.14 滑模摊铺机的基本技术参数

项 目	发动机功率/kW, ≥	摊铺宽度范围/m	摊铺最大厚度/mm, ≤	摊铺速度范围/(m/min)	最大空驶速度/(m/min), ≤	最大行走速度/(m/min), ≤	履带数/个
三车道滑模摊铺机	200	12.5~16.0	500	0.75~0.30	5	15	4
双车道滑模摊铺机	150	3.6~9.7	500	0.75~0.30	5	18	2~4
多功能单车道滑模摊铺机	70	2.5~6.0	400 护栏最大高度≤1900	0.75~0.30	9	15	2~4
小型路缘石滑模摊铺机	60	0.50~2.5	<450	0.75~2.0	9	10	2~3

2. 三辊轴机组

三辊轴整平机的主要技术参数见表 13.15。板厚 200mm 以上宜采用直径 168mm 的辊轴；桥面铺装或厚度较小的路面可采用直径为 219mm 的辊轴。轴长宜比路面宽度长出 600~1200mm。

表 13.15　三辊轴整平机的主要技术参数

轴直径/mm	轴速/(r/min)	轴长/m	轴质量/(kg/m)	行走速度/(m/min)	整平轴距/mm	振动功率/kW	驱动功率/kW	适宜整平路面厚度/mm
168	300	5～9	65±0.5	13.5	504	7.5	6	200～260
219	380	5～12	77±0.7	13.5	657	17	9	160～240

13.3.5　水泥混凝土拌和物的捣实

滑模摊铺机的振捣棒下缘位置应在挤压板最低点以上，振捣棒宜均匀排列，间距宜为300～450mm；两侧最边缘振捣棒与摊铺边缘距离不宜大于200mm，保证整幅范围内的水泥混凝土振捣密实和均匀。挤压底板前倾角宜设置为3°左右。提浆夯板位置宜在挤压底板前缘以下 5～10mm，两边缘超铺高程根据拌和物稠度确定，宜为 3～8mm。搓平梁前沿宜调整到与挤压板后沿高程相同，搓平梁的后沿比挤压板后沿低1～2mm，并与路面高程相同。

三辊轴机组铺筑混凝土面板时，振捣棒组间歇插入振实时，每次移动距离不宜超过振捣棒有效作用半径的1.5倍，并不得大于500mm，振捣时间宜为15～30s。排式振捣机连续施行振实时，作业速度宜控制在 4m/min 以内。排式振捣机应匀速缓慢、连续不间断地振捣行进。其作业速度以拌和物表面不露粗集料、液化表面不再冒气泡并不再泛出水泥浆为准。单车道摊铺的混凝土路面，在侧模预留孔中应按设计要求插入拉杆；一次摊铺双车道路面时，除应在侧模孔中插入拉杆外，还应在中间纵缝部位使用拉杆插入机在 1/2 板厚处插入拉杆，插入机每次移动的距离应与拉杆间距相同。

13.3.6　终饰、整修、锯缝及养护

经振捣密实的水泥混凝土表面应保持其路拱准确、平整度符合要求。表面整修前应做好清边整缝，清除黏浆，修补掉边、缺角。

当混凝土硬化到足以承受锯缝设备时，即可开始锯缝作业。锯缝作业完成后，应立即把所有锯屑和杂物彻底清除干净。

混凝土板表面修整完毕后，应及时采用湿润养护和塑料薄膜养护。

混凝土板达到设计强度时，可允许开放交通。当遇特殊情况需要提前开放交通时，则应根据规定的试验方法测定与混凝土面板同样条件养护的试块强度，应达到设计强度的80%以上，其车辆荷载不得大于设计荷载。在开放交通之前，路面应清扫干净，所有接缝均应封闭好。

课后习题

13.1　小挠度弹性薄板理论的基本假定是什么？这些假定的合理性在何处？

13.2　普通水泥混凝土路面的排水有哪几种主要形式？采用什么设备或构造？怎样将路面排水与路基排水协调统一在一起组成整体？

13.3　不同形式的水泥混凝土路面有不同的配筋规定，这些配筋的主要作用是什么？

13.4　我国规范中为何要增加"最重荷载"的极限状态，它对应真实路面哪种具体的破坏形式？

13.5　水泥混凝土路面中疲劳破坏的考虑方式与沥青路面设计中的方式各是什么？有什么区别或联系？

13.6　可靠度指标的意义何在？其理论基础是什么？

13.7　普通水泥混凝土路面的路肩如何设置？有什么具体要求？对设计计算参数有何影响？

第 14 章 道路排水设计

水是危害道路的主要自然因素。水的作用加剧了路基路面结构损坏，缩短了它们的使用寿命。路基的沉陷、冲刷、坍塌、翻浆，沥青混凝土路面的松散、剥落、龟裂，水泥混凝土路面的唧泥、错台、断裂等病害，都不同程度地与地表水和地下水的侵蚀有关。排水设计对保证道路的使用性能和使用寿命具有重要作用。道路排水系统的设置应以保障结构稳定和行车安全为目的，要着重分析研究所遇到的各种水的来源及它们对道路的危害程度，根据其轻重缓急，分别采用不同的排水设施。要考虑每一项排水设施的作用，以及在位置、构造等方面的具体要求，把对道路确有危害的水流有效地排除。

道路排水按区域可分为公路排水和城市道路排水。公路一般采用明渠排水，城市道路采用管渠排水。

道路排水设计应该防排结合、以防为主。道路排水包含两类排水。第一类排水是防水，即减少地面水、地下水、农田排灌水对路基稳定性及强度的影响，如在路堑坡顶外设置截水沟；提高路基最小填土高度或在路基底部设置隔水垫层；对于地下水位较高路段，施工期间在施工前开挖临时排水边沟，排除地表水并降低地下水等。第二类排水是将路表水迅速排出路基之外，最大限度地减少雨水对路基、路面质量的影响，减少因路表水排水不畅或路表水下渗对路基、路面结构和使用性能产生的损害。

道路第二类排水设计一般包括以下两种水。

(1) 路面水。通过道路横坡、急流槽、边沟及排水构造物等形成完整的排水系统，把路面水收集并排出路基范围；对于超高路段，可通过设置在中央分隔带处的中央排水沟和横向排水管等排出路面水，或通过中央分隔带开口把超高路段外侧路面水排到路面另一侧并通过路面横坡排出。

(2) 下渗水。一是中央分隔带下渗水，可通过在中央分隔带下设置纵向盲沟收集，并每隔一段距离设置集水井和横向排水管将下渗水排出路基；二是路肩下渗水，一般处理方法为在路肩设置纵向渗沟，并通过横向排水管排出路基。

第14章 道路排水设计

14.1 概 述

14.1.1 排水设计原则

1. 迅速排水

设计道路排水设施的目的是为迅速排除降落在道路路界内的地表水,排除、拦截地下水或降低地下水位等,以防止道路路基和路面结构遭受地表水和地下水的浸湿、冲刷等损害作用。而这些排水设施在实现其功能时,不应造成不适当的涌水或阻水,不应产生冲刷流速,也不应影响道路上车辆的安全运行。

2. 标准合理

排水设计的标准应同所设计道路的重要性以及水对结构物产生危害与否和程度相适应。排水设计的目标是提供功能完善、维修便利和造价合理的最佳排水设施方案。

3. 协调配合

排水设计应同当地的自然水系、已有的或规划的水利设施(灌溉排水、河川治理或水土保持等)、公共下水道、地下管线等协调配合。

4. 环境保护

各项排水设施应重视流水处理,防止排泄水冲毁农田及水利设施,防止冲刷地表引起水土流失或者污染水源。

5. 维修方便

各项排水设施的设计断面尺寸,应满足排泄设计流量的要求。同时,还应符合在使用过程中检查、维护和修理的要求。

14.1.2 道路排水的类型

1. 路界表面排水

排除道路用地范围内的地表水,包括由落在路界范围内的降水形成的地表径流,可能进入路界的道路毗邻地带的地表水以及由相交道路流入路界内的表面排水等。

2. 横向穿越路界排水

道路跨越溪沟、河流、渠道、洼地时,将道路上游侧的地表水流穿过路基引排到道路下游侧。

3. 地下排水

拦截、排除、降低、疏干可能危及路基稳定或影响路基路面结构强度和抗变形能力的含水层地下水。

4. 路面结构内部排水

排除通过裂缝、接缝、面层空隙下渗到路面结构(面层、基层和垫层)内部或者由路基或路肩渗入并滞留在路面结构内部的自由水。

5. 道路构造物排水

排除道路构造物(桥梁、隧道、支挡结构物等)的表面径流或者渗入其内部的自由水。
排水类型如图14.1所示。

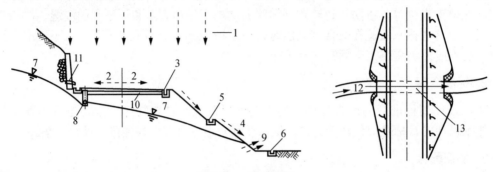

图14.1 排水类型

1—降水；2—路面排水；3—边沟；4—坡面排水；5—排水沟；6—坡脚排水沟；7—地下水位；
8—地下排水渗沟；9—涌水；10—排水基层；11—挡土墙墙背排水；12—溪流；13—横断面排水

14.1.3 排水设计的内容和步骤

排水设施的设计内容和步骤主要包括调查和采集数据、排水设施布设、水文分析、水力计算、结构设计和冲刷防护等。

1. 调查和采集数据

查阅有关文献，实地调查道路沿线地区的自然生态环境及社会经济状况，必要时进行适当的测量、钻探和试验分析。

(1) 自然生态环境资料。

① 道路沿线汇水区的特性、地形、地貌、河川水系。

② 道路沿线汇水区的地质特性、土类型和性质。

③ 道路沿线汇水区的地表覆盖情况，植物生态分布。

④ 道路沿线汇水区的地下水类型和补给来源，地下水水位、流向和流速，涌水或泉水出露位置和流量。

⑤ 当地的气象资料(降雨强度、时间分布和延时、温度等)。

⑥ 道路沿线汇水区水系的水位和流量，河道冲淤情况等。

(2) 社会经济状况资料。

① 道路沿线汇水区内的土地利用情况。

② 道路沿线汇水区和附近地区的水土保持措施及水利设施。

③ 道路沿线汇水区和附近地区的有关防洪排水、河道整治、土地开发或城市发展规划等。

2. 排水设施布设

选取各种排水设施，如沟渠、管道、涵洞、急流槽跌水拦水带、进(出)水口、集水井、渗沟、透水管等，以拦截、汇集、拦蓄、输送或排除地表水或地下水，并进行平面和纵断面布置，形成合适的排水系统。

3. 水文分析

依据汇水区内的气象、水文和地形地貌植被资料，或参考邻近既有排水构造物的有关资料，分析水文特性，估算各项排水设施需排泄的设计径流量。

4. 水力计算

依据各项排水设施的设计径流量进行水力计算，以确定各项排水设施所需的设计断面，并检验其流速是否在最大和最小允许值范围内。

5. 结构设计

根据水力条件和计算结果以及地质和土质情况维护要求等，进行各项排水设施的材料选用和结构设计。

6. 冲刷防护

进行出水口处的流水冲刷检查，提出相应的冲刷防护措施和结构。

14.1.4 设计降雨重现期和设计频率

降雨重现期为某一强度的降雨预期重复出现的平均周期。例如，10 年重现期为平均 10 年出现一次该强度的降雨。频率为重现期的倒数。公路排水设施应以适当降雨重现期或频率的流量作为设计流量。设计重现期应根据道路等级、设施的重要性以及经济性和安全性综合选定。《公路排水设计规范》(JTG/T D33—2012)和《城市道路工程设计规范》(CJJ 37—2012)对降雨重现期的规定见表 14.1 和表 14.2。

表 14.1 《公路排水设计规范》(JTG/T D33—2012)规定的路界表面排水设施的设计降雨重现期

公路等级	路面和路肩表面排水	路界内坡面排水
高速公路及一级公路	5	15
一级公路及以下	3	10

表 14.2 《城市道路排水设计规范》(CJJ 37—2012)规定的道路排水设施的设计降雨重现期

城市级别	快速路	主干路	次干路	支路	广场停车场	立体交叉
大城市	2~5	1~3	0.5~2	0.5~1	1~3	2~5
中、小城市	2~5	0.5~2	0.5~1	0.33~0.5	1~3	1~3

14.2 道路横向排水

为将路界(或路基)上侧的地表水横向穿越路基引排到路界(或路基)的下侧,可设置小型排水构造物——涵洞。

14.2.1 涵洞的结构形式、构造和布置

1. 涵洞结构形式

涵洞结构形式可分为钢筋混凝土圆管涵、钢筋混凝土或石盖板涵、钢筋混凝土或石拱涵、钢筋混凝土箱涵及圆形或方形倒虹吸管 5 类。各类涵洞的适用性以及优、缺点和常用孔径见表 14.3,应依据洞顶填土高度、设计流量、地基状况、车辆荷载、上下游现有水路情况、经济性等因素选用涵洞的结构形式。

表 14.3 各类涵洞的适用性以及优、缺点和常用孔径

结构形式	适用性	优、缺点	常用孔径/cm
圆管涵	有足够填土高度,流量较小	适应性及受力性能好、不需墩台、造价低	75、100、125、150
盖板涵	低路堤明涵、高路堤暗涵、流量较大	构造简单、维护方便	75、100、125、150、200、250、300、400
拱涵	跨越深沟、高路堤	可用大跨径、承载力大、施工较频繁	100、150、200、250、300、400
箱涵	地基软弱	整体性强、造价高、施工困难	200、250、300、400、500
倒虹吸管	两边水位等于或高于路堤标高	含沙多时避免使用	

2. 洞身构造

涵洞由进水洞口、洞身和出水洞口三部分组成。洞身为涵洞的主体部分,圆管涵和倒虹吸管的洞身由分段圆管节及支承管节的基础组成。盖板涵的洞身由涵台(墩)、钢筋混凝土或石盖板及基础组成。拱涵由圆弧形或卵形拱圈、涵台和基础组成。箱涵由长方形或方形断面的钢筋混凝土薄壁结构组成。

3. 洞口构造

洞口应与洞身和路基衔接平顺,使水流顺畅地进出涵洞,形成良好流态,并不使洞身、洞口、两侧路基及上下游河床遭受冲刷。洞口由端墙、翼墙或锥形护坡、洞口铺砌组成。洞口建筑形式有:八字翼墙式、端墙(一字墙)式、端墙加锥形护坡式、直墙翼墙式、平头式(领圈式或护坡式)、走廊式及进水洞口端墙升高的流线式。各类洞口的特点参见表 14.4。洞口形式的选定还直接影响涵洞的泄水能力及沟床加固类型。

表 14.4　各类洞口的适用性及优、缺点

洞口形式	适 用 性	优、缺点
八字翼墙式	平坦顺直纵断面高差不大的河沟	水力性能好、施工简单、工程量小
端墙式	流速小、流量不大的河沟	构造简单、造价低、水力性能差
锥形护坡式	对水流约束较大的河沟	水力性能较好、稳定路基、工程量大
直墙翼墙式	沟宽和涵洞孔径相近	水力性能良好、工程量小
平头式	侧向挤压不大、流速不大的河沟	节省材料、施工复杂、水力性能差
走廊式	需扩散水流、流量不大	水力性能较好、施工麻烦、工程量大
流线式	流量和流速大的河沟	水力性能良好

4. 布置

涵洞位置应依照上下游水流线形，考虑排水功能要求、水流稳定、施工维护方便，与公路整体的配合、地质条件、交通安全以及经济性等因素确定。在凹形竖曲线底部、天然河沟、排水沟槽、农田灌溉渠、低洼地等处，通常需设置涵洞。

涵洞的方向应尽量与水流方向一致，使水流顺畅。同时，也应尽可能与路线正交，使涵身长度最短。两者不能兼顾时，可采用将弯曲河沟取直，整流改沟或移位等措施，使之成为正交涵洞；或者，采用斜交布置，洞身斜交斜做(盖板涵、箱涵)或斜交正做(圆管涵、拱涵)。涵洞洞身应有足够的底坡，使水流顺畅地流经涵洞，不产生砂土淤积。

5. 进出水口沟床处理

涵前沟床纵坡较大时，应视流速大小选择相应的沟床加固类型。水流在进水口处产生水跃时，应在进水口前设置一段缓坡，其水平距离约为涵洞孔径的 1~2 倍。如须在进水口处产生强迫式水跃以消能减速，则可在涵前设置跌水或消力池。

出水口水流超过土的允许冲刷流速时，下游洞口的沟床需视流速大小采取相应的铺砌加固。铺砌长度为涵洞孔径的 1~3 倍。沟床纵坡大的陡坡涵洞需采用急流槽或跌水、消力池等设施以消能减速。

14.2.2　设计流量确定

横向穿越路界的排水构造物(涵洞)在不同设计频率时的设计流量可采用下述方法推算。

1. 形态调查法

建立形态断面，确定沟壁粗糙系数和平均沟坡等参数，进行洪水位及其相应频率调查，推算形态断面的流速和洪峰流量，进而求得设计频率时的设计流量。

2. 推理法

由雨量资料依据雨量与径流的关系间接推算设计流量，可采用前面所述的方法，或者采用本节所介绍的暴雨推理公式和经验公式。

对于小流域暴雨洪峰流量，一些研究单位根据暴雨资料，考虑产流和汇流过程，采用

设计暴雨频率与形成洪峰流量的频率相等的同频率概念，间接推求出设计洪峰流量，给出不同的公式。由于产流和汇流等计算方法的不同，各公式形式和参数略有差异，计算结果也有些差别。有关公式和参数选用及计算可参考《公路排水设计手册》等书籍。

3. 径流形成法

依据影响径流产生和汇流的因素推算设计流量。

径流形成法也是以雨量资料为主，依据影响径流产生和汇流的因素推算设计流量。根据各地降雨量资料，并参考山脉、地形、风向等情况将全国划为 18 个暴雨分区，按不同的设计频率、汇流时间和地表土壤的吸水程度，制定相应的径流厚度值表，有关图表参考《公路排水设计手册》。

设计频率为 p 的设计流量 Q_p，按式(14.1)计算确定，即

$$Q_p = \psi(h-z)^{1.5} F^{0.8} \beta\gamma \tag{14.1}$$

式中　　h——径流厚度，mm，按暴雨分区、土壤吸水类属、汇流时间和设计频率 p 确定；

　　　　z——被植物或坑洼滞留的径流厚度，mm，参考《公路排水设计手册》；

　　　　F——汇水面积，km^2，参考《公路排水设计手册》；

　　　　ψ——地貌系数，根据地形、汇水面积、主河沟平均坡度，参考《公路排水设计手册》确定；

　　　　β——洪峰传播的流量折减系数，参考《公路排水设计手册》确定；

　　　　γ——汇水区降雨量不均匀系数，当汇水区的长度或宽度(以小者计)大于 5km 时，参考《公路排水设计手册》，小于 5km 时可不予考虑。

14.2.3　水力计算

1. 水力性质

按涵洞上下游的水位高低、进水口建筑形式、进口洞高与涵前水头的关系，涵洞的水流状态可分为无压力式、半压力式和全压力式 3 类。

(1) 无压力式。

进水口水深低于该处涵洞净高，水流流经涵洞的全部长度上都保持自由水面。其中，涵洞铺砌加进口处的收缩断面不被淹没者为无压自由流，见图 14.2(a)；收缩断面被淹没者为无压淹没流，消力池见图 14.2(b)。

(2) 半压力式。

涵洞进水口被水淹没，呈有压状态，但涵洞内仍为自由水面，呈无压状态，见图 14.2(c)。

(3) 全压力式。

涵洞进水口被水淹没，且水流充满全涵，无自由水面，涵洞出口一般被下游水淹没，见图 14.2(d)。

2. 计算内容

(1) 按设计流量、所选涵洞类型、水流流经涵洞时允许的水流状态，计算其所需的孔径。

(2) 验算涵前壅水深度是否符合孔径计算所需要的条件，是否影响路基或附近农田、房

屋等。

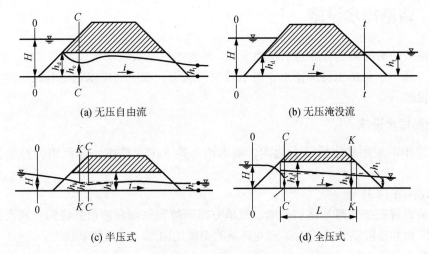

图 14.2 涵洞的水流状态

(3) 验算涵内最大流速是否超过允许流速。

(4) 涵底纵坡大时,验算涵洞出口水流的流速,以确定出口和下游是否需要采取防护措施。

3. 基本计算式

1) 水流状态判别式

区别涵内水流状态,须计算涵内临界水深 h_c、临界坡度 i_0、涵内正常水深 h_0 和下游天然水深 h_t。涵内正常水深 h_0 和下游天然水深 h_t,可根据已知流量和过水断面参数,按均匀流流量公式计算确定。

2) 无压自由流基本计算式

由涵前水深断面 $O—O$ 与临界水深断面 $K—K$ 或收缩水深断面 $C—C$ 的断面比能公式可推算有关流量和流速计算式。

为保证水流自由流入涵洞,涵前水深 H 应高于涵洞口水深,并留有足够的安全净空。通常采用下述关系式,即

$$H = 1.15(h_d - \delta) \tag{14.2}$$

式中　h_d——涵洞进水口处的净高,m,无升高管节时即为涵洞净高;

　　　δ——涵洞进水口处水面以上的最小净空高度,m。

14.3 路基排水

道路路基应有良好的排水设施,保证路基边坡和基底的稳定。路基排水设计的主要任务是:把降落在路界范围内的表面水有效汇集并迅速排除出路界;把路界外可能流向路基的地表水拦截在路界范围以外以减小对路基路面的危害;隔断、疏干和降低影响路基稳定性的地下水,并将其引导到路基范围以外。

14.3.1 路基排水设施

影响路基的水的类型有地面水和地下水。地面水包括大气降水以及河、海、湖、水渠、水库水等；地下水包括土层滞留水、潜水及层间水等。相应的排水设施有地面排水设施和地下排水设施。

1. 地面排水设施

路基常用的地面排水设施有边沟、截水沟、排水沟、跌水、急流槽、拦水带、蒸发池等。

1) 边沟(图 14.3)

边沟是设置在挖方路基路肩外侧、低填方路基坡脚外侧和路肩外缘的纵向人工沟渠。其作用为汇集和排除路基范围内和流向路基的少量地面水，保证路基稳定。

基本要求如下。

(1) 边沟由于紧靠路基，通常不允许其他排水沟渠的水流进入，也不能与其他人工沟渠合并使用。边沟排水量不大，一般不需要进行水文水力计算，依沿线具体条件，直接选用标准横断面即可。

(2) 边沟不宜过长，应尽量使沟内水流就近排至路旁自然水沟或低洼地带，必要时增设涵洞，将边沟水引入路基另一侧排出。

(3) 边沟的纵坡一般与路线纵坡一致。平坡路段，边沟仍应保持 0.3%～0.5%的最小纵坡。边沟出水口附近以及排水困难路段，如回头曲线和路基超高较大的平曲线等处，边沟应进行特殊设计。

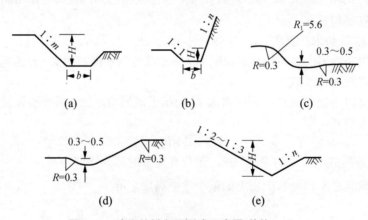

图 14.3 边沟的横断面形式示意图(单位：m)

(a)(b)—梯形；(c)(d)—流线形；(e)—三角形

(4) 边沟按公路等级、所需排泄的流量、设置位置和土质或岩质选用三角形、碟形、梯形或矩形横断面。高速公路及一级公路，宜采用三角形或碟形边沟；二级及二级以下公路，可采用梯形横断面。

截水沟(又称天沟)是设置在挖方路基边坡顶以外或山坡路堤上方的适当位置，拦截路基上方流向路基的地面水的人工沟渠。其作用是拦截并排除路基上方流向路基的地表径流，减轻边沟的水流负担，保护挖方边坡和填方坡脚不受水流冲刷和损害，如图 14.4 所示。

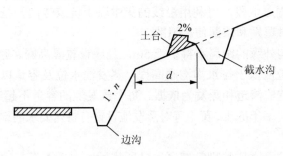

图 14.4　截水沟

　　山坡填方路段可能遭上方水流作用时，必须设置截水沟拦截山坡水流保护路堤。截水沟与坡顶之间，间距不小于 5m，并做成 2%向沟内倾斜的横坡。降水量较多，且暴雨频率较高，山坡覆盖层比较松软，坡面较高，水土流失比较严重的地段，必要时可设置两道或多道截水沟。

　　截水沟应结合地形和地质条件沿等高线布置，将拦截的水顺畅地排向自然沟谷或水道。长度以 200～500m 为宜，超过 500m 时可在中间适宜位置处增设泄水口，由急流槽或急流管分流排引。

　　截水沟断面一般为梯形，边坡坡度为 1∶1.0～1∶1.5，沟底宽度及沟深均不宜小于 0.5m。

2) 排水沟

　　排水沟用于排除来自边沟、截水沟或其他水源的水流，并将其引至路基范围以外的指定地点。

　　排水沟布置应结合地形条件，因势利导，离路基尽可能远。力求短捷平顺，以直线为宜，必须转向时，尽可能采用大半径(10～20m 以上)徐缓改变方向。

　　排水沟距路基坡脚距离一般不小于 3～4m，连续长度不超过 500m，沟底纵坡 0.5%～3%。纵坡大于 3%时应采取加固措施，大于 7%时应改用跌水或急流槽。断面一般为梯形，截面尺寸由水力、水文计算确定。

3) 跌水与急流槽

　　跌水与急流槽的沟底纵坡大于 10%，水头高差大于 1m，是山区公路路基排水常见的结构物。由于纵坡陡峭、水流湍急、冲刷严重，要求跌水与急流槽的结构稳固耐久，通常采用浆砌块石或水泥混凝土结构，并且有相应的防护加固措施。

　　(1) 单级跌水适用于排水沟渠连接处，路基边沟水流通过涵洞排泄时，多采用单级跌水(相当于雨水井)。

　　(2) 较长陡地段的沟渠，为减缓水流速度，并予以消能，可采用多级跌水。沟底纵坡 1%～2%，断面尺寸由水文、水力计算确定。

　　急流槽是山区公路回头展线，沟通上下线路基排水沟渠出水口的一种常见排水设施。其纵坡比跌水的平均纵坡更陡，对结构的坚固稳定性要求更高，急流槽主体部分纵坡依地形而定，一般可达 1∶1.5。急流槽纵坡陡于 1∶1.5 时，宜采用管径至少 20cm 的金属管。

4) 倒虹吸与渡水槽

　　水流要横跨路基，同时受高程限制，可采用管道或沟槽，从路基底部或上部架空跨越，

前者称为倒虹吸，后者称为渡水槽。

5) 蒸发池

气候干旱、排水困难地段，可利用沿线的集中取土坑或专门开挖的凹坑修筑蒸发池，以汇集路表水，并通过蒸发和渗漏使之消散。

蒸发池与路基边沟外缘的距离不得小于 5m，且应设置隔离网、踏步等安全防护设施。

蒸发池的设计水位应低于排水沟沟底高程，蒸发池水位及容量以一个月内的地表水汇入池中的水量能及时完成渗透和蒸发为依据。每个蒸发池的容量不超过 200~300m^3，蓄水深度不超过 1.5~2.0m。多年冻土、黄土等对蒸发池设置有特殊要求的地区，应进行特殊设计。

6) 油水分离池

路基排水沟出口位于水质特别敏感区，且所排污水水质不满足污水综合排放标准规定时，可设置油水分离池。油水分离宜采用沉淀法处理。污水进入油水分离池前，应先通过格栅和沉砂池。

油水分离池的大小应根据所在路段排水沟汇入水量确定，并保证流入分离池的油水能有足够的时间分离或过滤净化。

7) 排水泵站

路基汇水无法自流排出时，可设置排水泵站。包括集水池和泵房。

集水池的容积，应根据汇水量、水泵能力和水泵等因素确定。水泵抽出的水，应排至路界之外。

2. 地下排水设施

路基范围内露出地下水或地下水位较高，影响路基强度或边坡稳定时，应设置地下排水设施加以排除。

常用的地下排水设施有暗沟(管)、渗沟、排水管等，地下排水设施的类型、设置地点及尺寸应根据工程地质和水文地质条件的要求而定。

地下排水设施埋置于地面以下，不易维修，投入使用后又难以查明其失效情况，因此地下排水设施应保证畅通、牢固、有效。

1) 暗沟(管)

暗沟(管)又称盲沟，可利用其透水性将地下水汇集到沟内，并沿沟排至指定地点，水力特性为紊流。

路基底部范围有泉水外涌或要排除地下集中水流时，应设置暗沟或暗管将水引排至路堤坡脚外或路堑边沟内。

暗沟纵坡不宜小于 1%，出水口应高出地表排水沟常水位 0.2m。寒冷地区的暗沟，应作防冻保温处理或将暗沟设在冻结深度以下。

2) 渗沟(井)

渗沟、渗水隧洞及渗井用于降低地下水位或拦截地下水；当地下水埋藏浅或无固定含水层时，宜采用渗沟。

当地下水埋藏较深或有固定含水层时，宜采用渗水隧洞、渗井。

根据使用部位、结构形式，渗沟可分为填石渗沟、管式渗沟、洞式渗沟、边坡渗沟、支撑渗沟、无砂混凝土渗沟等。

14.3.2　排水工程形式选择

路基排水工程形式的选择应根据沿线地形地貌、路基填挖高度及汇水面积、各种排水设施的泄流能力以及对行车安全与环境景观的影响程度等方面综合考虑。浅挖方路段，宜选用浅碟形边沟；深挖方路段，宜选用矩形加盖板边沟；环境景观较好的路段，宜选用暗埋式边沟。

从安全和视觉效果角度，一般认为，矩形边沟加盖板形式对于汇水面积较大的挖方路基边沟、与之相接的填方路基排水沟、沿街路段、设置有内挡结构的挖方路基内侧等段的适应性较好，可具有路基视觉增宽、防止车轮卡陷和边坡碎落堵塞等功能。

从安全和景观角度，浅碟式排水沟(边沟)或放缓边坡漫流排水形式对于地形平坦、纵坡平缓的低填、浅挖路段适应性较好。排水沟(边沟)可与原地面舒缓自然衔接，克服路基边缘设置规则深排水沟所带来的行车安全隐患，同时形成流畅优美的视觉效果。

浆砌梯形边沟适用于防止水流冲刷要求高的路段，但生硬不美观，与环境适应性差，因此最好设于高路堤或其他视线以外的路段。

截水沟的设置应慎重，无须设置的一定不要设置，当必须设置时，应通过绿化手段予以遮挡。

排水工程根据防护类型可分为圬工砌护、植被防护和土质边沟 3 种。圬工砌护虽然防止水流冲刷功能强，但显生硬不美观，与环境适应性差。土质边沟主要与宽敞的填挖方边坡相协调，适用于无较大汇水面积的挖方路基两侧及与挖方边沟连接的填方路基外侧。随着环保意识的增强，表面植被防护越来越受到重视。植被防护若运用得当，可适用于各种自然条件下路段，其兼具防止水流冲刷及生物过滤作用，可以减轻敏感水域的水质恶化。

14.3.3　路基排水系统综合设计

路基排水设计的一般原则和要求如下。

1. 因地制宜、全面规划、综合治理

路基排水综合设计，必须收集工程地质和水文地质等有关资料，做出总体规划，提出总体布置方案，逐段逐项进行细部设计计算。设计时要因地制宜、因势利导、注意经济，充分考虑路基排水与桥涵布置相配合，地下排水与地面排水相配合，各种排水沟渠的平面布置与竖向布置相配合，综合治理分期修建。

2. 必须与农田排灌相结合

地形平坦、灌溉渠道较多的地段，路线通过将破坏原有的农田灌溉系统；路线穿过梯田，可能切断位于路基下侧梯田的水渠。对此应采取相应的措施，如增设涵管、渡槽、加大孔径等，以保证农田正常排灌的需要，防止农业用水影响路基稳定。

各种排水沟渠可同时作为灌溉渠道。但路基边沟一般不作农田灌溉渠道，两者必须合并使用时，边沟的断面应加大，并予加固，以防水流危害路基。

3. 必须与水土保持相结合

在汇水面积较大、植被稀少、易受到冲刷的坡面上，宜采用多道小断面截水沟来拦截并排除坡面水，避免水量过于集中造成冲刷；也可结合水土保持措施，采取分散径流、降低流速、节节拦蓄的方针。

为防止水土流失，应尽量不破坏天然水系，不轻易合并自然沟渠和改变水流性质。重点路段的主要排水设施，以及土质松软地段和陡坡地段的排水沟渠，应注意必要的防护和加固。对于排水困难和地质不良的地段，应与路基防护加固相配合，进行特殊设计。

4. 必须与桥涵布置相结合

桥涵是宣泄水流的主要构造物，对于明显的天然沟槽，一般宜依沟设涵，不必改沟合并。对于沟槽不明显的漫流，应在上游设置束流设施，加以调节，尽量汇集成沟，导流排除；对于较大水流，注意因势利导，不可轻易改变流向，必要时配以防护加固工程，进行分流或束流。

在布置桥涵时应考虑到路基排水的需要。桥涵的位置和密度应考虑截水沟、边沟或排水沟等沟渠对出水口位置的要求，桥涵的孔径大小应能满足排水量的需要。

在布置路基排水系统时，同时也应结合桥涵的布置情况，确定各沟渠排引的方向及出水口的位置。

5. 地面沟渠布置力求短捷

充分利用有利地形和自然水系，一般情况下地面和地下设置的排水沟渠，宜短不宜长，使水流不过于汇集，做到及时疏散、就近引流。

尽可能使沟渠垂直于流水方向，力求短捷，水流通畅，提高截流效果，减少工程量。沟渠转弯处应以圆曲线相接，以减少水流的阻力。水流应循最短通路迅速引出路基范围以外，减小危害路基的概率。

14.4 路面排水

路面排水包括路面表面排水、中央分隔带排水和路面内部排水。

14.4.1 路面表面排水

路面表面排水设施主要由路面横坡、拦水带(或矩形边沟)、泄水口和急流槽组成。其主要目的是迅速排除降落在路面和路肩表面的大气降水，以减少表面水下渗并防止路表积水影响行车安全。路面表面排水方式有漫流排水和集中排水两种。

1. 漫流排水

在路线纵坡平缓、汇水量不大、路堤较低且坡面不易受到冲刷的路段，以及设置了具有截、排水功能的骨架护坡的高填方路段，可采用横向漫流分散排放的排水方式。

不同的坡面防护形式，具有不同的耐冲刷能力。工程上常以允许流速来表示坡面的耐冲刷能力，对不同防护措施的坡面允许流速作了具体规定。采用横向漫流分散排水方式排除路表水时，应计算坡面流速，并根据计算结果采取相应的防护措施，一般应对土路肩及坡面进行加固。

2. 集中排水

在路堤较高、边坡坡面未做防护易遭受路面表面水流冲刷，或者坡面虽已采取防护措施但仍有可能受到冲刷时，应沿路肩外侧边缘设置拦水带，汇集路面表面水，然后通过泄水口和急槽集中排水。

设置拦水带汇集路面表面水时，拦水带过水断面内的水面，在高速公路及一级公路上不得漫过右侧车道外边缘，在二级及二级以下公路上不得漫过右侧车道中心线。拦水带横断面参考尺寸见图14.5。

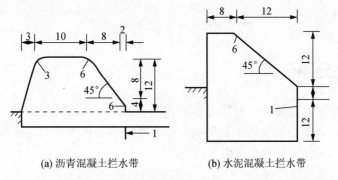

(a) 沥青混凝土拦水带　　(b) 水泥混凝土拦水带

图14.5　拦水带横断面参考尺寸(单位：cm)

当硬路肩宽度较窄、汇水量大或拦水带形成的断面不足时，可采用沿土路肩设置U形路肩边沟等措施加大过水断面。

拦水带泄水口的间距应根据过水断面水面漫盖宽度的要求和泄水口的泄水能力计算确定，宜为25～50m；高速公路、一级公路车道较多时，宜采用较小的泄水口间距。在凹形竖曲线底部、道路交叉口、匝道口、与桥涵构造物连接、填挖交界等处应设置拦水带、泄水口。凹形竖曲线的底部应加密设置泄水口。

拦水带泄水口做成对称式便于施工，但在纵坡较大的路段上，非对称式泄水口水流顺畅，泄水能力优于对称式。因此，设在纵坡较大路段上的泄水口推荐采用非对称式(图14.6)。

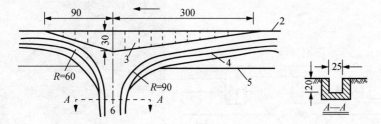

图14.6　纵坡较大路段上拦水带非对称式泄水口平面布置(单位：cm)

1—水流方向；2—硬路肩边缘；3—低凹区；4—拦水带顶；5—路堤边坡坡顶；6—急流槽

为提高泄水口的泄水能力，可在硬路肩边缘外侧设置逐渐加宽的低凹区(图14.7)，泄水口各部分尺寸应由泄水口的水力计算确定。

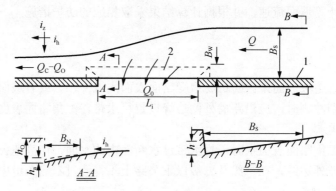

图 14.7　开口式泄水口周围的水流状况

1—拦水带或路缘石；2—低凹区

14.4.2　中央分隔带排水

降雨量较大地区，如果中央分隔带未设置完善的防排水设施，降雨渗入后不能及时排除，会造成路基土含水率过大等不利影响，降低路基路面承载能力，在季冻区还会加剧冻害。因此，应对中央分隔带排水做出专门设计。

中央分隔带排水设施由排水沟(明沟、暗沟)、渗沟、雨水井、集水井、横向排水管等组成。设置中央分隔带排水设施时，应根据分隔带宽度、绿化、交通安全设施的形式和分隔带表面的处理方式等，选择不同的排水方式。

1. 一般路段中央分隔带排水

一般路段的中央分隔带，其排水系统的主要作用是排除中央分隔带范围内的表面水。

降雨量较小、中央分隔带较窄时，中央分隔带可采用表面铺面封闭分散排水。中央分隔带铺面材料可采用沥青处治材料、薄层现浇水泥、水泥预制块或其他封闭材料，采用与两侧路面相同坡度的双向横坡，使降落在中央分隔带表面的水排向两侧行车道，进入路面表面排水设施，如图 14.8 所示。

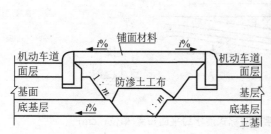 

图 14.8　设铺面中央分隔带防排水系统示意图

中央分隔带宽度较宽，其表面未采用铺面封闭时，分隔带内部宜设置由防水层、纵向排水渗沟、集水槽和横向排水管等组成的防排水系统，使降落在中央分隔带的表面水下渗至中央分隔带内的地下排水设施内排除，如图14.9所示。

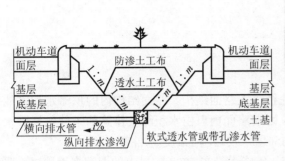

图14.9 不设铺面中央分隔带防排水系统示意图

中央分隔带排水渗沟宜设置在通信管道之下，渗沟顶面与回填土之间应设置反滤层，渗沟两侧及底部应设置防水层。横向排水管宜采用直径为100~200mm的塑料管。

在降雨强度较大的地区，中央分隔带范围内的设计径流量可能大于表面水的渗入量，造成较多的水流沿中央分隔带纵向流动。故应将中央分隔带表面设置成浅碟形，横向坡度宜为1∶6~1∶4，在凹形曲线底部的流水汇集处设置隔栅式泄水口，然后通过横向排水管或桥涵将这部分水流排出。

2．超高路段中央分隔带排水

超高路段上的中央分隔带，除应满足一般路段上中央分隔带排水所具有的一切功能和要求外，还应设置拦截和排泄超高外侧半幅路面水流的排水设施。超高段外侧排水，可根据降雨量及路面宽度，采用以下两种方法。

(1) 年降水量小于400mm的地区，双向四车道道路可采用在中央分隔带设开口明槽方案，路面水流经内侧路面排除。

(2) 年降水量不小于400mm的地区，或车道数超过四车道，外侧路面水宜通过地下排水系统排除。

地下排水系统是在超高段外侧的左侧路缘带上设置纵向集水沟，以汇集超高侧的路面水，然后通过一定间距的集水井和连接集水井的横向排水管、边坡急流槽将水流排入路基以外的排水沟、桥涵或天然沟渠内。

纵向集水沟(管)可采用集水沟(管)、浅沟或带孔盖板的矩形沟等形式。沟底纵坡宜与路线纵坡一致，且不应小于0.3%。纵向集水沟(管)、集水井及检查井等排水设施设置在中间带的路缘带内，不得侵入行车道。为了防止车辆压坏路缘带内的排水设施，也可以将排水设施设置在中央分隔带内。

集水井的形式、数量和间距应根据超高路段的外侧半幅路面汇水面积、流量及出水口的泄流能力确定。集水井的间距宜为20~50m，纵向集水沟(管)串联集水井的个数不宜超过3个。路线纵坡小于0.3%的路段，可增加集水井数量。

纵向集水沟、集水井及检查井等的盖板材料应采用钢筋混凝土、铸铁或钢筋加强的复合材料，材料强度和盖板厚度应根据设计汽车荷载等级计算确定。

横向排水管管底纵坡2%，凹曲线底部必须设置横向出水口。对于挖方路段，调整集水槽底部高程，在保证其槽底纵坡不小于0.3%的前提下，将水流引至填方路段经集水井及横向排水管引出。若挖方段落太长，无法调整时，则路面水经集水槽、集水井及横向排水管引入加深的边沟排除。

14.4.3 路面内部排水

降落在路表面的水，将通过各种途径进入路面结构。路面结构内的积滞水如不能迅速排除，会对路基、路面产生不利影响。影响路面内自由水积滞及排除的条件包括降水、两侧滞水、路基冻融水和旧路面结构内的滞留水及路基土的透水性等。

下列情况应设置路面内部排水系统：年降水量在600mm以上的湿润多雨地区，路基由透水性差的细粒土(渗透系数不大于10^{-4}mm/s)组成的高速公路、一级公路或重要的二级公路；路基两侧有滞水，可能渗入路面结构内；严重冰冻地区，由粉性土组成的潮湿、过湿路段；现有路面改建或路基改善工程，需排除积滞在路面结构内的水分。

1. 路面边缘排水系统

路面边缘排水系统应沿路面结构外侧边缘设置，宜由透水性填料集水沟、纵向排水管、横向出水管和过滤织物等组成。

渗入路面结构内的水分，首先沿着路面结构的层间空隙或某一透水层次横向流入由透水材料组成的纵向集水沟，并汇入沟中的带孔集水管内，再由间隔一定距离布设的横向出水管引出路基(图14.10)。透水材料由多孔水泥、水泥处治、沥青处治的开级配碎石或砾石组成。

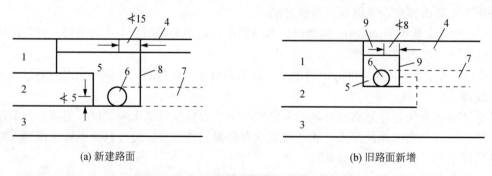

图14.10 边缘排水系统示意图(单位：mm)

1—面层；2—基层；3—垫层；4—路肩面层；5—集水沟；6—排水管；7—出水管；8—反滤织物；
9—回填路肩面层

边缘排水系统常用于水泥混凝土路面特别是用于改善排水状态不良的旧水泥混凝土路面。它可将面层、基层、路肩界面处积滞的自由水排出路面结构，在不扰动原路面结构的情况下可以改善旧水泥混凝土路面排水状态，达到提高路面使用性能并延长使用寿命的目的。

2. 排水基层

排水基层由开级配粒料组成，并配置纵向集水沟、集水管及横向出水管等组成排水系统。渗入路面结构内的水分，首先通过竖向渗流进入透水层，然后通过横向渗流进入纵向集水沟和集水管，最后由横向排水管引出路基。用于拦截进入路面结构内的地下水、临时滞水或泉水，以及迅速排除由负温差作用而积聚在路基上层的自由水。排水基层排水系统示意见图 14.11。

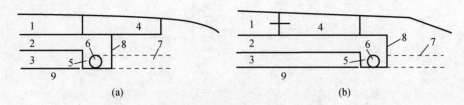

图 14.11　排水基层排水系统示意图

1—面层；2—排水基层；3—不透水垫层；4—路肩面层；5—集水沟；6—排水管；7—出水管；
8—反滤织物；9—路基

透水材料由不含细料的开级配碎石、沥青处治或水泥处治开级配集料组成。透水基层厚度由所需排放的水量和透水基层的渗透性而定。

3. 排水垫层

排水垫层宜选用开级配集料(砂或砂砾石)，采用横贯路基整个宽度的形式，也可采用结合边缘排水系统的形式，其厚度不宜小于 0.15m。路基为路堑或半路堑时，挖方坡脚处还应设置纵向集水沟和排水管。

课后习题

14.1　道路排水应遵循哪些原则？
14.2　简述道路排水的类型。
14.3　涵洞的水力计算包含哪些内容？验算涵洞前雍水深度时应注意哪些问题？
14.4　路面表面排水包括哪些设施？

第 15 章 道路设施管理

15.1 公共交通站点的布置

按道路的使用任务和功能,为满足道路使用者的各种需要,在道路上应按规定设置必要的沿线设施。道路沿线设施是保证行车安全、方便服务、便于运营管理的重要措施,也是现代道路必不可少的配套设施。在道路设计中应予以足够重视。

道路沿线设施包括交通安全设施、服务设施和管理设施。沿线设施的建设规模与标准应根据道路网规划、道路的功能、等级、交通量等确定,按保障安全、提供服务、利于管理的原则进行设计。

15.1.1 公共交通站点的种类和布置

我国道路尤其是城市道路承担着大量的客运交通量,城市道路的客运交通应优先发展公共交通。在规划设计公共交通路线的同时,应重视公共交通站点的合理布置。

城市公共交通站点(简称公交站)分为首末站、枢纽站和中间停靠站。合理规划布置公交站点需对客流的流向、流量进行调查分析,必要时可通过试用予以调整。因不同公交站点的交通性质、交通量和用地等要求各不相同,一般优先考虑首末站和枢纽站的布置,其次是停靠站。

1. 首末站

公共交通车辆需在首末站进行调头,部分车辆需暂时停歇、加水、清洁、保养及小修工作,以及公交车辆的夜间存放。首末站要占用较大的场地,每处用地面积 1000~1400m² 是营运的最低要求。一般布置在城市道路外的用地上或大型停车场内。

2. 枢纽站

在城市居民大量集散地,常有几条公交线路经过,上下车和换车的乘客多,各条线路的站点比较集中,这种站点称为枢纽站。枢纽站的布置应注意乘客、行人和车辆的安全,尽量使换车乘客不穿越行车道且步行距离最短。

3. 停靠站

停靠站是指公交车辆在公交线路上中途停靠的位置，以供乘客安全上下车而设的一种道路设施。停靠站主要布置在客流集散的地点，如干道交叉口、火车站、大型商场、重要机关单位、大型工矿企业或大专院校等地点。

15.1.2 公交站的间距

公交站的设置间距，应以方便乘客、节省乘客出行时间及提高站间行车速度为原则。站距小，设站过多，增加乘客的乘车时间，车辆速度较低，且频繁起动、制动，轮胎与燃料消耗大；如站距过大，虽然车辆运行速度提高，乘客的乘车时间减少，但增加了乘客的步行时间，乘车不便。

公交站比较合理的间距，市区一般以 500～600m 为宜，郊区为 1000m 左右。在交叉口附近设站时，为不影响交叉口的交通组织和通行能力，宜安排在交叉口出口道一侧或便于客流集散的一侧，距交叉口 50～100m 为宜。交通量较小的道路，站位距交叉口不小于 30m。

15.1.3 公交站台的布置方式

公交站台的布置方式与道路横断面布设形式有关，主要有沿人行道边设置和沿行车道分隔带设置两种。

1. 沿人行道边设置

这种布置方式一般只需在人行道上辟出一段用地作为站台，以供乘客候车和上下车使用，如图 15.1 所示。站台高度以 30cm 为宜，并避免有杆柱阻碍，以方便乘客上下车。其特点是构造简单，对乘客上下车最安全，但停靠的车辆占用非机动车道，对非机动车交通影响较大，多适用于非机动车交通量较小、车道较宽的单幅路或双幅路。

图 15.1 沿人行道边设置的停靠站

2. 沿行车道分隔带设置

这种布置方式，站台需全部或部分占用行车道分隔带，以供乘客候车和上下车之用，如图 15.2 所示。其特点是停靠的公交车辆对非机动车影响小，但上下车乘客需横穿非机动车道，影响非机动车道的交通。适用于非机动车交通量较大的三幅路或四幅路。

当分隔带较窄时，可采用图 15.2(a)的方式，为使乘客上下车和候车方便、安全，布置站台的分隔带宽度应不小于 2m，站台长度视停靠的车辆数而定。

当分隔带较宽时(≥4m)，可采用图 15.2(b)的方式，利用减小分隔带宽度改为路面，做成港湾式停靠站，以减少停靠车辆所占的车道宽度，保证正线上的交通畅通。港湾的宽度和长度根据停靠车辆类型而定，一般至少有两个停车位。该法对机动车道较窄的路段较适用。

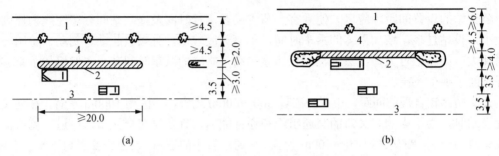

图 15.2 沿行车道分隔带设置的停靠站(单位：m)

1—人行道；2—停靠站；3—路中线；4—非机动车道

15.2 停车场设计

在规划和设计城市道路时，应考虑车辆的停放场地，设计独立的城市公共停车场。城市公共停车场是指在道路外的独立地段为机动车和自行车设置的露天或室内公共停车场地，包括汽车停车场和自行车停车场。

15.2.1 汽车停车场的设计

1. 停车场的布局和规模

停车场的布局一般应考虑以下几个方面。

(1) 为减轻外地进城车辆对市区交通的压力，应在城市外围地带设置专用停车场，如在进、出城几个主要方向的道路附近。

(2) 对外交通枢纽所在地及市中心地区应设置停车场，如车站、码头、机场、广场等。

(3) 在车流大量集中的大型公共建筑物附近，如大型体育场、影剧院、大型超市、商场、重要机关单位等。

整个城市的停车场总面积可按下式计算，即

$$F = A \cdot n \cdot a \tag{15.1}$$

式中　F——停车场需要的总面积；

　　　A——城市内汽车总数；

n——使用停车场汽车的百分比；
a——每一辆汽车占用的面积，与车辆类型和停车方式有关。

2. 停车场的设计原则

(1) 停车场的设置应符合城市规划与道路交通组织的要求，还应便于各种车辆的使用。

(2) 公用停车场在全市应尽量均衡分布，专用停车场应紧靠使用单位布置。

(3) 停车场出入口宜分开设置，设置交通标志，并应有良好的通视条件。重要建筑物前停车场的出、入口应设在次要干道上；若设在主要干道旁时，应尽量远离交叉口。出、入口宽度在7～10m之间。

(4) 为保证车辆在停车场内不发生滑溜和满足场地排水要求，在平原区，场内纵坡一般在0.3%～1.0%之间；山区或丘陵区在0.3%～3%之间。地形困难时，可建成阶梯式停车场，场内与通行道平行方向的最大纵坡为1%，与通行道垂直方向为3%。

(5) 停车场内交通路线必须明确，宜采用单向行驶路线，避免互相交叉，并应与进、出口行驶方向一致。

3. 设计步骤

1) 选定设计车辆

停车场应以停车高峰时所占比例大的车辆作为设计车辆。设计车辆分为小型车、大型车、特殊大型车3种类型，其外形尺寸见表15.1。

(1) 小型车，包括小客车、小吉普车、小型客车、2t以下货车。

(2) 大型车，包括普通载重汽车、大客车。

(3) 特殊大型车，包括拖挂车、铰接公共汽车、平板车。

表15.1 停车场设计车辆的外形尺寸

设计车辆	车身长度 L/m	车身宽度 B/m
小型车	5.0	1.8
大型车	12.0	2.5
特殊大型车	18.0	2.5

2) 选定车辆停放方式

停车场内车辆的停放方式，对于车位组合、单位停车面积以及停车场总面积的计算等有关。

车辆的停放方式，按汽车纵轴线与通行道的夹角关系分为平行式、垂直式和斜放式3种类型。

(1) 平行式。车辆平行于通行道方向头尾相接停放，如图15.3所示。这种方式所需停车带较窄，一般在3m以下。驶出车辆方便、迅速，但为使后面车辆驶出停车道或待停车辆驶入停车道，前后两车要求的净距较大，占地较长。

(2) 垂直式。车辆垂直于通行道方向停放，如图15.4所示。这种方式单位长度内停放的车辆数较多，用地紧凑，但停车带占地较宽，进出停车时需倒车一次，要求通行道至少有两个车道宽。

(3) 斜放式。车辆与通行道成一定角度停放，一般按 30°、45°、60° 这 3 种角度停放，如图 15.5 所示，因停放不易排列整齐，且占地面积不经济，故较少采用。

图 15.3　平行式停车方式

图 15.4　垂直式停车方式

图 15.5　斜放式停车方式

车辆停放方式一般采用平行式或垂直式，具体采用哪一种方式，还应根据停车场常用的车辆疏散情况及场地限制条件而定。对车辆随来随走的停车场宜采用垂直式的停车方式；车辆零来整走则宜采用平行式停车方式。

3) 确定停车带和通行道宽度

停车带和通行道是停车场的主要组成部分，其宽度确定主要应考虑以下因素。

(1) 设计车辆，如车长、车宽和车门宽等。

(2) 车辆的最小转弯半径。

(3) 停车方式和车辆之间的安全净距。

(4) 驾驶员的驾驶熟练程度等。

停车带和通行道宽度应按《中华人民共和国城乡规划法》机动车停车场设计参数的有关规定执行。

4) 确定单位停车面积

单位停车面积即停放一辆汽车所需的用地面积，它与车辆尺寸和停放方式、通行道的条数和宽度、车辆集散要求以及绿化面积等因素有关。

(1) 平行于通行道停放时(图 15.6(a))，单位停车面积 A_1 可按下式计算，即

$$A_1 = (L+C_1)(B+0.5) + (L+C_1) \times \frac{S_1}{2} \quad \text{m} \tag{15.2}$$

(2) 垂直于通行道停放时(图 15.6(b))，单位停车面积 A_2 可按下式计算，即

$$A_2 = (L+0.5)(B+C_2) + (B+C_2) \times \frac{S_2}{2} \quad \text{m} \tag{15.3}$$

式中 L ——车身长度，m；
B ——车身宽度，m；
C_1 ——平行停放时两车前后之间的净距，m；
C_2 ——垂直停放时两车左右之间的净距，m；
S_1 ——平行式停车通行道宽度，m；
S_2 ——垂直式停车通行道宽度，m。

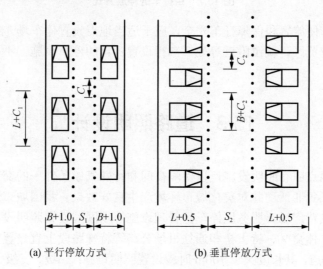

图 15.6　单位停车面积计算图(单位：m)

公共停车场的面积，宜按当量小汽车停车位数计算。地面停车场用地面积，每个停车位宜为 25～30m²；停车楼和地下停车库的建筑面积，每个停车位宜为 30～35m²。

此外，停车场的设计还应综合考虑停车场内的路面结构、绿化、照明、排水以及根据不同性质的停车场设置相应的附属设施。

15.2.2　自行车停车场的设计

在自行车大量聚集的地点，如超市、商场、体育场、电影院、公园、风景点等处均应设置多处自行车停车场。在闹市区，应充分利用行人较少的街巷或附近空地设置自行车停车场，并尽量避免占用人行道。

由于自行车体积小、使用灵活，对停车场地的形状和大小要求比较自由，布设也较简单，设计时可按每辆占地(包括通行道)1.5～1.8m² 计算。停放方式多为垂直停放和成一定角度斜放，按场地条件可按单排和双排两种排列方式。其中垂直设支架固定的形式为常见的停放方式。如图 15.7 所示，图 15.7(a)是将前轮搁在固定的架子上，车辆相对排列，相互错开；图 15.7(b)是将自行车斜放成 60°；图 15.7(c)是前轮和车身成 30°，使车把相互咬合；图 15.7(d)是垂直道路方向。

自行车停车场出入口不宜少于 2 个。出入口的宽度一般至少有 2.5～3.5m，以保证每个口能满足一对相向车辆进出时的需要。场内停车区应分组安排，每组场地长度以 15～20m 为宜。

(a)   (b)   (c)   (d)

图 15.7   自行车的停放方式

对公路，为方便旅客和保障行车安全，应于适当地点设置停车场。在车站、渡口、食宿站、服务区、游览区、城镇附近等处，自行设置各自的停车设施，不得占用行车道作为停车场。

15.3   道路照明设计

道路及特殊地点应有照明设施，以保障夜间和特殊气候条件下的交通安全、畅通，提高运输效率，防止犯罪活动并对美化城市环境产生良好效果。我国城市道路一般均设有照明设施。公路的收费广场、服务区停车区管理设施等场区应设置照明设施；位于城市出入口路段的互通式立体交叉、特大桥和通往机场公路等特殊路段上宜设置照明设施；高速公路、一级公路的隧道，其长度大于 100m 时应设置照明设施；二级、三级、四级公路的隧道，其照明设施可根据具体情况设置。公路目前难以在全线连续设置照明设施，应在投资和运营管理费用承受能力的综合经济分析后，确定是否设置及其建设方案。道路照明设计应按道路照明标准执行。

15.3.1   照明标准

为保证道路照明能为驾驶员及行人提供良好的视觉环境，达到辨认可靠和视觉舒适的基本要求，道路照明应满足平均亮度(照度)、平均照度、均匀度和眩光限制几项指标。此外，道路照明设施还应有良好的诱导性。

光的平均亮度(L_{av})，是指发光强度为 1cd(坎德拉)的光源均匀分布在 $1m^2$ 的照射面上所产生的视觉效果。光亮度单位为 cd/m^2。

光的平均照度(E_{av})，是指光通量(引起视觉的光能强度)为 1lm(流明)的光源均匀分布 $1m^2$ 的照射面上所产生的视觉效果。光照度单位为"lx(勒克司)"。

平均照度换算系数 $lx/cd/m^2$，沥青路面为 15，水泥混凝土路面为 10。

亮度或照度的均匀度，是指亮度或照度的最小值与平均值之比。照明标准的选定与道路等级、交通量、路面反光性质、路灯悬吊方式和高度等有关。城市道路照明标准，应根据城市的规模、性质道路分类，按表 15.2 选用。公路特殊部位及相关场所的照明标准推荐值见表 15.3。

表 15.2 城市道路照明标准

级别	道路类型	亮度 平均亮度 $L_{av}/(cd/m^2)$	亮度 均匀度 L_{min}/L_{av}	照度 平均照度 E_{av}/lx	照度 均匀度 E_{min}/E_{av}	眩光限制	诱导性
I	快速路	1.5	0.40	20	0.40	严禁采用非截光型灯具	很好
II	主干路	1.0	0.35	15	0.35	严禁采用非截光型灯具	很好
III	次干路	0.5	0.35	8	0.35	不得采用非截光型灯具	好
IV	支路	0.3	0.30	5	0.30	不得采用非截光型灯具	好
V	居住区道路	—	—	1~2	—	采用的灯具不受限制	—

表 15.3 公路照明标准推荐值

照明区域		亮度 平均路面亮度 $L_{av}/(cd/m^2)$	亮度 总均匀度 L_{min}/L_{av}	亮度 纵向均匀度 L_{min}/L_{max}	照度 平均照度 E_{av}/lx	眩光限制	诱导性
特殊部位	高速公路路段	1.5~2	0.4	0.7	20~30	6	很好
	立体交叉	主路 2 匝道 1	0.5	0.7	主路 30 匝道 15	5	好
	平面交叉	1.5~2	0.3	0.6	20~30	6	很好
	特大型桥梁	1.5~3.5	0.5~0.7	0.7	15~50	5	很好
	收费站广场	2~5	0.4	0.6	20~50	5	好
	进出口	0.5~2	0.3	0.6	10~30	5	好
相关场所	服务区	0.5~1.5	0.3	0.5	10~20	5	好
	养护区	0.5~1.5	0.3	0.5	10~20	5	好
	停车场	1~2	0.3	0.5	15~30	5	一般

表 15.2 和表 15.3 中所列平均亮度(照度)为维持值,新安装灯具、路面初始亮度(照度)值应比表中数值高 30%~50%;上表数值对中、小城市视道路分类可降低一级使用;表中平均照度仅适用沥青路面;水泥混凝土路面,平均照度值相应降低 20%~30%;表中各项数值仅适用于干燥路面。

15.3.2 照明系统的布置

道路照明应根据规定选择光源和灯具,按道路横断面的形式和宽度采用不同的照明布局。尽量发挥照明器的配光特性,使配光合理、效率高,以取得较高的路面亮度和满意的均匀度,并应尽量限制产生眩光,以提高行车的可见度和视觉的舒适感。

1. 平面布置

1) 照明器在道路上的布置

(1) 沿道路两侧对称布置,如图 15.8(a)所示,适用于宽度超过 20m、车辆和行人多的道路上，一般可获得良好的路面亮度。

（2）沿道路两侧交错布置，如图 15.8(b)所示，适用于宽度超过 20m 的主要道路上，照度及均匀度都比较理想。

（3）沿道路中心布置，如图 15.8(c)所示，适用于道路两侧行道树分叉点较低、遮光较严重的街道。这种布置经济简单、照度较均匀，但易产生眩光，维修不便。

(a) 沿道路两侧对称布置

(b) 沿道路两侧交错布置

(c) 沿道路中心布置

图 15.8　道路照明一般布置方式

（4）平曲线上布置照明器，路面较窄时在曲线外侧布置，路面较宽时在两侧对称布置，反向曲线路段灯具安装在外侧。在曲线半径小的路段上应缩短灯距。

（5）坡道上照明器的布置应使灯具的开口平行坡道。在凸形竖曲线范围灯具的间距要适当缩小。

2）照明器在交叉口的布置

T 形交叉口，照明器多设在道路尽头的对面，能有效照亮交叉口，也利于驾驶员识别道路；十字形交叉口设在交叉口前进方向右侧；环形交叉口宜将灯具设在环道外侧；铁路道口，照明器安装在前进方向右侧。

2. 横向布置

照明器一般布置在人行道绿化带或分隔带边上，灯杆竖在距路缘石 0.5～1.0m 处。照明器通过支架悬臂挑出在道路的上空,悬挑长度不宜超过灯具安装高度的 1/4,一般为 2~4m,如图 15.9 所示。

3. 照明器的安装高度和纵向间距

为保证路面亮度(照度)均匀度,并将眩光限制在允许范围内,灯具的安装高度纵向间距和路面有效宽度应符合规定。

照明器的安装高度 h、纵向间距 L 和配光特性三者之间的关系见式(15.4),如图 15.10 所示。

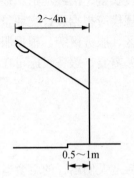

图 15.9　照明器横向布置

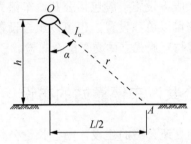

图 15.10　照明布置关系

$$E_A = \frac{I_\alpha \cos\alpha}{r^2} = \frac{I_\alpha \cos^3\alpha}{h^2} \tag{15.4}$$

式中　E_A——路面上任意点 A 的平均照度,lx;

　　　I_α——光源 O 在 α 方向的发光强度;

　　　r——O 点至 A 点的距离,m;

　　　h——光源 O 的高度,m;

　　　α——O 点至 A 点的连线与路面垂直方向的夹角,(°)。

照明器纵向间距一般为 30~50m,高度为 12~15m。

照明影响道路安全、行车顺畅与舒适。在行人比较集中、存在路侧干扰及交叉干扰的市区和郊区,应安装固定的照明设备。对乡区公路,在运输特别繁忙和重要路段,可配置路灯;在有条件的交叉口、人行横道等处可采用局部照明;一般路段由车辆本身的车灯照明。

15.3.3　立体交叉照明设计

为保证夜间通行条件,立体交叉范围应有完善而良好的照明设施。要求照度均匀,视野清晰,能引导视线,照度标准应高于路段,满足眩光限制要求。各层道路上所产生的光斑应能衔接协调,使该处的照明均匀度不低于规定值。采用常规照明方式时,立体交叉应分别按照《城市道路工程设计规范》(CJJ 37—2012)的平面交叉、曲线路段、坡道等规定的相应照明办法,使各部分照明互相协调。

当立体交叉的相交道路不设连续照明时,在立体交叉的平面交叉、出入口弯道、坡道等地段都应设置照明,且照明应延伸到立体交叉范围以外,并逐渐降低亮度水平形成过渡照明,以适应驾驶员的视觉要求。

对环形立体交叉、环形匝道及大型立体交叉等，可采用高杆灯照明，不仅经济合理，而且照明效果良好。高杆灯照明是指灯具安装高度不小于 20m 的照明。其位置应能满足布光要求，避免或减弱眩光，防止发生撞杆事故，保证行车安全。

15.4　高速公路服务设施布设

高速公路应根据服务水平、交通量、路网规划、路段长度、沿线地形、地物、景观、环保等，选择适当地点布设服务设施。服务设施的建设规模应根据设计交通量、交通组成等计算确定。服务设施一般包括公共汽车停靠站、停车区、服务区等。根据服务功能的不同，这些设施可以单独设置，也可以组合设置。根据服务需要，服务设施可在高速公路沿线布设，也可与互通式立体交叉配合布设。

15.4.1　公共汽车停靠站的布设

随着我国高速公路的建设，中、长途公共汽车客运将是人们出行的主要运输方式，规划和设计高速公路时必须在沿线设置公共汽车停靠站，以满足乘客上下车的需要。公共汽车停靠站应根据沿线城镇分布、出行需求，并结合服务区或互通式立体交叉设置。

1. 布设形式

1) 在收费立体交叉的连接线上布设(图 15.11)

这种布设形式适用于公共汽车离开或进入一条高速公路时采用。当高速公路与次要公路相交而在次要公路上采用平面交叉时，如图 15.11(a)所示，公共汽车停靠站布设在平面交叉与收费站之间连接线的两侧；当高速公路与高速公路相交时，如图 15.11(b)所示，公共汽车停靠站布设在收费站之前或之后连接线的两侧。这种布设应注意上下车的乘客横穿连接线而影响交通和安全问题，必要时可在连接线上设置人行天桥或人行地道。

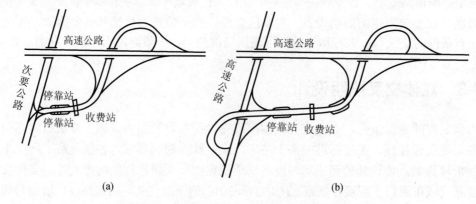

图 15.11　在收费立体交叉连接线上布设停靠站

2) 在收费立体交叉内的高速公路上布设

这种布设形式适用于公共汽车在高速公路上途经该立体交叉时采用。在立体交叉的三角地带(一般为绿化区)，平行于高速公路增设公共汽车停车车道。为不影响高速公路正线车辆的正常行驶，应在正线与停车车道之间设置隔离带或用栅栏分隔，停车车道两端与出、入口附近的匝道连接，形成港湾式停靠站。利用通道、梯道、盘道等组合设施，组织乘客进出立体交叉。这种公共汽车停靠站与互通式立体交叉配合布设的形式，充分利用立体交叉匝道的变速车道作为公共汽车进出正线时变速行驶，与公共汽车停靠站布设在立体范围以外的路段上相比，减少了设置长度，节省用地和投资；但需设置专用人行设施，组织乘客进入或离开立体交叉范围的公共汽车停靠站，又使投资有所增加。

2. 平面布设

布设在收费立体交叉连接线上的公共汽车停靠站，可利用收费站上车辆行驶速度低的特点，公共汽车停靠站平面布设可不考虑车辆加、减速行驶的要求。当收费站各行驶方向外侧供大型车行驶的边车道车辆很少时，边车道可作为公共汽车停靠站，但在边车道右侧应增设公共汽车停靠站的站台。站台长度不小于 20m，宽度不小于 2m，以供乘客候车之用，如图 15.12(a)所示。如收费站外侧的边车道兼作收费车道使用，应在边车道右侧增设公共汽车停靠站，以不影响其他车辆进出收费站为准，其平面布设如图 15.12(b)所示。

布设在收费立体交叉内高速公路上的公共交通停靠站，横向必须用隔离带与直行车道分离。另外，公共汽车停靠站两端应设足够长的二次变速车道，使车速与互通式立体交叉匝道的变速车道(一次变速车道)车速相适应，其平面布置如图 15.13 所示。二次变速车道的长度取决于匝道减速端出口或加速端入口处的行车速度及车辆的平均减速度或加速度。二次变速车道的长度可用式(15.5)计算。

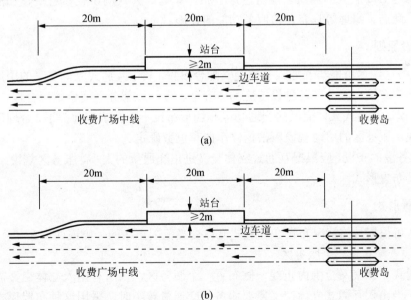

图 15.12 连接线上公共汽车停靠站的平面布设

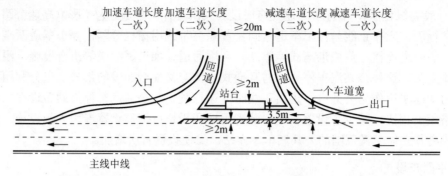

图 15.13 收费立体交叉内高速公路上公共汽车停靠站的平面布设

$$L_2 = \frac{v_2^2}{26a} \tag{15.5}$$

式中　L_2——二次变速车道的长度，m；

　　　v_2——匝道减速端出口或加速端入口的行车速度，km/h；

　　　a——汽车平均减速度或加速度，m/s²。

15.4.2　服务区的布设

高速公路的服务区是为驾乘人员提供中途休息、进餐等服务，以及为车辆提供停车、加油、维修等必要服务的场所。服务区应包括停车场、公共厕所、休息室、加油站、维修站、餐厅、商店、绿地等具有各自服务功能的设施。

1. 布设原则

(1) 服务区应尽可能与互通式立体交叉配合设置，利用互通式立体交叉的用地范围及用地条件等合理布设。服务区各种设施应功能齐全，各组成部分之间位置应合理。

(2) 在保证互通式立体交叉的交通功能和线形布设不受影响的前提下，合理确定服务区的用地规模。服务区的用地规模应根据停车的车位数确定。

(3) 服务区的布设，应根据互通式立体交叉进出交通量的大小、服务区规模、地形情况，合理确定其布置形式。

2. 布置形式

服务区可根据具体情况布设在互通式立体交叉范围正线的一侧或两侧。

1) 正线一侧布设一个服务区

在互通式立体交叉范围内正线一侧布置一个服务区，供所有出入立体交叉需要服务的车辆使用。当出入互通式立体交叉需要服务的交通量较小时，采用这种布置形式。其特点是占地较小，出入服务区的车辆只有分流与合流运行，不存在平面交叉，需建 3 座跨线构造物，但正线另一侧直行车辆使用服务区不便，如图 15.14 所示。

2) 正线一侧布置两个服务区

在互通式立体交叉范围内正线一侧布置两个服务区，分别供由收费站驶出和驶入两个方向需服务的车辆使用。适用于出入互通式立体交叉需要服务的交通量较大，且正线一侧用地限制不严的情况。其特点是驶出和驶入的服务车辆分别使用各自的服务区，只有分流与合流运行，不存在平面交叉，只需 2 座跨线构造物，但占地面积较大，主线另一侧直行车辆使用服务区不便，如图 15.15 所示。

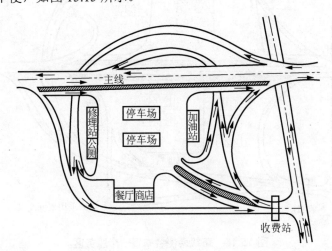

图 15.14 正线一侧布置一个服务区

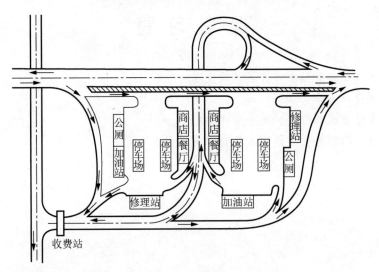

图 15.15 正线一侧布置两个服务区

3) 正线两侧各布置一个服务区

在互通式立体交叉范围内正线两侧各布置一个服务区，分别供两侧驶出和驶入需服务的车辆使用。适用于出入互通式立体交叉需服务的交通量较大，正线两侧用地限制不严格的情况。其特点是两侧需服务的出入车辆使用各自的服务区，可分散交通，适用服务的交通量大；只需 2 座跨线构造物，正线直行交通需要服务的车辆可方便使用服务区，由收费站驶入的左转车辆可采用定向匝道或平面交叉进入服务区；立体交叉占地面积较大，如图 15.16 所示。

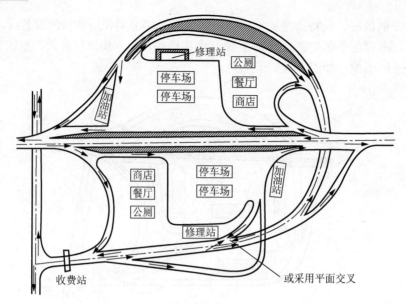

图 15.16 正线两侧各布置一个服务区

课 后 习 题

15.1 公共汽车停靠站布置方式及特点是什么？
15.2 如何设计汽车停车场？
15.3 需要设置道路照明的场合有哪些？
15.4 高速公路服务区布设形式及特点是什么？

第 16 章　路基路面检测技术

16.1　路基路面几何尺寸与路面结构层厚度检测

16.1.1　概述

1. 路基路面几何尺寸检验

路基路面的几何尺寸，即宽度、纵断面高程、横坡及中线平面偏位等是施工质量检查和竣工验收的规定项目。在路基路面施工过程、交工验收期间及旧路调查中，都需要检测路基路面各个部分的几何尺寸以保证其符合技术要求。

2. 控制路面厚度意义

在道路工程中，路面结构层厚度对于道路整体的强度和使用寿命都是非常重要的。在路面设计中，不管采用什么样的设计指标，最终都要确定的都是各结构层的厚度。只有在保证各结构层厚度的前提下，路面各层次和整体的强度和使用性能才能发挥出来。另外，各结构层厚度对于整个路面的高程来说也是非常重要的，也是路面补强设计的重要依据。此外，路面结构层厚度在道路工程指标检测评定、使用寿命预测及养护管理中都是重要的指标之一。

3. 路面厚度检测方法

对于基层或者砂石路面的结构层厚度检测主要采用挖坑法，对于沥青面层和水泥混凝土路面板的厚度检测主要依靠钻芯法。挖坑法和钻芯法对路面都是有破损的，而且测点可能成为日后道路通车后的薄弱点，从而较早产生病害，同时挖坑法和钻芯法的测试结果只能代表测试地点处的结构层厚度，而不能反映道路一定范围内的结构层厚度。因此，逐渐被无损检测方法代替，代表的方法有雷达检测法、超声波检测法等。这些方法相比以上的破损检测方法，可以实现高效地、不损坏路面地、连续地检测路面结构层厚度。

16.1.2 几何尺寸测试方法与步骤

1. 各部分的宽度及总宽度

用钢尺沿中心线垂直方向水平量取路基路面各部分的宽度，以 m 表示。对高速公路及一级公路，准确至 0.005m；对其他等级公路，准确至 0.01m。测量时钢尺应保持水平，不得将尺紧贴路面量取，也不得使用皮尺。

2. 纵断面高程

(1) 将精密水准仪架设在路面平顺处并调平，将塔尺竖立在中线的测定位置上，以路线附近的水准点高程作为基准。测记测定点的高程读数，以 m 表示，准确至 0.001m。

(2) 连续测定全部测点，并与水准点闭合。

3. 路面横坡

1) 设有中央分隔带的路面

将精密水准仪架设在路面平顺处并调平，将塔尺分别竖立在路面与中央分隔带分界的路缘带边缘 d_1 处及路面与路肩交界位置(或外侧路缘石边缘) d_2 处，d_1 与 d_2 两测点必须在同一横断面上，测量 d_1 与 d_2 处的高程，记录高程读数，以 m 表示，准确至 0.001m。

2) 无中央分隔带的路面

将塔尺分别竖立在路拱曲线与直线部分的交界位置 d_1 及路面与路肩(或硬路肩)的交界位置 d_2 处，用钢尺测量两测点的水平距离，以 m 表示。对高速公路及一级公路，准确至 0.005m。对其他等级公路，准确至 0.01m。

另外，可以采用几何数据测试系统测定路面横坡，目前常采用的有激光测距仪、加速度传感器和陀螺仪等设备。由于车辆行驶过程中路面状况和外界风力等因素会影响测试结果，因此对车辆高度和测试速度作了限制性规定。

4. 中线偏位

1) 有中线坐标的道路

首先从设计资料中查出待测点 P 的设计坐标，用经纬仪对该设计坐标进行放样，并在放样点 P' 做好标记，量取 PP' 的长度，即为中线平面偏位 Δ_{CL}，以 mm 表示。对高速公路及一级公路，准确至 5mm；对其他等级公路，准确至 10mm。

2) 无中线坐标的低等级道路

应首先恢复交点或转点，实测偏角和距离，然后采用链距法、切线支距法或偏角法等传统方法敷设道路中线的设计位置，量取设计位置与施工位置之间的距离，即为中线平面偏位 Δ_{CL}，准确至 10mm。

16.1.3 几何尺寸计算与评价

1. 宽度与高差

各测定断面的实测宽度 B_{1i}，与设计宽度 B_{0i} 之差为：$\Delta B_i = B_{1i} - B_{0i}$；总宽度为路基路面各部分宽度之和。

各个断面的实测高程 H_{1i} 与设计高程 H_{0i} 之差为 $\Delta H_i = H_{1i} - H_{0i}$。

2. 路面横坡

各测定断面的路面横坡及差值为(准确至1位小数)$\Delta i_i = i_{1i} - i_{0i}$。

$$i_{1i} = \frac{100 \times (d_{1i} - d_{2i})}{B_{1i}} \tag{16.1}$$

式中 i_{1i}——各测定断面的横坡，%；

i_{0i}——各测定断面的设计横坡，%；

Δi_i——各测定断面的横坡和设计横坡的差值，%；

d_{1i} 及 d_{2i}——各断面测点 d_1 及 d_2 处的高程读数，m；

B_{1i}——各断面测点 d_1 与 d_2 间的水平距离，m。

其余符号意义同前。

路线在直线段有路拱，路拱是一个曲线，设计横坡是指直线部分的横坡。测量时路基横坡是指路槽顶面的横坡，路面横坡是路面中心线与路面边缘高程之差对距离的比值。由于路拱断面往往并非直线，故测定值仅仅是平均横坡，与设计横断面形状的横坡将有所不同，这一点在比较时应该注意。可将设计横坡按设计横断面图进行计算，换算成设计的平均横坡，然后计算实测横坡与设计横坡之差。

路线在曲线段时，应设计超高横坡，然后计算实测横坡与设计横坡之差。

16.2 路基路面压实度检测

16.2.1 概述

1. 控制压实度意义

压实度是填土工程的质量控制指标。现场压实质量用压实度表示，对于路基土及路面基层，压实度是指工地实际达到的干密度与室内标准击实试验所得的最大干密度的比值，以%表示；对沥青路面，压实度是指现场压实层的实测密度与室内马歇尔试验确定的标准密度的比值，以%表示。因此，压实度检测的主要任务是现场实测压实层的密度。

压实度检测方法有灌砂法、环刀法、核子密湿度仪法、无核密度仪法、钻芯法等。

2. 灌砂法

挖坑灌砂法是施工过程中最常用的试验方法之一，是测定压实度的依据。它适用于在现场测定基层(或底基层)、砂石路面及路基土的各种材料压实层的密度和压实度,但不适用于填石路堤等有大孔洞或大孔隙的材料压实层的压实度检测。

1) 规定要求

当集料的最大粒径小于13.2mm、测定层的厚度不超过150mm时,宜采用ϕ100mm的小型灌砂筒测试。

当集料的最大粒径不小于13.2mm,但不大于31.5mm,测定层的厚度不超过200m时,应用ϕ150mm的大型灌砂筒测试。

2) 影响因素

(1) 量砂要规则,重复使用时一定要注意晾干,处理一致;否则会影响量砂的松方密度。

(2) 每换一次量砂,都必须测定松方密度,灌砂筒下部圆锥体内砂的数量也应该每次重新标定。因此,量砂宜事先准备较多数量。切勿到试验时临时找砂,又不进行标定,仅使用以前的数据。

(3) 地表面要平,只要表面凸出一点(1mm),即使整个表面高出一薄层,其体积便算到试坑中去了,将影响试验结果,因此本方法一般宜采用先放上基板测定一次粗糙表面消耗的量砂。只有在非常光滑的情况下方可省去此操作。

3. 环刀法

在公路工程现场用环刀法测定土基及路面材料的密度及压实度,适用于测定细粒土及无机结合料稳定细粒土的密度。但对无机结合料稳定细粒土,其龄期不宜超过2天,且宜用于施工过程中的压实度检测。

4. 核子密湿度仪法

核子密湿度仪是现场控制压实度最常用的方法,可测定密度、含水率。由于核子密湿度仪具有使用方便、快速的优点,现在广泛用于工地的施工质量控制及快速评定。但由于受测定层温度及多种环境因素的影响,其测定值的波动性较大,规定检测时必须经常标定,尤其是与试验段测定时的条件应一致,对纹理较大的路面必须用细砂填平,每次测定时以13个测点的平均值作为一个数据。

在现场用核子密湿度仪可用散射法或直接透射法测定路基或路面材料的密度和含水率,并计算施工压实度,检测结果可作为工程质量评定与验收的依据。用散射法测定时,应将仪器平稳地放置于测试位置上;用直接透射法测定时,应将放射源棒放下并插入已预先打好的孔内。

5. 无核密度仪法

在现场用无核密度仪可快速测定沥青路面各层沥青混合料的密度,并计算施工压实度,但测定结果不宜用于评定验收或仲裁。

无核密度仪可用于检测铺筑完工的沥青降面、现场沥青混合料铺筑层密度及快速检查混合料的离析。

6. 钻芯法

沥青混合料面层的压实度是按施工规范规定的方法测定的混合料试样的毛体积密度与标准密度之比,以百分率表示。钻芯法是检验从压实的沥青路面上钻取的沥青混合料芯样试件的密度,以评定沥青面层的施工压实度。

16.2.2 挖坑灌砂法测定压实度试验

1. 灌砂筒与标定罐

灌砂筒形式和主要尺寸见图 16.1 及表 16.1。图中上部为储砂筒,筒底中心有一个圆孔。下部装倒置的圆锥形漏斗,漏斗上端开口,直径与储砂筒的圆孔相同,漏斗焊接在一块铁板上,铁板中心有一圆孔与漏斗上开口相接。在储砂筒筒底与漏斗顶端铁板之间设有开关。开关为一薄铁板,一端与筒底及漏斗铁板铰接在一起,另一端伸出筒身外,开关铁板上也有一个直径相同的圆孔。金属标定罐是用薄铁板制作的,上端周围有一罐缘。

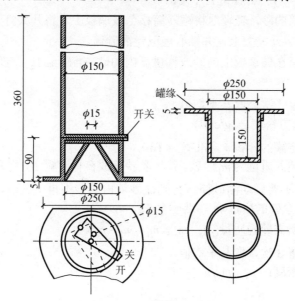

图 16.1 灌砂筒与标定罐

表 16.1 灌砂筒的主要尺寸要求

结 构		小型灌砂筒	大型灌砂筒
储砂筒	直径/mm	100	150
	容积/cm^3	2120	4600
流砂孔	直径/mm	10	15
金属标定罐	内径/mm	100	150
	外径/mm	150	200
金属方盘基板	边长/mm	350	400
	深/mm	40	50
中孔	直径/mm	100	150

2. 方法与步骤

1) 最大干密度 ρ_c 及最佳含水率 ω

按现行试验方法对检测对象试样用同种材料进行击实试验，得到最大干密度 ρ_c 及最佳含水率 ω。

2) 标定灌砂筒下部圆锥体内砂的质量

(1) 在灌砂筒筒口高度上，向灌砂筒内装砂至距筒顶的距离 15mm 左右为止。称取装入筒内砂的质量 m_1，准确至 1g。以后每次标定及试验都应该维持装砂高度与质量不变。

(2) 将开关打开，使灌砂筒筒底的流砂孔、圆锥形漏斗上端开口圆孔及开关铁板中心的圆孔上下对准重叠在一起，让砂自由流出，并使流出砂的体积与工地所挖试坑内的体积相当（或等于标定罐的容积），然后关上开关。

(3) 不晃动储砂筒的砂，轻轻地将罐砂筒移至玻璃板上，将开关打开，让砂流出，直到筒内砂不再下流时，将开关关上，并细心地取走灌砂筒。

(4) 收集并称量留在玻璃板上的砂或称量筒内的砂，准确至 1g。玻璃板上的砂就是填满筒下部圆锥体的砂（m_2）。

(5) 重复上述测量 3 次，取其平均值。

3) 标定量砂的松方密度 ρ_s(g/cm^3)

(1) 用水确定标定罐的容积 V，准确至 1mL。

(2) 在储砂筒中装入质量为 m_1 的砂，并将灌砂筒放在标定罐上，将开关打开，让砂流出。在整个流出过程中，不要碰动灌砂筒，直到储砂筒内的砂不再下流时，将开关关闭。取下灌砂筒，称取筒内剩余砂的质量 m_3，准确至 1g。

(3) 填满标定罐所需砂的质量(g)：$m_a = m_1 - m_2 - m_3$。

(4) 重复上述测量 3 次，取其平均值。

(5) 量砂的松方密度：$\rho_s = m_a/V$。

4) 试验步骤

(1) 将基板放在平坦表面上。当表面的粗糙度较大时，将盛有量砂（m_1）的灌砂筒放在基板中间的圆孔上。将灌砂筒的开关打开，让砂流入基板的中孔内，直到储砂筒内的砂不再下流时关闭开关。取下灌砂筒，并称取量筒内砂的质量 m_6，准确至 1g。

(2) 取走基板，并将留在试验地点的量砂收回，重新将表面清扫干净。

(3) 将基板放回清扫干净的表面上（尽量放在原处），沿基板中孔凿洞（洞的直径与灌砂筒一致）。在凿洞过程中，应注意不使凿出的材料丢失，并随时将凿松的材料取出装入塑料袋中，不使水分蒸发，也可放在大试样盒内。试洞的深度应等于测定层厚度，但不得有下层材料混入，最后将洞内全部凿松的材料取出。对土基或基层，为防止试样盘内材料的水分蒸发，可分几次称量材料的质量，全部取出材料的总质量为 m_w，准确至 1g。

(4) 从挖出的全部材料中取有代表性的样品，放在铝盒或洁净的搪瓷盘中，测定其含水率（ω，以%计）。样品的数量如下：用小型灌砂筒测定时，对于细粒土，不少于 100g；对于各种中粒土，不少于 500g；用大型灌砂筒测定时，对于细粒土，不少于 200g；对于各种中粒土，不少于 1000g；对于粗粒土或水泥、石灰、粉煤灰等无机结合料稳定材料，宜将取出的全部材料烘干，且不少于 2000g，称其质量 m_4。

(5) 将基板安放在试坑上,将灌砂筒安放在基板中间(储砂筒内放满砂到要求质量m_1),使灌砂筒的下口对准基板的中孔及试洞,打开灌砂筒的开关,让砂流入试坑内。在此期间,应注意勿碰动灌砂筒。直到储砂筒内的砂不再下流时关闭开关。仔细取走灌砂筒,并称量筒内剩余砂的质量m_4,准确至1g。

(6) 如清扫干净的平坦表面的粗糙度不大,也可省去步骤(1)和(2)的操作。在试洞挖好后,将灌砂筒直接对准放在试坑上,中间不需要放基板。打开筒的开关,让砂流入试坑内。在此期间,应注意勿碰动灌砂筒。直到储砂筒内的砂不再下流时关闭开关。仔细取走灌砂筒,并称量剩余砂的质量m_4',准确至1g。

(7) 仔细取出试筒内的量砂,以备下次试验时再用。若量砂的湿度已发生变化或量砂中混有杂质,则应该重新烘干、过筛,并放置一段时间,使其与空气的湿度达到平衡后再用。

3. 计算与评价

(1) 计算填满试坑所用的砂的质量(g)。

灌砂时,试坑上放有基板,即

$$m_b = m_1 - m_4 - (m_5 - m_6)$$

灌砂时,试坑上不放基板,即

$$m_b = m_1 - m_4' - m_2$$

式中　m_b——填满试坑的砂的质量,g;

　　　m_1——灌砂前灌砂筒内砂的质量,g;

　　　m_2——灌砂筒下部圆锥体内砂的质量,g;

　　　m_4,m_4'——灌砂后灌砂筒内剩余砂的质量,g;

　　　$m_5 - m_6$——灌砂筒下部圆锥体内及基板和粗糙表面间砂的合计质量,g。

(2) 计算密度、压实度,有

$$\begin{cases} \rho_w = \rho_s \cdot \dfrac{m_w}{m_b} \\ \rho_d = \dfrac{\rho_w}{1+0.01\omega} \\ \rho_d' = \rho_s \cdot \dfrac{m_d}{m_b} \\ K = 100\% \times \dfrac{\rho_d}{\rho_c} \end{cases} \quad (16.2)$$

式中　ρ_w,ρ_d——试坑材料的湿密度、干密度,g/cm³;

　　　ρ_s——量砂的松方密度,g/cm³;

　　　ρ_d'——试坑材料为水泥、石灰、粉煤灰等无机结合料稳定土的干密度,g/cm³;

　　　ω——试坑材料的含水率,%;

　　　m_w,m_b,m_d——试坑中取出的全部材料的质量、烘干后的质量、填满试坑的砂的质量,g;

　　　K——测试地点的施工压实度,%;

　　　ρ_c——由击试试验得到的试样的最大干密度,g/cm³。

各种材料的干密度均应准确至 0.01 g/cm³。

16.2.3 环刀法测定压实度试验

1. 人工取土器测定黏性土及无机结合料稳定细粒土密度

(1) 擦净环刀，称量环刀质量 m_2，准确至 0.1g。

(2) 在试验地点，挖去上部土，在结构层中部将环刀打下，达到要求的取土深度，但不得将下层扰动，用镐将环刀及试样挖出。

(3) 轻轻取下环盖，用修土刀自边至中削去环刀两端余土，用直尺检测直至修平为止。

(4) 擦净环刀外壁，用天平称量出环刀及试样合计质量 m_1，准确至 0.1g。

(5) 自环刀中取出具有代表性的试样，测定其含水率 ω。

2. 人工取土器测定砂性土或砂层密度

(1) 如为湿润的砂土，试验时不需要使用击实锤和定向筒，在铲平的地面上细心挖出一个直径较环刀外径略大的砂土柱，将环刀刃口向下，平置于砂土柱上，用两手平稳地将环刀垂直压下，直至砂土柱突出环刀上端约 2cm 时为止；干燥的砂土不能挖成砂土柱时，可直接将环刀压入或打入土中。

(2) 修整削掉环刀上下口上的多余砂土。

(3) 擦净环刀外壁，称量环刀与试样合计质量 m_1，准确至 0.1g。

(4) 自环刀中取具有代表性的试样，测定其含水率 ω。

3. 电动取土器测定无机结合料细粒土和硬塑土密度

(1) 装上所需规格的取芯头，现场取芯。

(2) 取出样品，立即按取芯套筒长度用修土刀或钢丝锯修平两端，制成所需规格土芯，如拟进行其他试验项目，装入铝盒，送实验室备用。

(3) 用天平称量土芯带套筒质量 m_1，从土芯中心部分取试样，测定其含水率 ω。

4. 计算与评价

(1) 试验须进行两次，平行测定，其平行差值不得大于 0.03g/cm³，求其算术平均值。

(2) 计算试样的湿密度及干密度，计算压实度，即

$$\rho_d = \frac{4(m_1 - m_2)}{\pi d^2 h} = \frac{\rho}{1 + 0.01\omega} \tag{16.3}$$

式中 ρ，ρ_d——试样的湿密度、干密度，g/cm³；

m_1——环刀或取芯套筒与试样合计质量，g；

m_2——环刀或取芯套筒质量，g；

d——环刀或取芯套筒直径，cm；

h——环刀或取芯套筒高度，cm；

ω——试样的含水率，%。

16.2.4　钻芯法测定沥青面层压实度试验

1. 方法与步骤

1) 钻取芯样

(1) 在选取采样地点的路面上，钻取芯样，可采用湿钻孔或干钻孔。

(2) 将钻取的芯样或切割的试块妥善盛放到盛样器中，必要时用塑料袋封袋。填写样本标签，一式两份，一份贴到试样上，另一份作为记录备查。当一次钻孔取得的芯样包含不同层次的沥青混合料时，应根据结构组合情况用切割机将芯样沿各层结合面锯开，分层进行测定。

(3) 对取样的钻孔或被切割的路面坑洞，应采用同类型材料填补并压实。

2) 测定试件密度

将钻取的试件在水中用毛刷清洗干净后，将试件晾干或者风干至少 24h 至恒重。按现行规范中沥青混合料试件密度试验方法测定，通常用表干法测定其毛体积相对密度；当吸水率大于 2%时采用蜡封法；当吸水率小于 0.5%，尤其是致密的沥青混合料时，可以采用水中重法测定其表观密度。

2. 计算与评价

$$K = \frac{\rho_s}{\rho_0} \times 100\% \text{ 或 } K = \frac{\rho_s}{\rho_t} \times 100\% \tag{16.4}$$

式中　K——压实度；

　　　ρ_0，ρ_t——采用由马歇尔击实试件成型密度计算的压实沥青混合料标准密度和采用标准密度的最大理论密度，g/cm³；

　　　ρ_s——试件密度，g/cm³。

16.3　路基路面弯沉检测

16.3.1　概述

1. 控制弯沉的意义

国内外普遍采用回弹弯沉值来表示路基路面的承载能力，回弹弯沉值越大，承载能力越小；反之则越大。通常所说的回弹弯沉值是指标准后轴载双轮组轮隙中心处的最大回弹弯沉值。在路表面测试的回弹弯沉值可以反映路基、路面的综合承载能力。弯沉值是指在规定的标准轴载作用下，路基或路面表面轮隙位置产生的总垂直变形值(总弯沉值)或垂直回弹变形值(回弹弯沉值)，以 0.01m 为单位。回弹弯沉值可以反映路基、路面的综合承载能力，同时回弹弯沉值也用于路面结构的设计中(设计回弹弯沉值)，用于施工控制及施工验收中(竣工验收弯沉值)，还用于旧路补强设计中。回弹弯沉值是公路工程的一个基本参数，回弹弯沉的正确测试具有重要的意义。

2. 贝克曼梁法

贝克曼梁由美国 A.C. Benkilman 于 1953 年发明。它适用于测定各类路基、路面的回弹弯沉值,用以评定其整体承载能力,并作为路面设计的标准方法和基本参数;作为路面弯沉值检测和竣工、交工验收的标准方法,测定的路基、柔性路面的回弹弯沉值可供交工和竣工验收使用;测定的路面回弹弯沉值可为公路养护管理部门制订养路修路计划提供依据。

对于路面弯沉,可以测定总弯沉或回弹弯沉,在我国均普遍应用过。但由于总弯沉必须用后退法测定,对半刚性基层来说,弯沉影响范围为 3~5m,汽车必须距离测定点很远,对驾驶员的驾驶技术要求很高,精确测定十分困难。为此,现场试验时广泛应用回弹弯沉测定方法。

3. 自动弯沉仪法

贝克曼梁测值属于静态弯沉,该方法存在工作效率低、测试精度不易保证的缺点。我国从 20 世纪 80 年代末期开始陆续引进了英、法等国生产的 Lacroix 型自动弯沉仪,国内科研人员也研制出了国产自动弯沉仪。利用了贝克曼梁的测试原理,可以连续检测,工作效率得到很大提高,近年来在我国得到较广泛的应用,特别是在高速公路验收、养护检测中发挥了很大作用。

贝克曼梁测值与自动弯沉仪测值都属于静态弯沉。但贝克曼梁测值是回弹弯沉,而自动弯沉仪测值是总弯沉,两者是有区别的,必须找到两者的相关关系式以进行换算。

4. 落锤式弯沉仪法

此法适用于测定在落锤式弯沉仪(Falling Weight Deflectometer,FWD)标准质量的重锤落下一定高度产生的冲击荷载作用下,路基或路表面所产生的瞬时变形,即测定在动态荷载作用下产生的动态弯沉及弯沉盆,并可由此反算出路基路面各层材料的动态弹性模量,作为设计参数使用。所测结果经转换至回弹弯沉值后可用于评定道路承载能力,也可用于调查水泥混凝土路面接缝的传力效果,探查路面板下的空洞等。

落锤式弯沉仪与贝克曼梁测定的弯沉值之间的相关关系为:在同一条路上,或者同一地区,路面结构、材料、土基等条件相同时,二者有良好的相关关系;如果条件相差较大时,相关关系不佳,不同地区的数据放在一起也会降低相关性。因此不宜套用外地的或不同条件下的相关关系式。

反算模量是 FWD 测定的主要目的之一,但其还有许多其他用途,如预测路面的残余寿命(疲劳使用寿命)等。在对水泥混凝土路面进行测定时,还可以用来做以下检查:利用跨缝测定弯沉盆形状是否连续;检查接缝的荷载传递效果;检查混凝土板与基层接触是否紧密(板下空洞情况);检查接缝下有无空洞及填补空洞的效果等。

16.3.2 贝克曼梁测定路基路面回弹弯沉试验

1. 标准车与路面弯沉仪

1) 标准车

标准车是指双轴,后轴双侧 4 轮的载重车,其参数应符合表 16.2 的要求。测试车应采用后轴 100 标准轴载 BZZ-100 的汽车。

2) 路面弯沉仪

路面弯沉仪由贝克曼梁、百分表及表架组成。贝克曼梁由铝合金制成，上有水准泡，其前臂(接触路面)与后臂(装百分表)长度比为 2∶1。弯沉仪长度有两种：一种长 3.6m，前后臂分别为 2.4m 和 1m；另一种加长的弯沉仪长 5.4m，前、后臂分别为 3.6m 和 1.8m。当在半刚性基层沥青路面或水泥混凝土路面上测定时，应采用长度为 5.4m 的贝克曼梁弯沉仪；对柔性基层或混合式结构沥青路面，可采用长度为 3.6m 的贝克曼梁弯沉仪测定。弯沉值采用百分表量得，也可用自动记录装置进行测量。

表 16.2 弯沉测定用的标准车参数

标准轴载等级	BZZ-100
后轴标准轴载 P/kN	100±1
一侧双轮荷载/kN	50±0.5
轮胎充气压力/MPa	0.7±0.05
单轮传压面当量圆直径/cm	21.3±0.5
轮隙宽度	应满足能自由插入弯沉仪测头的测试要求

2. 方法与步骤

(1) 在测试路段布置测点。将弯沉仪插入汽车后轮之间的缝隙处，与汽车方向一致，梁臂不得碰到轮胎，弯沉仪测头置于测点上(轮隙中心前方 3～5cm 处)，并安装百分表于弯沉仪的测定杆上，百分表调零，用手指轻轻叩打弯沉仪，检查百分表是否稳定回零。弯沉仪可以是单侧测定，也可以是双侧同时测定。

(2) 汽车缓缓前进，百分表随路面变形的增加而持续向前转动。当表针转动到最大值时，迅速读取初读数 L_1。汽车仍在继续前进，表针反向回转，待汽车驶出弯沉影响半径(约 3m)，且表针回转稳定后，再次读取终读数 L_2。

3. 弯沉仪的支点变形修正

(1) 当采用长度为 3.6m 的弯沉仪进行弯沉测定时，有可能引起弯沉仪支座处变形，在测定时应检验支点有无变形。如果有变形，此时应用另一台检测用的弯沉仪安装在测定用弯沉仪的后方，其测点架于测定用弯沉仪的支点旁。当汽车开出时，同时测定两台弯沉仪的弯沉读数，如检验弯沉仪百分表有读数，即应该记录并进行支点变形修正。当在同一结构层上测定时，可在不同位置测定 5 次，求取平均值，以后每次测定时以此作为修正值。支点变形修正的原理如图 16.2 所示。

(2) 当采用长度为 5.4m 的弯沉仪测定时，可不进行支点变形修正。

4. 计算与评价

1) 路面测点的回弹弯沉值计算

$$l_t = (L_1 - L_2) \times 2 \tag{16.5}$$

式中 l_t——在路面温度为 z 时的回弹弯沉值，0.01mm；

L_1——车轮中心临近弯沉仪测头时百分表的最大读数；

L_2——汽车驶出弯沉影响半径后百分表的终读数。

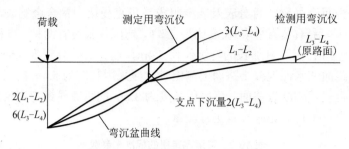

图 16.2 弯沉仪支点变形修正原理

2) 变形修正

当需进行弯沉仪支点变形修正时，路面测点回弹弯沉值按下式计算，即

$$l_t = (L_1 - L_2) \times 2 + (L_3 - L_4) \times 6 \tag{16.6}$$

式中　L_3——车轮中心临近弯沉仪测头时，检验弯沉仪的最大读数；

L_4——汽车驶出弯沉影响半径后，检验弯沉仪的终读数。

其余符号意义同前。

3) 温度修正

面层厚度大于 5cm 的沥青路面，回弹弯沉值应进行温度修正。温度修正及回弹弯沉的计算宜按下列步骤进行。

(1) 测定时的沥青层平均温度按下计算，即

$$t = \frac{t_{25} + t_m + t_e}{3} \tag{16.7}$$

式中　t——测定时沥青层平均温度，℃；

t_{25}——根据 t_0 查《公路路基路面现场测试规程》(JTG 3450—2019)规定的路表面下 25mm 处的温度，℃；

t_m——根据 t_0 查规定的沥青层中间深度的温度，℃；

t_e——根据 t_0 查规定的沥青层底面处的温度，℃；

t_0——测定时路表面温度与测定前 5 日平均气温的平均值之和，℃，日平均气温为日最高气温与最低气温的平均值。

(2) 温度修正系数 K。

根据沥青层平均温度 t 及沥青层厚度，分别查规程中粒料基层及沥青稳定基层或无机结合料稳定的半刚性基层的沥青路面弯沉值的温度修正系数 K。

(3) 沥青路面回弹弯沉计算，即

$$l_{20} = K \cdot l_t \tag{16.8}$$

式中　K——温度修正系数；

l_{20}——换算为 20℃的沥青路面回弹弯沉值；

l_t——测定时沥青面层的平均温度为 t 时的回弹弯沉值。

(4) 报告。

报告应包括弯沉测定表、支点变形修正值、测试时的路面温度及温度修正值，以及每一个评定路段各测点弯沉的平均值、标准差及代表弯沉，代表弯沉公式为

$$l_r = \bar{l} + Z_a S \tag{16.9}$$

式中　l_r——一个评定路段的代表弯沉；

　　　$\bar{l}$——评定路段内经各项修正后的各测点弯沉的平均值；

　　　S——评定路段内经各项修正后的全部测点弯沉的标准差，0.01mm；

　　　Z_a——与保证率有关的系数，参考相关技术标准、规范选用。

计算平均值和标准差时，应将超出 $l \pm (2 \sim 3)S$ 的弯沉特异值舍弃。对舍弃的弯沉值过大的点，应找出其周围界限，进行局部处理。用两台弯沉仪同时进行左、右轮弯沉值测定时，应按两个独立测点计，不能采用左、右两点的平均值；弯沉代表值不大于设计要求的弯沉值时得满分，大于时得零分。若在不利季节测定时，应考虑季节影响系数。

16.3.3　自动弯沉仪测定路面弯沉试验

1. Lacroix 型自动弯沉仪与设备承载车

(1) Lacroix 型自动弯沉仪。Lacroix 型自动弯沉仪由承载车、测量机架及控制系统、位移、温度和距离传感器、数据采集与处理系统等组成。

(2) 设备承载车技术要求和参数同贝克曼梁测定中车型的标准参数。

2. 计算与评价

(1) 计算说明。采用自动弯沉仪采集路面弯沉盆峰值数据；数据组中左臂测值、右臂测值按单独弯沉处理；对原始弯沉测试数据进行温度、坡度、相关性等修正。

(2) 弯沉值的横坡修正。当超高横坡超过 4%时，高位修正系数 $k = 1/(1-i)$；低位修正系数 $k = 1/(1+i)$。

16.3.4　落锤式弯沉仪测定弯沉试验

1. 仪器与材料技术要求

(1) 落锤式弯沉仪。

落锤式弯沉仪由荷载发生装置、弯沉检测装置、运算及控制装置与车辆牵引装置等组成。

(2) 荷载发生装置。

FWD 是利用重锤自由落下的瞬间产生的冲击荷载测定弯沉值，荷载最大值 F_{max} 可由下式计算，即

$$F_{max} = \sqrt{2mghR} \tag{16.10}$$

式中　m——重锤质量；

　　　R——缓冲弹簧常数；

　　　h——落高；

g——重力加速度。

据测算,落锤作用于路面的时间仅 5～30ms。有 50kN、100kN、150kN 等不同的荷载。一般用于公路的为 50kN,承载板直径为 ϕ300mm;用于飞机场的需要 100kN 或 150kN,承载板直径为 ϕ450mm。由于检测层强度不同,实际的荷载将有所不同,在 $\pm(1\sim2)$kN 范围内变化。

(3) 弯沉检测装置。

落锤式弯沉检测装置由一组高精度位移传感器组成。传感器可为差动变压器式位移计(LVDT)或地震检波器。自承载板中心开始,沿道路纵向隔开一定距离布设一组传感器,传感器总数不少于 7 个,建议布置在 0～250cm 范围内,必须包括 0、30、60、90 四点,其他根据需要及设备性能决定。

(4) 运算及控制装置。

该装置能在冲击荷载作用的瞬间内,记录冲击荷载及各个传感器所在位置测点的动态变形值。

(5) 牵引装置。

牵引装置即牵引 FWD 并安装运算及控制装置的车辆。

2. 方法与步骤

1) 一般路段

(1) 承载板中心位置对准测点,承载板自动落下,放下弯沉装置的各个传感器。

(2) 启动落锤装置,落锤瞬即自由落下,冲击力作用于承载板上,又立即自动提升至原来位置固定。同时,各个传感器检测结构层表面变形,记录系统将位移信号输入计算机,并得到峰值,即路面弯沉,同时得到弯沉盆。每一测点重复测定应不少于 3 次,除去第一个测定值,取以后几次测定值的平均值作为计算依据。

(3) 提起传感器及承载板,牵引车向前移动至下一个测点,重复上述步骤,进行测定。

2) 水泥混凝土路面板

(1) 在测试路段的水泥混凝土路面板表面布置测点。当为调查水泥混凝土路面接缝的传力效果时,测点布置在接缝的一侧,位移传感器分开在接缝两边布置;当为探查路面板下的空洞时,测点布置位置随测试需要而定,应在不同位置测定。

(2) 按第 1)步进行测定。

16.4　路基路面回弹模量和 CBR 检测

16.4.1　概述

1. 检测回弹模量意义

土基的回弹模量是公路设计中一个必不可少的参数,我国现有规范已给出了不同的自然区划和土质。

土基的回弹模量值的推荐值,具体参见《公路沥青路面设计规范》(JTG D50—2017)中附录 E——"土基回弹模量测定仪参考值"表。但由于土基回弹模量的改变将会影响路面设计的厚度，所以建议有条件时最好直接测定，而且随着施工质量的提高，回弹模量值的检验将会作为控制施工质量的一个重要指标。测定回弹模量的方法，目前国内常用的主要有承载板法、贝克曼梁弯沉仪法和其他间接测试方法(如贯入仪测定法和 CBR 测定法)。

2. 承载板法

(1) 在现场土基表面，通过用承载板对土基逐级加载、卸载，测出每级荷载下相应的土基回弹变形值，通过计算求得土基回弹模量。测定的土基回弹模量可作为路面设计参数使用。

(2) 仪器包括加载设施、现场测试装置、刚性承载板、路面弯沉仪、液压千斤顶、秒表、水平尺等。

(3) 承载板直径可取 30cm。

(4) 承载板试验至什么情况结束，现在各单位有不同的做法，总的原则是路基应基本上处于弹性变形的范围内，且大体符合路基的变形情况。

对高速、一级公路、二级公路的半刚性基层沥青路面、水泥混凝土路面，由于路面较厚、模量较高，交通荷载传递到路基的受力较小，实际上往往小于 0.1MPa，变形小于 0.3~0.5mm；而当路面较薄、公路等级较低时，路基的受力较大，变形就可能达到 0.5~1.0mm。

公路部门多年采用回弹变形到 1mm 时结束；建设部门建议采用压力标准值达到 0.1MPa 时结束。在许多情况下结果相近，但有时会不一样，因为荷载不同时应力应变直线关系有所变化，因此，试验时根据情况决定。

(5) 计算路基回弹模量值时，泊松比是必须用的指标，可根据相关设计规范的规定选用。当无规定时，非黏性土可取 0.30，高黏性土取 0.50，一般可取 0.35 或 0.40。

3. 贝克曼梁弯沉仪法

该方法适用于在土基、厚度不小于 1m 的粒料整层表面，用弯沉仪测试各测点的回弹弯沉值，通过计算求得该材料的回弹模量值的试验；也适用于在旧路表面测定路基、路面的综合回弹模量。

4. 土基现场 CBR 值法

CBR 测试原理是在公路路基施工现场，用载重汽车作为反力架，通过千斤顶连续加载，使贯入杆匀速压入土基。为了模拟路面结构对土基的附加应力，在贯入杆位置安放荷载板。路基强度越高，贯入量为 25mm 或 50mm 的荷载越大，即 CBR 值越大。

该法适用于在现场测定各种土基材料的 CBR 值，同时也适合于基层、底基层砂类土、天然砂砾、级配碎石等材料 CBR 值的测定试验。所用试样的最大集料粒径宜小于 19.0mm，最大不得超过 31.5mm。

5. 其他测试方法

测定路基、路面回弹模量试验方法还有动力锥贯入仪(DCP)，这种方法适用于现场快速测定或者评估无机结合材料路基、路面的强度。

土基回弹模量测定仪也可用长杆贯入综合次数法。长杆贯入综合次数法是利用长杆贯入仪，试验时记录测头击入土中每 10cm 所需的锤击次数，直至贯入土中 80cm 为止。综合贯入次数是按布辛公式以距路基表面深度为 5cm、15cm、25cm、35cm、45cm、55cm、6cm 和 75cm 时，压应力略加调整作为各层的权数。

16.4.2 承载板测定土基回弹模量试验

1. 方法与步骤

(1) 用千斤顶开始加载，注视测力环或压力表，至预压 0.05MPa，稳定 1min，使承载板与土基紧密接触，同时检查百分表，其工作情况应正常，然后放松千斤顶油门卸载，稳压 1min 后，将指针对零，记录初始读数。

(2) 测定土基的压力-变形曲线。用千斤顶加载，采用逐级加载、卸载法，用压力表或测力环控制加载量，荷载止于 0.1MPa 时，每级增加 0.02MPa，以后每级增加 0.04MPa 左右。为了使加载和计算方便，加载数倍可适当调整为整数。每次加载至预定荷载 P 后稳定 1min，立即读记两台弯沉仪百分表数值，然后轻轻放开千斤顶油门卸载至 0，待卸载稳定 1min 后，再次读数，每次卸载后百分表不再对零。当两台弯沉仪百分表读数之差不超过平均值的 30% 时，取平均值；如超过 30%，则应重测。当回弹变形值超过 1mm 时，即可停止加载。

(3) 各级荷载的回弹变形值和总变形值，按以下方法计算，即

回弹变形值 L=(加载后读数平均值-卸载后读数平均值)×弯沉仪杠杆比

总变形值 L'=(加载后读数平均值-加载前读数平均值)×弯沉仪杠杆比

(4) 测定总影响量 a。

最后一次加载、卸载循环结束后，取走千斤顶，重新读取百分表初读数，然后将汽车开出 10m 以外，读取终读数，两只百分表初、终读数差的平均值即为总影响量 a。

(5) 在试验点下取样，测定材料含水率。

取样数量如下：①最大粒径不大于 4.75mm 时，试样数量约 120g；②最大粒径不大于 19.0mm 时，试样数量约 250g；③最大粒径不大于 31.5mm 时，试样数量约 500g。

(6) 在紧靠试验点旁边的适当位置，用灌砂法或环刀法等测定土基的密度。

2. 计算与评价

(1) 各级压力的回弹变形值加上该级的影响量后，作为计算回弹变形值。《公路路基路面现场测试规程》(JTG 3450—2019)是以后轴重 60kN 的标准车为测试车的各级荷载影响量的计算值。当使用其他类型测试车时，各级压力下的影响量 a 按下式计算，即

$$a_i = \frac{(T_1+T_2)\pi D^2 p_i}{4T_1 Q} \cdot a \tag{16.11}$$

式中　T_1——测试车前后轴距，m；

　　　T_2——加劲小梁距后轴距离，m；

　　　D——承载板直径，m；

　　　Q——测试车后轴重，N；

　　　p_i——该级承载板压强，Pa；

　　　a——总影响量，0.01mm；

　　　a_i——该级压力的分级影响量，0.01mm，见表 16.3。

表 16.3 各级荷载影响量(后轴 60kN 车)

承载板压力/MPa	0.05	0.10	0.15	0.20	0.30	0.40	0.50
a_i	$0.06a$	$0.12a$	$0.18a$	$0.24a$	$0.36a$	$0.48a$	$0.60a$

(2) 将各级计算回弹变形值点绘于标准计算纸上,排除显著偏离的异常点并绘出顺滑的 $p\text{-}L$ 曲线。如曲线起始部分出现反弯,应修正。

(3) 计算相应于各级荷载下的土基回弹模量值,即

$$E_i = \frac{\pi D}{4} \times \frac{p_i}{L_i}\left(1-\mu_0^2\right) \tag{16.12}$$

式中　E_i——相应于各级荷载下的土基回弹模量值,MPa;

　　　μ_0——土的泊松比;

　　　L_i——相对于荷载 P 时的回弹变形,cm。

其余符号意义同前。

(4) 取结束试验前的各回弹变形值,按线性回归方法,由下式计算土基回弹模量值,即

$$E_0 = \frac{\pi D}{4} \times \frac{\sum p_i}{\sum L_i}\left(1-\mu_0^2\right) \tag{16.13}$$

式中　E_0——土基回弹模量值,MPa。

其余符号意义同前。

(5) 试验报告。

试验报告包含:试验时所采用的汽车;近期天气情况;试验时土基的含水率(%);土基密度(g/cm³)和压实度(%);相应于各级荷载下的土基回弹模量值(MPa);土基回弹模量值(MPa)。

16.4.3　贝克曼梁测定路基路面回弹模量试验

1. 方法与步骤

同测弯沉值方法。

2. 计算与评价

(1) 计算全部测定值的算术平均值 $\overline{L}$、单次测量的标准差 S_0 和自然误差 r_0,即

$$\left.\begin{array}{l} \overline{L} = \dfrac{\sum L_i}{N} \\[2mm] S_0 = \sqrt{\dfrac{\sum\left(L_i - \overline{L}\right)^2}{N-1}} \\[2mm] r_0 = 0.675S \end{array}\right\} \tag{16.14}$$

式中　L_i——各测点的回弹弯沉值,mm;

　　　N——测点总数。

(2) 计算各测点的测定值与算术平均值的偏差值 $d_i = L_i - \overline{L}$，并计算较大的偏差与自然误差之比 d_i/r_0。当某个测点的观测值的 d/r_0 值大于表 16.4 中的 d/r 极限值时，应舍弃该测点，然后重复式(16.14)的步骤，计算其余各测点的算术平均值及标准差。

表 16.4　相应于不同观测次数的 d/r 极限值

N	5	10	15	20	50
d/r	2.5	2.9	3.2	3.3	3.8

(3) 计算代表弯沉值，即

$$L_1 = \overline{L} + S \tag{16.15}$$

式中　L_1——计算代表弯沉值。

其余符号意义同前。

(4) 计算土基、整层材料的回弹模量或旧路的综合回弹模量，即

$$E_1 = \frac{5P\delta}{L_1} \cdot (1-\mu^2) \cdot a \tag{16.16}$$

式中　E_1——计算的土基、整层材料的回弹模量或旧路的综合回弹模量，MPa；

P——测定车轮的平均垂直荷载，MPa；

δ——测定用标准车双圆荷载单轮传压面当量圆的半径，cm；

μ——测定整层材料的泊松比，根据相关路面设计规范的规定取用或按表 16.5 选取；

a——弯沉系数，取 0.712。

表 16.5　AASHTO 规定的道路材料供弯沉计算用的泊松比 μ 值

材　料	泊松比 μ 范围	备　注					常用泊松比 μ 值
水泥混凝土	0.01～0.02	—					0.15
沥青混凝土 沥青碎石	0.15～0.45	温度/℃	<0	20	30	40	>50	0.35
		μ	0.15	0.2	0.3	0.4	0.45	
水泥稳定基层	0.15～0.30	无裂缝、龄期长取小值，裂缝多、龄期短取大值					0.20
石灰粉煤灰稳定基层	0.15～0.30						0.25
无结合料粒料基层	0.30～0.40	碎石取低值					0.35
土基	0.30～0.50	非黏性土 0.30，高黏性土可接近 0.50					0.40

16.4.4　土基现场 CBR 值测试

1. 方法与步骤

(1) 试验贯入前，先在贯入杆上施加 45N 荷载，将测力计及贯入量百分表调零，记录初始读数。

(2) 启动千斤顶，使贯入杆以 1mm/min 的速度压入土基，相应于贯入量为 0.5mm、1.0mm、1.5mm、2.0mm、2.5mm、3.0mm、4.0mm、5.0mm、6.5mm、10.0mm 及 11.5mm 时，

分别读取测力计读数。根据情况，也可在贯入量达 6.5mm 时结束试验。

(3) 在试验点下取样，测定材料含水率。取样数量如下。

① 最大粒径不大于 4.75mm 时，试样数量约 120g。

② 最大粒径不大于 19.0mm 时，试样数量约 250g。

③ 最大粒径不大于 31.5mm 时，试样数量约 500g。

(4) 在紧靠试验点旁边的适当位置，用灌砂法或环刀法等测定土基的密度。

2. 计算与评价

(1) 用贯入试验得到的等级荷重数除以贯入断面面积(19.625 cm^2)，得到各级压强(MPa)，绘制荷载压强-贯入量曲线。当图中曲线在起点处有明显凹凸情况时，应在曲线的拐弯处作切线延长进行修正，以与坐标轴相交的点 O 作原点，得到修正后的压强贯入量曲线。

(2) 从压强贯入量曲线上读取贯入量为 2.5m 及 5.0mm 时的荷载压强 p_1，计算现场 CBR 值。CBR 一般以贯入量 2.5mm 时的测定值为准，当贯入量为 5.0mm 时的 CBR 值大于贯入量为 2.5mm 时的 CBR 值时，应重新试验。如重新试验仍然如此时，则以贯入量为 5.0mm 时的 CBR 为准，有

$$\text{CBR}_{现场} = \frac{p_1}{p_0} \times 100\% \tag{16.17}$$

式中　p_1——荷载压强，MPa；

　　　p_0——标准压强，MPa，当贯入量为 2.5mm 时为 7MPa，当贯入量为 5.0mm 时为 10.5MPa。

课 后 习 题

16.1　简述路面横坡检测方法；灌砂法的方法与步骤；环刀法压实度计算。

16.2　举例说明几种检测仪器及其使用方法。

第 17 章 交通安全与环境保护工程

道路交通安全和环境保护已成为全世界共同关注的重大课题。虽然，其中涉及大量人、车等非道路工程的因素，但是道路建设如不能通过专用设施等技术手段尽可能消除道路使用中可能发生的交通安全和环保隐患，则无异于在所建的道路中埋下交通事故和环境污染的隐形缺陷，将后患无穷。

17.1 道路交通安全与环境保护概述

17.1.1 道路交通安全问题与道路交通安全设施

1. 我国道路交通安全现状

近 20 年来，我国公路交通运输基础设施系统得到了前所未有的发展，公路路网逐渐形成并不断完善，国、省道干线公路逐渐由高等级公路组成。

我国的道路交通事故数、受伤人数及死亡人数在发达国家都下降的时候却处于上升趋势。随着经济的增长，我国国民的购买力逐年增强，道路上的交通量持续快速增长，我国的道路交通事故仍将保持与世界总体趋势不协调的增长趋势。我国的交通事故死亡人数高不仅表现为绝对数字较高，而且单位事故的死亡人数也高。我国 2019 年每 3.6 起事故就死亡 1 人，死亡率非常高。

2. 道路交通事故"因素链"道路交通安全设施

道路交通系统是一个由人、车、路构成的动态系统，系统中驾驶员从道路交通环境中获取信息，这种信息综合到驾驶员的大脑中，经判断形成动作指令，指令通过驾驶操作行为，使汽车在道路上产生相应的运动，运动后汽车的运行状态和道路环境的变化又作为新的信息反馈给驾驶员，如此循环往复，完成整个行驶过程。因此，人、车、路、环境被称为道路交通系统的四要素，人、车、路、环境构成了道路交通事故因素链。

四要素必须协调地运动，以达到整个系统安全、快速、经济、舒适的要求。安全是基础，只有保证了安全，才能实现快速、经济和舒适。然而作为一个动态系统，绝对的安全是没有的。如果将交通事故看作系统的"故障"，道路安全工程的任务是对"人、车、路、环境"系统做好日常维护，尽可能减少"故障"和降低"故障"的严重性。

道路交通安全系统就是对"人、车、路、环境"系统在运行中的安全性、可靠性作出系统的分析评价和提出保证措施的系统工程。

在道路安全系统分析中，美国的威廉·哈顿(William Haddon)曾将人、车、路在交通事故中的相关关系用矩阵形式表示，称为著名的哈顿矩阵，见表17.1。

表 17.1 哈顿矩阵

因 素	事 故 前	事 故 中	事 故 后
人	培训、安全教育、行车态度、行人和骑行人的着装	车内位置和坐姿	紧急救援
车	主动安全(制动、车辆性能、车速、视野)，相关因素(交通量、行人等)	被动安全(防撞结构、安全带等)	抢救
路	道路标志标线、几何线形、路表性能、视距、安全评价	路侧安全(易折)性、安全护栏	设施的修复

哈顿矩阵中 9 个单元中的每一个都会对事故造成伤亡有直接或间接的影响，成为主要或次要肇事原因；反之，其中的任何一个或几个环节的改善也可以打断"事故因素链"影响，从而减少事故或降低事故伤害。

对于三者在事故中的作用问题，美国的 Treat 和英国的 Sabry 经过对大量事故的深入研究认为，与道路有关的原因占 28%～34%，与人有关的原因占 93%～94%，与车有关的原因占 8%～12%。但苏联的 O.A.季沃奇金对取自苏联各地区的Ⅰ～Ⅴ级公路约 13000 个道路交通事故进行分析，并仔细对照事故地点的道路特征后，得到的结论是不良通路条件影响是 70%交通事故的直接或间接原因。虽然两种结论相差很大，但都说明道路条件是造成交通事故的主要原因之一。同时，完善的道路设施可有效减少交通事故的产生或事故的损害程度。

改善道路交通安全状况的对策包括各种技术与政策措施。不少研究表明，对道路安全有较大影响的措施涉及 4 个方面，即道路交通设施方面的措施、车辆方面的措施、规范道路用户(驾驶员、骑车人和行人)行为方面的措施以及环境方面的措施。其中，道路交通安全设施方面的措施是应当使道路满足车辆行驶的物理、力学要求，不至于使汽车发生滑移、倾覆等事故。道路交通安全设施的另一个重要要求是使道路用户能作出正确的决策和对事故受害人作适当保护。例如，一方面，道路的线形和交通标志与标线应当保证驾驶员能迅速、正确地对前方的道路情况作出判断；另一方面，也要保证一次给驾驶员的信息不能太多、太快，否则会超出驾驶员的接受能力。此外，一旦肇事，道路交通安全设施应能减轻受害人的受伤害程度，这里涉及道路的护栏、隔离与防眩设施、标志与标线等交通设施。它们是高等级道路的重要组成部分，其修建费用可占工程造价的 5%～15%。

17.1.2 道路环境问题与道路环保设施

我国道路交通进入高速发展时期的同时，一方面出现交通事故激增的现象；另一方面也产生了严重的环境问题。道路交通环境问题是多方面的，如空气污染、噪声污染、水环境污染、对自然景观破坏和行车振动污染等,但最主要的是空气污染和噪声污染。

1. 空气污染

车辆排放的空气污染物主要是一氧化碳(CO)影响身体健康。美国 20 世纪 70 年代对城市空气污染物的来源和分类统计、分析已表明,城市空气污染物主要来自车辆排气(占总排放污染物的 55%)。30 年后,我国统计资料也证明,汽车尾气已成为许多大城市空气的最主要污染源。显然,道路交通引起的空气污染根源是汽车。

2. 噪声污染

根据 20 世纪 80 年代的调查统计,我国城市环境噪声增加约 10dB,平均每年增加 1dB,进入 21 世纪后,城市噪声增加的幅度更大。道路交通噪声是城市环境噪声的主要来源。

道路交通引起的噪声污染既有汽车原因,也有道路原因。因此,治理噪声污染应从多方面入手,可以通过对行车过程中的发动机、车身和车轮-路面系统方面改善以减小噪声;也可通过设置道路声屏障来降低噪声对周围环境的干扰,其中,声屏障可以是工程设施也可以是绿化带,还可修筑低噪声路面来降低噪声。

17.2 护 栏

17.2.1 护栏的分类与设置

1. 分类

护栏的形式按刚度的不同可分为刚性护栏、柔性护栏和半刚性护栏 3 类。
① 刚性护栏是一种基本不变形的护栏结构,一般是指混凝土墙式护栏。
② 柔性护栏是一种具有较大缓冲能力的柔性护栏结构,一般是指缆索护栏。
③ 半刚性护栏通常是一种连续的梁柱式结构,具有一定的刚度和柔性,如钢板护栏。按横梁的不同结构可分为波形梁护栏、管形梁护栏、箱形梁护栏等数种。其中波形梁护栏最为常用。

护栏又常按设置地点分为路侧护栏和中央分隔带护栏。

此外,还可从结构特征来划分护栏类型。如从构造特征上区分,波形梁护栏有"有防阻块"和"无防阻块"之分、"圆形立柱"和"槽形立柱"之分等。

我国道路防撞护栏划分为两个等级,即 A 级和 S 级(中央分隔带护栏以 A_m 和 S_m 分级)。各级护栏的适用范围见表 17.2。

2. 形式选择与设置原则

1) 形式选择

道路护栏形式的选择,应针对公路的具体情况,充分比较各种护栏形式的性能,满足经济合理、安全可靠、美观大方等要求。选择因素包括性能、安全性、美学及对驾驶员的心理影响、当地的气象条件、建设费用与养护费用等。每种护栏有其本身的特点和适用条件，美国和日本缆索护栏应用较普遍，我国和西欧国家则以波形梁护栏为主，其他形式的护栏应用较少，大都应用于特殊场合。各种护栏的适用场合见表 17.3。

表 17.2 道路护栏的使用范围及条件

设置地点	防撞等级	适用范围	适用条件				最大冲入距离/m	
			车辆碰撞速度/(km/h)	车辆质量/t	碰撞角度/(°)	车辆加速度/(m/s²)	立柱埋入土中	立柱埋入混凝土中
路侧	A	高速、一级公路	60	10	15	小于 4g	小于 1.2	小于 0.3
	S	路侧特别危险需要加强保护路段	80	10	15	小于 4g	小于 1.2	小于 0.3
中央分隔带	A_m	高速、一级公路	60	10	15	小于 4g	小于 1.2	小于 0.3
	S_m	中央分隔带内有重要构造物，需要加强保护的路段	80	10	15	小于 4g	小于 1.2	小于 0.3

注：$g=9.81 \text{m/s}^2$。

表 17.3 各种护栏适用的场合

适用场合 护栏形式	小半径弯道	需要视线诱导的地方	需要美观的地方	冬天积雪处	窄中央分隔带	估计有不均匀沉陷的路段	需要耐腐蚀的地方	长直线路段
波形梁护栏	最适用	最适用	能适用	能适用	能适用	—	能适用	能适用
管梁护栏	能适用	—	能适用	能适用	—	—	能适用	能适用
箱梁护栏	—	—	能适用	能适用	最适用	—	能适用	能适用
缆索护栏	—	—	最适用	最适用	—	最适用	能适用	最适用
混凝土护栏	—	能适用	—	—	—	—	最适用	能适用

2) 设置原则

高速公路和一级公路均应设置中央分隔带护栏，但是仅当中央分隔带宽度大于 10m 时可灵活掌握；或者，当上、下行路基高差大于 2m 时，可只在路基较高一侧设置。另外，在中央分隔带开口处，原则上应设置活动护栏。

高速公路和一级公路一般也均应设置路侧护栏。如果道路边坡坡度、路堤高度在图 17.1 所示的阴影范围内，或者路线与铁路、公路相交，车辆有可能跌落到相交铁路或其他公路上，则必须设置路侧护栏。另外，高速公路和一级公路在距路基坡脚 1.0m 范围内有江、河、湖、海、沼泽等水域，车辆掉入会有极大危险的路段，以及高速公路互通式立体交叉进、出口匝道的三角地带及匝道的小半径弯道外侧，也必须设置路侧护栏。

高速公路、一级公路在下列情况下也应设置路侧护栏。

(1) 道路边坡坡度和路堤高度在图 17.1 所示的虚线以上区域内的路段。

(2) 高速公路或汽车专用一级公路在距土路肩边缘 1.0m 范围内，有门架结构、紧急电话、上跨桥的桥墩或桥台等构造物时。

(3) 与铁路、公路平行，车辆有可能闯入相邻铁路或其他公路的路段。

(4) 路基宽度发生变化的渐变段。

(5) 曲线半径小于一般最小半径的路段。

(6) 服务区、停车区或公共汽车路侧停车处的变速车道区段，交通分、合流的三角地带所包括的区段。

(7) 大、中、小桥两端或高架结构物两端与路基连接部分。

(8) 导流岛、分隔岛处认为需要设置护栏的地方。

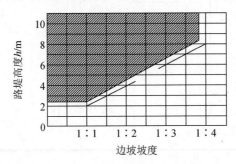

图 17.1　边坡、路堤高度与设置护栏的关系

此外，高速公路和一级公路在距土路肩边缘 1.0m 范围存在障碍物及道路纵坡大于 4%的下坡路段、路面结冰、积雪严重的路段、多雾地区，或者隧道入口附近及隧道内需保障养护人员安全的路段等，在有条件时可设置路侧护栏。

路侧护栏最小设置长度为 70m。两段路侧护栏之间相距不到 100 时，宜在该两段之间连续设置。夹在两填方区段之间长度小于 100m 的挖方区段，应和两端填方区段的护栏相连。

其他道路(非高速公路、一级公路)，必要时也可照以上原则设置护栏。

17.2.2　波形梁护栏构造要求

1. 路侧波形梁护栏

1) 横断布设

路侧波形梁护栏的横断布设，不应使护栏面侵入公路建筑限界以内，并不得使护栏立柱外侧的侧向土压力明显减少。立柱外边缘到路肩边缘的最小距离：当土路肩宽度为 75cm 时，不应小于 25cm；当土路肩宽度为 50cm 时，不应小于 14cm。

2) 端头处理

路侧波形梁护栏的起、末点应进行端头处理。端头可采用圆头式或地锚式。我国高速公路修建初期常用圆头式端头。护栏起点与标准段通过渐变段连接。渐变段一般设计成抛物线形，立柱位置逐渐外移，立柱高度不变，其间距在端头附近加密为 2m，采用混凝土基础，加索端锚具，这种处理办法称为端部斜展，端梁为圆头。这种端头制造容易、安装方便，在碰撞角度小的情况下有较好的导向功能。如果失控车辆与端头正面相碰，有可能发生护栏穿透车厢的事故，因此后来有的改用地锚式端头。这种端头通过斜角梁逐渐伸向地面，在端部用混凝土基础锚固。地锚式端头在失控车辆正面碰撞时，车辆会沿斜置波形梁爬上而吸能。侧面碰撞时同样具有较好导向功能。顺车方向的下游端一般均按圆头端梁处理，并与标准段护栏呈直线布设。

3) 防阻块构造

路侧波形梁护栏的防阻块是波形梁与立柱之间的承力部件，可分为 A 型、B 型两种。A 型适用于圆形立柱，是一种六角形的结构，如图 17.2 所示；B 型适用于槽形立柱或其他型钢立柱。波形梁与立柱之间加防阻块具有以下功能。

(1) 防阻块本身就是一个吸能机构，可以使护栏在受到碰撞后逐渐变形，减少事故伤亡。
(2) 使波形梁从立柱上悬置出来，失控车辆碰撞时，能有效避免前轮被立柱绊阻。
(3) 防阻块参与护栏整体作用后，使护栏受力更加均匀，有利于车辆的导向。
(4) 在有路缘石路段，可减轻由于失控车辆碰到缘石后跳起产生对护栏的不利影响。

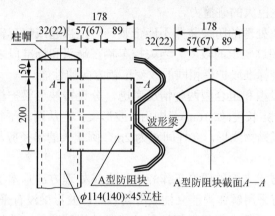

图 17.2　A 型防阻块构造示意图

4) 立柱安装

路侧护栏立柱应安装于坚实的土路肩中，车辆碰撞时，立柱与路基土作用，使立柱弯曲变形、路基土压缩变形，这是护栏的吸能过程。但是，当护栏立柱遇到立柱置于桥梁、通道、涵洞等无法打入地方，立柱下方遇有地下管线、石方路段及其他特殊情况时，应把护栏立柱设置于混凝土基础中。

2. 中央分隔带波形梁护栏

设置于中央分隔带的波形梁护栏，按防撞等级可分为 A_m 级和 S_m 级。S_m 级护栏属加强型，适用于中央分隔带内有重要构造物，并需要限制护栏横向位移的路段；A_m 级适用于汽车专用路的一般路段。按构造可分为分设型和组合型两种。分设型护栏适合于中央分隔带相对较宽，中央分隔带内的构造物较多，并在中央分隔带下埋有管线的路段。组合型护栏适合于中央分隔带宽度较窄，中央分隔带内构造物不多或埋设管线较少的路段。

1) 横断布设

中央分隔带波形梁护栏的横断布设应根据中央分隔带的宽度、断面形式及地下通信管线布设来确定。

中央分隔带按分设型布设时，不宜使护栏面侵入到道路建筑界限以内。若分设型护栏设置在有路缘石的中央分隔带内，波形梁护栏应有防阻块。如设在中央分隔带内而中央分隔带内布设有通信、电力等管线，波形梁护栏倒缘石面的较小值 C 可减少到 25cm(一般情况下为 $C = 50\mathrm{cm}$)。

中央分隔带采用组合型波形梁护栏时，护栏立柱的中心线宜与公路中线重合，当公路中线位置内有构造物、地下管线时，护栏立柱的中心线可以向一侧偏移，或把组合型改变成为分设型，以便绕过中心线位置的构造物，组合型波形梁护栏由立柱、横隔梁、波形梁、紧固件组成。立柱可采用圆形或槽形等型钢制造，横隔梁由两根槽钢组成，分别安装在立柱两边，两端分别与波形梁相连。两边波形梁的较大组合宽度为 100cm，也可根据中央分隔带的宽度做适当调整。

2) 端头处理

设置于中央分隔带起点、终点及开口处的护栏应进行端头处理。不加处理的端头是极端危险的，车辆与金属类护栏碰撞时，可能导致端梁穿刺乘客车厢；车辆与钢筋混凝土护栏正面相碰时，将产生巨大的碰撞力。

迎面碰撞时，端头处理的防撞装置不能带刺、产生拱起或使车辆翻滚，车辆在碰撞过程中产生加速度不能超过要求的限度。当失控车辆在端头和标准段之间发生碰撞，端头结构应具有与中央分隔带标准段护栏相同的改变车辆方向的性能。

端头形式可分分设型和组合型两种情况考虑。分设型波形梁护栏，其端头应与中央分隔带线形相一致。在一定长度(如 16m)范围内，波形梁护栏从两条平行线逐渐按一定比例往分隔带内缩窄，一般呈抛物线形，立柱间距为 2m，圆端头的半径应与分隔带开口处的线形相一致，一般为 25cm。

我国在端头处理技术方面的研究工作较少，上述处理方法基本上是用圆头把两侧的波形梁连接起来，而没有采用解体消能立柱或滑动基座，波形梁没有采用吸能、变位等设计。因此，此端头的吸能效果不会很好，但这种结构制造安装容易，造价较低，在目前仍大量使用。

17.2.3 构件的标准和材料要求

1. 波形梁护栏组成构件的标准

波形梁、立柱、端头等构件应符合有关产品标准的规定。

(1) 波形梁。波形护栏是一种公路中央分隔带开口处用组合型波形板活动式钢护栏，该护栏由两片波形钢护栏板及两者之间固定夹放的两根立柱构成，两根立柱固定夹装在两片波形钢护栏板之间。在公路正常营运时，该护栏利用插拔立柱方便地插入开口处预先设置的插拔孔内，起到隔离和防护作用，同时与公路外边上的护栏带相呼应，整齐划一，美观配套。车辆对其碰撞时，由于波形钢护栏板有良好的耐撞性能和吸收能量的作用，既不容易被撞毁，同时又可对车辆和司乘人员起到很好的保护作用。波形梁截面参数，见表 17.4。

表 17.4 波形梁截面参数

代号	B	m	H	h_1	h_2	E	r_1	r_2	r_3	α	β	θ	t
尺寸	310	96	85	83	39	14	27	24	10	55°	55°	10°	3

注：表中数据未标注者尺寸单位，为 mm。

(2) 立柱。波形梁护栏可以近似看作弹性地基上点支撑的连续梁。车辆以一定角度 $\theta=10°\sim20°$ 作用于护栏的碰撞力，波形梁、立柱和地基土共同承受。波形梁主要承受拉力，立柱主要承受弯矩。在碰撞过程中，立柱起着非常重要的支撑作用。要想提高立柱强度，可以通过增大惯性矩的办法实现。我国护栏立柱主要采用圆形和槽形，见表 17.5。

表 17.5 护栏立柱截面尺寸

圆形立柱/mm		槽形立柱/mm				
D	t	B	h	b	t	φ
114	4.5	125	62.5	25	5	18

注：重型车辆占有率高、失控车辆越出行车道会发生严重交通事故的危险路段，D 可采用 140mm。

2. 材料的规格和防腐要求

路侧和中央分隔带波形梁护栏用的各种材料应符合下列要求。

(1) 波形梁、立柱、横隔梁、端头及连接螺栓所用钢材为普通碳素结构钢(Q235)。

(2) 拼接螺栓。波形梁是受拉构件，要求拼接螺栓采用高强螺栓，这样可以大大增强接头处的强度。高强螺栓建议采用 45 钢、20MnTiB 钢，并符合国家标准的规定，屈服点大于 990MPa，抗拉强度大于 100MPa，伸长率不小于 10%，收缩率为 42%。

高强度螺栓的头部成型，可以采用冷加工，或采用热加工、滚压法成型螺纹，并经盐浴炉或辐底炉进行淬火，以提高其强度和硬度。

为了增强高强度螺栓连接处的防锈能力，改善螺栓与螺母之间的润滑状态，对其表面应做好润滑处理。

(3) 防阻块。防阻块材料可用型钢来制造，钢材应符合国家标准的规定。

(4) 立柱埋置于混凝土中时，混凝土强度不应小于 C15。

所有波形梁护栏的冷弯型钢部件均应作防腐处理，一般可采用热浸镀锌处理。

螺栓、螺母等紧固件在采用热镀锌后，必须清理螺纹或进行离心分离处理。在条件允许的情况下，螺栓、螺母等紧固件也可采用粉镀锌技术。

在腐蚀特别严重的地区，或出于对美观上的要求，护栏钢构件可在镀锌后再涂塑漆。

17.2.4 施工

1. 一般要求

护栏施工一般在路面施工完成后进行，事前应预先做好施工组织设计及施工准备。

护栏施工常用工具有打桩机开挖工具、夯实工具、钳子、铆头、经纬仪、水准仪、卷尺等测量工具。

立交桥、小桥、通道和涵洞等顶部遇有护栏立柱时，应预先准确设置预埋件。

护栏施工时，应准确掌握各种设施的资料，特别是埋设于路基中各种管道、电缆的位置。在施工过程中要谨慎操作，不允许对地下设施造成任何损坏。

2. 放样和安装

立柱放样应以固定道路设施如桥梁、通道、中央分隔带开口等为主要控制点，进行测距定位。立柱放样时可利用调整段调节间距，调整后立柱间距可能有不大于25cm的间距零头数，可通过分配法将其调整至多根立柱。

立柱放样后，应调查每根立柱位置的地基情况，如遇地下通信管线、泄水管等，或涵洞顶部埋土深度不足时，应调整某些立柱的位置，改变立柱固定方式。

通常立柱可用打入法施工。施工时应精确定位，将立柱打入土中至设计深度。当打入过深时，不得将立柱部分拔出加以矫正，须将其全部拔出，待基础压实后再重新打入。无法采用打入法施工时，可采用开挖法或钻孔法埋设立柱。埋设立柱的回填土应采用良好的材料并分层夯实(每层厚不超过15cm)，回填土的压实度不应小于相邻原状土。

护栏立柱设置于构造物中时，应做好混凝土基础。采用预留孔基础的，应先清除孔内杂物，吸干孔内积水。将化好的沥青在孔底涂一遍，然后放入立柱，控制好高程，即可在立柱周围注砂，灌砂时一定要保持立柱正确的位置和垂直度。砂振实即可用沥青封口，防止雨水进入孔内。

沥青路面段设置立柱时，柱坑从路基至面层下5cm采用与路基相同的材料回填并充分夯实，余下部分采用与路面相同材料回填并夯实。立柱位置、高程在安装时应严格控制。

波形梁通过拼接螺栓相互拼接，并由连接螺栓固定于立柱或横梁上。波形梁的搭接方向是安装的关键，搭接方向应与行车方向一致；否则，即使轻微的擦碰也会造成较大的损失。

波形梁在安装过程中应不断进行调整。不可过早拧紧其连接螺栓和拼接螺栓；否则将无法发挥板上长圆孔的调节作用。待调节完成后，需按规定拧紧拼接螺栓和采用高强螺栓，需严格控制扭矩。调整后的波形梁应形成平顺的线形，避免局部凹凸。

波形梁顶面应与道路竖曲线相协调。当护栏的线形认为比较满意时，方可最后拧紧螺栓，但应注意连接螺栓不宜得过紧，以便由长圆孔调节温度应力。

3. 质量验收

安装后的护栏，一般取500m为验收单位，任取10跨护栏进行验收。其检验方法、频率和允许偏差见表17.6。

表17.6　波形梁护栏检查项目及允许偏差

项 次	检查项目	规定值或允许偏差	检查方法和频率
1	立柱外边缘距边线距离/mm	±20	直尺：抽检10%
2	立柱中距/mm	±5	直尺：抽检10%
3	立柱竖直度/(mm/m)	±2	垂线、直尺：抽检10%
4	护栏顺直度/(mm/m)	±3	拉线、塞尺：抽检10%
5	横梁中心高度/mm	±10	直尺：抽检10%

17.3 隔离与防眩设施

17.3.1 隔离设施

1. 分类及设置原则

道路隔离设施是指在路面上，为分隔对向交通或分隔机动车、非机动车和行人等而设置的简易构造物。它可有效地排除横向干扰，避免由此产生的交通延误或交通事故。

隔离栅按构成材料分为金属网、钢板网、刺铁丝网和常青绿篱几类，见表 17.7。

表 17.7 隔离设施的分类

序 号	构造形式		埋设条件	支撑结构
1	金属网	编织网	混凝土基础或直埋土中	钢支撑
		焊接网		
	钢板网			
	刺铁丝网		混凝土基础或直埋土中	钢筋混凝土支柱、钢支柱、烧制圆木
2	常青绿篱		植于土中	

2. 形式选择与设置原则

隔离栅的形式选择需考虑其性能、经济性、美观、与公路周围环境的协调、施工与养护维修的条件等因素。

(1) 金属网型和钢板网型的隔离栅的适用条件是：靠近城镇人烟稠密地区和担心有人、畜等进入的路段；配合道路景观，要求选择美观大方的隔离形式的风景区、旅游区、著名景点等路段；简单立交、通道的两侧等。其中，金属网型比较适合于地形起伏不平的路段，钢板网型适用于地形平坦路段。

(2) 刺铁丝网型隔离栅可在人烟稀少的地带、山岭地区、郊外地区的公路保留地、郊外地区高架结构物的下面、跨越沟渠而需封闭的地方使用。

(3) 其他，如互通式立体交叉范围和服务区、停车区、收费站、管理所等处，隔离栅可考虑与之相配合，选择合适的小乔木灌木，在管辖地界范围与刺铁丝配合形成绿篱。

高速、一级公路两侧均应设置隔离设施。但是，路侧有水渠、池塘、湖泊等天然屏障，或路侧有高度大于 1.5m 的挡土墙或砌石等陡坎，即人、畜不能进入的区段，可不设隔离设施。另外，桥梁、隧道等构造物，除桥头、洞口需与路堤隔离栅连接封死外，其他区段不必设置隔离设施。

隔离栅的中心线一般设在沿公路用地界线以内 0.2～0.5m 处，应尽量避免侵占农民用地。公路两侧隔离栅围合的封闭难点在桥梁、通道等处，需下功夫围实、围死。

流水量很小的涵洞、沟渠，隔离栅也可以考虑直接跨过。但在跨沟的地方，须作一定的围封处理，以防人、畜随意钻入。跨越沟、涵处，立柱可适当加强、加深。当受地形限制(如陡坎、湖泊、河流、深沟等)隔离栅不能连续设置时，需要做好隔离栅的端部处理，一定要围死。

当沿隔离栅中心线地形起伏较大时，它可以做成斜坡形或阶梯形。

3. 构造要求

隔离栅主要由立柱、斜撑、隔离网、连接件和基础等组成，采用整网连续铺设或组合式施工安装完成。隔离栅的结构应便于野外施工和维修，外形美观，并具防偷盗性。

1) 整网连续铺设隔离栅的结构

整张隔离网在其连续铺设工作完成后所用专用张紧设备将其绷紧。网与立柱的传统槽钢壁连接为挂钩。这种连接方式的主要优点是：上网、下网工艺简单，加工精度要求不高，成本低。

隔离网的立柱可以采用型钢或钢筋混凝土两种，间距 2～3m，采用混凝土基础埋设。其断面尺寸、斜撑的连接方法及基础埋置深度应根据不同情况由计算确定(按风压验算)，以求在最小断面尺寸下获得最佳的稳定效果。

型钢立柱可采用加斜撑的办法保证其稳定性，一般每隔 100m 应在型钢立柱两侧加斜撑，每隔 200m 或在隔离网改变方向的地方，在型钢立柱的 3 个方向加斜撑。钢筋混凝土立柱则采用扩大和加深混凝土基础的方法达到加固效果。

隔离栅的高度一般以成人高度为参考标准，取值 1.6～1.8m。在大都市人口密度很大的地方，特别是青少年较为集中的地区，应取上限。根据实际需要还可在此基础上加高到使人无法攀越的程度。

2) 组合式施工安装隔离栅的构造

组合式上网安装是指隔离网在工厂按尺寸剪裁好，并镶嵌在外框中，可分散运输、零散安装。工程上应用较多的是框架式钢板网。框架式钢板网由工厂预制的带框网片和立柱组成。由于带框网片的刚度大，工厂制作精度高，现场安装方便、快速，使得这种组合式施工安装隔离具有造型美观、形式多样、整体性结构、强度高、装配灵活等特点；只是工程造价较高。组合式施工安装隔离栅的立柱构造要求与整网连续铺设隔离栅相同。

3) 网孔尺寸

隔离栅网孔尺寸的选择，主要考虑下面几个因素：①不利于人攀越；②结构整体的配合要求；③网面的强度(绷紧程度)。

实际应用中，金属网的网孔尺寸一般均不宜大于 150mm×150mm，编织网和焊接网宜用 10 号或 12 号线(2.8～3.5mm)。

刺铁丝宜用直径(线号)×刺间距来表示规格，常选用的刺铁丝主要是(2.2～2.8mm)×100m 或(2.2～2.8mm)×125mm。结构设计时，上、下两道刺铁丝的间距不宜大于 250mm，一般以 150～200mm 为宜。

4. 材料及防腐要求

隔离栅所用的材料宜选用标准产品，并应符合交通运输部标准《公路交通安全设施设计规范》(JTG D81—2017)的有关要求。

隔离栅的设计年限也应与高速公路的设计年限相适应，为此要求其具有防腐性能。尤其是金属隔离栅，其防腐要求就显得更加重要。常规的油漆和电镀处理方法，其耐候年限一般在 1~5 年，因而用油漆或电镀的方法来处理隔离栅的金属构件显然是不适宜的。

目前，国内外高等级公路金属设施的防腐处理方法主要是热浸镀锌，所用的锌应为国家标准规定的 0 号或 1 号锌。镀锌量：立柱斜撑、连接件为 $60g/m^2$、螺栓、螺母垫圈、刺铁丝为 $350g/m^2$。

热浸镀锌的镀锌层与基底金属结合牢固、均匀，不易剥离，工艺技术成熟，即使在酸雨、沿海地区和汽车尾气污染比较严重的公路上，其防腐性能也能得到保障。

5. 施工

隔离网的安装应在路面施工及其他配套工程施工完成以后进行。隔离网的施工是在公路用地范围，如果过早施工、封闭会影响主线工程的进行，另外隔离网的材料、构件主要也依赖主线来运输。在有条件的路段，如可利用辅道来运送材料、构件时，在不影响主线工程施工的情况下，可以提前实施封闭。

在开始施工安装以前先要做好施工组织设计，协调好各部门的关系。施工前需按设计要求确定隔离网的中心线，测量立柱的准确位置，测量出经清理后的原地面高程。隔离墙立柱高程应作出专门设计，必要时可对设计高度作现场修正，以适合隔离网纵向坡度的变化。

在放样和定位工作完成后，根据设计图纸要求开始挖坑或钻孔。挖、钻深度要符合设计要求。在特殊环境条件下，如坚硬的岩石等，在保证不改变设施布设整体美观的情况下，允许对坑基位置作适当的调整。挖、钻好的基底应清理干净，以便验收合格后下道工序的正常施工。

立柱坑基混凝土施工分为现场浇灌和预制件现场埋设两种。现场浇灌施工要求立柱放入坑内，正确就位，用临时支撑固定立柱，用靠尺量其垂直度，用卷尺量其高度，在确认符合设计要求后，进行混凝土的浇灌。预制件现场埋设是指通过模具预先把立柱和混凝土基础制成整体结构，现场直接安装到位。不管选用何种施工安装方式，在施工过程中都应严格检查立柱就位后的垂直度和立柱高程，以保证网片安装的质量和隔离网安装完毕后的整体美观效果。

整体式框架隔离网的制造加工一般要求在工厂集中制作完成。由于工厂机械设备较为齐全、生产效率高、成本低、工艺完善，批量流水生产能保证加工制作的质量。

钢筋混凝土立柱可在施工现场制作，也可在工厂预先预制。其几何尺寸和强度都应符合设计要求。经抽检合格后，方能成批使用。

运输和装卸是工程组织流程中的一个重要环节，也是产品质量保证的关键。在工程管理中应对不同的材料产品制定出相应的运输装卸规定。钢筋混凝土立柱的运输及装卸应避免立柱折断或摔坏棱角，装车时码高不宜超过 5 层。金属构件和网片在装运、堆放中应避免损坏。

为了保证上网安装立柱的强度，要求现场浇筑的基础混凝土强度达到设计强度的 70% 以后，方可安装网片。

金属编织网安装可分为无框架整网安装和有框架安装两种。无框架整网安装要求从端头立柱开始，先将金属网挂在立柱挂钩上扣牢，然后沿纵向展开，边铺设边拉紧。展网要求自如，挂钩时保证网不变形。有框架的网片安装，要求框架与立柱连接牢固，框架整体平整性良好。

刺铁丝安装时,要求从端头立柱开始。刺铁丝之间要求平行、平直;绷紧后用11号铁丝与混凝土立柱或钢结构立柱上的铁钩绑扎固定,横向与斜向刺铁丝相交处用11号铁丝绑扎。

钢板网安装要求网面平整,无明显凹凸现象,框架与立柱应连接牢固,整体连接平顺。以上各类形式的隔离栅网片安装完毕后,立柱基础均应进行最后的压实处理。

安装完毕的隔离设施,应以2km为一验收单位,连续取10跨隔离栅进行检查验收,或以通道间长度为一验收单位,至少连续检查5跨。其检验方法及允许偏差见表17.8。

表17.8 隔离栅质量检验方法及允许偏差

项次	检查项目	规定值或允许偏差	检查方法与频率
1	立柱竖直度/(mm/m)	±3	直尺、垂线:每100根测2根
2	柱顶高度/mm	±10	直尺:每100根测2根
3	立柱中距/mm	±20	卷尺:每100根测2根
4	隔离栅顺直度/(mm/m)	±5	拉线、塞尺:查2%

17.3.2 防眩设施

1. 分类及设置原则

1) 分类

防眩网是金属筛网行业中的一个品种,又名金属网、防抛网、铁板网、金属扩张网、冲孔板等。顾名思义,就是指金属板材经过特种机械加工处理后,形成为网眼状的张料物体。可以有效地保证防眩设施的连续性和横向通视,又可隔离上下行车道,达到防眩和隔离的目的,是一种非常有效的高速公路护栏网产品。防眩设施主要分为防眩网、防眩板和防眩植物树等3类。按埋设条件可分为单独埋设于土(混凝土)中、设置在混凝土护栏上和设置在波形梁护栏上等3类。

2) 形式选择

在世界各国使用最广泛的防眩板及防眩网两种形式中,防眩板因为其经济、美观、对风阻挡小、积雪少、对驾驶员心理影响小等优点,尤其是宽度适当的防眩板与混凝土护栏配合使用效果更佳,而成为我国道路上防眩的两种基本形式之一(另一种是植物形式的防眩设施)。

不同防眩设施的综合性比较见表17.9。

就防眩板和植树两种形式的具体布设而言,在中央分隔带较小时,应以防眩板为主进行防眩;而在中央分隔带较宽、地形富于变化、对自然景观有要求且适宜植树时,宜采用植树(灌木)防眩。但是中央分隔带设置缆索护栏时,因缆索护栏与防眩板结合设置,给人以头重脚轻之感,景观效果不好,这种情况最好是用植树防眩,因植树与缆索护栏结合景观效果极佳。单纯从经济上对比,防眩板的经济性优于植树防眩,但随着人们对绿化景观要求越来越高,在有条件时应优先考虑采用植树防眩。

表 17.9　不同防眩设施的综合性比较

特点	美观与景观效果	对驾驶员心理影响	对风阻力	积雪	防眩效果	经济性	施工难易	养护工作量	横向通视	阻止行人穿越
密集型植物	好	小	大	严重	较好	差	较难	大	差	较好
间距型植物	好	小	大	严重	较好	好	较难	大	较好	差
防眩板	好	小	小	好	好	好	易	小	好	较好
防眩网	较差	较小	大	严重	较差	较差	难	小	好	好

3) 设置原则

(1) 高速及一级公路符合下列条件之一者宜设置防眩设施。

① 夜间交通量大，大型车混入率较高的路段。

② 平曲线半径小于一般最小半径路段。

③ 设置竖曲线对驾驶员严重眩目影响的路段；从互通式立交、服务区、停车场的匝道或连接道进入主干线时，对向驾驶员有严重眩目影响的路段。

④ 无照明的大桥、高架桥上、长直线路段或地形起伏变化较大的路段。

(2) 如符合下列条件之一者，可不必设置防眩设施。

① 中央分隔带宽度大于 7m 或相会车辆间距大于 14m 时。

② 路基横断面为分离式断面，上、下行车道高差大于 14m 时。

③ 有连续照明设施的路段。

4) 连续性原则

防眩设施的设置应考虑连续性，避免在两段防眩设施之间留有短距离的间隙，因为这种情况就会给毫无思想准备的驾驶员造成很大的潜在眩目危险，易诱发交通事故。

5) 彩色要求

在中央分隔带设置防眩设施会影响横向通视，使驾驶员视野变窄，并将其注意力引诱到防眩设施上。如防眩设施过于单调，长距离设置时，其形式或颜色应适当变化，可将植树和防眩板交替设置。

6) 渐变过渡要求

防眩设施的设置高度原则上应全线统一。不同防眩结构的连接应注意高度的平滑过渡，避免出现突然的高低变化。

2. 结构要求

1) 结构设计要素

防眩设施结构设计要素中，影响防眩效果的主要指标是防眩遮光角和防眩高度。防眩设施既要有效地遮挡对向车辆前照灯的眩光，也要满足横向通视好、能看到斜前方并对驾驶员心理影响小的要求。相会两车非常接近时，光线不会影响视距，但当达到某一距离时(与车型有关)，眩光会对视距产生较大的影响。使驾驶员视觉机能或视力降低，并产生烦躁和不舒适。问题是，如何确定合适的遮光角和高度以获得良好的防眩效果。

据研究，当车速为 70km/h 时，对向车的前照灯光线只有与驾驶员的视线成 20°角射入眼睛时才是有害的眩光(即视角锥的一半，15°～20°)。据此，美国等一些国家规定高速公路防眩设施的遮光角为 15°～20°。根据英国一项研究结论，两车相距约 50m 时，驾驶员受眩光的影响最大。据此可推算出，双向车均在超车道行驶时(横向间距按 8.25m 计算)，所要求的遮光角为 9.4°。我国的研究认为，平直路段上防眩设施的遮光角以 8°为宜，最小 7°。由于植树树枝稀疏漏光，其遮光角则以 10°为宜。我国不同高速公路的防眩板遮光角采用了 7.5°和 8.0°，驾驶员反映效果良好，能够有效防止对向车前照灯的眩光。

防眩板高度与车辆的前照灯高度、驾驶员视线高度、前照灯的最小几何可见角、前照灯配光性能、道路状况和车型组合等诸多因素有关。理论计算时车辆的前照灯高度，大型车取 1.0m、小型车取 0.8m；驾驶员视线高度，大型车取 2.0m、小型车取 1.3m。而现阶段，卡车驾驶员的视线高度还在不断增高，小车驾驶员的视线高度有逐渐降低的趋势。交通运输部公路科学研究院经过试验研究、调查和验证分析，得出了不同车辆组合时平直路段防眩设施的最小高度理论值，提出平直路段适宜的防眩设施高度为 1.60～1.70m(表 17.10)。

表 17.10 不同车辆组合时的防眩设施最小高度

超车道	主车道	防眩设施高度/m	超车道	主车道	防眩设施高速/m
小型车	小型车	1.09	大型车	大型车	1.50
小型车	大型车	1.27	大型车	小型车	1.62
大型车	大型车	1.50	大型车	小型车	1.16
小型车	大型车	1.40	小型车	大型车	1.68

在具有平曲线或竖曲线的路段，防眩设施的遮光角和高度需作适当调整。

在平曲线路段，弯道内侧车道行驶车辆的前照灯较直线路段更容易射向对向的外侧车道，使外侧车道上车辆驾驶员的眼睛暴露在眩光区内，因而弯道上需适当增大防眩设施的遮光角(可取 8°～15°)。但当曲线半径较小且中央分隔带较窄时，设置防眩设施可能会影响曲线外侧车道的视距。因此，在设置之前应进行停车视距的分析，保证设置防眩设施后不会减小停车视距。防眩设施对停车视距的影响是随中央分隔带宽度和曲线半径的减小而趋于严重的，故对在弯道上设置防眩设施可能引起的视距问题应予以足够重视。

在凸形竖曲线路段，驾驶员可在一定范围从较低的角度看到对向车前照灯的眩光，随着两车驶近，视线上移，眩光才被防眩设施遮挡。故在凸形竖曲线路段，防眩设施的下缘应接近或接触路面，以消除这种眩光的影响。其设置的范围至少为凸形竖曲线顶部两侧各 120m，因为汽车远射灯光的照距一般在 120m 左右。

在凹形竖曲线路段，驾驶员显然可从较高的角度看到对向车前照灯的眩光，因而宜根据凹形竖曲线的半径和前、后纵坡度的大小，适当增加凹形竖曲线路段防眩设施的高度。但为使防眩设施的高度能与道路的横断面比例协调，不使防眩设施受冲撞后倒伏到车道上，及减少行驶的压迫感，防眩设施的高度一般不宜超过 2m。显然，在凹形竖曲线路段种植足够高的树木防眩是比较理想的形式，它可为驾驶员提供优美的视觉环境。

防眩板各结构设计要素，即遮光角、防眩高度、板宽、板间距等应符合表 17.11 的要求。

表 17.11　防眩板设计要求

结构设计要素	遮光角	防眩高度	板宽	板的间距
一般路段	8°	160～170cm	8～10cm	50cm
平(竖)曲线路段	8～15°	120～180cm	8～25cm	50cm

2) 防眩板的设置及结构处理

防眩板的设置主要有 3 种情况：一是防眩板单独设置；二是防眩板设置在波形梁护栏的横梁上；三是防眩板设置在混凝土护栏上。

防眩板应以一定长度的独立结构段为制造和安装单元，其长度一般为 4～12m，视采用材料、工艺情况而定。

防眩板设置在道路的中央分隔带上，免不了要遭受失控车辆的冲撞而损坏。为减轻损坏的严重程度，方便更换、维修，设计时应每隔一定距离前后相互分离，使各段互不相接。独立段的长度可与护栏的设置间距协调，可选择 4m、6m、8m、12m 或稍长些。

防眩板一般可不进行力学计算，而只需满足构造的要求。但在经常遭受台风袭击的沿海地区，常年风力较大、风刮倒树木或破坏道路设施的地区，防眩板单独埋设基础时，在设计上应对防眩板的连接部件或基础进行抗倾覆等力学验算。

3) 几何构造

防眩板的基本结构实际是把方形型钢作为纵向骨架，把防眩板条按一定间隔固定在方形型钢上，防眩板及其连接件的尺寸应结合结构和景观等因素确定。一般板条厚度 2.5～4.0mm，板宽 8～25cm。方形型钢的外形尺寸为 40mm×40mm～65mm×65mm，壁厚 2～3.0mm。

3. 材料要求

1) 材料技术要求

防眩板的各部件可采用钢材、塑料或其他不易变形、耐久的材料加工制作。防眩板条采用薄钢板或钢带制造时，其性能应符合国家现行普通碳素结构钢薄钢板或钢带的有关规定；纵向构件采用方形型钢制造时，应符合国家现行冷弯型钢的有关规定；非承重的板条应选用在自然条件下不易老化、不易褪色和不易变形的塑料板加工制作。

2) 表面防腐处理

钢制防眩板构件应采用下列 3 种方式中的一种进行表面防腐处理。

(1) 热浸镀锌处理。用于镀层的锌不应低于国家标准规定的 0 号或 1 号锌的要求，镀锌量应大于 $350g/m^2$；有螺纹的连接件在镀锌后，应清理螺纹或做离心分离处理。

(2) 涂塑处理。采用涂塑法或喷塑工艺进行防眩板、方形型钢等金属构件涂塑处理时，其涂塑层的厚度一般在 0.3～0.5mm 之间。

(3) 涂刷油漆。即在金属构件表面涂刷两道防锈漆，之后再涂刷两道以上油漆。外层漆干燥后的颜色应符合设计要求。

4. 施工

1) 施工前的准备

防眩设施的施工应根据其设置方法在路面工程或护栏工程施工完成后进行，或者与护栏工程同步进行。在施工前应做好各项准备工作，并作出详细的施工组织设计。

作为施工的第一道工序，清理场地，确定控制点 (如桥梁、立交、中央分隔带开口及防眩设施需变化的路段)，在控制点之间测距、定位、放样。

2) 施工操作方法

施工中应按设计要求处理好路段与桥梁上防眩设施的设置位置及高度，并随时检查、校正，不得出现高低不平甚至扭曲的外形。

防眩板单独埋设立柱时，应在基础混凝土达到设计强度后，安装上部构件。同时应注意不要损坏通信管道等地下设施，并注意与道路线形协调一致。

施工中应注意不要损伤金属涂层。由于镀锌制品的镀锌层与一般钢铁相比，硬度较低，所以易受机械损伤。镀层的表层之下为铁锌的合金层，其抗弯曲冲击等力学性能较差，易剥离和脱落，因而施工中必须特别小心。镀锌层受损伤后须在 24h 之内用高浓度锌进行涂补，必要时应予以更换。另外，由于带汗水的手或盐水等会促进钢铁构件的涂层氧化，因而防眩设施的安装应戴手套进行。

3) 质量验收

防眩设施一般以每 200m 长度为一验收单位，其检验方法及允许偏差见表 17.12。

表 17.12　防眩设施质量检验方法及允许偏差

项　次	检查项目	规定值或允许偏差	检查方法和频率
1	安装高度/mm	±10	钢卷尺：抽查 5%
2	镀(涂)层厚度/(mm/m)	符合设计	测厚仪：抽检 5%
3	防眩板宽度/mm	±5	直尺：抽检 5%
4	防眩板设置间距/mm	±10	钢卷尺：抽检 10%
5	竖直度/(mm/m)	±5	垂线、直尺：抽检 10%
6	顺直度/(mm/m)	±8	拉线、直尺：抽检 10%

17.4　标志、标线

道路交通标志和标线是指设置在道路上用规定的图形、符号、文字、线条、立面标记、突起路标等来表示特定管理内容和行为规则的交通设施。高速公路、一级公路上的交通标志标线是为道路使用者提供信息而设置的，应确保所传递的信息能最大限度地为道路使用者接收和理解，从而减少交通事故的发生和避免在道路上迷失方向。交通标志标线是交通安全管理必不可少的设施，对交通安全起着重要的作用。

17.4.1　视线诱导标

1. 分类及设置原则

1) 分类

视线诱导标是一种沿车行道设置的，显示车行道边界和公路线形的安全标。视线诱导标的材料是用透光率较高的耐温、耐老化、耐冲击、高强级反光材料制成,反光颜色通常为白色、黄色和红色。视线诱导标是指沿车道两侧设置的、用以指示道路线形方向,车行道边界及危险段位置,诱导驾驶员视线的设施的总称。车辆在道路上行驶有一定的通视距离,以便掌握道路前方的情况。尤其是在夜间行驶时,仅依靠照明范围有限的前车灯光来弄清楚道路前方的线形明了行驶方向是有一定难度的,想要让车辆快速、安全地通行,就要依赖于视线诱导标。

视线诱导标按功能可分为:用以指示前方道路线形轮廓的轮廓标;用以指示前方交通流分合走向的分流、合流诱导标;用以指示或警告改变行驶方向的线形诱导标。

按视线诱导设施的设置方式可分为直埋式和附着式两种。

2) 设置原则

高速公路、一级公路上车辆行驶速度很高,为提高行车的安全性和舒适性,连续设置轮廓标就是诱导驾驶员视线,标明道路几何线形的有效办法。一般地,在下列情况下应设轮廓标。

(1) 主线以及互通式立交、服务区、停车场等的进出匝道或连接道,应全线连续设置轮廓标(有道路照明设施的路段可省略)。

(2) 车道数及车道宽度或路面宽度发生变化的路段。

(3) 从直线段过渡到曲线段,尤其向小平径曲线过渡、急弯及与急弯连接的区间等应连续设置视线诱导标,使其能平顺光滑地过渡,清晰地显示出道路轮廓,能有效地预防事故发生。

(4) 曲线路段应根据曲线的不同半径设置。轮廓标的设置间隔应根据道路线形而定,直线段设置间距为50m;主线曲线段或匝道上的设置间隔可按表17.13选用;竖直线上的设置间距可按表17.14选用。

表17.13 轮廓标平曲线段的设置间距(单位:m)

曲线半径	小于30	30~80	90~179	180~274	275~374	375~999	1000~1999	≥2000
设置间距	4	8	12	16	20	30	40	50

表17.14 轮廓标在竖直曲线上的设置间隔(单位:m)

曲线半径	800m以下	800~1500	1500~3000	3000~4000	4000以上
设置间隔	5~16	16~21	21~31	47~50	50

3) 分流、合流诱导标的设置

分流、合流诱导标原则上应在有分流、合流的互通式立交进出口匝道附近设置。分流诱导标设在减速车道起点和分流端部,合流诱导标设在加速车道终点和合流端部。

4) 线形诱导标设置

指示性线形诱导标一般在改变行车方向的曲线路段设置,如曲线半径在一般最小半径以下,或曲线路段通视较差,或在曲线路段有下坡等对行车安全不利的地方设置。

警告性线形诱导标一般在道路因局部施工或维修作业等而需临时改变方向,或提请注意前方作业的路段前方设置。

线形诱导标一般在曲线外侧或中央分隔带上设置，至少在150m远处能看见。其设置间距最好能使驾驶员至少能见到两块以上诱导标，这样有利于对线形的诱导。

2. 构造要求

1) 轮廓标的构造

轮廓标的构造与路边构造物情况有关。当路边无构造物时，轮廓标为柱体，独立设置于路边土路肩中。当路边有护栏、桥梁栏杆、侧墙等构造物时，轮廓标附着于构造物的适当位置上。

2) 分流、合流诱导标的构造

分、合流诱导标由反射器、底板、立柱、连接件和基础等组成。反射器与底板可采用螺栓连接，底板与立柱用抱箍、滑动槽钢通过螺栓连接，基础采用混凝土。

(1) 立柱式诱导标。采用单柱式结构，路侧安装。可根据风力大小确定立柱截面和基础尺寸。

(2) 附着式诱导标。其结构与埋置于土中的相同，只是将其立柱直接用抱箍与护栏立柱连接。

分、合流诱导标为绿底白色符号。

3) 线形诱导标的构造

线形诱导标由反射器、底板、立柱、连接件和基础等组成。反射器可用黏结剂贴在底板上，也可采用螺栓连接；其结构形式、连接方式和分流诱导标、合流诱导标相同。在计算行车速度大于100km/h的公路上采用A=60cm、B=80cm；否则，A=22cm、B=60cm。基本单元可单独使用，也可组合使用。线形诱导标的颜色为：指示性线形诱导标为白底蓝图案；警告性线形诱导标为白底红图案。

3. 施工

1) 一般要求

视线诱导设施属最后装饰性设施，一般在路面施工完成后进行；附着于护栏上的视线诱导设施，可在护栏安装过程中或在护栏安装完成后进行；但立柱安装的混凝土基础也可提前施工，但必须注意控制好高程。

附着于护栏或其他构造物上的视线诱导设施，一般是最后安装。安装太早，特别是在公路尚未全封闭、正式移交给管理部门以前，这种设施很容易遭到破坏。施工安装前应对埋设条件、位置、数量进行核对，并作出详细的施工组织设计。

2) 放样

轮廓标应按设计图要求定位，附着于护栏上的轮廓标，可按立柱间距定位。分、合流诱导标和线形诱导标均应按设计图量距定位。

3) 混凝土基础

埋设于土中的轮廓标或诱导标均应浇注混凝土基础。混凝土基础的施工，应先定位、挖基，达到规定尺寸后先浇筑一层片石混凝土，厚度不应小于20cm。接着在片石混凝土上支模板，测定模板顶部的高程。当立柱与混凝土基础浇在一起时，可将立柱放入模板中，固定就位后即可浇筑混凝土。有关混凝土材料、拌和物的质量等要求应符合有关规定。混凝土浇筑完成后应采取正常的养护措施，直到混凝土达到规定的强度。

若轮廓标柱体或立柱为装配式，则应预留柱体插入的空穴，或采用法兰盘连接。

4) 安装

柱体式轮廓标可在混凝土基础的预留空穴中安装，轮廓标柱体应垂直于地平面，三角形柱体的顶角平分线应垂直于道路中心线。在曲线上安装时，三角形顶角平分线应对向圆心。柱体与混凝土之间用螺栓连接。

附着于各类构造物上的轮廓标，按照放样确定的位置进行安装。可根据不同构造物，选择合适支架和紧固件。反射器应尽可能与驾驶员视线垂直，安装高度尽量统一。

分、合流诱导标和线形诱导标在基础混凝土达到设计强度的 80%以上方可进行安装，当诱导标附着于护栏立柱上时，应先对立柱的位置、垂直度进行检查，达到要求后，才能安装诱导标的面板。采用抱箍和滑动螺栓把诱导标固定在立柱上。面板应与驾驶员视线尽量垂直，安装高度应满足设计要求。安装过程中应保持面板的平整度。

5) 质量验收

标志安装的质量检查项目、频率和允许偏差见表 17.15。

表 17.15　标志安装检查项目及允许偏差

项次	检查项目	规定值或允许偏差	检查方法和频率
1	标志板外形尺寸/mm	±5。当边长大于 1.2m 时允许为边长±5，板厚不小于设计	钢卷尺、万能角尺、卡尺：抽检 10%
2	字体及尺寸/mm	符合规定字体，字高不小于设计	钢卷尺：检查 10%
3	标志反光膜等级及逆反射系数	不低于《公路交通标示板》(JTT 279—2016)的规定	目测、便捷式测定仪：检查 100%
4	板净高及距路边缘净距/mm	±100,0	卡尺、经纬仪：检查 100%
5	立柱竖直度/(mm/m)	±3	垂线、直尺：检查 100%
6	镀(涂)层厚度/μm	金属柱、横梁不小于 78，紧固件不小于 50	测厚仪：检查 100%
7	标志基础尺寸/mm	−50，+100	钢尺、直尺：检查 100%
8	基础混凝土强度/MPa	在合格标准内	每工作组 1 组 3 件；检查 100%

17.4.2　交通标志

1. 分类及设置原则

1) 分类

交通标志，用文字或符号传递引导、限制、警告或指示信息的道路设施，又称道路标志、道路交通标志。安全、设置醒目、清晰、明亮的交通标志是实施交通管理，保证道路交通安全、顺畅的重要措施。交通标志是指明道路情况和对交通要求的设施，其目的是为了避免行驶在道路上的车辆和行人发生危险。

按道路类别可分为一般道路标志和高速公路标志两类。高速公路上车速高、车道数多，标志牌尺寸比一般道路上的要大得多。

按功能区分，交通标志有主标志和辅助标志两大类，其中主标志又分为4类。

(1) 指示标志。通常为圆形或矩形、蓝底白色图案，是指示车辆和行人按规定方向、地点行进的标志，如直行、左转、右转单向行驶、步行街等。

(2) 警告标志。通常为等边三角形或菱形、黄底黑边黑图案或白底红边黑(或深蓝色)图案。用于警告驾驶人员注意前方路段存在的危险及应采取的措施，如交叉口、急弯、铁路道口、易滑、路面不平、傍山险路等。

(3) 禁令标志。通常为圆形，白底红边红斜杠黑色图案，是根据道路和交通量情况，为保障交通安全面对车辆行为加以禁止或限制的标志，如禁止通行、禁止停车、速度限制等。

(4) 指路标志。除里程牌、百米桩和公路界碑外，通常为矩形，蓝底白色字符(一般道路)或绿底白色字符(高速公路)，用来指示市镇村的境界、目的地方向、距离、高速公路的出入口、服务区、地名等。

辅助标志为附设于主标志下起辅助说明作用的标志，为长方形，白底黑字黑边框，可分为表示车辆种类、表示时间、表示区域或距离、表示禁令、警告理由等。辅助标志不能单独设立。

交通标志按设置形式不同，可分为单柱式、双柱式、悬臂式、门式和附着(附架)式。

2) 设置原则

交通标志的设置在考虑标志的视认性的同时，还要考虑道路结构、交通状况及沿路的具体情况等。道路的一切附属设施均不应该妨碍对交通标志的视认性。

为保证驾驶员能按照交通标志的指示安全、平顺地行驶，应考虑到驾驶员对标志的视认距离、判读距离及行动距离等。对重要的信息，应给予重复显示的机会。

标志的设置应通盘考虑，整体布局，应做到连贯性、一致性，给道路使用者提供全面的咨询，应以不熟悉周围路网新驾驶员为对象，满足各种道路交通信息的需要。

在充分提供道路交通信息的同时，要注意防止信息过载。例如，为避免在交叉口标志林立，出现令驾驶员目不暇接的情况，交叉口的指路标志可采用前置预告的方法，把位置错开。交叉口的禁令标志可采用组合方法或增加辅助标志的办法，以减少标志数量。

设置的交通标志不能侵入道路建筑限界(净空)，标志板的内侧边缘距行车道的边缘应不小于25cm；悬臂式、门式标志应满足道路净空高度要求。

3) 警告标志的设置

警告标志各部尺寸及警告标志到危险点的距离见表17.16，一般安装在道路的右侧，与道路垂直方向为0~10°角。警告标志通常起到"预告"的作用，有以下几种。

表17.16 警告标志各部尺寸及标志至危险点距离(单位：cm)

设计速度/(km/h)	120、100	80	60、40	30、20
三角形边长 a	130	110	90	70
黑边宽度 b	9	7	6	3
黑边圆角半径 R	6	5	4	3
标志至危险点距离	200~250	100~200	50~100	20~50

(1) 交叉点预告。视野上有困难的交叉点通视差的情况下，在有必要提醒驾驶员注意处设置。

(2) 道路平面形状预告。在等级较低的双向行驶的单车道支线、辅线公路上，有必要向驾驶员预告平面线形的情况。一般在设计行车速度大于 60km/h、平曲线半径不大于规定的视距时，应设置向左或向右急转弯标志。在两相邻反向平曲线的距离不大于规定的最短缓和曲线长度时，应设置反向弯路标志。在有 3 个或 3 个以上的反向平曲线时，应设置连续弯路标志。

(3) 道路纵断形状的预告。在道路陡坡的前方应对驾驶员给予预告。

(4) 路面变窄及双向交通的预告。路面变窄及单车道双向行驶等交通情况，都会使交通流发生变化。这种变化必须预先告知驾驶员，以保证安全行驶。

(5) 沿路情况预告。包括当沿线出现铁路交叉口、学校村镇及信号灯等处，均应设置沿路停车设施预告；当沿线出现一些特殊原因容易发生事故的地段，应设置路面状况预告；当沿线道路上可能出现落石、堤坝、横向路障等危险情况时，应设置沿路的危险预告等。

4) 禁令标志的设置

禁令标志尺寸根据设计行车速度确定，见表 17.17。

表 17.17 禁令标志各部尺寸

设计速度/(km/h)	120、100	80	60、40	30、20
标志直径 D	120	100	80	60
红圈宽度 a	12	10	8	6
红杠宽度 b	9	7.5	6	4.5

(1) 禁止各类车辆及行人通行的标志，应设在禁止通行路段的入口处。

(2) 禁止各种车辆转弯、掉头、超车、停车等标志，应设置在禁止路段的起点之前。

(3) 对机动车进行高度、宽度、总质量、轴载质量、车速限制而设置的标志，应在禁止标志板上标明所规定的限制数值，并应设置在限制路段的起点之前。

(4) 其他禁止标志，如停车检查标志、停车让行标志、减速让行标志、会车让行标志等，均应在实行路段之前设置。

5) 指示标志的设置

指示标志设置原则与前两种标志相同，其尺寸根据不同车速按表 17.18 选取。

表 17.18 不同形状的指示标志的尺寸(单位：cm)

设计速度/(km/h)	120、100	80	60、40	30、20
圆形(直径)	120	100	80	60
正方形(边长)	120	100	80	60
长方形(边长)	190×140	160×120	140×100	—
单行线标志(长方形)	12×60	100×50	80×40	60×30
会车先行标志(正方形)	—	—	80	60

6) 指路标志的设置

最佳的指路标志尺寸应该满足在规定速度下对信息获取的要求。指路标志板的尺寸,首先根据道路的计算行车速度确定汉字大小,再根据汉字的字数及板面尺寸设置。汉字高度与行车速度应满足的关系见表17.19。

英文或少数民族文字的字高按表17.19汉字高的 $h/3\sim h/2$ 取用。阿拉伯数字字高为 h,字宽为 $h/2\sim 4h/5$。

表17.19 汉字高度与设计速度应满足的关系

设计速度/(km/h)	120、100	80	60、40	30、20
汉字高度 h/cm	60～70	50～60	35～50	25～30

公路起点标志、公路终点标志、停车场标志、收费处标志、服务区预告标志、紧急停车带标志、紧急电话标志等,设在该目标的前端(匝道口等)和目标所在位置。

入口(出口)标志,设在高速公路加速(减速)车道起点。

这些标志一般应加设"预告"。例如,入口(出口)预告,设在一般道路的交叉路口(或匝道)前;下一出口预告,设在通过某立交后的适当位置;服务区预告,设在距服务区2km、1km处;停车场预告和收费处预告,设在距目标1km附近。

高速公路、一级公路上的大部分标志为指路标志。对于驾驶员来说,出口尤为重要,为了避免因看不清楚标志而走错路,必须重复设置出口预告。

7) 辅助标志的设置

用于补充说明禁行的车辆种类、时间、区域或距离以及说明警告理由等的辅助标志,通常不单独设置,仅安装在主标志(警告和禁令标志)的下面。

2. 构造、材料及施工

交通标志在构造、材料及施工上与视线诱导标志基本相似。不同的是交通标志(特别是指路标志)尺寸大且无统一规格,采用悬臂式、门式和附架式设置时应作专门设计,并对基础结构、立柱和框架构造、材料和施工等提出相应要求。

17.4.3 道路标线

1. 分类及设置原则

道路标线是交通设施的重要组成部分,它是引导驾驶员视线、管制驾驶员驾车行为的重要设施。道路标线可按所使用的材料、设置方式、功能形态等分类。

(1) 按标线的材料分类。

路面标线涂料按施工温度可分为常温型(冷用)、加热型和熔融型3类。常温型和加热型(50～80℃)属于溶剂型涂料,呈液态供应。加热型涂料固体成分略多些,黏度也高。熔融型涂料呈粉末状供应,需加高温(180～220℃)使其熔融才可涂敷于路面。这种涂料也称热型涂料。除涂料用作标线材料外,还有各种粘贴材料,如贴附成型标带、突起路标、分离器等。路面标线材料的分类见表17.20。

(2) 按设置方式分类。

沿道路行车方向的纵向标线,与行车方向成角度的横向标线字符标记或其他形式标线。

(3) 按功能分类。

引起驾驶员警觉的警告标线,提供信息的指示标线告示禁止与限制等规定的禁止标线。

(4) 按形态分类。

线条、字符标记、地面突起路标、路边线轮廓标(安装于道路两侧,用以指示道路的方向、车行道边界轮廓的反光柱或反光片)。

表 17.20 路面标线材料的分类

序号	分类(施工条件)		
1	涂料	溶剂型	常温涂料(常温施工);加热涂料(加热施工)
		熔融性	热熔涂料(热熔施工)
2	贴附材料	贴附成型标带(粘贴施工);铝箔标带(粘贴施工);热融成型标带(加热施工)	
3	标线器	突起路标(粘贴或埋入施工);分离器(螺栓固定施工)	

2. 设置原则

1) 指示标线

常用的指示标线有以下几种。

(1) 双车道路面中心线为黄色虚线,用于分隔对向行驶的交通流。在保证安全的情况下,允许车辆越线超车或向左转弯。

(2) 车道分界线为白色虚线,用来分隔同向行驶的交通流,设在同向行驶的车行道分界线上。在保证安全的情况下,允许车辆越线变换车道行驶。

(3) 车行道边缘线为白色实线,用来指示机动车道的边缘,或用来划分机动车道与非机动车道的分界。

(4) 左转弯待转区线为白色虚线,用来指示左转车辆可在直行时段进入待转区。

(5) 人行横道线为白色平行粗实线,表示准许行人横穿车行道的标线。

(6) 车距确认标线为白色平行粗实线,为车辆驾驶人员保持行车安全距离提供参考,设于经常发生超车易肇事或其他有需要的路段。车距确认标线应与车距确认标志配合使用。

(7) 高速公路出入口标线为白色,是为驶入或驶出重道车辆提供安全交汇,减少与突出部缘石碰撞的标线,包括出入口的横向标线、三角地带的标线。

(8) 停车位标线为白色,表示车辆停放位置。应与停车场标志配合使用。停车位标线可分为平行式、垂直式、倾斜式(车辆与通道方向呈 30°～60°角停放)。

(9) 港湾式停靠站标线表示公共客车通向专门的分离引道和停靠位置,包括公共客车进出引道的横向标线和斑马线。

(10) 收费岛标线包括岛头标线和迎车流方向地面标线,表示收费岛的位置。

指示标线还常与地面文字和导向箭头配合使用,如表示车辆的行驶方向的左转、直行、右转导向箭头和指示或限制车辆行驶的地面文字标记,如"公交"等。

2) 禁止标线

应用较普遍的禁止标线有禁止超车线、禁止变换车道线和禁止路边停车线。

(1) 禁止超车线，包括：中心黄色双实线，表示严格禁止车辆跨线超车或压线行驶；中心黄色虚实线，一条实线和一条虚线，表示实线侧禁止车辆越线超车或向左转弯，虚线侧准许车辆越线超车或向左转弯；中心黄色单实线，表示不准车辆跨线超车或压线行驶。

(2) 禁止变换车道线为白色实线，用于禁止车辆变换车道，设于交通特别繁杂而同向具有多条行车道的桥梁、隧道、弯道、坡道、车行道宽度渐变路段、交叉口驶入段、接近人行横道的路段或其他认为需要禁止变换车道的路段。

(3) 禁止路边停车线为黄色实线，用于指示禁止路边停车路段。画设于禁止路边停车路段的缘石正面及顶面，无缘石的道路则可画设于距路面边缘 30cm 的路面上。

其他禁止标线还有停止线(白色实线)、减速让行线(两条白色平行的虚线和一个倒三角形)、导流线(白色单实线、V 形线和斜纹线，表示车辆需按规定的路线行驶，不得压线或越线行驶)等。

3) 警告标线

在接近铁路平交道口时，采用白色交叉线、"铁路"标字、横向虚线、禁止超车线和停车线组成铁路平交道口标线，用于指示前方有铁路平交道口。

其他警告标线还有车行道宽度渐变段标线、接近障碍物标线、减速标线和立面标记。警告标线一般为画在地面的白色线条，仅立面标记为黄黑相间的倾斜线条，可设在跨线桥、渡槽等的墩柱或侧墙端面上以及隧道洞口和人行横道上的安全岛等壁面上。

3. 施工

各种标线材料的规格繁多，施工工艺各不相同，下面仅列出路面标线施工的一般要求和标线喷涂质量验收标准。路面标线施工一般要求如下。

(1) 材料。必须提供足够的样品用于试验检验，检验合格后方能使用。

(2) 标线位置。应明确是以路中心线为基准线，还是以其他参照物(如护栏)为准。对于人字线，在画线前应用粉笔按设计图在路面放大样图。

(3) 施工前应认真检查施工设备，尤其是热塑标线的施工，要保证设备不发生泄漏现象，玻璃珠要能均匀撒布。

(4) 对热塑线的施工，要注意材料的加热温度，避免在已完工的路面上进行材料加热。

(5) 画线前应对准备画线的区域进行路面检查，路面画线区域必须干净；否则将影响黏结。画线的当天还要注意天气情况，当有雨、风、天气潮湿或气温低于 4℃时，不允许施工。

(6) 对热塑线，在画人字线时，所使用的模具要平，以保证模具与路面紧紧贴住，使画出的线边缘整齐。在画虚线时，要保证画线车行走匀速、直顺，画出的线形要美观。对油漆线，要检查画线车速度，以保证喷涂油漆量、玻璃珠撒布量均能符合规范要求。

(7) 标线在施工完后，要对其进行保护，防止污染和破坏。

标线喷涂质量的检验方法及允许偏差见表 17.21。

表 17.21 标线喷涂质量检验方法及允许偏差

项次	检查项目		规定值或允许偏差	检查方法和频率
1	标线长度/mm	6000、4000、3000	±50、±40、±30	钢卷尺：抽检 10%
		100～200	±20	
2	标线宽度/mm	400～500/150～200	(+15，-0)、(+8,0)	钢尺：抽检 10%
		100	+5，0	
3	标线厚度/mm	常温型(0.12～0.2)	-0.03，+0.10	湿膜厚度计；干膜用水平尺、塞尺、卡尺：抽检 10%
		加热型(0.20～0.4)	-0.05，+0.15	
		热熔型(1.0～4.50)	-0.10～+0.50	
4	标线横向偏位/mm		±30	钢卷尺：抽检 10%
5	标线纵向间距/mm		±50	直尺：抽检 10%
6	标线剥落面积		检查总面积的 0～3%	4 倍放大镜：目测检查
7	反光标线逆反射系数		白色≥150；黄色≥100	逆反射系数测量仪；抽检 10%

17.5 绿化工程与声屏障

17.5.1 绿化工程

道路规划设计时，需充分考虑与附近建筑物周围环境的协调及与自然生态的均衡。为此，利用植被绿化来改善景观效果和调和生态环境成为首选方法之一，配合道路的绿化有时甚至比其他工程方法更为持久，已成为公路工程的重要组成部分。

1. 道路植被绿化的功能和原则

1) 道路植被绿化的功能

(1) 交通安全功能，包括视线诱导功能、线形预告功能、遮光(即减小眩光功能)、阻隔(即控制出入的功能)、缓冲功能等。

(2) 美化景观功能，包括遮蔽等调整景观功能和形成悦目景观。

(3) 环境保护功能，包括防灾边坡保护、环境保护(吸声、吸尘、吸烟)等。

2) 道路植被绿化的原则

道路植被绿化应考虑区域特性、自然环境、公路等级及沿线条件等，决定栽植的位置、范围及种类，以期发挥绿化效果，对于路旁原有的树木应尽最大可能予以保护和利用。

中央分隔带 80cm 宽以上时，应尽量考虑植被绿化，宽度大于 4m 时，可酌情增加高树。基于行车安全的要求，狭长的分隔带可栽植花草及矮灌木。路侧快车道边缘线外 1.5～3.0m 可植花草及矮生灌木；3m 以外可考虑较高大的树木；边坡植被绿化除考虑水土保持、稳定边坡目的外，更要积极追求美化环境。

空地植被绿化，道路改线或截弯取直后余留下的废弃道路或空地，路边的弃土堆、取土坑等，可妥善利用，规划为绿化美化的景观点，为驾驶员及乘客提供休息场所。

2. 绿化的形式与布置

1) 绿化的形式

(1) 自然式：即大小树木或树木群不等间距布置，树木群的轮廓线形成无规则的自然形态。

(2) 整型式：即不同形状尺寸和树种的树木或树木群，有规律布置的绿化。

2) 绿化的布置

(1) 布置方式。当采用窄面分散的布置方式时，应以栽种乔木为主，其优点是护荫能力强，造价低廉、管理方便，但比较单调。当采用宽面集中的布置方式时，一条绿化带的宽度宜在 4m 以上。其优点是：种植品种的选配较为自由，构成景象丰富多样，因而提高道路的艺术效果，道路红线宽度较窄时宜采用矮墙绿篱或采用垂直绿化。

(2) 布置要求。两种绿化布置形式的分段长度宜大于 500m，且不应频繁变换；绿化带宽度和条数应根据红线宽度、道路功能、地下管线等因素确定；绿化种植所需要的宽度见表 17.22；种植树木与地下管线的距离不能少于表 17.23 所列数值；与建筑物、道路边缘离树木的最小距离不应少于表 17.24 所列数值；与照明电杆等距离不应少于表 17.25 所列数值。

表 17.22　绿化种植需要的宽度

绿化种类	低灌丛	中灌丛	高灌丛	单行乔木	双行乔木平列(错列)	草皮与花丛
宽度/m	0.5	1.0	1.2	1.25~2.0	2.5~5.0(2.0~4.0)	1.0~1.5

表 17.23　地下管线离树木的最小距离

地下管线	煤气管	排水管	给水管	电缆
距乔木距离/m	2.0	1.5	1.5	2.0
距灌木距离/m	2.0	可以不必让开	可以不必让开	0.5

表 17.24　建筑物、道路边缘离树木的最小距离

地下管线	房屋	行车道边	人行道边	挡土墙、露台	高度超过 2m 的围墙	电缆
距乔木距离/m	5.0	1.0	0.75	2.0	2.0	2.0
距灌木距离/m	2.0	0.5	0.50	0.5	1.0	0.5

表 17.25　建筑物道路边缘离树木的最小距离

相距的对象	从路杆到照明杆	从树干到挂线杆(裸线)	从树冠外围边缘到电杆	从树冠外围边缘到路灯
最小距离/m	≥2.0	≥1.0	≥1.0	≥2.0

3) 绿化种植

绿化种植包括种草和植物。在绿化种植之前，应充分调整绿化的位置、形状及土壤的质量、地下水位与质量、沿线的土地利用、气象等，以决定植物的规格、数量、种类等。

选择植物品种的要求是：①适合绿化的目的；②适合气候、土壤等条件；③有较强抗病、虫害能力；④考虑开花、新绿、红叶等季节的变化；⑤容易养护管理；⑥植物的供应量有保证。

17.5.2 声屏障

声屏障主要用于公路、高速公路、高架复合道路和其他噪声源的隔声降噪。道路声屏障是用来遮挡路线上声源直达到接收者的设施，它通过吸声和隔声来实现对交通噪声的衰减作用。

1. 分类

道路声屏障可按其形状材质和表面特性进行分类。按形状不同可分为直壁式、Γ形、土堤、半地下式、隧道式(地下式)及壳式几种，按材质不同可分为木质、砖砌、混凝土、玻璃纤维、金属板和土墙等，按表面性能不同可分为吸声型及反射型。

一些典型声屏障类型介绍如下。

(1) 直壁式或Γ形声屏障。

直壁式声屏障是道路声屏障中最常见的形式。声屏障的高度取决于所要达到的降噪量及防护对象的高度。车流量大而受保护的建筑物较高时，要建造较高的声屏障。当其高度较大时，有时会受到道路交通工程设施所需净空的限制或风荷载的限制。在此情况下，声屏障的上部可做成向内弯曲或倾斜的形状，以间接增大其有效高度，改善屏障的降噪效果。这种形状的声屏障即为Γ形声屏障，常用于道路两侧需防护的建筑物高度较高的场合。

吸声屏障是将声屏障朝向声源一侧的屏障。朝向声源一侧的障壁贴上玻璃纤维、岩棉或其他形式的吸声材料，以避免道路另一侧接收点的声压级因声屏障反射声而升高，并可提高声屏障的降噪效果。

(2) 土堤。

土堤作为一种降噪方式可以单独使用，也可与声屏障组合起来使用。土堤的顶部及两侧斜坡常被绿化以便与周围景观相协调。

(3) 生物型声屏障。

近年来，声屏障的材料构造趋向自然生态类型。例如，采用混凝土槽砌筑屏障壁体，在槽内填土绿化种植；在路侧堆筑土堤，在土堤表面绿化种植，当土堤较高时在土堤外设砌块护面或分层梯状砌筑，在砌块间绿化种植等，以形成生物墙。生物类声屏障的优点是声学性能好，能与周围环境较好地融合，不影响景观。

(4) 半地下式结构。

半地下式结构在发达国家的公路建设中曾被采用。常设置于人口稠密区域的挖方路段，并配有绿化带设计。半地下式结构中的汽车尾气污染物浓度要比地下式结构低得多。

(5) 隧道式声屏障。

隧道式声屏障又称掩蔽式声屏障或地下式结构。适用于城市交通干道两侧的高层建筑物的保护，造价高。在日本、加拿大等国都有采用。为了采光，顶部常用透明材料或设置采光罩。

(6) 壳式声屏障。

此种方式适用于穿过城市的高架桥在无法采用其他降噪措施时的场合。与地下式结构相同，壳式设计也存在出入口处噪声及汽车尾气污染物浓度增高的问题。壳式声屏障会遮挡路旁居民建筑的光线。

2. 声屏障设置

1) 设计噪声衰减量

声屏障吸声是靠吸声材料来实现的，而隔声主要是靠增加噪声的传播距离来达到的，噪声传播路径的改变是噪声衰减的原因。声屏障隔声的原理与光照射一样，当声波遇到一个阻挡的障板时，会发生反射，并从屏障上端绕射，于是在障板另一面会形成一定范围的声影区，声影区的噪声相对小些，由此达到利用声屏障降噪的目的。

接收点处的道路交通噪声级(实测值或预测值)与期望环境噪声级之差，称为声屏障的设计噪声衰减量。接收点处的期望环境噪声级应根据环境标准允许值和背景值来确定。当背景值(无道路的环境噪声级)大于标准限值时，背景值为期望环境噪声级；当背景值小于标准时，期望环境噪声级取标准允许值。我国城市区域环境噪声标准规定：道路干线、内河航道及铁路干线等两侧的背景噪声允许值白天与夜间分别为70dB和55dB(A)；居住区域的噪声允许值白天和夜间分别为50dB和40dB(A)；而各类汽车的噪声标准在82~89dB(A)之间。可见，紧靠居住区的干线道路降噪形势严峻。一些不同类型声屏障适用范围及效果比较见表17.26。

表17.26 公路声屏障适用范围及效果比较

类 型	适用范围及效果
土堤结构	适用于公路与受保护对象之间有充足空间可以利用的场合；是经济、有效的降噪方法，降噪效果依土堤高度而异
混凝土砖石结构	适用于郊区和农村区域，易与周围自然环境相协调。价格便宜，且便于施工与维护；降噪效果为10~13dB(A)
木质结构	适用于农村、郊区个人住宅或院落且木材资源比较丰富地区的噪声防控；降噪效果为6~14dB(A)
金属和复合材料结构	目前世界各国普遍使用的结构形式；材料易于加工，便于安装；可加工成各种形状，易于景观设计和规模化生产，降噪效果也很好
组合式结构	根据现场条件、周围环境、景观要求和经济条件因地制宜

2) 声屏障的位置、高度和长度

声屏障的位置应根据受保护对象与声源之间的地形条件综合确定。一般情况下，当地形平坦，即受保护对象与声源处于同一高度时，声屏障越接近声源或接收点，其噪声衰减量越大。通常将声屏障建于道路之侧，为了行车安全，声屏障与道路应保持一定的距离。该距离依路基结构不同而异，城市高架路一般将声屏障设在防撞杆上，而郊区公路则设在路肩外，一般距路边缘应不小于2.0m。美国规定，声屏障距行车道的最小距离(包括路肩)约9m；日本则不同，路堤为防撞栏外1.5m，路堑为上坡顶外1m。

为确定声屏障高度，需先确定声源及接收点的高度。我国公路采用的机动车声源平均高度为 1m，接收点的高度为 1.2m。当声屏障的位置声源及接收点的高度确定后，它与接收点、声源三者之间的相对距离及高差便随之确定。邻近居住区、学校和医院等公共社区的高速公路上的声屏障，其高度一般为 2~5m。为了降低声屏障的风载荷，屏障的高度不宜超过 5m，如需超过 5m 时，可将屏障的上部做成折形或弧形，将端部伸向公路，以增大有效高度。绿化林带的灌木不应低于 0.7m，乔木不低于 1.5m。

声屏障的长度应大于其保护对象沿公路方向的长度，一般地，声屏障的外延长度应大于受保护对象到声屏障距离的 2~3 倍。当声屏障超过 1km 长时，应设紧急疏散口。

3. 声屏障结构

1) 声屏障的材质

当要求降噪量大于 10dB(A)时，声屏障的透射声衰减量一般应大于 25dB(A)，这就需使用密度高的材质，相应的材料要求是单位面积质量至少大于 $10kg/m^2$，如 GRC(玻璃钢)及 20mm 厚木板都可满足要求。此外，在材料的选择中还需考虑材料的造价、材料的强度及耐久性、美观及防火性能等，对桥梁上的声屏障还需考虑其重量。

公路常用声屏障材料有砖、混凝土块和轻质材料。砖、混凝土块等材料因具有造价低、降噪效果优良的特性而早期使用较多，后来为了减少现场作业，便于工厂化生产，标准化的金属结构声屏障得到广泛应用。轻质材料的降噪效果低于砖及混凝土块，但一般情况下，与声屏障顶端绕射声引起的噪声相比，穿透声屏障噪声可忽略，所以，轻质材料常被使用。

2) 声屏障结构设计

声屏障的荷载以风载和自重为主，必要时考虑冰、雪载及侧向土压力等。结构形式上属于臂结构，其设计比较简单。为了安全，结构设计时还应考虑防撞击的要求。

课后习题

17.1 交通系统的组成包括哪些？
17.2 护栏的分类有哪些？
17.3 简述防眩设施的分类及设置原则。
17.4 简述视线诱导标的分类及设置原则。
17.5 声屏障的分类有哪些？

第 18 章 路基路面养护与管理

18.1 概 述

道路建成通车后，要经历很长一段时间的使用过程，而在这段时间内，道路使用功能不断下降，同时各种病害也日益严重。为保证道路的行驶功能，合理和及时的养护工作显得十分重要。如何采用科学合理的养护技术，优化道路养护管理，延长道路的使用寿命，已引起人们的重视。道路建设时间一般不超过 3 年，如果路面结构能够按设计使用年限正常发挥作用，养护与管理工作要长达 10～20 年甚至更久。因此，养护与管理工作是公路工程中一项重要内容，在公路管理部门的工作中也占有重要地位。

一般情况下，在路面建成后早期，路面状况良好，随着时间增长，病害逐渐出现，并呈加速发展的趋势。早期养护工作主要以日常养护为主，而病害发展到一定阶段或路面结构承载能力下降到一定程度后，就要考虑采取大、中修养护手段来恢复路面的行驶功能。

日常养护主要指路面清扫，维持排水系统运作(如边沟清理)、局部路基加固与砌护、绿化，植物维护，标志标线等路面结构辅助设施维护工作及路面局部病害修补工作等。这些工作都是在路面结构仍具有较高强度、稳定性与较好的行驶性能，可继续承担车辆荷载的情况下进行。大、中修养护特指路面病害进入迅速发展阶段、行驶性能降低时或路面结构已丧失承载能力，达到设计标准轴载累计作用次数的情况下，为防止路面病害的进一步发展、提升路面表面行驶性能、提高结构承载能力而采取的铣刨(或移除)、加铺(包括补强)、重建等工程措施。显然，养护工作性质应根据路面状况来确定，即在决定养护对策前，重要的前期工作就是确定路面目前状况，从路面病害、行驶性能及承载能力状况 3 个方面界定养护的工作内容和程度，决定养护对策。

道路养护一般通过开展养护调查，建立管理数据库和有效的道路、桥隧等评价预测系统，为高速公路的运营管理提供完整、科学的技术数据，并将数据分析处理后为决策服务。养护对策制订则采用最新的技术和工艺，以最经济的方式保证道路平整、畅通，各种设施完好，提高道路的耐久性和抗灾能力，使道路养护维修达到高标准、高质量、高效率、高机动性的要求，保持道路经常处于完好状态，防止其使用质量下降，并向道路使用者提供良好的服务。道路养护遵循"预防为主，防治结合"的原则，采取适当的工程技术措施，坚持日常保养，及时修复，保持公路完好、畅通、整洁、美观，延长公路的使用年限。其目的是能够经常保证公路上的各种设施，如路基、路面、桥涵、隧道、挡土墙、防护坡、绿化以及护栏、照明、标志等处于完好状态。

由于道路尤其是高速公路具有高车速、重交通、大流量的特点，因而通过早期养护可以防止微小病害的进一步扩大，使道路经常保持原有技术状态和标准，减少或杜绝由于道路及设施维护不当给使用者带来的意外损害，提高道路使用的社会效益和经济效益。

18.1.1 公路养护管理

1. 公路养护及其基本任务

公路建成投入使用后，相应地要承受行车荷载的作用以及遭受风吹、雨淋、冰雪、冻融、日晒等自然力的侵蚀，这样必然造成其使用功能和行车服务质量的下降。为延长公路的使用周期，使其保持完好的使用状况，就必须适时地采取适当的工程技术措施：一方面坚持日常保养，及时修复损坏部分，经常保持公路完好、畅通、整洁、美观；另一方面周期性地进行预防性大、中修，并逐步改善公路的技术状况，提高公路的使用质量和抗灾能力。这种保持和改善公路使用状况的工作就是我们所指的公路养护。

公路养护工作的基本任务归纳起来有以下四点。

(1) 坚持日常保养，及时修复损坏部分，使公路及其沿线设施的各部分均保持完好、整洁、美观，保障行车安全、舒适、畅通。

(2) 采取正确的工程技术措施，周期性地进行大、中修，延长公路的使用年限，以节约资金。

(3) 防治结合，治理公路存在的病害和隐患，逐步提高公路的抗灾能力。

(4) 对原标准过低或留有缺陷的路线、构造物、路面结构、沿线设施进行改善和增建，逐步提高公路的使用质量和服务水平。

2. 我国公路养护管理的技术内容

公路养护工作必须贯彻"预防为主，防治结合"的方针，不断积累技术经济资料，通过应用先进的养护技术和科学的管理方法提高养护技术水平，及时消除导致公路损毁的因素，及时治理病害，应用和推广先进管理系统，实行病害监控，实现决策科学化，使有限的资金发挥最大的经济效益。

公路养护技术管理包括以下内容。

(1) 贯彻执行国家有关公路技术法规和公路养护，修建技术政策及规章制度，制定适合当地公路养护技术管理的有关规定和办法。

(2) 检查公路各项工程设施的技术状况，制订各类养护工程的技术措施和方案，并进行竣工验收或养护质量评定。

(3) 组织公路交通情况调查，系统观测公路使用情况，掌握各项技术经济指标，充实和修订公路路况技术档案，逐步建立数据库系统，为有限资金下的养护维修方案决策和道路网系统的规划研究提供依据。

(4) 掌握国内外公路科技发展动态，积极引进、开发、推广公路养护新技术、新材料、新工艺，组织科技交流和培训专业人才，使养护管理工作规范化、科学化。

3. 我国公路养护的工程分类及其管理

我国的公路养护按其工程性质、规模大小、技术难易程度划分为路面预防性养护、小修保养、中修、大修和改善5类，各类养护工程分别包括下列内容。

(1) 路面预防性养护，是指在不增加路面结构承载力的前提下，对结构完好的路面或附属设施有计划地采取雾封层、碎石封层、微表处等具有费用-效益的措施，以达到保养路面系统、延缓损坏，保持或改进路面功能状况的目的。

(2) 小修保养工程。对管养范围内的公路及其工程设施进行预防性保养并修补其轻微损坏部分，使之经常保持完好状态。它通常是由工区(站)在年度小修保养定额经费内，按月(或旬)安排计划，经常进行的工作。

(3) 中修工程。对管养范围内的公路及其工程设施的一般性磨损和局部损坏进行定期的修理加固，以恢复原状的小型工程项目。它通常是由基层公路管理机构按年(或季度)安排计划并组织实施的工作。

(4) 大修工程。对管养范围内的公路及工程设施的较大损坏进行周期性的综合修理，以全面恢复到原设计标准，或在原技术等级范围内进行局部改善和个别增建，以逐步提高公路通行能力的工程项目。它通常是由基层公路管理机构或在其上级机构的帮助下，根据批准的年度计划和工程预算来组织实施的工作。

(5) 改善工程。对公路及其工程设施因不适应交通量和载重需要而分期逐段提高技术等级，或通过改善显著提高其通行能力的较大工程项目。它通常是由省级公路管理机构或地(市)级公路管理机构根据批准的计划和设计预算来组织实施或招标完成的工作。

除了上述分类外，对于当年发生的较大水毁等自然灾害的公路抢修和修复工程，可另列为专项工程办理。对当年不能修复的项目，视其规模大小列入下年度的中修、大修或改善工程，计划内完成。

18.1.2 公路养护措施

在总结国内外养护技术经验和材料开发的基础上，公路养护、大修与改建技术措施主要包括以下几类。

1. 灌缝与填缝

(1) 灌缝。向非工作裂缝填充材料以尽可能减少水的渗入或加强裂缝两侧的结合。工作裂缝是指路面经受显著的横向移动产生的裂缝，宽度一般大于2mm。

(2) 填缝。采用规定的材料，将其填入工作裂缝内，以防止不可压缩物进入裂缝内和防止水渗入裂缝和下层结构内。

灌缝和填缝有明确的区别。

2. 冷铣刨

冷铣刨是一种铲除面层全部或部分材料的工艺，其目的是铲除车辙或表面不平整部分以整平，其后铺筑加铺层恢复路面路拱或纵断面，并恢复路面防滑能力。

密级配沥青混凝土加铺层：使用沥青作结合料的混合料铺筑的加铺层，混合料集料级配为密级配。

3. 封层

(1) 封层。包含应用稀浆封层新铺面层处治或碎石封层等的表面处治技术，表面处治用来提供防水表面并改善防滑性能。

(2) 碎石封层。这是一种表面处治技术，首先在面层表面喷洒沥青(通常使用乳化沥青)，之后立即用集料覆盖和碾压。尽管碎石封层经常用作低交通量路面的防滑磨耗层，但石屑罩面主要用来作为无荷载型裂缝路面的封层或改善防滑性能。

(3) 雾封层。使用少量水稀释的慢凝乳化沥青等材料，用于处治旧沥青面层小裂缝和表面空隙。

(4) 改性沥青微表处。用聚合物改性乳化沥青作结合料，矿质集料、矿粉、水和其他添加剂按适当比例组成，拌和并撒铺在沥青混凝土铺面上。

(5) 橡胶改性沥青石屑封层。传统石屑封层的一种改进型封层技术，使用轮胎橡胶或胶乳橡胶改性沥青替代沥青作为结合料，目的在于增加沥青的韧性和黏结性。橡胶改性沥青石屑封层通常作为防止反射裂缝的应力吸收层。

(6) 砂封层。使用细集料制作的沥青混合料，可用于改善路面的抗滑能力和防止空气与水侵入路面。

(7) 层铺法表处。一种表面处治措施，先铺一层较大粒径的集料，之后在其上洒铺乳化沥青，再用小一级的集料洒铺封盖。层铺法表处常用来封住面层以改善抗滑性能。

(8) 稀浆封层。使用慢凝乳化沥青、良好级配的细集料、矿粉和水拌制的混合料。用来填封裂缝和旧路面表面，以恢复均匀的表面纹理、防止水与空气侵入路面并提供抗滑阻力。

4. 再生

(1) 现场冷再生和厂拌冷再生。这是路面再生利用的两种方法，对既有沥青路面进行破碎回收，回收的材料与新结合料拌和，厂拌冷再生添加一些新集料。再生利用层一般作为新加铺层的基层(下层)。一般采用乳化沥青和泡沫沥青冷再生，必要时可使用软化剂。

(2) 现场热再生和厂拌热再生。将既有沥青面层就地加热或铣刨运送到拌和厂加热，之后用机械将松散的既有面层材料与再生剂拌和，拌和时加入适当的新集料，把拌和好的再生沥青混合料摊铺碾压成型。

5. 改建、大修与加铺

(1) 改建。铺筑与新建路面结构等效的路面，通常包括使用新材料和(或)再生材料，彻底清除或更换既有路面结构。

(2) 大修。为了延长既有路面的寿命而采取的措施，包括恢复、加铺或其他能恢复既有路面结构应具备的结构和使用功能的处治措施。

(3) 沥青玛蹄脂碎石与热拌沥青混合料加铺层。一种使用沥青碎石玛蹄脂材料或热拌沥青混合料做的加铺层。沥青碎石玛蹄脂是用沥青、稳定剂、矿粉、间断级配集料配制的沥青混合料，热拌沥青混合料则用连续级配。

18.2 路基技术状况评价与养护

18.2.1 路基技术状况评价

路基是公路工程的重要组成部分，是路面的基础。它承受由路面结构层传递下来的行车荷载和自然因素的作用。路基的强度和稳定性直接影响路面的平整度和强度，是保证路面稳定的先决条件。路基质量的好坏，将直接影响到路面的使用性能，从而对道路使用者的行车安全性、舒适性以及行驶速度产生极大的影响。路面的损坏，往往与路基的排水不畅、路基构造物的缺损有直接关系。随着我国公路建设里程的不断增加，公路建设对于路基性能的要求也逐步提高，但由于公路建设环境复杂，路基工程受雨水温度等外部环境的破坏严重，往往不能满足高等级公路对于路基强度和稳定性的严格要求，因此有必要进行路基工作性能的评价，从而为路基养护工作提供决策依据。

公路路基养护评价指标体系是一套用来评价高等级公路路基养护质量及其使用性能的指标体系，用于对公路路基的整体性能做初步诊断和评价，为进一步养护管理提供依据，指导养护管理工作者的工作。评价指标的选择要能充分地反映路基的特性，反映路基的主、客观信息和养护质量。

结合路基养护对象，根据《公路技术状况评定标准》(JTG 5210—2018)进行路基性能评价。对于路肩，可考虑路肩的不整洁、不平整或者是路肩损坏病害；对于边坡，可考虑边坡坍塌、冲沟和裂缝等病害；对于排水设施，可考虑排水淤塞病害；对于挡土墙，可重点考虑挡土墙损坏病害。

我国《公路技术状况评定标准》(JTG 5210—2018)中将路基损坏分为8类，分别是路肩边沟不洁、路肩损坏、边坡坍塌、水毁冲沟、路基构造物损坏、路缘石缺损、路基沉降、排水系统淤塞，根据各类损坏的严重程度进行分类并赋予不同权重，如表18.1所示。

表 18.1 路基损坏扣分标准

类型	损坏名称	损坏程度	计量单位	单位扣分	权重 w_i
1	路肩边沟不洁		m	0.5	0.05
2	路肩损坏	轻	m^2	1	0.1
		重		2	
3	边坡坍塌	轻	处	20	0.25
		中		30	
		重		50	
4	水毁冲沟	轻	处	20	0.25
		中		30	
		重		50	

续表

类型	损坏名称	损坏程度	计量单位	单位扣分	权重 w_i
5	路基构造物损坏	轻	处	20	0.1
		中		30	
		重		50	
6	路缘石缺损		m	4	0.05
7	路基沉降	轻	处	20	0.1
		中		30	
		重		50	
8	排水系统淤塞	轻	m	1	0.1
		重	处	20	

根据路基病害调查，建立了路基技术状况指数 SCI(Subgrade Condition Index)来评价路基性能，即

$$\mathrm{SCI} = \sum_{i=1}^{8} w_i (100 - \mathrm{GD}_{i\mathrm{SCI}}) \tag{18.1}$$

式中　$\mathrm{GD}_{i\mathrm{SCI}}$——第 i 类路基损坏的总扣分，最高分值为 100，按表 18.1 的规定计算；

　　　w_i——第 i 类路基损坏的权重，按表 18.1 取值；

　　　i——路基损坏类型。

公路管理部门进行路基调查时，可参照表 18.2 进行，并计算路基状况指数 SCI，从而对路基使用状态进行评价，并建立相应的路基养护对策。

表 18.2　公路路基技术状况调查表

路线名称：					调查方向：				调查时间：			调查人员：		
调查内容	程度	单位扣分	权重 w_i	计量单位	起点桩号： 路段长度：					终点桩号： 路面宽度：				累计损坏
					1	2	3	4	5	6	7	8	9	10	
路肩边沟不洁		1	0.05	m											
路肩损坏	轻	1	0.1	m²											
	重	2													
边坡坍塌	轻	20	0.25	处											
	中	30													
	重	50													
水毁冲沟	轻	20	0.25	处											
	中	30													
	重	50													
路基构造物损坏	轻	20	0.10	处											
	中	30													
	重	50													

续表

路线名称：				调查方向：		调查时间：				调查人员：				
调查内容	程度	单位扣分	权重 w_i	计量单位	起点桩号： 路段长度：					终点桩号： 路面宽度：				累计损坏
					1	2	3	4	5	6	7	8	9	10
路缘石缺损		4	0.05	m										
路基沉降	轻	20	0.1	处										
	中	30												
	重	50												
排水系统淤塞	轻	1	0.1	m										
	重	20		处										
评定结果： SCI=					计算方法： $SCI = \sum_{i=1}^{8} w_i(100 - GD_{iSCI})$									

18.2.2 路基养护与维修

1. 路基养护的主要内容

为了保证路基的坚实和稳定，保证排水性能良好，使各部分尺寸和坡度符合规定，及时消除不稳定因素，并尽可能地提高路基的技术状况，必须对路基进行及时的养护、维修与改善，路基养护工作的主要内容包括以下几个方面。

(1) 维修、加固路肩及边坡。

(2) 疏通、改善、铺砌排水系统。对边沟、截水沟、排水沟及暗沟(管)等排水设施，应及时排除堵塞，疏导水流，保持水流畅通，并结合地形、地质、纵坡、流速等情况，综合考虑铺砌加固。

(3) 维护、修理各种防护构造物及透水路堤，管理保护好公路两旁用地。

(4) 清除塌方、积雪，处理塌陷，检查险情，预防水毁。

(5) 观察、预防，处理滑坡、翻浆、泥石流、崩塌、塌方及其他路基病害，及时检查各种路基的险情并向上级报告，加强对水毁的预防与治理。

(6) 有计划地局部加宽、加高路基，改善急弯，陡坡和视距，以逐步提高其技术标准和服务水平。

2. 路基养护的基本要求

《公路养护技术规范》(JTG H10—2009)对公路养护的质量要求是：保持路面清洁，横坡适度，行车舒适；路肩整洁，边坡稳定，排水通畅；构造物完好；沿线设施完善；绿化协调美观，力争构成畅、洁、绿、美的公路交通环境。具体到路基部分，必须保持路基土的密实，排水性能良好，各部尺寸和坡度符合要求，及时消除不稳定因素。路基养护工作应符合下列基本要求。

(1) 路基各部分经常保持完整，各部分尺寸满足规定的标准要求，不损坏变形，经常处于完好状态。

(2) 路肩无车辙、坑洼、隆起、沉陷、缺口，横坡适度，边缘顺适，表面平整坚实、整洁，与路面接茬平顺。

(3) 边坡稳定、坚固，平顺无冲沟、松散，坡度符合规定。

(4) 边沟、排水沟、截水沟等排水设施无淤塞、无高草，纵坡符合规定，排水通畅，进出口维护完好，保证路基、路面及边沟内不积水。

(5) 挡土墙保持完好无损坏，泄水孔无堵塞。

3. 路基养护对象与措施

结合路基养护的基本要求，确定路基养护的主要对象为路肩、边坡、排水设施和挡土墙。

(1) 路肩是保证道路路基、路面整体稳定性和排除路面水的重要结构，同时也是为确保临时停车所需两侧余宽的重要组成部分。路肩养护的好坏直接关系到路基路面强度、稳定性和行车的安全畅通。其主要功能是侧向支撑路面的基层和垫层，稳定路面各层次的结构，排出路面积水，使路面免受雨水侵蚀。路肩分为硬路肩和土路肩两大类。

路肩养护与维修工作的重点是减少或消除水对路肩的危害，方法如下。

① 设置截水明槽。

② 用粒料加固土路肩或有计划地铺筑硬路肩。

③ 在陡坡路段的路肩和边坡上全范围人工植草，以防冲刷。

(2) 边坡防护的主要功能是保护路基边坡表面免受雨水冲刷，防治路基病害，保证路基稳定，改善环境景观，保护生态平衡。边坡包括路堑边坡和路堤边坡，边坡防护主要包括植物防护和工程防护。边坡养护与维修的重点是确保边坡的排水和稳定性，方法如下。

① 石质边坡：清除、抹面、喷浆、勾缝、嵌补、锚固等，避免危及行车、行人安全和堵塞边沟，影响排水。

② 土质边坡：采取种草、铺草皮、栽灌木林、投放石笼、干砌或浆砌片石护坡等措施，进行防护和加固。

(3) 排水设施的主要功能是排除路基、路面范围内的地表水和地下水，将路基范围内的土基湿度降低到一定限度以内，保持路基常年处于干燥状态，保证路基和路面的稳定，防止路面积水影响行车安全。排水设施包括边沟、泄水槽、截水沟、排水沟、跌水、急流槽、拦水带等。路基排水系统能否正常工作，直接影响到路基的稳定性。具体养护措施是疏通、加固、增建排水系统。

(4) 挡土墙是为防止路基填土或山坡岩土坍塌而修筑的承受土体侧压力的墙式构造物，用来支撑天然边坡或人工填土边坡以保证土体的稳定。挡土墙包括重力式挡土墙、悬臂式挡土墙、扶臂式挡土墙、锚杆式挡土墙、加筋土挡土墙等不同结构形式。

挡土墙的日常养护除经常检查其有否损坏外，每年应在春、秋两季进行定期检查。当挡土墙表面出现风化剥落时，应喷涂水泥砂浆保护层。对于挡土墙出现的轻微裂缝、断裂病害，可将缝隙凿毛，清除碎渣和杂物，然后用水泥砂浆填塞，水泥混凝土或钢筋混凝土挡土墙的裂缝也可用环氧树脂黏合；当挡土墙发生倾斜、鼓肚、滑动或下沉时，可采用锚固、套墙加固以及增建支撑墙等方法来进行加固(图 18.1);当原挡土墙损坏严重时,应拆除重建。此外,挡土墙的泄水孔应保持畅通。

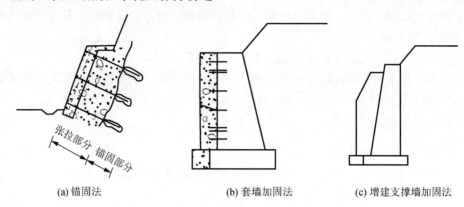

(a) 锚固法　　　　(b) 套墙加固法　　　　(c) 增建支撑墙加固法

图 18.1　挡土墙加固维修方法

18.3　路面技术状况评价

18.3.1　路面使用性能及其评价

路面结构在汽车和自然因素的反复作用下,其使用性能会发生改变,由此路面结构逐渐出现破坏,并最终不能满足使用性能的要求。在路面使用过程中,必须采取相应的养护、补强和改建措施,使路面的使用性能得到部分恢复甚至提高。

为了了解和掌握路面使用性能的变化情况,以便及时采取各种养护和改建措施,延缓其衰变或恢复其性能,必须定期对路面的使用性能进行评定。路面使用性能包括功能、结构和安全 3 个方面。

路面的功能性是指路面为道路使用者提供的舒适程度。路面的结构性是指路面的物理状况,包括路面损坏状况和结构承载能力。路面的安全性是指路面的抗滑能力。功能和安全方面的使用性能是道路使用者所关心的,道路管理部门则更注重结构方面的使用性能。路面使用性能的 3 个方面既有区别又有一定的联系。

18.3.2　路面破损状况评价

路面结构的损坏状况,反映了路面结构在行车和自然因素作用下保持完整性或完好的程度。

新建或改建的路面,都需采取日常养护措施进行保养,以延缓路面损坏的出现;而在路面结构出现损坏后,应及时采取相应的维修措施以减缓损坏的发展速度;当路面损坏状况恶化到一定限度后,便需采取改建或重建措施以恢复或提高其结构完好程度。因而,路面结构损坏的发生和发展同路面养护和改建工作密切相关。

路面结构的破损状况,须从 3 个方面进行描述,即损坏类型、损坏严重程度及出现损坏的范围或密度。综合这 3 个方面，才能对路面结构的损坏状况做出全面的估计。

1. 损坏类型

促使路面出现损坏的原因是多方面的(荷载、环境、施工及养护等)，结构损坏所表现出的形态和特征也多种多样。各种损坏对路面结构完好程度和路面使用性能都有不同程度的影响，需相应采取不同的养护或改建对策。因此，进行路面结构损坏状况调查前，要依据损坏的形态、特征和原因，对损坏进行分类，并对每一类损坏规定明确的定义。

路面的主要损坏类型，可按损坏模式和影响程度的不同而分为以下几类。

(1) 裂缝或断裂类。路面结构的整体性因裂缝或断裂而受到破坏。

(2) 永久变形类。路面结构虽仍保持整体性，但形状在各种因素的作用下产生较大的变化。

(3) 表面损坏类。路面表层部分出现局部缺陷，如材料的散失或磨损等。

(4) 接缝损坏类。水泥混凝土接缝及其邻近范围出现局部损坏。

(5) 其他类，如修补。

2. 损坏分级

各种路面损坏都有其产生和发展的过程。在这个过程中，处于不同阶段的损坏，对于路面使用性能有不同程度的影响。例如，水泥混凝土路面裂缝初现时，缝隙细微，边缘处材料完整，因而对行车舒适性的影响极小，裂缝间也尚有较高的传荷能力；而发展到后期，缝隙变得很宽，边缘处严重碎裂，行车出现较大颠簸，而裂缝间已几乎无传荷能力。因而，为了区别同一种损坏对路面使用性能的不同影响程度，对各种损坏须按其影响的严重程度划分为几个等级(一般 2~3 个等级)。

对于断裂或裂缝类损坏，分级时主要考虑对结构整体性影响的程度，可采用缝隙宽度、边缘碎裂程度、裂缝发展情况等指标表征。对于变形类损坏，主要考虑对行车舒适性的影响程度，可采用平整度作为指标进行分级。对于表面损坏类，往往不分级。具体指标和分级标准可根据各地区的特点和其他因素考虑，经过调查分析后确定。损坏严重程度分级的调查，往往通过目测进行。为了使不同调查人员得到大致相同的判别，对分级的标准要有明确的定义和规定。

各种损坏出现的范围，对于沥青路面和砂石路面，通常按面积、长度或条数来进行量测，除以被调查子路段的面积或长度后，以损坏密度计(以%或 Z 条数/子路段长表示)。而对于水泥混凝土路面，则调查出现该种损坏的板块数，以损坏板块数占该子路段总板块数的百分率计。

3. 损坏调查

损坏调查通常由 2 人调查小组沿线通过目测进行。调查人员鉴别调查路段上出现的损坏类型和严重程度并丈量损坏范围后，记录在调查表格上。同一个调查路段上如出现多种损坏或多种严重程度，应分别计量和记录。

目测调查很费时。如果调查的目的不是为了确定养护对策和编制养护计划，则可采用抽样调查的方法，不必对整个路网的每一延米的各种损坏都进行调查。通常可采取每公里抽取 100m 长的路段代表该公里的方法，但每次调查都要在同一路段上进行，以减少调查结果的变异性，保证各次调查结果的可比性。近年来，路况综合调查设备逐步发展，可利用车载设备自动、连续观测路面破损情况，可大幅度提高效率。

4. 损坏状况评价

每个路段的路面可能出现各种不同类型、严重程度和范围的损坏。为了使各路段的破损状况或程度可以进行定量比较，需采用一项综合评价指标，把这3个方面的状况和影响综合起来。通常采用的是扣分法，选择一项损坏状况度量指标，如路面状况指数PCI，以百分制或十分制计量。对于不同的损坏类型、严重程度和范围规定不同的扣分值，按路段的损坏状况累计其扣分值后，以剩余的数值表征或评价路面结构的完好程度。

各种损坏类型和严重程度对路面完好程度及其衰变速率有不同程度的影响，对路面使用要求的满足程度有不同影响，对养护和改建措施有不同的需要。其间很难建立明确的定量关系。因而，只能采用主、客观相结合的方法，确定不同损坏类型、严重程度和范围的扣分值。

首先制定一个统一的分级和评分标准表。例如，将路面状况划分为优、良、中、次、差5个等级，采用百分制，为每一等级规定相应的级差范围和相应的养护对策类型。

选择一些仅具有单一损坏类型的路段，组织由道路管理部门人员组成的评分小组，按上述评价标准对路段进行评分。整理这些评分结果，可以为每种损坏类型确定扣分曲线或扣分表。

路段上有时常出现几种损坏类型或严重程度等级。如果分别按单项扣分值累加得到多种损坏(或严重程度)路段的扣分值，则有时会出现超过初始评分值 C 的情况，或者超过对多种损坏路段进行评分的结果。为此，对多种损坏的情况需进行修正。利用评分小组对多种损坏路段的评分结果和各项单项扣分值，经过多次反复试算和调整，可得到多种损坏时的修正(权)函数 W_{ij}。

18.3.3 路面结构承载能力评价

路面结构承载能力是指路面在达到预定的损坏状况之前还能承受的行车荷载作用次数，或者还能使用的年数。

路面结构的承载能力同损坏状况有着内在联系。在使用过程中，路面的承载能力逐渐下降，与此同时损坏逐步发展。承载能力低的路面结构，其损坏的发展速度迅速；承载能力接近于临界状态时，路面的损坏达到严重状态，此时必须采取改建措施(设置加铺层等)以恢复或提高其承载能力。

路面结构承载能力的测定，从路面各结构层内钻取试样，试验确定其各项计算参数，通过同设计标准相比较，估算其结构承载能力。路面结构抗变形能力的测定则通过路表的无破损弯沉测定，估算路面结构抗变形能力。

1. 弯沉测定

路表面在荷载作用下的弯沉量，可以反映路面结构层的刚度特性。路面的结构破坏可能是由于过量的竖向变形造成，也可能是由于某一结构层的断裂破坏造成。弯沉测定包含最大弯沉值和弯沉盆两种。

目前使用的弯沉测定系统有 4 种,即贝克曼梁弯沉仪、自动弯沉仪、稳态动弯沉仪及脉冲弯沉仪。前两种为静态测定,可得到路表最大弯沉值。后两种为动态测定,可得到最大弯沉值和弯沉盆。

1) 静态弯沉测定

最常用的是贝克曼梁弯沉仪,测定时梁的端头穿过测定车后轴双轮轮隙,置于车轮前方 5~10cm 的路面测点上,梁在后三分点处通过支点支承于底座上。梁的另一端处架设一百分表,以测定端头的升降量。车辆以爬行速度向前行驶,车轮经过梁的端头时读取百分表的最大读数,车辆驶离后再读取百分表的读数,两者差值的 2 倍即为路表面的回弹弯沉值。

自动弯沉仪将弯沉测定梁连接到测定车后轴之间的底盘上。测定时,梁支承于地面保持不动,车辆向前移动,当后轮驶过梁端头时,弯沉值被自动记录下来,达最大弯沉值时测定梁被提起,并拉到车辆底盘的前端,到下一测点处测定梁再被放下。自动弯沉仪可连续进行弯沉测定,并自动记录测定结果。车辆行驶速度为 3~5km/h,每天约可测定 30km。

贝克曼梁弯沉仪量测到的是最大回弹弯沉值,而自动弯沉仪测到的是最大总弯沉值。轮载、轮压和加载时间(行驶速度)是影响测定结果的 3 项加载条件。在测定前和测定过程中,必须认真检查是否符合规定要求。

测定时,测试车辆沿轮迹带行驶。如仅使用一台贝克曼梁弯沉仪,测点沿外侧轮迹带布置。测点间隔可为 20~50m,视测定路段长度要求而定。

测定结果可点绘成弯沉断面图。由于影响路表抗变形能力的变量众多,可以预料各测点的弯沉值会有较大的变异。因而,通常采用统计方法对每一路段的弯沉值进行统计处理,以路段的代表弯沉值表征该路段的承载能力。

路段的代表弯沉值 l_0 可按下式确定,即

$$l_0 = \left(\overline{l_0} + \lambda\sigma\right)K_1 K_2 K_3 \tag{18.2}$$

式中 $\overline{l_0}$ ——路段各测点弯沉的平均值,即

$$\overline{l_0} = \sum_{i=1}^{n} \frac{l_i}{n} \tag{18.3}$$

σ ——该路段弯沉值测定标准偏差,即

$$\sigma = \sqrt{\frac{\sum_{i=1}^{n}\left(l_i - \overline{l_0}\right)^2}{n-1}} \tag{18.4}$$

λ ——控制保证率的系数,保证率为 50%时,$\lambda=0$,保证率为 90%时,$\lambda=1.282$,保证率为 95%时,$\lambda=1.64$,保证率为 97.7%时,$\lambda=2.00$;

n ——该路段的测点数;

K_1 ——季节影响系数;

K_2 ——湿度影响系数;

K_3 ——温度影响系数。

沥青面层的劲度随温度而变化,路基的模量随湿度而变化。因而,弯沉测定结果同测定时路面结构的温度和湿度状况有关。通常以 20℃作为沥青路面的标准测定温度,以最不利潮湿或春融季节作为测定时期。对于在其他环境条件下测定的结果,应作温度和湿度

修正。

温度影响系数 K_3 可按经验公式确定。

由于气候、水文和土质条件的不同，各地区路基湿度和季节性变化规律不尽相同；并且，路面结构不同，路基温度变化对路表弯沉值的影响程度也不一样。因而，考虑湿度变化和季节修正系数 K_1、K_2 随地区、土质、路基潮湿类型、路面结构等因素而变，应依据当地具体条件建立的弯沉湿度、季节变化曲线，结合经验确定。

测定路段的弯沉值如果变化范围很大，需进行分段，分别确定其代表弯沉值。分段可通过目估并结合路况进行。也可按统计方法，对划分的相邻路段进行显著性检验，依据是否有显著差别决定是否分段。

2) 动态弯沉测定

稳态动弯沉仪系利用振动力发生器在路表面作用固定频率的正弦动荷载，通过沿荷载轴线间隔布置的速度传感器(检波器)量测路表面的动弯沉曲线。

脉冲弯沉仪又称落锤弯沉仪，它以 50～300kg 质量从 4～40cm 高度落下，作用于弹簧和橡皮垫上，通过 30cm 直径承载板传给路面半正弦脉冲力。通过改变质量和落高，可以施加不同级位的荷载，从 15kN 到 125kN。脉冲力作用持续时间约为 0.028s。利用沿荷载轴线间隔布置的速度传感器，量测到路表面的弯沉曲线。由于仪器本身质量轻，路面受到的预加荷载的影响比稳态动弯沉仪小得多。

动态弯沉测定可以得到路表弯沉曲线。作用于路表的动荷载向路面结构内的应力扩散类似圆锥形。应力锥同各结构层次界面的交点具有特定的含义：在交点以外的路表弯沉值仅受到此交点所在界面以下各结构层模量的影响。利用这一特性，可以依据应力锥、结构层次和传感器的布设位置，并按量测得到的弯沉值应用层状体系理论解分别确定各结构层的弹性模量值。弯沉测定时，所施加的动荷载大小应尽可能接近于路上的车辆荷载。此外，为了解材料的非线性特征，施加的动荷载需变换级位。

2. 结构强度等级评价

不同路面结构具有不同的路表弯沉值。因而，不能单独从最大弯沉值大小来判断路面结构的剩余寿命。同时，路面结构的承载能力会在使用过程中逐渐下降，它反映了路面结构层材料特性的变化。路面结构的承载力评价可通过测定各结构层的材料特性(如抗压强度、抗弯拉强度、疲劳强度)，计算各结构层实际的受力状态(应力、应变)，与材料的极限强度或极限应变之比判别路面结构承载力。

《公路技术状况评定标准》(JTG 5210—2018)利用沥青路面的弯沉值同标准轴载累计作用次数和路面损坏临界状态间的关系曲线，可按路段的代表弯沉值和路面已承受的标准轴载累计作用次数，确定现有路面结构的强度系数。

现有规范采用强度系数 SSI 作为沥青路面结构强度评价指标，并提出了标准弯沉 l_0 的计算公式(18.5)。

路面弯沉标准值应根据公路技术等级、累计标准当量轴次、路面面层类型和路面结构类型等因素确定，按式(18.5)计算，即

$$l_0 = 600 N_e^{-0.2} A_c A_s A_b \qquad (18.5)$$

式中　l_0——路面弯沉标准值，0.01mm；

N_e——新改建沥青路面结构设计使用年限或沥青路面结构性修复设计年限内设计车道上的当量设计轴载累计作用次数,次;

A_c——公路技术等级系数,高速公路和一级公路取 1.0,二级公路取 1.1,三级和四级公路取 1.2;

A_s——路面面层类型系数,沥青混凝土面层取 1.0,热拌和冷拌沥青碎石、沥青贯入式路面(含上拌下贯式路面)及沥青表面处取 1.1;

A_b——路面结构类型系数,半刚性基层沥青路面取 1.0,柔性基层沥青路面取 1.6。

18.3.4 路面使用性能综合评价

1. 路面平整度评价

路面的基本功能是为车辆提供快速、安全、舒适和经济的行驶表面。路面行驶质量反映路面满足这一基本功能的能力。

路面行驶质量的好坏,同路面表面的平整度特性、车辆悬挂系统的振动特性和人对振动的反应或接受能力 3 个方面因素有关。从路面状况的角度,影响路面行驶质量的主要因素是路面平整度。

路面平整度可定义为路面表面使行驶车辆出现振动的高程变化。路面不平整所引起的车辆振动,会对车辆磨损、燃油消耗、行驶舒适、行车速度、路面损坏和交通安全等多方面产生直接影响。因此,平整度是度量路面行驶质量的一项性能指标。

1) 平整度测定方法。

平整度测定可划分为两大类型,即断面类平整度测定、反应类平整度测定。

(1) 断面类平整度测定。

断面类平整度测定是直接沿行驶车辆的轮迹量测路表面的高程,得到路表纵断面,通过数学分析后采用综合统计量作为其平整度指标。

属于这一类的方法,主要有以下几种。

① 水准测量:采用水准仪和水准尺沿轮迹测路面表面的高程,由此得到精确的路表纵断面。这是一种测定结果较稳定的简便方法,但测量速度很慢。

② 梁式断面仪:用 3m 长的梁(或直尺)连续量测轮迹处路表同梁底的高程差,由此得到路表纵断面。这种方法较水准测量的测定速度快。

③ 惯性断面仪:在测试车车身上安置竖向加速度计,以测定行驶车辆的竖向位置变化。车身同路表面之间的距离,利用激光、超声等传感器进行测定。两种测定结果叠加后,便可得到路表面纵断面。

断面类平整度测定方法的主要优点是可直接得到轮迹带路表面的实际断面,依据它可以对路面平整度的特性进行分析。而其主要缺点是,对于前两种方法来说,测定速度太慢,不宜用于大范围的平整度数据采集;对于惯性断面仪来说,仪器精密度高,操作和维修技术要求高,因而限制了惯性断面仪的广泛应用。

(2) 反应类平整度测定。

反应类平整度测定系统是在主车或拖车上安装由传感器和显示器组成的仪器。可以传感和累计车辆以一定速度驶经不平路表面时悬挂系统的竖向位移量。显示器记下的测定值,通常是一个计数数值。反应类平整度测定系统的优点是价格低廉、操作简便，可用于大范围路面平整度快速测定。然而，由于这类测定系统是对路面平整度的间接度量，其测定结果同测试车辆的动态反应状况有关，即随测试车辆机械系统的振动特性和车辆行驶的速度变化。因而，它存在 3 项主要缺点：①时间稳定性差，同一台仪器在不同时期测定的结果会因车辆振动特性随时间的变化而不一致；②转换性差，不同部门测定的结果，由于所用测试车辆振动特性的差异而难以进行对比；③不能给出路表的纵断面。为克服上述第①项缺点，需经常对测定仪器进行标定。标定路段的平整度采用断面类平整度测定方法测定。建立测定仪器在标定路段上的测定结果与标准结果的回归关系，即为标定曲线。利用此曲线，可将不同时期的测定结果进行转换。

为克服上述第②项缺点，需寻找一个通用的平整度指标，以便把不同仪器或不同部门测定的结果统一转换成以这个通用指标表示的平整度值。这样，它们就能够进行相互比较。

2) 国际平整度指数

反应类平整度仪测定的结果，通常以车辆行驶一段距离后的累计数值表示。如果把每一种反应类平整度仪的计数以相应的悬挂系统单位公里竖向位移量表示，则测定结果的单位为 m/km，它反映了单位行驶距离内悬挂系统的累积竖向行程。这是一个类似于坡度的单位，称为平均调整坡。

以 ARS 作为指标表示测定结果时，不同反应类平整度仪测定之间可以建立良好的相关关系。但这种关系只在测定速度相同的条件下才能成立。因而，必须按速度分别建立回归方程。

国际平整度指数是一项标准化的平整度指标。它同反应类平整度测定系统类似，但是采用数学模型模拟 1/4 车(即单轮，类似于拖车)以规定速度(80km/h)行驶在路面上，分析具有特定特征参数的悬挂系统在行驶距离内由于动态反应而产生的累积竖向位移量。分析结果也以 m/km 表示。因而，这一指标与反应类仪器的 ARS 相似，称为参照平均调整坡。

上述分析过程已编成电算程序。在量测到路表纵断面的高程资料后，便可利用此程序计算该段路面平整度的国际平整度指数 IRI 值。对标定路段的平整度，按上述方法用国际平整度指数表征，而后同反应类平整度仪的测定结果建立标定曲线，则使用此类标定曲线便可克服反应类平整度仪转换性差的缺点。

3) 行驶质量评价

如前所述，路面行驶质量同路表面的不平整度、车辆的动态响应和人的感受能力 3 个方面因素有关。因而，不同的乘客乘坐同一辆车行驶在同一路段上，由于各人对行驶舒适性的要求和对颠簸的接受能力不同，对该路段的行驶质量会作出不同的评价。

由于评价带有个人主观性，为了避免随意性，提出了主、客观相结合的评价方法。一方面邀请具有不同代表性的乘客，分别按各人的主观意见进行评分，而后汇总大家的评价，以平均评分值代表众人的评价；另一方面对各评价路段进行平整度量测。通过回归分析建立主观评分同客观量测结果的相关关系。由此建立的评价模型，便可用来对路面行驶质量进行较统一的评价。

对行驶质量的评价可以采用 5 分或 10 分评分制。评分小组的成员应能覆盖对行驶舒适性有不同反应的各类人员(不同职业、年龄、社会经济和文化背景等)。所选择的评分路段，其平整度和路面类型应能覆盖可能遇到的范围和情况。评分时所乘坐的车辆，应选择其振动特性具有代表性的试验车。整个评分过程中,采用相同的试验车和行驶速度。

整理各评分路段的主观评分和客观量测结果后,通过回归分析可建立线性或非线性的评价模型。利用评价模型可以对路面行驶质量的好坏做出相对的评价。然而,还需要建立行驶质量的标准,以衡量该评价对使用性能最低要求的满足程度。

行驶质量标准的制定,一方面依赖于乘客对行驶舒适性的要求;另一方面在很大程度上受经济因素的制约。标准定得过高,会使路网内许多路段的路面需采取改建措施,从而提高所需的投资额。

2. 抗滑性能评价

路面抗滑性能是指车辆轮胎受到制动时沿路面滑移所产生的抗滑力。通常,抗滑性能被看作路面的表面特性,并定义为

$$f = \frac{F}{W} \tag{18.6}$$

式中　f——摩阻系数;
　　　F——作用于路表面的摩阻力;
　　　W——垂直于路表面的荷载。

然而,笼统地说,路面具有某一摩阻系数值是不确切的。应该对轮胎在路面上的滑移条件给予规定。不同的条件和测定方法,可以得到不同的摩阻系数值。因此,需规定标准的测定方法和条件。

1) 测定方法

路面抗滑性能可采用 4 种方法进行测定,即制动距离法、锁轮拖车法、偏转轮拖车法、摆式仪法。

(1) 制动距离法。

以一定速度在潮湿路面上行驶的四轮小客车或轻型车,当 4 个车轮被制动时,车辆减速滑移到停止的距离,可用来表征非稳态的抗滑性能,以制动距离数 SDN 表示,有

$$\text{SDN} = \frac{v^2}{225 L_s} \tag{18.7}$$

式中　v——制动开始作用时车辆的速度,km/h;
　　　L_s——滑移到停车的距离,m。

测试路段应为材料组成均匀、磨耗均匀和龄期相同的平直路段。测试前和每次测定之间,先洒水润湿路表面到完全饱和。制动速度以 64.4km/h 为标准速度。也可采用其他速度,但不宜低于 32km/h。

(2) 锁轮拖车法。

装有标准试验轮胎的单轮拖车,由汽车拖拉,以要求的测定速度在洒水润湿的路面上行驶。抱锁测试轮,通过测定牵引力确定在载重和速度不变的状态下,拖拉测试轮时作用在轮胎和路面间的摩阻力。以滑移指数 SN 表征路面的抗滑性能,有

$$\text{SN} = \frac{F}{W} \times 100\% \tag{18.8}$$

式中　F——作用在试验轮胎上的摩阻力,N;
　　　W——作用在轮上的垂直荷载,N。

轮上的载重为 4826N，标准测试速度为 64.4km/h。牵引力由力传感器量测，速度由第五轮仪量测。

(3) 偏转轮拖车法。

拖车上安装有两只标准试验轮胎，它们对车辆行驶方向偏转一定的角度(7.5°～20°)，汽车以一定速度在潮湿路面上行驶时，试验轮胎受到侧向摩阻力的作用。记下此侧向摩阻力，除以作用在试验轮上的载重，可得到以侧向力系数 SFC 表征的路面抗滑性能，有

$$\text{SFC} = \frac{F_s}{W} \tag{18.9}$$

式中　　F_s——作用在试验轮胎上的侧向摩阻力，N；

　　　　W——作用在轮胎上的垂直荷载，N。

锁轮拖车法和偏转轮拖车法都具有测定时不影响路上交通、连续并快速进行的优点。

(4) 可携式摆式仪法。

这是一种主要在室内量测路面材料表面摩阻特性的仪器，也可用于野外量测局部路面范围的抗滑性能。摆式仪的摆锤底面装有一橡胶滑块，当摆锤从一定高度自由下落时，滑动面同试验表面接触。由于两者间的摩擦会损耗部分能量，摆锤只能回摆到一定高度。表面摩阻力越大，回摆高度越小。通过量测回摆高度，可以评定表面的摩阻力。回摆高度直接从仪器上读取，以抗滑值 SRV 表示。

2) 抗滑性能影响因素

影响路面抗滑性能的因素主要有路面表面特性(微观纹理和宏观纹理)、路面潮湿程度和行车速度。

路表面的微观纹理是指集料表面的纹理构造，它随车轮的反复磨耗作用而逐渐被磨光。通常采用石料磨光值表征其抗磨光的性能。微观纹理在低速(30～50km/h 以下)时对路表抗滑性能起决定作用，而高速时起主要作用的是宏观纹理，宏观纹理是由路表外露集料间形成的构造，其功能是使车轮下的路表水迅速排除，以避免形成水膜。宏观纹理由纹理深度表征其性能。

路表面应具有的最低抗滑性能，视道路状况、测定方法和行车速度等条件而定。各国根据对交通事故率的调查和分析，以及同路面实测抗滑性能间建立的对应关系，制订有关抗滑指标的规定。有的国家除了规定抗滑性能的最低标准外，还对石料磨光值和构造深度的最低标准作出了规定。

18.4　路面状况调查评定与一般养护对策

路面养护与维修对策要根据路面的实际状况确定，养护策略的确定既有客观标准也有主观因素，是这些因素的综合反映。路面养护决策中最重要的内容就是决定何时进行大、中修。下面结合我国现行规范介绍沥青路面和水泥混凝土路面的养护对策。

18.4.1　路面状况调查方法、频率及综合评定

根据我国现行规范《公路技术状况评定标准》(JTG 5210—2018)的规定，沥青路面调查

分为路面破损调查、平整度调查、抗滑能力调查、路面车辙调查及结构强度调查 5 项,其中前 4 项综合评定确定公路使用性能等级,最后一项为结构状况分级依据。各项数据最低检测与调查频率见表 18.3。相应的调查指标和方法见表 18.4。

表 18.3 路面最低检测与调查频率

检测频率			检测内容				
			路面损坏(PCI)	路面平整度(RQI)	抗滑性能(SRI)	路面车辙(RDI)	结构强度(PSSI)
路面PQI	沥青	高速公路、一级公路	1 年 1 次	1 年 1 次	2 年 1 次	1 年 1 次	抽样检测
		二级、三级、四级公路	1 年 1 次	1 年 1 次			
	水泥混凝土	高速公路、一级公路	1 年 1 次	1 年 1 次	2 年 1 次		
		二级、三级、四级公路	1 年 1 次	1 年 1 次			

表 18.4 调查指标表及设备与方法表

评价指标	破损	平整度	车辙	抗滑	强度
调查指标	路面损坏状况指数 PCI	路面行驶质量指数 RQI	车辙深度指数 RDI	路面抗滑性能指数 SRI	路面结构强度指数 PSSI
调查方法	自动调查车、人工调查	车载设备(全国)、高精度断面设备(抽样)、3m 直尺(三级、四级公路)	快速检测设备	横向力系数测定车	自动弯沉仪贝克曼梁

路面综合评价指标(PQI)用分项指标加权计算,其范围为 0~100。其值越大,表明路况越好。

$$PQI = \omega_{PCI}PCI + \omega_{RQI}RQI + \omega_{RDI}RDI + \omega_{PBI}PBI + \omega_{PWI}PWI + \omega_{SRI}SRI + \omega_{PSSI}PSSI \tag{18.10}$$

式中,ω_{PCI}、ω_{RQI}、ω_{RDI}、ω_{PBI}、ω_{PSSI}、ω_{PWI}、ω_{SRI} 按表 18.5 取值。

表 18.5 PQI 分项指标权重

路面类型	权 重	高速公路、一级公路	二级、三级、四级公路
沥青路面	ω_{PCI}	0.35	0.6
	ω_{RQI}	0.3	0.4
	ω_{RDI}	0.15	—
	ω_{PBI}	0.10	—

续表

路面类型	权重	高速公路、一级公路	二级、三级、四级公路
沥青路面	$\omega_{SRI(PWI)}$	0.1	—
	ω_{PSSI}	—	—
水泥混凝土路面	ω_{PCI}	0.5	0.6
	ω_{RQI}	0.3	0.4
	ω_{PBI}	—	—
	$\omega_{SRI(PWI)}$	0.1	—

注：采用式(18.10)计算 PQI 时，路面抗滑性能指数 SRI 和路面磨耗指数 PWI 应二者取一。

根据 PQI 及各分项的不同大小，可进行路面综合评价，其评价标准见表 18.6。

表 18.6 公路技术状况分项指标等级划分标准

PCI、RQI、RDI、PBI、PWI、SRI、PSSI	≥90	≥80，<90	≥70，<80	≥60，<70	<60

注：(1)高速公路路面状况指数 PCI 等级划分标准，"优"应为 PCI≥92，"良"应为 80≤PCI<92，其他保持不变。

(2)水泥混凝土路面行驶质量指数 RQI 等级划分标准，"优"应为 RQI≥88，"良"应为 80≤RQI<88，其他保持不变。

18.4.2 各分项评价指标的计算与单项评价标准

1. 路面损坏状况指数 PCI

PCI 指标是根据路面损坏情况调查数据进行综合计算与评定得到的单一指标，是对路面上可能出现的多种不同程度病害及其对路面使用性能的影响大小的综合反映，其原始数据来源于病害调查。

表 18.7 是沥青路面病害的分类分级及其权重表，根据现场调查中发现的病害情况，确定其病害发生的严重程度和计量值大小。

表 18.7 沥青路面损坏类型和权重

类型 i	损坏名称	损坏程度	权重 w_i	计量单位
1	龟裂	轻	0.6	面积 m²
2		中	0.8	
3		重	1.0	
4	块状裂缝	轻	0.6	面积 m²
5		重	0.8	
6	纵向裂缝	轻	0.6	长度 m
7		重	1.0	(影响宽度：0.2m)
8	横向裂缝	轻	0.6	长度 m
9		重	1.0	(影响宽度：0.2m)

续表

类型 i	损坏名称	损坏程度	权重 w_i	计量单位
10	坑槽	轻	0.8	面积 m²
11		重	1.0	
12	松散	轻	0.6	面积 m²
13		重	1.0	
14	深陷	轻	0.6	面积 m²
15		重	1.0	
16	车辙	轻	0.6	长度 m（影响宽度：0.4m）
17		重	1.0	
18	波浪拥抱	轻	0.6	面积 m²
19		重	1.0	
20	泛油		0.2	面积 m²
21	修补		0.1	面积 m²

表 18.8 是水泥混凝土路面病害调查的分级分类及其权重表。

表 18.8 水泥混凝土路面损坏类型和权重

类型 i	损坏名称	损坏程度	权重 w_i	计量单位
1	破碎板	轻	0.8	面积 m²
2		重	1.0	
3	裂缝	轻	0.6	长度 m（影响宽度：1.0m）
4		中	0.8	
5		重	1.0	
6	板角断裂	轻	0.6	面积 m²
7		中	0.8	
8		重	1.0	
9	错台	轻	0.6	长度 m（影响宽度：1.0m）
10		重	1.0	
11	唧泥		1	长度 m（影响宽度：1.0m）
12	边角剥落	轻	0.6	长度 m（影响宽度：1.0m）
13		中	0.8	
14		重	1.0	
15	接缝料损坏	轻	0.4	长度 m（影响宽度：1.0m）
16		重	0.6	
17	坑洞		1	面积 m²
18	拱起		1	面积 m²
19	露骨		0.3	面积 m²
20	修补		0.1	面积 m²

调查结束后,需要根据各种病害及其程度与数量的全面调查结果计算"路面综合破损率(DR)",即

$$DR = 100 \times \frac{\sum_{i=1}^{i_0} w_i A_i}{A} \quad (18.11)$$

式中　DR——路面破损率(Pavement Distress Ratio),为各种损坏的折合损坏面积之和与路面调查面积的百分比,%;

A_i——第 i 类路面损坏的面积,m²;

A——调查的路面面积(调查长度与有效路面宽度之积),m²;

w_i——第 i 类路面损坏的权重,沥青路面按表 18.7 取值,水泥路面按表 18.8 取值;

i——考虑损坏程度(轻、中、重)的第 i 项路面损坏类型;

i_0——包含损坏程度(轻、中、重)的损坏类型总数,沥青路面取 21,水泥混凝土路面取 20,砂石路面取 6。

然后根据 DR 值计算路面损坏状况指数(PCI)。路面状况指数(PCI)的数值范围为 0~100。其值越大路况越好。计算公式为

$$PCI = 100 - a_0 DR^{a_1} \quad (18.12)$$

式中　a_0——沥青路面采用 15.00,水泥混凝土路面采用 10.66,砂石路面采用 10.10;

a_1——沥青路面采用 0.412,水泥混凝土路面采用 0.461,砂石路面采用 0.487。

根据路面破损情况,可将路面质量分为优、良、中、次、差 5 个等级。路面破损状况评价标准见表 18.9。

表 18.9　路面破损状况评价标准

评价等级	优	良	中	次	差
路面损坏状况指数 PCI	≥90	≥80, <90	≥70, <80	≥60, <70	<60

2. 路面行驶质量指数 RQI

路面的行驶质量采用行驶质量指数(RQI)作为评价指标,行驶质量指数由国际平整度指数(IRI)计算,其关系式为

$$RQI = \frac{100}{1 + a_0 e^{a_1 IRI}} \quad (18.13)$$

式中　RQI——国际平整度指数(International Roughness Index,m/km);

a_0——高速公路和一级公路采用 0.026,其他等级公路采用 0.0185;

a_1——高速公路和一级公路采用 0.65,其他等级公路采用 0.58。

路面行驶质量评价标准见表 18.10。

表 18.10 路面行驶质量评价标准

评价等级	优	良	中	次	差
路面行驶质量指数 RQI	≥90	≥80，<90	≥70，<80	≥60，<70	<60

3. 车辙深度指数 RDI

路面车辙用路面车辙深度指数(RDI)评价，按下式计算，即

$$\text{RDI} = \begin{cases} 100 - a_0 \text{RD} & (\text{RD} \leqslant \text{RD}_a) \\ 60 - a_1(\text{RD} - \text{RD}_b) & (\text{RD}_a < \text{RD} \leqslant \text{RD}_b) \\ 0 & (\text{RD} > \text{RD}_b) \end{cases} \tag{18.14}$$

式中　RD——车辙深度；

RD_a——车辙深度参数，采用 10.0mm；

RD_b——车辙深度限值，采用 40.0mm；

a_0——模型参数，采用 1.0；

a_1——模型参数，采用 3.0。

4. 路面磨耗指数 PWI

路面磨耗指数 PWI 应按式(18.15)计算，即

$$\text{PWI} = 100 - a_0 \text{WR}^{a_1} \tag{18.15}$$

式中　WR——路面磨耗率，%，$\text{WR} = 100 \times \dfrac{\text{MPD}_c - \min\{\text{MPD}_L, \text{MPD}_R\}}{\text{MPD}_c}$；

a_0——模型参数，采用 1.696；

a_1——模型参数，采用 0.785；

MPD_c——路面构造深度基准值，采用无磨损的车道中线路面构造深度，mm；

MPD_L——左轮迹带的路面构造深度，mm；

MPD_R——右轮迹带的路面构造深度，mm。

5. 路面结构强度指数 PSSI

路面结构强度采用路面结构强度指数 PSSI 来表征，按下式计算，即

$$\text{PSSI} = \dfrac{100}{1 + a_0 e^{a_1 \text{SSR}}} \tag{18.16}$$

$$\text{SSR} = \dfrac{l_0}{l} \tag{18.17}$$

式中　a_0——模型参数；

a_1——模型参数；

SSR——路面结构强度系数(Structure Strength Ratio)，为路面弯沉标准值与实测弯沉代表值之比；

l_0——路面弯沉标准值，0.01mm；

l——实测弯沉代表值，mm。

路面结构强度的评价标准见表18.11。

表18.11 路面强度的评价标准

评价等级	优	良	中	次	差
路面结构强度指数PSSI	≥90	≥80，<90	≥70，<80	≥60，<70	<60

6. 路面跳车指数PBI

路面跳车指数PBI应按式(18.18)计算，即

$$PBI = 100 - \sum_{i=1}^{i_0} a_i PB_i \tag{18.18}$$

式中 PB_i——第i类程度的路面跳车；

a_i——第i类程度的路面跳车单位扣分，按表18.12的规定取值；

i——路面跳车类型；

i_0——路面跳车类型总数，取3。

表18.12 路面跳车扣分标准

类型i	跳车程度	计量单位	单位扣分
1	轻度		0
2	中度	处	25
3	重度		50

18.4.3 路面一般养护对策

1. 沥青路面养护一般对策

沥青路面养护对策，应根据公路等级、交通量、分项路况评价结果确定。分项路况评价包括路面破损状况、行驶质量、路面强度和抗滑性能等方面。

公路养护管理部门需结合路面管理系统的使用，根据路面分项评价结果和养护资金的情况，统筹安排本地区公路网的资金需求计划和资金分配方案，确定公路养护的优先次序。

公路沥青路面养护可根据公路等级、交通量、分项路况的评价结果，结合养护资金情况，采取以下维修养护对策。

(1) 在满足强度要求的前提下(路面的结构强度系数为中等以上时)，若高速公路及一级公路的路面状况指数(PC)评价为优、良，或者二级及二级以下公路的路面状况指数评价为优、良、中时，以日常养护为主，并对局部破损进行小修；若高速公路及一级公路的路面状况指数(PCI)评价为中及中以下，或者二级或二级以下公路的路面状况指数评价为次及次以下，应采取中修罩面措施。

(2) 在不满足强度要求的前提下(路面的结构强度系数为中等以下时)，应采取大修补强措施以提高其承载能力。

(3) 若高速公路及一级公路的行驶质量指数(RQI)评价为优、良，或者二级及二级以下公路的行驶质量指数评价为优、良、中时，以日常养护为主；若高速公路及一级公路的行驶质量指数(RQI)评价为中及中以下，或者二级及二级以下公路的行驶质量指数评价为次及次以下时，应采取罩面等措施改善路面的平整度。

(4) 高速公路及一级公路的抗滑能力不足(SFC<40)的路段，或二级及二级以下公路抗滑能力不足(SFC<30 或 BPN<32)的路段，应采取加铺罩面层等措施提高路表面的抗滑能力。

(5) 因路面不适应现有交通量或载重的需要，应通过提高现有路面的等级，或通过加宽等改建措施提高道路的通行能力和服务质量。

2. 水泥混凝土路面养护一般对策

高速公路及一级公路的路面破损状况等级为优和良，或者二级及二级以下公路的路面破损状况等级为中及中以上时，可采用日常养护和局部或个别板块修补措施。各种病害的养护或修补措施可参考表 18.13。

表 18.13 各种病害的养护或修补措施

病害	可暂不修	填封裂缝	填封接缝	部分深度修补	全深修补	换板	沥青混合料修补	板底堵封	板顶研磨	刻槽	边缘排水
纵、横、斜向裂缝和角隅断裂	L	L, M, H			H						
交叉裂缝和断裂板		L, M				M, H					
沉陷、胀起	L, M						M, H	H	M, H		
唧泥、错台	L		L, M					H	H		M, H
接缝碎裂	L			M, H	H		M, H				
拱起	L				M, H	H					
纵缝张开			L, H								
填缝料损坏	L		M, H								
纹裂或网裂和起皮	L, M			M, H			M, H				
磨损和露骨	磨损						露骨			磨光	
活性集料反应	L					H	M				
集料冻融裂纹	L				M, H	H					

注：表中 L、M、H 表示病害轻重程度等级，L—轻度、M—中等、H—严重。

水泥混凝土路面维修养护对策如下。

(1) 高速公路及一级公路的路面破损状况等级为中及中以下，或者二级及二级以下公路的路面破损状况等级为次及次以下时，应采取全路段修复或改善措施，包括沥青混合料修补、板块破碎和碾压稳定、铺筑沥青混凝土或水泥混凝土加铺层以及修建纵向边缘排水设施等。

(2) 高速公路及一级公路的路面行驶质量等级为中及中以下，或者二级及二级以下公路的行驶质量等级为次及次以下时，应采取刻槽、罩面或加铺层等措施改善路面的平整度。

(3) 高速公路及一级公路的路面抗滑能力等级为中及中以下，或者二级及二级以下公路的抗滑能力等级为次及次以下时，应采取刻槽、罩面等措施提高路表面的抗滑能力。

(4) 路面结构承载能力不满足现有交通的要求时，应采取铺筑沥青混凝土或水泥混凝土加铺层措施提高其承载能力。

课 后 习 题

18.1　我国规范中沥青路面和水泥混凝土路面调查与评定的基本内容是什么？有何异同点？

18.2　简述路基技术状况评价的方法。

18.3　简述路面养护的一般对策。

参 考 文 献

[1] 许金良. 道路勘测设计[M]. 北京：人民交通出版社，2018.
[2] 凌天清. 道路工程[M]. 北京：人民交通出版社，2019.
[3] 严作人，陈雨人，张宏超. 道路工程[M]. 北京：人民交通出版社，2011.
[4] 徐吉谦，陈学武. 交通工程总论[M]. 北京：人民交通出版社，2015.
[5] 许洪国. 汽车运用工程[M]. 北京：人民交通出版社，2014.
[6] 杨少伟. 道路勘测设计[M]. 北京：人民交通出版社，2009.
[7] 黄晓明. 路基路面工程[M]. 北京：人民交通出版社，2019.
[8] 沈金安. 沥青及沥青混合料路用性能[M]. 北京：人民交通出版社，2001.
[9] 雒应，秦建平，张碧琴，等. 道路施工工程师手册[M]. 北京：人民交通出版社，2011.
[10] 杨少伟. 道路勘测设计[M]. 北京：人民交通出版社，2009.
[11] 王文锐，秦建平. 公路工程实用测量技术[M]. 北京：人民交通出版社，1998.
[12] 秦建平. 平原区高速公路总体设计的细节[J]. 中外公路，2009(1).
[13] 秦建平. 西安黄土挤密桩间地基土挤密系数的试验研究路基工程[J]. 2009(2).
[14] 秦建平. 大广高速深州至邓家庄段改扩建设计方案探讨[J]. 中外公路，2008(4).
[15] 秦建平. 桥头台背路堤与桥台设计方案评价[J]. 长安大学学报(自然科学版)，2008(4).
[16] 秦建平. 基于渗井技术的平原区高速公路路堤设计[J]. 公路，2008(6).
[17] 秦建平. 108国道秦岭山区路基、路面水毁分析方法研究[J]. 公路交通科技(应用技术版)，2008(10).
[18] 秦建平. 路面水流线模型及水文计算参数选择[J]. 长安大学学报，2007(5).
[19] 秦建平. 复合型平面线形的设计模型[J]. 西安公路交通大学学报，1998(1).
[20] 秦建平. 出、入口处匝道纵坡衔接模型[J]. 西安公路交通大学学报，1998(4).
[21] 秦建平. 全站仪道路高程测量的精度分析[J]. 东北公路，1998(5).
[22] 秦建平. 超高缓和过渡设计[J]. 西安公路学院学报，1994(9).
[23] 秦建平. 用直角坐标法测设公路中线探讨[J]. 中国公路勘察设计，1993(9).
[24] 中华人民共和国行业标准. JTG F40—2004 公路沥青路面施工技术规范[S]. 北京：人民交通出版社，2004.
[25] 中华人民共和国行业标准. 公路工程技术标准(JTG B01—2014)[S]. 北京：人民交通出版社，2014.
[26] 中华人民共和国行业标准. 公路路线设计规范(JTG D20—2017)[S]. 北京：人民交通出版社，2017.
[27] 中华人民共和国行业标准. 公路勘测规范(JTJ C10—2007)[S]. 北京：人民交通出版社，2007.
[28] 中华人民共和国国家标准. 工程测量规范(GB 50026—2007)[S]. 北京：中国计划出版社，2007.

[29] 中华人民共和国行业标准．城市道路工程设计规范(CJJ 37—2012)[S]．北京：中国建筑工业出版社，2012．

[30] 中华人民共和国国家标准．城市道路交叉口规划规范(GB 50647—2011)[S]．北京：中国计划出版社，2011．

[31] 中华人民共和国行业标准．城市道路交叉口设计规程(CJJ 152—2010)[S]．北京：中国建筑工业出版社，2010．

[32] 中华人民共和国国家标准．道路交通标志和标线(GB 5768—2009)[S]．北京：中国标准出版社，2009．

[33] 中华人民共和国行业标准．公路交通标志和标线设置规范(JTG D82—2009)[S]．北京：人民交通出版社，2009．

[34] 中华人民共和国行业标准．公路交通安全设施施工技术规范(JTG F71—2006)[S]．北京：人民交通出版社，2006．

[35] 中华人民共和国国家标准．道路车辆外廓尺寸、轴荷及质量限制(GB 1589—2004)[S]．北京：中国计划出版社，2004．

[36] 中华人民共和国国家标准．机动车运行安全技术条件(GB 7258—2017)[S]．北京：中国标准出版社，2017．

[37] 中华人民共和国国家标准．汽车和挂车类型的术语和定义(GB/T 3730.1—2001)[S]．北京：中国计划出版社，2001．

[38] 中华人民共和国行业标准．公路沥青路面设计规范(JTG D50—2017)[S]．北京：人民交通出版社，2017．

[39] 中华人民共和国行业标准．公路水泥混凝土路面设计规范(JTG D40—2011)[S]．北京：人民交通出版社，2011．

[40] 中华人民共和国行业标准．公路路基设计规范(JTG D30—2015)[S]．北京：人民交通出版社，2015．

[41] 中华人民共和国行业标准．公路排水设计规范(JTG/T D33—2012)[S]．北京：人民交通出版社，2013．

[42] 公路挡土墙设计与施工技术细则(2008)[S]．北京：人民交通出版社，2008．

[43] 中华人民共和国行业标准．公路路基施工技术规范(JTG/T 3610—2019)[S]．北京：人民交通出版社，2019．

[44] 中华人民共和国行业标准．公路沥青路面施工技术规范(JTG F40—2004)[S]．北京：人民交通出版社，2005．

[45] 中华人民共和国行业标准．公路水泥混凝土路面施工技术规范(JTG F30—2014)[S]．北京：人民交通出版社，2014．

[46] 中华人民共和国行业标准．公路养护技术规范(JTG H10—2009)[S]．北京：人民交通出版社，2009．

[47] 中华人民共和国行业标准．公路技术状况评定标准(JTG 5210—2018)[S]．北京：人民交通出版社，2019．

[48] 中华人民共和国行业标准．公路路基路面现场测试规程(JTG 3450—2019)[S]．北京：人民交通出版社，2020．

[49] 中华人民共和国行业标准．城镇道路养护技术规范(CJJ 36—2016)[S]．北京：中国建筑工业出版社，2017．

[50] 中华人民共和国行业标准．公路隧道设计细则(JTG/T D70—2010)[S]．北京：人民交通出版社，2010．

[51] 中华人民共和国行业标准．公路隧道施工技术规范(JTJ F60—2009)[S]．北京：人民交通出版社，2009．

[52] 中华人民共和国行业标准. 公路隧道养护技术规范(JTG H12—2015)[S]. 北京：人民交通出版社, 2015.

[53] 中华人民共和国行业标准. 公路工程施工监理规范(JTG G10—2016)[S]. 北京：人民交通出版社, 2016.

[54] 中华人民共和国行业标准. 公路工程质量检验评定标准(JTG F80/1—2017)[S]. 北京：人民交通出版社, 2018.